제4판

새로 쓴 법과 사회

이윤환 · 송인방 · 송영현

정독
DEEP READING

새로 쓴

법과 사회

제4판 머리말

Law & Society

법은 사회의 현실을 반영해 만들어지기도 하고 고쳐지기도 한다. 때로 사회에서 벌어진 하나의 커다란 사건의 여파로 금세 만들어지기도 하고, 더러 여러 상황을 따져 조곤조곤 고쳐지기도 한다. 무엇이든 법은 사회를 벗어나 자리할 수는 없다는 것을 보여준다. 그럼에도 문제는 남는다. 어쩌면 해결됐다 싶은 이해(利害)와 갈등이 사라지기는커녕 또 다른 문제가 엮이고 겹쳐 꼬리를 물고 이어질 수도 있기 때문이다.

그래서 그런지 사람들은 법을 어렵게 받아들인다. 이 책이 다가가기도, 이해(理解)하기도 어렵다고 느껴질 수 있는 법이 꼭 그렇지만은 않다는 것을 보여줄 수 있다면 좋겠다. 쉽게 쓰자고 얼마나 되새겼는지 모른다. 이번을 포함해 몇 차례의 개정이 이루어지는 동안 끊임없이 그런 생각을 책 속에 담으려 했다. 그렇기에 있거나, 있음직한 사례들을 형편이 닿는 대로 더 많이 넣었다.

하지만 수없이 인용된 판례는 여전히 읽기가 쉽지 않고, 낯선 법 용어들도 깨알같이 등장한다. 비록 큰 틀의 변화를 주지는 못했지만 적어도 그 전후 사정에 대한 설명만큼은 가든하게 하려 했다. 애초 이루려던 바람이 다하지 못했다 하더라도 독자 여러분들의 소중한 격려가 있어 미쁘다. 앞으로 또 다듬어 선보일 수 있는 기회가 있으리라는 기대가 가시질 않는다.

얼마 전 「민법」과 「행정기본법」이 일부 개정되어 모두가 한두 살씩 젊어졌다. 하루 새 바뀐 나이 조정이 외국 언론에서도 신기하게 비친 모양이다. 비비씨 방송이나 월 스트리트 저널, 시사주간지 타임 등에서도 이 뉴스를 전하며 한국의 관습을 소개했다. 그간 우리 일상생활에서는 흔히 한국식 세는 나이를 사용했고, 일부 법률에서 연 나이를 적용하기로 명시한 경우를 제외하고는 법적으로 만 나이도 함께 썼다. 이렇게 세는 나이, 연 나이, 만 나이가 함께 쓰이면서 생기는 혼선을 방지하고 국제적으로 통용되는 기준과 부합하기 위하여 사법과 행정 분야의 나이를 '만 나이'로 통일한 것이다. 따라서 사법과 행정의 기준이 되는 나이는 출생일을 산입하여 만 나이로 계산하고 연수로 표시하는 것이 원칙이다. 그렇다 보니 현재 만 19세에 이르지 않았더라도 만 19세가 되는 해의 1월 1일부터 만 19세로 보는(이른바 "연 나이") 법률을 고칠 필요가 생겼다. 이를테면 「아동·청소년의 성보호에 관한 법률」과 「성매매알선 등 행위의 처벌에 관한 법률」 등이 그것인데 보호 대상을 '연 나이' 19세 미만의 사람에서 '만 나이' 19세 미만의 사람으로 개정하는 것이다. 이로써 피해자 구제·지원 범위가 확대되고, 미성년자 보호가 강화된다. 물론, 이미 만 나이를 기준으로 운영되던 선거권, 노령연금·기초연금 수급 시점, 근로자 정년, 경로 우대 등의 정책과 제도들은 그대로 유지된다. 다만 취업이나 학업, 단체생활 등을 고려할 때 국민 편의상 불가피한 경우에는 만 나이를 적용하지 않는데, 가령, 「초·중등교육법」에 따라 초등학교는 만 나이로 6세가 된 날이 속하는 해의 다음 해 3월 1일부터 입학한다. 내년을 기준으로는 2017년생이 학교에 들어간다. 따로 특별한 규정이 없다면 법령이나 계약, 공문 등에 표시된 나이는 만 나이로 해석하게 된다. 그렇다고 당장 실제 생활에서 누구나 '세는 나이'가 아니라 '만 나이'를 쓰지는 않을 것이다. 아무래도 시간이 더 지나야 할 텐데 그만큼 법과 사회의 관계가 명징하게 드러나는 셈이다.

「형법」도 개정되었다. 영아살해죄(형법 251조)와 영아유기죄(형법 272조)를 폐지하고 일반 살인죄·유기죄로 처벌받도록 했다. 올해 출생신고도 안 된 그림자 아기들이 부모에 의해 살해된 사건이 여럿 드러나면서 1953년에 만들어진 형법에서의 영아살해죄가 시대 상황을 뒤따르지 못한다는 비판이 거세게 일었다. 70년 만의 일이다. 일반 살인죄와 유기죄보다 형량이 낮은 영아 살해·유기죄는, 영아 사망률이 높고 영아에 대한 인권 의식이 미흡했던 6·25전쟁 직후 형법에 담긴 뒤 한 번도 개정되지 않았다. 영아의 생명권이 두텁게 보호됐으면 좋겠다. 그래도 이게 다는 아닌 것 같다. 형사법과 관련해 이에 연관되어 말할 수 있는 것이 2019년 헌법재판소의 낙태죄 헌법불합치결정이다. 66년 만에 형법상 낙태죄는 폐지되었지만, 사회적으로 임신중절 가능 시기와 사유 등을 놓고 의견이 나누어져 국회 또한 법률적 정비를 미루고 있다. 이런 상황에서 위기 임산부가 병원 밖 출산이나 영아 유기에 내몰릴 수밖에 없다는 지적이 있는 것이다. 그 밖에도 헌법재판소에 의해 헌법불합치 결정을 받은 법률들이 제때 보완되지 않은 경우가 참 많다. 우리 모두 다 같이 생각해 볼 문제이다.

우리가 아는 대표적인 법률이 민법과 형법이다. 사회에 끼치는 둘의 영향은 다른 법률과는 분명 다르다. 일제강점기 이후 1959년까지 우리나라에는 민법이 없었다. 민법은 1958년에 만들어져 1960년부터 시행되었다. 정부가 사회적 요구를 반영해 민법 전부 개정을 다시 추진한다고 한다. 그사이 두 차례 무산됐으니 어쨌거나 65년 만이다. 그 방대한 민법에서 '보증금'이라는 말이 딱 한 번 나온다고 한다. 그것도 임대차 관련이 아니고, 일반 계약에서 매매 계약금으로 주는 것과 관련해서다. 형법은 지난 2020년에 대대적으로 손을 보았다. 그 많은 내용을 어려운 한자어나 일본식 표현을 우리말로 고친 부분이 차지한다. 「스토킹범죄의 처벌 등에 관한 법률」 등 형사 특별법과의 관계를 비롯해 업무방해죄의 해석 여하 등 숙고해야 할 부분이 너무 많다. 비단 이뿐만이 아니다. 민법과 형법이 아무리 중요하다손쳐도 사회생활에서는 다른 법들도 그 못지않게 긴요하다. 교통사고를 줄이기 위해 자주 변하는 도로교통 관련 법규는 사람들을 헷갈리게 한다. 사고의 예방도, 교통의 원활도 다 따져야 하니 그럴 만도 하다. 차량의 교차로 우회전 방법, 절대 주차금지구역의 확대 근거 등 더 세심하게 살펴야 하는 상황들이 늘었다. 구체적인 수치나 배경 파악에 그치지 않고 고려해야 하는 것이 지켜야 하는 사람들의 의식이다. 현실은 복잡하기 그지없다. 규범은 아니지만 '가기 전에 살피고, 나부터 멈추고, 다 함께 천천히'라는 '가나다 원칙'이 귀에 쏙 들어오는 이유가 있을 것이다. 영국에서는 횡단보도의 초록 신호등 시간을 20% 정도 길어지도록 바꾼다고 한다. 고령 인구가 늘고, 코로나 팬데믹으로 재택근무를 하게 되면서 활동량이 줄어 비만이 심해진 게 그 이유라는데, 초록 신호 시간 안에 횡단보도를 건너기가 힘겹다는 호소가 많았단다. 이들 또한 법과 사회와 관련해 생각해 볼 문제라 할 수 있다.

크리스토퍼 콜럼버스와 관련된 여러 이야기 가운데 '콜럼버스의 달걀'로 불리는 유명한 일화가 있다. 신대륙을 발견하고 돌아온 그를 시기한 사람들이 '누구나 할 수 있는 일'이라며 비아냥거렸다. 그러자 콜럼버스는 달걀을 들고 사람들에게 세워보라고 했다. 아무도 성공할 수 없었다. 심지어 불가능한 일이라고까지 말했다. 보다 못한 콜럼버스가 달걀의 한쪽 끝을 조금 깨뜨려서 세웠다. "달걀을 똑바로 세우는 일은 아주 단순한 일이다. 누구라도 할 수 있다. 그 방법을 이렇게 알기 쉽게 보여줄 수 있다면야." 사람들은 그저 입맛을 다실 뿐이었다.

『자치통감』을 쓴 북송시대의 유명한 학자이자 정치가였던 사마광의 어릴 적 '사마광이 항아리를 깨다'라는 일화도 있다. 파옹구우(破甕救友)라는 고사성어에 얽힌 이야기인데, 뜰에서 함께 놀던 친구 하나가 그만 물이 가득 찬 큰 항아리에 빠졌다. 다들 어쩔 줄 몰라 하며 항아리 속으로 손을 내밀어 보기도 하고 주변을 맴돌거나 몇몇은 도망갔다. 그런데 사마광이 큰 돌로 독을 깨뜨려서 친구를 구했다고 한다.

사마광과 콜럼버스가 깬 것이 무엇일까! 쉽지는 않겠지만 가끔씩은 법이 그랬으면 좋겠다는 생각을 해본다. 여름철 큰 폭으로 늘던 코로나19 확진자로 말미암아 다시금 재확산의 우려가 커졌음에도 코로나19 팬데믹이 드디어 마침을 향해가는 이즈막이다. 우리나라뿐만 아니라 전 세계적으로 어마어마한 희생과 피해를 입힌 사회적 재난은 오래도록 '포스트 코로나'라는 말과 함께 기억될 것이다. 이제 세상은 코로나19 이전과 이후로 나누어지리라는 사회 각 영역 전문가들의 예상이 심심찮게 들린다. 우리도 그에 따른 대비를 해야 할 때다. 교육 환경 또한 말할 나위가 없을 것이다. 하루하루가 어제와 다른 우리 사회는 그 사이 너무나 많은 변화를 겪었고, 흥미롭게도 법은 그러한 모습을 여실히 보여주었다. 세상을 방어하기만 하는 법이 아니라 세상에 도움을 먼저 가져다줄 수 있는 법 말이다. 세상의 모든 것이 그렇듯이 법도 변한다.

출판시장이 예전 같지 않다는 말이 들린 자는 꽤 오래다. 감수해야 할 일들이 어느 때보다 많을 텐데도 한결같은 친절과 올곧은 노력을 보여주시는 도서출판 정독의 김중용 대표님께 깊은 감사의 말씀을 드린다. 세심한 편집과 교정의 수고를 마다하지 않은 심성보 이사님과 김인숙 과장님 덕분에 이 책의 지금이 있다. 일일이 들지 못한 참고 문헌과 자료의 지은이들께도 한량없는 고마운 뜻을 전해 드린다. 이 책이 나오기까지 큰 힘이 되었던 훌륭한 법학자이자 교육자 이한태 박사를 생각하자니 마음이 허우룩하다. “사람은 다 한 권의 책이다.” 같은 말을 남긴 이들이 있어 그 말을 대신 적는다.

조금은 긴 머리말이 되고 말았다. 이렇게나마 개정판을 내놓을 수 있어 다시 한번 여간 다행스러운 게 아니다. 『법과 사회』를 사랑해주시는 독자 여러분들과 강의실의 동반자로 선택해주신 교수님들께는 말로 다할 수 없는 감사한 마음을, 보여드릴 수 있다면 보여드리고 싶다.

2023년 처서 무렵에
공저자 씀

제3판 머리말

Law & Society

이 책은 새로 쓴 법과 사회 제2판을 기본으로 발간되었다. 4차 산업혁명의 파고에 따라 어제와 확연히 다른 오늘이 연달아 이어지는 사회 환경에 코로나19 팬데믹이라는 엄청난 사건이 겹친 상황에서 이렇게나마 개정판을 펴낼 수 있다는 사실이 얼마나 다행스러운지 모른다. 오로지 이 책을 사랑해 주신 독자 여러분 덕분이다.

21대 국회가 개원한 지 채 1년이 되지 않았지만 그 사이 수많은 법률이 제·개정되었다. 국회 의안정보시스템에 따르면 2021년 1월 12일 기준 국회 의원발의 법안 건수는 6,699건이다. 그 가운데 최종 의결된 법안도 1,043건이나 된다. 이러한 수치는 한편으로 그만큼 사회 변화가 급격하게 이루어졌음을 방증하는 것이기도 하거니와, 또 다른 면에서는 얼마나 우리 사회에 법이 미치는 영향이 큰지에 대한 시사점도 제공해 준다.

많은 독자들께서도 이름을 들어봤음직한 법률들, 가령 흔히 "공수처법"이라 불리는 「고위공직자범죄수사처 설치 및 운영에 관한 법률」, 그리고 산업현장에서의 중대재해를 예방하고 시민과 종사자의 생명과 신체를 더욱 보호하기 위한 「중대재해 처벌 등에 관한 법률」 등이 제정되었고, 인구에 끊임없이 회자되고 있는 「주택임대차보호법」, 경찰의 지위와 역할을 새롭게 규정한 「국가경찰과 자치경찰의 조직 및 운영에 관한 법률」, 검·경 수사권을 조정한 「형사소송법」, 부모의 징계권을 삭제한 「민법」 등이 개정되었다. 여기에 32년 만에 전면적으로 손질한 「지방자치법」도 빼놓을 수 없다, 이러한 법률 중에는 우리의 일상생활과 매우 밀접한 관련을 가진 것들도 있고, 그렇지 않은 것들도 있다. 그렇다고 이게 다가 아니다. 앞으로도 수도 없이 많은 법률들이 지속적으로 빠르게 고쳐질 것이다.

짐작들 하셨겠지만 하릴없는 단상을 떠올리는 이유는 이 책을 설명하기 위해서이기도 하다. 법을 쉽게 설명해 전달하고자 했음에도 매번 아쉬움이 남는다. '법'에 대해서도 다시금 생각해 보는 계기가 되었다. 해는 서산에 지는데 아직도 갈 길이 멀다는 심정도 비껴간다. 그저 독자 여러분들의 매서운 눈길이 함께하는 관심을 기대할 따름이다.

금세기의 인류가 한 번도 경험하지 못한 일들로 예서 제서 어려움을 호소하고 힘든 사정을 하소연하는 마당에 출판계라고 예외일리 없건만 법이 어떤 역할을 해야 하는지 일깨워주는 도서출판 정독의 대표님과 편집해 주시고, 교정해 주시고, 표지 만들어 주시는 등 한 권의 책을 세상에 내놓기 위해 애써주신 모든 분들에게 진심으로 감사의 말씀을 드린다.

2021년 입춘
지은이 일동

제2판

머리말

Law & Society

두 해 만에 다시 머리말을 쓰게 되었다. 참으로 감사한 일이다. 수없이 많은 법학 입문서 혹은 생활 법률 관련 책 가운데 하나로 세상에 나와 새 표지를 선보이게 된 것은 오로지 큰 성원을 베풀어주신 여러분 덕분이다. 무슨 일이든 '처음처럼' 진행되고 이루어지기가 결코 쉽지 않음을 잘 안다. 세상사 마음먹은 대로 다 된다면 얼마나 좋을까!

이 책이 처음 나오고 지금까지 적지 않은 법령의 개정이 있었고, 판례도 쏟아져 나왔다. 적절한 시기에 일일이 반영해야 함에도 그게 쉬운 일이 아니다. 요즘 특히 사람들 입에 많이 오르내리는 종이책의 한계라든지 독자수의 감소, 출판계의 산업적 어려움을 그 까닭으로 꼽을 수도 있을 것이다. 하지만 이 같은 이유도 핑계에 불과할지 모른다. 지은이들이 더 서둘렀어야 했다.

짧은 시간 안에 우리 사회는 큰 사건들을 겪었다. 그리고 많은 변화가 있었다. 굳이 법적 영역에 한정한다손 치더라도 우리가 경험하지 못했던 일들이, 그것도 급박하게 벌어졌다. 헌법재판소는 대통령에 대한 탄핵안을 인용했고, 꽤 오래전부터 2월에 취임했던 대통령이 5월에 임기가 개시되는 장면을 눈으로 보고 귀로 들었다. 새 정부의 기틀을 짜는 정부조직법은 이 글을 쓰고 있던 중에 국회에서 통과되었고, 교정을 보면서 국무회의의 심의를 거쳐 공포되었다는 소식을 들었다.

그런데 이게 다가 아니다. 내년에 국민투표를 거쳐 헌법을 개정하겠다고 대통령은 약속했고, 국회 또한 개헌특위를 구성해 활발히 그에 대한 논의를 진행 중이다. 사회는 사회대로, 사람들은 사람들대로, 국민들은 국민들대로 개헌에 대한 기대와 우려를 표현하고 있다. 만약 헌법 개정이 예정대로 이루어진다면 이 책도 그에 맞추어 새 모습을 보여야 할 것이다(얼마나 많은 법령들이 고쳐질까!).

부족한 부분을 보완하려 노력했다. 헌법재판소의 판례를 반영하고, 주택임대차보호와 관련한 기술을 더하는 등 공·사법적 부분에서의 내용을 다듬었다. 부록도 바꾸었고, 찾아낸 오탈자도 고쳤다. 처음 판의 큰 틀은 같게 유지하였다. 법학 초학자들을 위해 법률용어도 쉽게 설명하고자 하였다. 앞으로도 머리말을 오래, 자주 쓸 수 있기를 바란다.

출판해주신 피앤씨미디어 대표님, 편집에 최선을 다해주신 분들께 감사의 말씀을 드린다. 애독해 주시는 분들 모두에게 행운이 깃들기를 간절히 기원드린다.

2017년 입추를 앞두고
지은이 일동

머리말

Law & Society

#1

대법원은 최근 형사사건에서 성공보수 약정을 무효라고 판결했다. 판례를 바꾼 것이다. 지난 달 23일 대법원 전원합의체는 만장일치로 변호사가 형사사건을 맡으면서 수사나 재판에서 무혐의나 구속영장 기각, 선고유예, 집행유예, 감형, 무죄 등을 조건으로 의뢰인에게서 받기로 약정하는 성과급, 이른바 성공보수에 대한 약정을 민법 제103조("선량한 풍속 기타 사회질서에 위반한 사항을 내용으로 하는 법률행위는 무효로 한다")를 근거로 무효로 선언했다. 판결문에는 "변호사도 판사·검사와 마찬가지로 '정의 실현'이라는 공익을 위해 협력하고 노력할 의무가 있다"며 "성공보수는 형사절차, 법조인 전반에 대한 신뢰성·공정성 문제와 매우 가까운 관계가 있어 시장의 영역에만 맡겨둘 수 없다"고 밝혔다. 또한, 보충의견에는 "정의를 실현하는 것만큼 사회 구성원들이 정의가 실현되고 있다고 믿을 수 있게 하는 것이 중요하다"는 영국의 법률가 고든 휴이트의 말도 삽입되었다. 대법원은 전관예우와 연고주의를 타파하고자 한 강력한 의지를 표명한 셈이지만, 대한변호사협회는 "사법 불신의 원인을 잘못 파악한 판결을 조속히 폐기하라"고 성명을 냈고, 일부 변호사들은 "지금까지 맺은 약정은 괜찮고 앞으로는 안 된다는 건 대법원이 새로운 입법을 하겠다는 것"이라며 반발했다. 학계와 시민단체는 이번 판결을 환영했다.

왜 변호사단체와 로펌들, 많은 변호사들은 이번 판결을 부정적으로 볼까? 대법원이 이번 판결을 내리기까지 아주 큰 신경을 쓴 것은 보안이었다고 한다. 참고로 민사사건에서는 적용되지 않는다.

#2

국회는 대법원 판결이 있은 이튿날인 7월 24일 살인죄의 공소시효를 폐지하는 형사소송법 개정안과 난폭 운전을 처벌하는 교로교통법 개정안 등을 의결했다. 형사소송법은 제253조의2(공소시효의 적용 배제)를 신설해 "사람을 살해한 범죄(종범은 제외한다)로 사형에 해당하는 범죄에 대하여는 제249조부터 제253조까지에 규정된 공소시효를 적용하지 아니한다"고 함으로써 범죄행위가 종료한 때로부터 진행하는 시효를 이 경우에는 적용하지 않게 한 것이다. 형사소송법 제246조는 국가소추주의를 규정해 "공소(公訴)는 검사가 제기하여 수행한다"고 명시하고 있다. 이번 개정으로 살인죄의 경우에는 공소의 시효가 사라지게 된 것이다.

도로교통법은 제46조의3(난폭운전 금지)을 신설해 "자동차 등의 운전자는 다음 각 호 중 둘 이상의 행위를 연달아 하거나, 하나의 행위를 지속 또는 반복하여 다른 사람에게 위협 또는 위해를 가하거나 교통상의 위험을 발생하게 하여서는 아니 된다"고 명문화해 무엇이 난폭운전인지 구체적으로 명시했으며, 처벌규정을 두었다. 이제 난폭운전은 운전면허 취소와 정지 사유에 해당되고, 난폭운전을 한 사람은 1년 이하의 징역이나 500만원 이하의 벌금에 처하도록 했다.

과연 이 규정에서 말하는 다음 각 호에는 무엇이 있을까? 간략히 보면 신호 위반, 중앙선 침범, 속도 위반, 횡단·유턴·후진 금지 위반, 안전거리 미확보, 진로변경 금지 위반, 급제동 금지 위반, 앞지르기 방법 또는 앞지르기의 방해금지 위반, 정당한 사유 없는 소음 발생, 고속도로에서의 앞지르기 방법 위반, 고속도로 등에서의 횡단·유턴·후진 금지 위반이 있다.

이 책의 머리말을 위의 두 대목으로 시작하는 것은 우리 사회가 '현재'라는 시간에 다가설수록 점점 더 법의 울타리를 넓혀가고 있는 것으로 보이기 때문이다. 우리 헌법 제40조는 "입법권은 국회에 속한다"고 명시하고 있으며, 제101조 제1항은 "사법권은 법관으로 구성된 법원에 속한다"라고 밝히고 있다. 입법 작용도, 사법 작용도 국가의 질서를 유지하는 중요한 축이다. 여기서 흥미로운 사실은 하루가 멀다 하고 인구에 회자되는 이른바 난폭운전이라는 사회적 문제가 드디어 법에 의해 재단될 때가 온 것이고, 법으로 말미암아 억울한 처지에 놓인 사람들이 기댈 곳이 다름 아닌 법 너머 법이라는 데 있다.

법은 그렇게 우리 사회에 깊숙이 자리 잡고 있다. 사람들이 의식하든 의식하지 않든 법은 사람들과 함께 같은 공간에서 같은 공기를 마시고 있는 것이다.

이 책은 이런 생각들을 끊임없이 반복하는 과정 속에서 마무리되었다. 적어도 법을 몰라서 억울한 피해를 입거나 하소연 할 곳을 찾지 못하는 일은 막아야 한다는 게 우리 지은이들의 생각이다. 법은 공평해야 한다.

이 책을 통해 법에 대한 기본적 이론을 익히고, 자신의 권리와 이익이 얼마나 소중한지를 다시금 알게 되기를 바란다, 아울러 주위의 일상적인 생활에서 벌어지는 민사적인 문제나 형사적인 문제를 바라보는 데 작은 길잡이가 될 수 있기를 바란다. 법은 쉬워야 한다.

이 책이 가지고 있는 오류는 지은이들이 책임져야 할 몫이다. 지속적으로 고쳐나갈 것을 약속드린다. 개론서의 특성상 충분한 전거를 밝히지 못한 점이나 정치한 이론적 전개를 생략한 점에 대해서는 간곡히 해량해 주시기 부탁드린다.

주미전권공사의 직을 수행한 박정양의 <미행일기(美行日記)>에는 “1887년 9월 27일 하직 인사를 드리고 1889년 7월 24일 복명하니 … 미국에 주재한 날이 333일, 길에서 보낸 날이 315일이다”라는 구절이 나온다. 머리말을 쓰는 내내 이 문장에 마음이 아리고 복잡해진다. 길에서 보낸 날이 결코 허송세월이지는 않았을 것이다. 그건 333일이 증명해 준다.

출판시장이 역대로 가장 어려운 시기라고 한다. 출간을 맡아 준 피앤씨미디어 대표님과 편집 관계자 여러분께 깊은 감사의 말씀을 드린다.

2015년 8월 입추 무렵에
지은이 일동

차 례

Law & Society

제 3 장 인간의 존엄과 가치·행복추구권·평등권(포괄적 기본권)

제 4 장 자유권

제 8 장 행정작용법

제 9 장 행정상 의무이행 확보수단

제 3 편 민사법의 이해와 법률문제

제2장 형법상 각종의 죄

제3장 형사사건처리절차

1

Law & Society

법 이론과 법 발견

Chapter 01 법의 이해

제 1 절 법이란 무엇인가?

Ⅰ. 법의 개념

법은 인간 사회의 규범이면서 문화적인 사실이다. 법은 때로 언어의 숨결로 이루어지며, 있어야 할 것으로 다루어진다. 법은 인과를 나누어 논리를 살피고 이해를 따져 관계를 본다. 이제 누군가 사실을 말하기 시작한다. 법은 자세를 가다듬고 들을 채비를 갖춘다.

법으로 말미암아 인간은 안전하고 편리한 생활을 향유한다. 그럼에도 언뜻 법은 강 건너 인간을 바라보듯 조심스레 그 행동을 관찰한다. 그리고 설정된 경계를 벗어난 인간에게는 가차 없이 스스로 벼린 무기를 꺼내든다. 그런데 법은 누가, 왜 만드는 것일까?

인간은 다른 인간과 더불어 사는 삶을 영위한다. 사람이 서로 받쳐 주고 있는 형상을 나타내고 있는 사람 인(人)이라는 한자는 이를 상징적으로 보여주는 것인지도 모른다. 인간은 태어나서 죽을 때까지 무리지어 생활을 하면서 살아가게 되어 있다. 이와 같이 공동생활을 꾸려가기 위하여 사람들이 직접 또는 간접으로 결합하여 형성하는 집단을 사회라고 한다.

인간은 사회를 떠나서는 살아갈 수 없다. 인간을 “사회적 동물”이라고 하거나, “사람이 사람인 까닭은 사람과 사람의 결합에 있다”, “인간의 존재는 타인과의 공존에 있다”고 하는 말들은 모두 이러한 이유에서 비롯한다. 어떻든 사회의 실체는 타인을 통한 생활과 타인을 위한 생활의 종합이며, 상호의존적인 공동생활이라고 할 수 있다.

그런데 인간은 공동생활 속에서 자신의 일상을 설계하며 더 나은 생활을 꿈꾸기 마련이다. 개인의 자유와 권리는 그래서 보장되고 존중되기도 한다. 하지만 인간은 사회 속에서 각자 자신의 욕망을 추구하고 달성하려고 한다. 더구나 한 인간이 스스로 정당하게 행위를 한다 하더라도 이것이 곧 다른 사람에게는 부당함을 의미할 수도 있다.

만일, 각자가 자신의 욕망대로 행동한다면 거기에는 필시 '만인의 만인에 대한 투쟁'의 상태가 출현해 혼란과 공포에 둘러싸인 '야성의 왕국'은 필연적일 것이다. 그러나 이래서는 도저히 사회생활이 유지될 수 없게 된다.

법이란 무엇인가? 이 질문에 대한 답을 하기는 매우 어렵다. 사람들은 각자의 바람과 이익에 따라 이 질문을 받아들이고 해석하며 또 답을 제시한다. 오래전부터 많은 학자들이 다양한 법의 개념을 제시했지만 그 누구도 모든 사람을 만족시키지 못했다. 지금도 법학자들에게 "법이란 무엇인가?"라는 질문은 그 자체로 현재진행형의 문제이다.

법을 어떻게 파악하느냐는 실로 중요한 문제이다. 법은 무엇보다 인간사회의 현실을 상정한다. 그만큼 법이 누구에 의해 어떤 방향으로 쓰이고 역할을 하는지에 따라 사회에 끼치는 영향이 너무나 막대하기 때문이다.

그럼에도 법을 국가권력에 의해 강제되는 사회규범으로 이해하는 경우가 많은데, 이렇게 설정된 법의 개념은 자연스럽게 유지해야 할 질서라든지 지켜야 할 약속과도 연계된다. 이렇다 보니 사회를 구성하는 사람들, 즉 사회적 존재인 인간에 대한 깊고 뚜렷한 통찰이 먼저 전제되어야 한다. 게다가 인간의 행위란 때로는 예측이 어렵기까지 하다. 따라서 사람들 스스로가 일정한 행위를 하거나 하지 말도록 하는 기준을 요구하여 마련된 관습이나 도덕, 종교적 규율 같은 규범들과 더불어 법을 정의하려는 시도도 등장한다.

인간의 사회생활은 매우 복잡하고 다양해 실정의 법규범뿐만 아니라 종교나 관습, 도덕, 예의 등 각종 생활규범이나 사회규범에 의하여 규제되고 있다. 하지만 시간이 흐름에 따라 인간생활관계가 복잡해지고, 사회가 발달하여 법률제도가 완비되어감에 따라 법률관계의 범위는 점차 증가하였고, 오늘날 인간의 일상 생활관계는 거의 법률관계로 이루어져 있다 해도 과언이 아니다. 또 법을 더 구체화하여 살필 수도 있다.

1. 사회의 법

인간은 사회를 떠나 살 수 없다. 인간은 사회 속에서 삶을 향유한다. 그렇기에 일상의 생활에서 우리의 행위는 다양한 사회적 관점에서 평가될 수 있다. 그런데 법은 사회적으로 의미 있는 행위만을 문제 삼지는 않는다. 따라서 사회에서는 어느 정도 사람의 행동의 방향을 제시하여 사회생활에 통일과 질서를 부여할 규범이 필요하게 된다. 이와 같이 사회생활을 가능하게 하는 규범을 '사회규범'이라고 한다. 이러한 사회규범에는 법과 도덕·관습·종교 등 여러 가지가 있지만, 이 가운데 가장 강제성이 강하고 중요한 것은 법이다. 인류의 사회생활은 이 법규범적 질서에 의하여 유지·발전되어 왔다. 법을 '사회생활의 조건'이라고 하는 말은 바로 이러한 의미를 띤다.

그렇다면 법은 우리들의 사회생활을 규율하면서 사회생활 속에 살아 있고, 또 우리들은 법이 지배하는 사회 속에서 생활하고 있다고 할 수 있다. "사회 있는 곳에 법이 있다"라는 법언은 이를 잘 표현해 주고 있다. 또한 어떠한 행위에 대해서 그것이 경제적으로 이익이 있는 행위인지 여부, 도덕적으로 정당한 행위인지 여부, 그리고 법에 위반하는지 여부와 같이 다양한 입장에서 설명할 수 있는데, 그때의 평가 기준이 곧 규범이고 이를 사회와 결부시켜 탄생된 것이 법인 것이다.

사실 사회규범은 사회생활을 터 잡아 그 안과 겉을 이룬다. 사회의 질서를 보존하고 지키기 위하여 사람들의 행동을 규율하는 규칙으로서 사회규범은 인위적으로 만들어진 것이며, 사람에게 지키도록 요구되는 행동의 기준이다.

사회생활은 인간의 본성에서 유래하는 것이나, 동시에 인간에게는 이기적이고 반사회적인 면도 내재되어 있다. 따라서 사회공동생활을 유지하고 발전시키기 위해서는 인간의 의사나 행동을 합리적으로 규제할 그 무엇이 필요하게 된다.

법은 종교·도덕·관습 등과 같이 사회생활을 가능하게 하기 위하여 사람이 서로 지켜야 할 사회규범이다. 만약 사회에 아무런 규범도 없이 모두가 제각기 자기의 주장과 욕심만을 내세운다면 그곳에는 항상 끊임없는 갈등과 모순에 찬 다툼만이 계속될 것이다. 따라서 인간은 사회생활을 하면서 서로가 지켜야 할 일정한 규범을 만들어 자연 속의 동물과 구별되는 생활을 하고 있는 것이다.

규범을 떠난 인간의 생활은 있을 수 없고, 사회생활이 행하여지는 곳에는 반드시 규범이 존재하기 마련이다. "사회 있는 곳에 법이 있다"라는 법언에서 법이라는 말은 사회규범 일반을 대표하는 말이다.

2. 인간의 법

인간은 법의 울타리 속에 놓여 있는 존재이다. 법은 우리를 보호하고 지켜주기도 하고, 우리의 행동을 규제하기도 한다. 법을 적용하는 이들에게나, 또는 법을 적용받는 이들에게나 법은 똑같이 그들 손에 쥐어진 방패이자 무기이다. 사소한 일상이나 생활의 단면

속에서 법의 도움을 받고자 하는 이들이 있을 수 있으며, 이미 이 세상에 존재하지 않는 이에게도 법의 영향력이 미치는 경우도 있다.

하지만 법의 세계에서 전제하고 있는 인간은 사회 속의 평범한 인간이다. 즉, 이상적인 모범자로서의 성인군자를 전제로 하고 있지도 않으며, 인생이나 사물의 근원을 구명하고자 하는 철학자를 전제로 한 것도 아니다. 시인이나 과학자, 연예인, 운동선수만을 대상으로 하고 있지도 않다. 단지 일상의 희로애락 속에서 생활하는 평범한 무리들과 그 안에 더불어 사는 어디서나 흔히 볼 수 있는 '평균적 인간'의 규범이 법이다.

따라서 법은 상시적이고, 상식적이다. 법을 만들고 적용할 때 법의 세계에 존재하는 인간이 이러한 사회의 평균적 인간이라는 것을 간과한다면 법은 그 생명력을 잃게 될 것이다.

3. 객관적 법

인간은 사람과 사람 사이에서만 생존할 수 있는 존재라는 의미에서 인륜적 존재라 할 수 있다. 인륜이라 함은 인간의 질서관계인데, 친자나 부부 등의 가정 관계, 지역사회의 관계, 직장관계, 정치관계 등 다양한 사회관계가 모두 인륜의 관계이다. 이러한 인륜관계가 존재하는 곳에는 시비선악이라는 상대적 가치를 넘어 인륜적 존재로서의 인간을 규율하는 객관적 도리, 즉 사리라는 것이 있다. 이것의 표현방식은 나라마다 다르다. 영국에서는 '이성' 또는 '합리성'이라 표현하며, 독일이나 프랑스 등에서는 '사물의 본성'이라 표현한다. 하지만 그 표현 여하를 떠나 '객관적'이라는 말이 주는 의미는 결코 가볍지 않다.

이는 법의 기초를 형성하는 것이므로 법을 만들 때 그 원천이 될 뿐만 아니라 입법상 침해해서는 아니 되는 객관적 한계가 되고, 또 사법과정에서는 해석의 기초가 되기도 한다. 이러한 객관적 의미를 갖는 법은 인간의 본성이라는 측면이 내재되어 있는가 하면, 자연의 본성이라는 측면도 있으며, 제도의 본성이라는 측면도 내재되어 있다.

즉, 법은 기본적으로 실질적·윤리적 합리성에 기초하고 있다. 그러나 객관적 도리 자체가 법은 아니다. 법이란 객관적 도리 내지는 사리가 전체 사회에서 정치적·법률적으로 자각되고, 그것이 성문법, 관습법, 판례법, 조리 등으로 표현된 것이라 할 수 있다. 따라서 역설적으로 우리가 법이라 부르기 위해서는 그것이 객관적이어야 함은 두말할 나위가 없다.

4. 강제적 법

법은 국가권력에 의하여 유지되며 강제되는 규범으로서 그의 위반에 대하여서는 일정한 불이익 내지는 제재가 예정되어 있다. 일정한 행위를 전제하면서 사회질서를 유지하기 위해서 법의 강제된다. 그래서 강제규범을 재판규범이나 제재규범이라는 말로 부르기도 한다.

그러므로 법은 불이익이나 제재에 의하여 그의 준수가 강제되는 국가적 규범인 것이다. 보통 법은 심리적 강제에 의하여 준수되나 때로는 그 위반자에 대하여 물리적 강제, 즉 강제집행 혹은 형벌 등에 의하여 강제되고 있다.

법의 사회적 실용성을 중시한 독일의 법학자 예링(Rudolf von Jhering 1818~1892, 『권리를 위한 투쟁』의 저자로 유명한 예링은 법의 본질을 쉽게 써내 대중에게 인기를 누렸다.)은 '강제를 수반하지 않는 법은 마치 타지 않는 불과 같이 그 자체 모순을 가지는 것이다'라고 하였다. 이는 법이 강제를 본질적 특성으로 한다는 점을 단적으로 표현한 것이다. 여기에서 강제란 당해 사회로부터 강제의 권능을 법적으로 인정받은 공권적인 강제의 주체가 법을 침해하는 행위를 한 자에 대해서 일정한 정신적·물질적 강제작용을 가함으로써 침해된 법이 준수된 것과 같은 사실 상태를 실현시키거나 법을 침해한 자에 대하여 일정한 고통을 가하는 것을 말한다.

강제의 방법은 형법상의 형벌을 예로 들 수 있다. 사형, 징역, 금고, 벌금, 구류, 과료, 몰수 등 형벌에 의해서 법의 준수가 강제되는 것이다. 또 사법 영역에서의 강제집행도 그러한 방법이다. 예컨대 돈을 빌리고 갚지 않은 경우에는 재판을 통하여 빌린 돈을 반환시키는 판결을 내리고 집행관이 채무자의 재산을 압류하여 금전적인 방법으로 변제의무를 이행하거나 대체집행을 하기도 한다.

5. 정당한 법

법은 국가권력에 의해서 만들어지고 국가의 공권력에 의해서 강제되는 것을 바탕으로 하지만, 법이 법으로서의 실효성을 가지는 것은 많은 사람들이 이 법규범을 자신들이 따라야 할 정당성 있는 것으로 승인했기 때문이다. 그렇다면 법규범을 많은 사람들이 따라야 하는 것으로 승인하는 실체는 무엇인가?

이 물음에 대한 답은 명확하지는 않지만 기존의 법규범에 대해서 말한다면 그것은 국민들에 의한 수동적인 작용이라고 할 수 있다. 그렇다 하더라도 이는 세월이 흘러 사회가 변화됨으로써 현행의 법이 변화된 사회의 다양한 욕구를 따르지 못하게 됨으로써 그 법규범에 대한 승인을 거부하거나 악법을 개폐하거나 반대로 사람들이 자신의 이익에 합치하는 새로운 법규범을 만들려고 노력하는 경우, 이러한 사람들의 능동적인 의사는 수동적인 승인이 아니라 '여론'이다.

여론의 힘은 사회를 이루는 개개 구성원의 요구나 희망뿐만 아니라 다양한 사회집단에서도 나오게 된다. 이것이 사회 전체에 확산되는 과정에서 더러는 충돌이 벌어지기도 하고, 어떤 때는 의견이 수렴되어 합치되기도 하면서 점차 특수한 사회집단이나 기관의 범위를 넘어서 국민 전체의 요구나 희망으로 변화함으로써 여론이 형성된다. 따라서 여론의 힘은 여론의 내용이 그 시대와 사회의 제 요청에 합치되는 이념에 충실하고, 국민 대다수가 이것이 정당한 것이라고 확신할 때 나타나게 된다. 그리고 법은 바로 그것의 반영이다.

Ⅱ. 법의 성격

사람은 사회 속에서 개인의 일상과 공동생활을 영위해 간다. 이러한 공동생활에서 사람이 다른 사람의 존재를 무시하고 자기의 욕망만을 추구하게 된다면 여러 사람이 함께 산다는 것은 어렵게 되고 공동생활을 유지·발전시킬 수 없게 될 것이다. 따라서 거기에는 자기의 행동이 남을 해치지 않고, 남도 자기와 같이 행동할 수 있도록 하여 다 같이 살 수 있게 하는 어떤 질서가 있어야 할 것이다.

1. 당위규범성

사회의 질서를 유지하기 위해서 사람들은 반드시 서로가 받아들인 규칙에 따라 행동하여야 한다. 그리고 규칙은 사람들의 이기적인 욕구를 충족시키기 위하여 하고 싶은 대로 행동하라는 것이 아니라 마음대로 하고 싶더라도 사회의 질서를 유지하기 위해서는 "어떻게 하여야 한다"는 것을 요구하는 것이 된다. 이와 같이 일정한 가치적 목적에 도달하기 위하여 따르지 않으면 안 되는 의사와 행위의 절차 내지는 규칙을 규범이라고 한다. 규범은 사회적인 공동목적을 달성하기 위하여 "… 해서는 안 된다"(금지)라든가, "… 하지 않으면 안 된다"(명령)라고 하는 것처럼 인간이 마땅히 해야 할 것을 정하는 당위의 법칙이다. 당위란 "마땅히 … 해야 한다"는 것을 의미한다.

그런데 질서는 인간사회에만 있는 것이 아니라 자연계에도 있다. 자연계를 지배하는 법칙을 자연법칙이라 한다. 이는 "물은 높은 곳에서 낮은 곳으로 흐른다", "해는 동쪽에서 솟아 서쪽으로 진다"는 것과 같이 사람의 의사와는 관계없이 스스로(自) 그러한(然) 객관적으로 인정되는 '사실상 그러하다'는 관계를 나타내고 있는 법칙을 말한다. 이러한 의미에서 이를 존재의 법칙이라고도 한다. 자연계의 모든 현상은 자연법칙에 따라 어김없이 움직여지고 있는 것이다.

마찬가지로 사회의 질서가 유지되기 위해서는 사람도 규범을 지켜야 한다. 규범은 사람이 "마땅히 …해야 한다"는 관계를 나타내는 당위의 법칙으로서 "사람을 죽여서는 안 된다", "남의 물건을 훔쳐서는 안 된다" 등과 같이 사람에 의하여 사회적으로 설정된 목적달성을 위한 법칙을 말하며 그 실현여부는 알 수 없으나 실현되기를 기대하는 목적적인 법칙이며 목적과의 불일치에도 불구하고 타당한 법칙이다. 따라서 당위의 법칙에는 언제나 예외가 있을 수 있고 어김이 있을 수 있다.

그러나 자연법칙은 위에서 본 바와 같이 일정한 인과율을 존재로 하여 표현되는 법칙이며, 어떠한 원인이 주어지면 반드시 어떠한 결과가 발생한다고 하는 필연의 법칙으로서 사실과 일치하기 때문에 타당한 법칙이다. 이와 같이 자연법칙은 존재의 법칙이여 필연의 법칙이라는 점에서 당위의 법칙인 규범과 구별된다. 따라서 규범은 옳고 그름의 판단이 가능하나 자연법칙은 참과 거짓의 판단만이 가능하다.

2. 평가규범성

법이 규율하는 대상은 사람의 행위이다. 사람의 행위는 법에 의해 평가되기도 한다. 행위란 사람의 의사에 따른 신체의 외부적 동작을 말한다. 의사가 아직 외부에 나타나지 아니한 때 이는 내부의사에 그치고 외부에 나타났을 때 비로소 행위가 된다. 법은 사람의 마음속의 내심을 문제 삼는 것이 아니라 외부로 나타난 행위를 문제 삼는 것이다. 즉, 법은 사회에서 일어난 모든 사실을 평가하여 가치 있는 것과 가치 없는 것으로 구별하고, 이를 표준으로 하여 행하여야 할 행위와 하지 말아야 할 행위를 결정하여 주는 것이다.

이러한 의미에서 법은 평가규범이자 행위규범이며 사회생활상 요구되는 행위준칙인 것이다. 이와 같이 법은 행위자의 의사가 행위로서 외부에 표현되었을 때 비로소 이를 규율하는 것이다. 그러나 종교 및 도덕은 아직 외부에 표현되지 아니한 의사 그 자체도 규율한다는 점에서 법과 구별된다. 이러한 의미에서 도덕·종교 계율은 내심규범 또는 의사규범이라고 불린다.

한편, 사람의 인식작용이나 감성작용에 관하여서는 각기 논리규범과 심미규범이 있다. 그러나 이 규범들은 순수한 가치규범에 그치는 것이다. 법은 종교·도덕·관습 등과 더불어 가치규범인 동시에 사회생활에서 인간의 행위 그 자체를 규율하는 실천규범이기도 하다. 법은 이렇듯 현실 속에서 인간의 행위를 평가하는 규범이기에 사회를 구성하는 대다수의 사람들로 하여금 수범을 이끌어낼 수 있는 것이어야 한다.

Ⅲ. 법의 기능

'법의 기능'은 매우 다양한 의미를 내포하고 있는 말이다. 이를 사회 속에서 규범화한 법의 속성을 들어 법의 역할로 해석하는 경우도 있고, 또는 법 자체의 체계적이고 구조적인 모습의 한 부분으로 이해하는 경우도 있을 수 있다.

우리들 인간의 삶이 법과 떼려야 뗄 수 없는 관계를 갖기에 법의 기능을 인간의 의식적 행위에 기댄 법의 요소에 주안점을 두어 살필 수도 있다. 흔히들 법이 보장하는 인간의 권리와 지위에 초점을 맞추어 첫째 법의 보장적 기능으로, 사회 속의 인간들에게 요구되는 조화로움에 초점을 맞추어 둘째 법의 통제적 기능으로, 사회 구성원들 사이의 다툼과 갈등 해결에 초점을 맞추어 셋째 법의 분쟁해결적 기능으로 나누어 그 의미를 다루는 것이 그러한 예이다. 물론 이 같은 법의 기능에 대한 논의는 더욱 풍부한 논리와 담론이 동원되어야 할 것이다.

이렇듯 법의 기능에 관해서는 여러 견해가 있으나, 여기서는 정형화한 틀에서 법의 기능에 대해 알아보기로 한다.

모든 사회의 법질서는 각각 그 논리적 성격을 달리하는 세 가지의 법규범으로 구성되어 있는 바, 일반적으로 당위를 내용으로 하는 행위규범, 국가권력에 의하여 강제되는 강제규범, 제도나 조직 자체에 관한 조직규범 등이 그것이다. 예컨대, "물건을 훔치지 말라"는 것은 행위규범이고, "타인의 재물을 절취한 자는 6년 이하의 징역 또는 1천만원 이하의 벌금에 처한다(형법 제329조)"는 것은 재판규범이며, 절도범을 체포하여 형을 확정하고 집행하기 위해서는 법원조직법, 정부조직법 등의 조직규범이 필요한 것이다.

1. 행위규범

행위규범은 사회구성원이나 그 법적 공동체가 구성원에 대하여 직접 어떤 행위의 모형을 제시하여 '하여야 할 것', '할 수 있는 것' 또는 '하여서는 안 될 것' 등을 지시하는 것이다. 이러한 규범은 실천적 관점에서 인간의 행위에 대하여 어떠한 제약을 가하는 것이므로 행위규범이라고 불린다.

행위규범의 내용은 종교적 규범, 도덕적 규범, 기술적 규범 등 매우 다양한데, 그 특색의 하나는 그것이 원칙으로 사회생활을 영위하는 일반인에게 향해진 규범, 즉 사회의 일반 구성원을 수범자로 하는 규범이라는 것이다. 예를 들면, “계약은 준수되어야 한다”든가 또는 “자동차는 우측으로 통행하라”든가 하는 것 등을 말한다.

2. 재판규범

재판규범은 법률생활관계에서 이의나 다툼 혹은 위법행위가 있는 경우에 그것을 재판하여 법률관계를 정비·확정하거나, 혹은 침해된 법질서를 회복하기 위한 기준이나 절차에 관하여 규정하는 것이다. 특히, 위법행위에 대하여 가해지는 재판에 관하여 규정하는 것이 재판규범으로서의 성질을 가장 두드러지게 가지는 것이다.

재판규범은 그 내용면에서 행위규범이나 조직규범과 밀접한 관련을 갖는 경우가 많다. 즉, 행위규범이나 조직규범도 재판의 기준을 제시하는 것이라고 볼 수 있는 한도에서 그것은 동시에 재판규범이 되는 것이다. 예를 들면, 근로기준법 제22조에는 “사용자는 근로계약 체결 시에 근로자에 대하여 임금, 근로시간 기타의 근로조건을 명시하여야 한다”고 규정하고 있는데, 이것은 직접 개인의 행위기준을 정하는 것인 동시에 감독기관의 직무집행기준이기도 하고, 또한 사용자가 이를 위반하는 경우에는 근로자의 계약해지권이나 벌칙과 관련해서 법관을 위한 재판의 준칙이 되기도 하는 것이다. 그러므로 법규는 전형적으로 행위규범과 재판규범의 복합구조(2중 구조)로 이루어진다고 볼 수 있다.

3. 조직규범

조직규범은 어떤 법질서를 공동으로 하는 전체적 사회단체 및 그 내부의 각종 사회단체의 구성, 기관조직·기관의 권한·책무의 기준을 정하는 것, 그리고 직접 일정한 행위를 지시하는 것이 아니라 행위의 기반인 일정한 제도의 구성에 관하여 규제하는 것을 말한다.

행위규범과 재판규범이 행해지기 위해서는 그 전제가 되는 법이 필요하므로, 여기서 법을 정립하고 이를 적용·집행할 수 있는 조직체가 필요하다. 예를 들면, 전파를 방해하는 행위를 법으로 금지하고 이의 위반에 대해서 처벌을 하려면, 먼저 법을 정립할 수 있는 국회라는 조직체가 필요하고, 이의 위반자에 대해서 법을 적용하는 법원이 조직되어 있어야 하며, 또 그 범죄인에 대하여 형을 집행하기 위해서는 행정기관이라는 조직체가 필요하게 되는 것이다. 국회법, 정부조직법, 국가공무원법, 법원조직법 등이 조직규범에 해당한다.

제2절 법규범의 구성

Ⅰ. 규범의 생성

인간이 머무는 사회의 공동생활이 원활하게 영위되고, 평화롭게 지속·발전하기 위해서는 일정한 '질서'가 필요하다. 질서(秩序)의 사전적 의미는 "사물이나 조리가 올바르게 행하여지도록 정해진 순서나 절차"를 이르는데, 이를 사회적 의미로 나누어 살필 수도 있다.

먼저 정태적으로 보면 사회 전체를 구성하는 사람들과 여러 문화적 요소가 전체에 대한 관계 또는 상호 간의 관계에서 누구나 인정하는 규칙에 의해 정해진 일정한 지위·관계를 가짐으로써 일정한 균형을 이루고 있는 것을 말한다. 그리고 동태적으로 보면 사회의 구성원이 일정한 사정 아래서는 어떠한 형태로 행동할 것이라고 하는 것이 대체로 정해져 있는 상태, 즉 사회적 행위의 규범성 내지 정형성 또는 사회적 행위나 그 반응의 예측가능성이 존재한다는 것을 말한다.

그런데 인간은 더 많은 재산과 권력을 갖고 싶어 하고, 더 편안하고 안락해지기를 원한다. 이와 같이 인간의 욕망은 무한하기 때문에 거기서 파생되는 분쟁이 있을 수밖에 없으며, 인간의 행동을 규율하기 위해서는 반드시 객관적인 규칙이 필요하다.

인간은 사회생활을 하고, 그 사회생활을 유지·발전시키기 위해서는 일정한 질서가 필요하며, 그 질서는 일정한 규범을 통해 지탱되고 향상된다. 영국의 법학자이자 역사학자였던 비노그라도프(Paul Gavrilovitch Vinogradoff, 1854~1925)가 "바둑이나 테니스와 같은 경기를 위하여 사회적으로 결합할 때에도 일정한 규칙에 따라야 하는데, 하물며 국가사회에서는 더 말할 나위가 없다"고 설파했던 것처럼 국내사회든, 국제사회든 질서유지를 위해서는 일정한 규칙이 필요하므로 "사회가 있는 곳에 법이 있다"는 말이 생겨나게 되었다.

법을 비롯한 사회규범들이 제대로 지켜진다면 우리 사회는 우리가 지향하려 하는 바람직한 모습으로 그려질 테지만, 이러한 상황은 이상의 세계일 뿐 현실의 세계는 아니다. 고대로부터 수많은 규칙이 만들어졌다가 없어지고, 또다시 만들어졌다. 특히, 과거에 종교, 관습, 도덕과 같은 사회규범이 엄격히 지켜진 적도 있으나, 대체로 그와 같은 사회규범의 위반에 대해서는 제재가 미약하였다. 따라서 시대가 진전하면 할수록 사회의 질서를 유지하고 발전시키기 위해 국가권력에 의해 강행되는 사회규범인 법의 중요성이 강조되고 있다.

Ⅱ. 법과 다른 사회규범

사회생활을 규율하는 규범에는 법, 도덕, 종교, 관습 등이 있는데, 이들은 현실적으로 완전히 따로 떼어낼 수 없는 관계에 있다. 따라서 이러한 사회규범 중에서 법의 본질을 좀 더 명확하게 하기 위해서는 법과 도덕, 종교, 관습 등이 각각 어떠한 차이점이 있는가 하는 점에 대한 이해와 함께 상호관련성도 검토해야 한다.

법과 도덕, 종교, 관습 등과 같은 사회규범은 원래 서로 섞여 사회공동생활의 질서유지를 위해 기여해 왔다. 즉, 고대의 미개사회에서는 인간의 생활이 단순하고, 교통의 범위가 좁았기 때문에 인간관계도 극히 단순하였다. 다만, 미개사회도 사회이므로 그 사회에도 법이 존재하기는 했으되 그 사회인의 행동을 통제하여온 것은 종교상의 맹목적 신앙심과 결부된 미풍양속 내지 관습의 힘이었다. 우리나라의 씨족사회 대에서도 그 사회를 통제하여 왔던 힘은 종교적 색채가 강한 주술적 규범이었고, '토테미즘'의 금기 그 자체였다.

그러나 사회규모가 확대되고, 경제생활이 복잡해짐에 따라 단순한 관습만으로 공동생활의 질서를 유지하기 어렵게 되자 명백한 규범의식으로서의 준칙이 필요하게 되었고(재판에 쓰여야 할 규범을 생각해 보자), 여기서 관습으로부터 도덕이 분화되어 나가게 되었다.

1. 법과 도덕

오늘날 사회규범 중에서 특히 중요한 것은 법과 도덕이다. 법은 규정에 적합한 형태, 즉 합법성(Legalität)으로 충족되지만, 도덕은 규범에 적합한 심정, 즉 도덕성(Moralität)이 끝없이 요구된다. 그렇지만 이 같은 말만으로는 법과 도덕의 윤곽조차 그리기가 쉽지 않다. 여기서 이 둘 사이에 어떠한 차이가 있으며 또 어떠한 관계에 있는가가 법학의 고전적이며 기본적인 문제로 대두된다. 동시에 이는 법의 본질을 고찰하는 데도 극히 중요한 문제로 여전히 많은 학자들의 숙제이자 연구대상이다. 예링이 "법과 도덕의 관계를 구별한다는 것은 법철학의 케이프 혼"이라고 말하였듯이 이 문제는 법학의 가장 어려운 영역에 포함되어 있다.

도덕(moral)이란 말은 라틴어 모레스(mores)에서 유래했다. 모레스는 더 거슬러 올라가 습관 혹은 풍습의 뜻을 담고 있는 그리스어 에토스(ἔθος, ēthos)에서 나왔다. 한편으로는 도덕이 에토스에서 유래한 윤리(ethics)라는 용어와 거의 유사한 뜻으로 쓰이기도 한다. 하지만 윤리학에서는 보통 도덕과 윤리, 두 용어를 구분해 사용하는데, 도덕은 '옳은 것과 그른 것, 좋은 것과 나쁜 것에 관한 가치판단 능력 혹은 그것과 일치하는 행동'을 말하는 반면 윤리는 '그런 도덕에 관한 비판적 성찰'로 헤아린다.

아무튼 도덕의 기초로서 관습에서 사회규모가 확대되고 경제생활이 점차 복잡해짐에 따라 도덕과 법이 분화하여 나오게 된 것이다. 따라서 법과 도덕은 모두 인간의 행위규범으로서 그 근원이나 원천에 있어서 상호 밀접한 관련이 있을 뿐만 아니라 내용면에서도 중복되며, 효력 면에서도 상호 보완관계에 있으므로 서로 뗄 수 없는 긴밀한 관계에 있다.

그러나 법의 고유한 영역을 올바르게 파악하기 위하여 많은 학자들에 의해 법과 도덕을 구별하려는 시도가 있어 왔다. 즉, 토마지우스(Christian Thomasius 1655~1728, 독일 계몽주의 선구자라 불리는 자연법학자)는 윤리와 도덕은 인간의 양심에 내면적 평화를 주는 것이고, 법은 타인에 대한 관계를 통제하고 공동생활의 질서를 세우는 것으로서, 전자는 의지의 내적 과정이요, 후자는 행위의 외적 과정에 관한 것이라고 하였다.

또한, 가장 세련되고 정치(精緻)하게 법과 도덕을 구별하려 했던 칸트(Immanuel Kant, 1724~1804)는 내면성·외면성이라는 기준보다는 합법성과 도덕성으로 구별하려 했다. 그는 법은 동기의 여하와는 관계없이 법칙에 일치하는 합법성으로 만족하고, 도덕은 법칙에 따른 의무감이 행위의 동기가 되는 도덕성을 요구한다고 하였다.

그럼에도 '법은 도덕의 최소한 das ethisches Minimum'이라는 옐리네크(Georg Jellinek, 1851~1911, 독일의 실증적 법철학자이자 공법학자)의 말이나, '법은 도덕의 최대한 das ethisches Maximum'이라는 슈몰러(Gustav Schmoller, 1838~1917)의 말처럼 어느 범위에서는 법과 도덕이 중복되고 일치하는 경우가 많으므로 그 구별이 쉽지 않은 것이 사실이다. 법과 도덕은 어떤 차이점이 있으며, 어떤 관련성이 있는가 하는 문제는 그동안 학자들 간에 많은 논의가 되어 왔다.

또한 도덕에 반하는 법에 관해서도 많은 논의가 있었다. '악법도 법인가'라는 말에 담긴 의미의 해석도 그 한 예가 될 수 있을 것이다. 어떤 법이 악법인지, 악법의 기준을 무엇으로 정할 수 있는지의 문제는 시대와 장소, 각자의 인생관, 가치관, 세계관에 따라 달라질 수 있으므로 쉽게 파악할 수는 없다. 다만, 어떤 법이라도 국민의 도덕관념에 현저하게 반하는 경우에는 그 법이 오래가지는 못하는 것이 역사의 진리였다.

(1) 법과 도덕의 차이

법과 도덕을 차이를 설명하는 견해는 매우 다양하다. 그중 중요한 것 몇 가지를 들어보면 다음과 같다.

첫째, 법은 경험적 사실에 의하여 성립하는 것이지만, 도덕은 선험적 이성에 의하여 발생하기 때문에 타당성이 인정된다고 하는 견해이다. 하지만 도덕도 사회현실의 반영이기 때문에 경험적인 것이라고 해야 한다.

둘째, 법은 현실에 의하여 생기며 현실상 행해지는 규범이므로 평균인을 대상으로 함에 반하여, 도덕은 평균인에게는 지키기 어려운 높은 이상을 지향한다고 하는 견해이다. 하지만 법에서도 높은 이상을 내거는 경우가 있고, 도덕도 평균인이 실행할 수 있는 현실적인 것을 내용으로 할 때가 있으므로 규범의 내용만 가지고 양자를 구별하기는 어렵다.

셋째, 법은 법률이나 명령의 형식으로 문자에 의해 표시되는 데 반하여, 도덕은 그러한 형식으로 표시되지 아니한다고 하는 견해이다. 그러나 근대국가 성립 후에도 성문화하지 못한 관습법이 남아 있는 동시에 도덕도 최근에 와서 각종 논리요강 등의 형식으로 표시되는 것이 적지 않으므로 이 구별도 타당하지 못하다고 해야 한다.

넷째, 법은 인간의 외면적 행위를 규율하는 데 반하여, 도덕은 인간의 내면적 사상을 규율한다는 견해이다. 설혹 내심에 국가에 대한 위험사상을 품는다 하더라도 그것을 실행하지 않는다면 법적으로 처벌되지 아니하는 반면, 도덕적으로는 마음의 간음이라도 용서되지 않는다고 한다.

그러나 법 또한 더러 인간의 외면의 행위뿐만 아니라 내면적 의사까지도 규율한다고 해야 한다. 예컨대, 형법에서 법률에 특별한 규정이 있는 경우를 제외하고는 고의가 있는 경우만 처벌하는 것에 비추어 형사책임의 여부를 결정하는 경우에는 사람의 내면적 의사가 중요한 표준으로 되는 것이다. 또 민법에서도 과실책임주의를 취하고 있으므로 원칙적으로 무과실이라는 심리상태에 있었다면 책임이 없게 된다. 또한 사법에서는 선의·악의라는 말이 사용되는데 선의란 관계되는 사실을 몰랐다는 것이며 악의란 그것을 알고 있었다는 것이므로 내심의 지·부지가 중요한 법률상의 차이를 가져온다.

한편, 도덕도 외면적 행위까지 평가의 대상으로 삼는 경우가 있다. 아무리 내심에서 도덕적 마음을 가지고 있더라도 외부에 그것을 실천하지 않는다면 인정을 받지 못하게 되므로 이 구별도 부당하다고 해야 한다.

다섯째, 법은 타율성을 가지는 데 반하여, 도덕은 자율성을 가진다는 견해이다. 칸트가 개인주의·형식주의적 도덕철학에 의해 구별한 견해이다. 즉, 법은 외부에서 강요당하기 때문에 지켜지는 것임에 반하여 도덕은 외부에서 강요하지 않더라도 스스로 자각하여 실천되는 규범이라는 것이다. 그러나 엄밀히 말해서 법이나 도덕은 모두 외부에서 강요되며, 그 준수여부 역시 타율적인 것이라고 해야 한다.

여섯째, 법에는 권리에 대응하는 의무가 있듯이 양면성을 가지는 데 반하여, 도덕에는 의무만 있는 편면성만 가진다고 하는 견해이다. 즉, 법적 의무에는 이에 상응한 권리가 있으나, 도덕적 의무에는 이에 대응하는 권리가 없다는 것이다. 하지만 도덕도 사람과 사람 사이에서 지켜야 할 도리인 이상, 그 의무도 사회라는 대상이 있다고 해야 한다. 예컨대, "국가는 사회보장·사회복지의 증진에 노력할 의무를 진다"는 헌법 제34조 제2항의 규정이 보여주는 것처럼 '국가'의 의무와 '국민'의 근로의 의무(헌법 제32조 제2항)가 구체적인 상대방에게 구체적인 권리를 부여하지 않는다 하더라도 추상적으로 관념하는 것까지 불가능한 것은 아니다.

끝으로 법은 그 실현이 국가의 강제력에 의해 보장되는 데 반하여, 도덕은 그러한 강제력이 없다는 견해이다. 예링이나 켈젠(Hans Kelsen, 1881~1973)은 법과 도덕의 차이를 법이 강제와 결부되고 있다는 점에서 구하였다. 즉, 법은 국가적 강제규범으로서 외부적으로 정치사회의 기술적 권력이나 조직된 국가권력에 의하여 그 준수가 강제되므로 타율성을 그 요소로 하고 있음에 반하여, 도덕은 이러한 외부적 권력에 의하지 아니하고 사람의 양심에 의하여 유지되므로 자율성을 그 본질로 한다고 한다.

법이나 도덕에는 다 같이 강제가 있지만, 다만 그 강제의 성질과 방법이 다를 뿐이라고 할 수 있다. 즉, 도덕의 강제는 사회적 비난과 같은 소위 심리적 강제임에 반하여, 법의 강제는 국가권력에 의하여 가해지는 물리적 강제인 것이다. 따라서 오늘날의 통설은 법을 도덕으로부터 구별하는 올바른 기준으로서 법은 그의 목적 실현을 위해 국가의 물리적 강제력에 의하여 보호받고 있다는 점에서 구하고 있다.

(2) 법과 도덕의 관계

가. 내용에서의 관계

분명 법과 도덕은 내용적으로 상당한 수렴관계에 있다. 법은 많은 도덕적 규범을 그 속에 내포하고 있는데 절도나 살인을 하여서는 안 된다고 하는 도덕적 규범은 절도나 살인을 처벌하는 형법의 규정(형법 제250조~제256조, 제329조~제346조)과 상통하는 것이다. 또 민법의 신의성실의 원칙(민법 제2조 제1항)이나 공서양속의 규정(민법 제103조)은 도덕적 규범을 그대로 법의 내용으로 옮긴 것이다. 이와는 반대로 법의 내용이 도덕화되는 경우도 있다. 법이 도덕적으로 이해되어야 하는 개념을 쓰고 있는 경우도 그렇다. 형법에서의 '책임' 개념이나 '음란'의 의미가 그 예가 될 수 있을 것이다.

또한 도덕적 성질을 전혀 갖지 않은 순수한 기술적인 사항이 일단 법이 되어 버리면 이를 준수하는 것이 도덕으로 되는 것도 그렇다. 라드브루흐(Gustav Radbruch, 1878~1949)는 이를 '도덕의 왕국에의 법의 귀화'라고 했다. 특히, 오늘날의 복지국가하에서는 국민의 생활을 배려하여 종래 개인의 도덕에 맡겨졌던 영역에 국가가 개입하게 되어 법과 도덕은 다시 밀접한 관계를 되찾게 되었다. 다시 말해서 법과 도덕은 규범적으로 일정한 내용을 공유하고 있는 것이다.

그렇다고 하더라도 법과 도덕은 그 내용에 있어서 완전히 융합될 수 있는 것은 아니다. "부부는 서로 사랑해야 한다"든가, "자녀는 부모에게 효도해야 한다"든가 하는 등의 도덕적 덕목은 법으로 강제될 성질의 것은 아닌 것이다. 반대로 다수결의 원리라든가, 시효가 완성되면 빌린 돈을 갚지 않아도 좋다(민법 제162조)든가, 서면에 의하지 않는 증여계약은 각 당사자가 이를 해제할 수 있다(민법 제555조)든가 하는 등의 법규정은 도덕적인 견지에서 본다면 반드시 납득될 수 있는 것은 아니다. 그러므로 법과 도덕은 그 내용에서 서로 교차하는 두 개의 원과 같은 관계를 가지고 있다고 할 것이다.

나. 효력에서의 관계

도덕은 개인의 양심이나 사회적 비난에 의하여 그 실효성이 뒷받침되고 있다. 따라서 도덕은 사회적 비난에 둔감하고 양심이 박약한 사람에게는 별 실효성이 없다. 이에 반하여 법은 국가권력에 의한 물리적 강제력에 의하여 그 실효성이 뒷받침되고 있다. 따라서 법에 의한 강제는 도덕에 의한 경우보다도 실효적이라고 할 수 있다. 그래서 도덕규범 중에서 특히 중요하고 필요하다고 판단되는 것은 법에 의하여 강제되어 실효성이 주어지게 된다.

반대로 법은 강제력에 의해 지켜지기를 요구하지만 도덕과 같은 준법정신의 뒷받침이 없이는 아무리 엄벌에 처한다 해도 실효성을 가질 수 없게 된다. 여기서 도덕은 법에 대해 좋은 후견인이 되어야 할 이유가 있는 것이다. 따라서 법과 도덕은 그 효력에서 상호 보완적 역할을 수행하고 있다고 할 수 있다.

2. 법과 관습

(1) 관습의 의미

관습(custom)이란 어떤 민족 또는 사회전체의 구성원들에 의해 오랫동안 되풀이되어 온 집단적 행위질서라고 풀이할 수 있다. 이를 습속 또는 풍속이라고도 한다. 관습은 역사적 전통을 근간으로 하며 언제나 사실적인 것 위에 수립되는 것이므로 그 중심을 이루는 것은 이상이 아니라 현실이다. 관습은 인간의 모방성에 기인하여 현실생활로부터 무의식적으로 발생하는 사회생활의 준칙이다. 고대 사회에 있어서는 관습이 하나의 원시규범으로서 일체의 생활관계를 지배하고 있었다. 그러다가 문화의 발달과 권력에 의한 지배원리가 확립되면서 관습으로부터 도덕·종교·법률 등의 제 규범으로 분화되었다. 법과 관습의 차이에 대하여는 대략 다음과 같은 점이 거론되고 있다.

첫째, 관습은 부분사회에서 관행으로부터 성립하고 타당성을 가지지만 법은 국가사회의 규범이다.

둘째, 관습의 규범력을 보장하는 것은 공공의 견해와 사회통념, 일반상식이며 그 위반에 대하여는 이른바 사회적 비난에 그친다. 하지만 법을 보장하는 것은 국가권력으로서 그 위반에 대하여는 국가권력에 의한 조직적 강제가 예정된다.

그렇다고 관습과 법이 전혀 무관한 것은 아니다. 법의 연원의 하나에 속하는 관습법(민법 제1조)은 관습이 사실상 위반하기 어려울 정도로 사회에 정착되었을 뿐만 아니라 그에 따르는 것이 정당하다는 법적 확신이 일반화했을 때 생성되어 법규범화한 것이고, 또 관습법으로 인정되지 않는 '사실인 관습'(민법 제106조, 사람들이 상당한 기간 여러 번 반복하여 행함으로써 으레 그렇게 하리라고 기대되는 정도에 이르는 행위의 예)도 일정한 요건이 충족되면 일반거래를 지배하는 것이 된다. 그렇다면 법과 관습의 구별도 그 규범력의 보장에서 국가의 강제력의 유무를 기준으로 판단하는 것이 타당하다고 해야 할 것이다.

사회가 부족, 종족상태에 있어 아직 국가라는 것이 존재하지 않았던 원시사회에서는 법과 도덕, 관습이 다 같이 관습으로서 존재하였다. 그러나 사회규모가 점차 확대되고, 개인의식이 고양되고, 경제생활이 점차 복잡해짐에 따라 단순한 관습만으로는 도저히 사회생활의 질서를 유지할 수 없게 되어 이상성이 뚜렷한 자각적 규범이 필요하게 되었으며, 이에 따라 관습은 도덕과 법으로 분화하게 되었다.

다만, 관습 가운데에서도 시의적 기대수준이나 합리적인 관점에서 그 가치가 의심된다든지 혹은 부정되는 것을 특별히 인습(convention)이라고 하는 경우가 있다. 이를 포함한 관습은 민속학이나 문화인류학의 중요한 연구대상이 되는 것이다.

(2) 법과 관습의 구별

가. 성립 기준에서의 차이점

관습은 널리 퍼져있는 비조직적 사회를 기반으로 임의적이고 자발적인 모방에 의해 성립하는 규범인 데 반하여, 법은 철저한 조직적 사회를 기반으로 성립하는 규범이다. 그러나 사회의 조직화는 법의 성립요건으로 필요한 것이 아닐 뿐만 아니라, 조직화한 사회에서 조직의 힘에 의해 관습이 발생하는 경우도 적지 않기 때문에 올바른 구별이라고 할 수 없다.

나. 강제적 수단에서의 차이점

법은 강제성을 갖는 규범이며, 관습은 강제성이 없는 규범이다. 또한, 법은 조직적 국가권력이 실천을 보장하며, 이를 위반하는 경우에는 국가적 제재를 받는 반면, 관습은 특정범위의 사람들이 그것을 지키고 따라야 한다는 공통의식을 갖게 되며, 이를 위반하는 경우에 그들로부터 비난이라는 사회적 제재를 받게 된다. 그러나 관습에도 강제를 수반하는 경우가 있기 때문에 그와 같은 구별은 정당하다고 볼 수 없다.

3. 법과 종교

(1) 종교의 의의

종교란 초감각적 본체로서의 무한자, 절대자, 신에의 귀의를 본질로 하는 인간의 생활현상을 말하며, 천지, 우주, 사회에 대하여 일정한 태도를 가지고 생활할 것을 요구하는 생활방식에 관한 사회규범이다. "신은 존재할지 모른다"는 막연한 가능성과 "모든 사람은 죽는다"는 확실한 사실이 결부된 종교적 심리가 이 세상에 가치체계를 성립시키고, 질서를 유지하는데 결정적인 역할을 한다.

원시시대로부터 중세시대에 이르기까지 종교규범은 법규범으로서의 기능을 해왔다. 즉, 고대의 사회에서는 신의 계시가 곧 그 세계의 사회생활규범이었고, 중세시대에서도 교회법이 유럽사회를 지배하였다. 하지만 근대국가 성립 초기에 교회의 권위와 결부된 국가권력의 압력에 대한 투쟁을 통하여 종교의 자유를 획득하였고, 정교분리의 원칙이 확립됨에 따라 점차로 종교규범과 법규범은 분화하게 되었다.

(2) 법과 종교의 구별

법은 개개인이 준수 여부를 결정하는 것이 아니라 국가권력에 의해 강제되고, 그 위반에 대해서 일정한 제재가 따르는 규범인 반면, 종교는 신앙심을 바탕으로 준수 여부가 결정되며, 강제성이 없다. 또한 법은 믿음의 자유를 인정하면서도 밖으로 드러난 결과를 중시하는 외면적 규범인 반면에, 종교는 각자의 관념의 기초에 의해 성립한다는 의미에서 내면적 규범이라 할 수 있다. 그리고 법은 국가와 국민, 권리와 의무, 채권과 채무와 같이 대립되는 양면성을 가지는 규범인 반면에, 종교는 신을 대상으로 신의 이름으로 행해지고 신에 대한 봉사라는 성격을 가지는 규범이다.

따라서 법과 종교는 내용면에서도 일치하는 경우가 있다. 예컨대, 증인, 감정인 등의 선서제도, 대통령취임선서 등과 같이 실정법에서 그 실효성을 확보하기 위하여 종교적 감정을 이용하는 경우 등을 들 수 있다. 그렇기에 법과 종교는 전혀 다른 규범적 성격을 갖는 것이라기보다 사회에 대해 일정한 태도를 가지고 생활할 것을 요구하는 생활방식에 관한 사회규범으로 사회의 정의나 평화를 실현하려는 공통의 목적을 가지는 것으로 볼 수 있다.

Chapter 02 법의 이념

제1절 법의 존재 이유

법의 이념이란 '왜'와 '어떻게'와 '무엇'을 아우르는 법이 추구해야 할 이념, 즉 법이 실현해야 할 궁극적 가치를 말한다. 법의 목적은 법의 현실적 가치, 즉 실천적 가치를 의미하나, 법의 이념은 법의 궁극적 가치, 즉 이상적 가치를 뜻하는 점에서 양자는 구별된다. 그러나 학자에 따라 법의 목적과 법의 이념을 같은 것으로 보기도 한다.

법의 이념은 법의 형성(입법)과 법의 실현(적용)의 가치기준이 되어 입법자에게 입법의 방안을 제시하고 행정가와 법관에게 법의 해석과 적용의 기준을 제시한다. 학자들은 법의 이념의 내용을 다루는 것을 법가치론이라 부른다. 코잉(Helmut Coing, 1912~2000)은 법의 이념은 법의 윤리적 목적, 즉 정의라고 하였고, 라드브루흐는 법이란 법가치, 즉 법이념에 봉사하려는 의미를 가진 실재라고 하면서 법의 이념으로 정의, 합목적성, 법적 안정성을 제시하였다.

사람들에게 법을 법으로 받아들일 수 있게 하는 것은 법이 사회적으로서 지향하는 어떤 가치가 있기 때문이다. 이것이 법 제정의 방향을 결정하며, 법이 올바른 법인가 잘못된 법인가를 판단하는 기준이 된다. 이를 법의 이념이라고도 하며 법의 목적이라고도 한다. 즉, 법의 이념이란 법을 법답게 하는 것으로 법의 형성이나 변화의 방향을 제시하는 것이다. 개개의 법령은 각기 목적을 가지고 있고 흔히 법명 자체에 그 목적이 명시되기도 한다. 그러나 여기서 말하는 법의 이념으로서 법의 목적은 개개 법령의 목적이 아니라 이들 개개 법령들이 통일적으로 지향하는 귀결점, 즉 법 일반에 내재하는 궁극적인 것으로서 법이 실현하고자 하는 근원적인 것을 말한다.

법은 인간의 사회생활을 규율하는 것이다. 따라서 법의 이념도 사생활의 관찰을 통하여 설명할 수 있으며, 이를 관찰하는 방법에 따라 다양하게 정의되어 정의, 자유와 평등, 최대다수의 최대행복 등으로 설명해 왔고 라드브루흐가 정의, 합목적성, 법적 안정성을 법의 이념이라 설명한 이래 대체로 이를 중심으로 법의 이념을 논하는 것이 받아들여져 왔으므로 여기에서도 그에 입각하여 법의 이념을 살펴보기로 한다.

법의 목적 또는 이념의 문제는 법철학의, 그리고 현대법학의 중요한 과제이다. 이를 풀기 위해 많은 학자들이 숙고에 숙고를 거듭하고 있으며 지금도 다채로운 주장을 펼치고 있다. 그럼에도 정답을 제시할 수 없는 문제라는 의견도 함께 한다. 차라리 법의 이념 속에 넣거나 뺄 수 있는 개별적 실체를 나열해 보자는 주장이 설득력을 얻는 것도 바로 그 때문이다.

제2절 법이념의 내용

Ⅰ. 정의(正義)

동양에서는 의(義) 내지 의리를 내세워 법치보다는 예치 또는 덕치를 중요시하는 경향이 있었다. 그러나 서양에서 법과 정의는 고래로부터 불가분의 관계에 있는 것으로 생각되어 왔다. 로마에서도 법은 정의에서 유래한 것이라고 하여 법을 정의의 표현으로 보았다. 학문은 진, 도덕은 선, 예술은 미에 적합하여야 하듯이 법은 정의에 적합하여야 한다고 주장되어 왔다. 그러나 정의가 무엇이냐에 대하여는 시대와 학자에 따라 견해를 달리한다.

그중 정의에 대하여 체계적인 설명을 한 것으로 받아들여지고, 오늘날의 정의론에까지 결정적 영향을 미친 것이 아리스토텔레스(Aristoteles, BC 384~322)의 정의론이다. 아리스토텔레스는 정의를 일반적 정의와 특수적 정의로 나누어 설명하고 있다.

일반적 정의는 공동생활의 규칙(법=도덕=논리)에 합치하는 것으로 절제, 용기, 조국을 사랑하는 행위, 이웃을 사랑하는 행위, 검소하게 살고 가난한 이웃을 돕는 행위 등이 있다. 특수적 정의는 국가와 시민, 시민과 시민 사이의 재산, 명예, 부담들의 이해관계를 다루는 영역으로 이 이해를 평등하게 하는 것이 정의라는 것이다. "재산, 부담의 올바른 몫을 나누는 것, 즉 각자에게 그의 몫을 돌려주는 것"이라는 말로 이것이 표현된다. 성 토마스(Thomas Aquinas, 1224?~1274)는 법과 도덕의 관계를 설명하면서 아리스토텔레스의 정의론을 이용하여 법은 재산과 부담의 올바른 몫이라는 특수한 면만을 다루고, 도덕은 인간의 본성을 완성 내지는 실현하는 데 기여하는 모든 올바른 규칙을 포함한다고 설명하기도 하였다. 특수적 정의는 다시 평균적 정의와 배분적 정의로 나뉜다.

평균적 정의는 형식적 평등이라고도 하며, 모든 것을 같게 하는 것이다. 매매에서 목적물의 이전에 대응하는 대가의 지급, 계약당사자가 대등한 입장에서 자유로이 자기의 경제적 교섭능력을 발휘하여 계약조건을 결정하는 것, 불법으로 타인에게 가한 손해에 대한 손해배상의 산정에 있어서의 등가원칙, 선거권자에게 평등하게 1개의 투표권이 부여되는 것 등이 그것이다.

배분적 정의는 실질적 평등이라고도 하며, "같은 것은 같게, 다른 것은 다르게"하는 것으로 개인차를 인정하여 재산, 명예, 부담을 분배하는 것이다. 누진세의, 적용, 업적에 따른 승진, 임금 등이 그것이며, 각자의 업적에 비례하여 승진·임금이 결정된다면 배분적 정의는 실현되는 것이다. 계약당사자의 경제적 교섭능력이 대등하지 못한 경우 경제적 약자의 보호를 꾀하는 것, 예컨대 노동계약에서의 사용자와 노동자와 같이 당사자의 경제적 능력이 대등하지 못한 경우 경제적 약자인 노동자를 보호하는 법을 제정하여 결과적으로 양자 간의 실질적 평등을 기하게 한다면 역시 배분적 정의에 합당한 법이다.

그럼에도 아직까지 정의에 대한 정확한 관념은 성립되지 못한 듯하다. 최근 우리나라에서 일고 있는 정의에 대한 뜨거운 관심은 그에 대한 논의를 더욱 풍성하게 해주는 좋은 기회가 될 것이다.

Ⅱ. 합목적성(合目的性)

합목적성은 법이 개개 사안의 구체적인 타당성을 실현시킬 수 있도록 그 가치관에 구체적으로 합치되는 것을 말한다. 법의 목적에 맞추어 방향을 결정하는 원리라는 뜻인데, 법에 있어서 합목적성이란 법이 국가의 가치관에 구체적으로 합치되는 것을 말한다. 정의(正義)가 법의 내용을 일반화하는 데 반해 합목적성은 법을 개별화하는 경향에 있다.

그렇다면 국가가 선택할 수 있는 가치관의 종류는 어떤 것이 있을까? 라드브루흐에 의하면 거기에는 개인주의·단체주의 및 문화주의의 세 가지가 있다고 한다. 개인주의는 인간을 궁극적 가치로 지향하며, 개인의 자유와 행복이 최대한 보장되도록 노력한다. 따라서 국가를 포함한 단체는 개인보다 하위의 가치에 서게 되며, 모든 개인이 평등하게 존중되도록 평균적 정의가 강조된다. 단체주의 또는 초개인주의는 단체를 최고의 가치로 신봉하고, 개인의 인격은 단체의 부분으로 단체의 가치를 실현하는 범위 안에서 인정되고 존중된다. 여기에서는 단체를 유지·발전시키기 위하여 단체의 입장에서 개인들에게 비례적인 평등을 실현시키면서 배분적 정의에 중점을 두게 된다.

문화주의 또는 초개인주의는 개인도 단체도 아닌 인간이 만든 문화 혹은 작품을 최고의 가치로 신봉하는 제도이다. 수천만 노예들의 목숨보다 피라미드가 위대하다고 보고, 불난 집에서 사람보다 보티첼리의 그림을 먼저 꺼낼 것을 장려하는 견해이다. 개인과 국가는 이러한 문화를 창조해 나가는 범위 안에서만 부차적인 가치를 가진다고 보는 이 견해는 실제로 많은 정당이나 국가가 지향하지 않는 이데올로기이다. 어쨌든 문화주의에서는 배분적 정의에 의한 차별은 인정되지만 그 차별의 표준은 문화업적의 창조에 공헌하는 범위 안에서만 인정된다는 것이다.

이와 같이 국가의 목적을 이루는 제 주의는 서로 대립·모순을 가져온다. 여기에 현실로 어떤 쪽을 택할 것인가는 각자의 세계관과 양심에 따라 상대적으로 정해진다. 결국 이는 정당적 견해의 체계적 전개를 통해서 나타난다. 이것이 목적사상의 상대주의이다. 목적사상의 상대주의는 민주주의원리의 표현이다. 따라서 이를 극단적으로 추구하면 어떠한 정당이데올로기도 허용된다는 결론에 이르게 된다. 그러나 민주주의의 본질인 자유를 파괴하는 법질서는 이미 민주주의를 부정하는 결과가 되기 때문에 전체주의는 허용될 수 없다고 해야 한다.

우리 헌법은 전문에서 "… 자유민주적 기본질서를 더욱 확고히 하여 정치·경제·사회·문화의 모든 영역에 있어서 개인의 기회를 균등히 하고 능력을 최고도로 발휘하게 하며 … 안으로는 국민생활의 균등한 향상을 기하고 밖으로는 항구적인 세계평화와 인류공영에 이바지함으로써 …"라고 하여 우리나라가 지향하는 목적을 천명하고 있다.

Ⅲ. 법적 안정성(法的 安定性)

법적 안정성이란 인간이 법에 의해 안심하고 생활할 수 있는 '법에 의한 안정', 그리고 '법 자체의 안정'을 일컫는다. 곧 법이 보호하는 사회생활의 안정성을 말한다. 법의 권위만 믿고 행동하면 법의 보호를 받게 되고 인간의 자유로운 활동이 보장된다는 것이다. 이는 법 자체의 안정성과 사회질서의 안정성의 면으로 파악할 수 있다. 법적 안정성이 달성되려면, 다음과 같은 것이 요청된다.

첫째, 법 자체가 명확해야 한다. 사회생활의 질서를 유지하고 분쟁 시 평화적으로 이를 해결하기 위하여서는 법이 명확하여 혼란이 없어야 한다. 조직화된 현대사회에서는 법의 명확성의 요청이 더욱 커지고 있으며, 현대국가에서 성문법의 비중이 점점 높아지는 것도 성문법이 지닌 법의 명확성의 장점이 큰 몫을 한다고 본다.

둘째, 법이 함부로 변경되어서는 안 된다. 법이 자주 변경되어 어제는 합법적인 행동이 오늘은 불법이 된다면, 국민은 행동의 지침을 잃게 된다.

셋째, 법은 실효성이 있어야 한다. 대다수의 국민이 무시하고 회피하여 있으나 마나 한 법이 다수 존재한다면 법은 사회질서를 유지하는 기능을 발휘할 수 없다.

넷째, 법의 내용이 국민에게 수긍이 가는 것, 즉 국민의 법의식에 합치하는 것이어야 한다. 대다수 국민의 정의감에 반하거나 또는 너무 준엄한 법은 국민의 지지를 받기 어렵다.

법은 위의 네 가지 조건을 갖추어야 법 자체의 안정성이 보장되고, 나아가 안정적인 법을 통하여 사회질서의 안정을 기해야 한다. 법적 안정성을 위하여 때로는 진실과 외적 사실이 서로 다를 때 진실 여부에도 불구하고 외적 사실을 보호하는 경우가 있다. 즉, 일정한 사실상태가 일정한 기간 계속되는 경우에는 이 사실상태가 진실한 권리관계에 합치하는가의 여부를 묻지 않고 법률상 그에 대응하는 효과를 인정하는 제도인 시효제도가 그것이다.

법은 원래 진실한 권리관계를 규명하는 것을 사명으로 하며, 외적 사실은 진실한 권리관계에 기반을 둔 경우가 대부분일 것이나, 그와 다른 상황이 발생한 경우에 진실한 권리관계를 보호하기 위하여 진실과 다른 외적 사실 상태를 번복하는 것이 정의에 합치될 것이다.

그러나 어떤 사실상태가 오랫동안 계속될 경우에는 이 사실상태를 기초로 하여 다수의 법률관계가 맺어지고 그에 따른 사회질서가 형성된다. 이 사실상태가 진실과 다른 경우, 오랜 시일이 지난 후 진실을 규명하기 위하여 이 사실상태가 번복되면 이를 기초로 하여 법률관계를 맺은 다수인은 매우 불안정한 위치에 처하게 된다. 따라서 일정한 사실상태가 오래 계속되면 이를 진실한 관계로 높여 법적 안정성을 달성하려는 제도를 법 자체가 예비하고 있는 것이다.

제3절 법이념의 상호관계

정의와 합목적성, 법적 안정성의 세 가지 법이념은 법개념을 창출하고 법으로 하여금 법으로서의 가치를 갖도록 한다. 이들의 관계는 각 이념의 작용영역의 공정한 분해, 상호요구·보완으로 설명된다. 즉, 정의에 의하여 어떤 명령이 일반적으로 법의 개념에 속하는 것인가가 인정되고, 합목적성을 척도로 하여 그 명령이 내용적으로 정당한가 아닌가가 결정되며, 마지막으로 실현된 법적 안정성의 정도에 의하여 그 명령의 효력을 인정하여 좋은가 나쁜가가 평가되는 것이다. 그리고 정의의 형식적 성질은 그 내용적 실현을 위하여 목적사상(합목적성)을 필요로 하고, 목적사상의 상대주의는 법의 실정성·안정성을 요구하는 것이다.

그러나 각 이념은 본질적으로 상호모순이 되어 대립적 긴장관계를 이룬다. 즉, 우선 정의가 일반화하는 경향이 있고 아울러 정의는 논리라는 가치관념을 바탕으로 하나, 합목적성은 공리라는 가치관념을 바탕으로 하는 까닭에 상호모순이 생긴다. 그리고 정의와 합목적성은 주로 법내용(실체)에 관한 이념인데 반하여 법적 안정성은 주로 법기능(형식)에 관한 이념이다. 따라서 법적 안정성은 법내용이 정의와 목적에 부합하든 하지 않든 자기를 고집하는 경향이 있는 까닭에 또한 상호모순이 생긴다.

여기에 법의 이념 간의 차례 문제가 발생한다. 가치상대주의에 의하면 이것은 목적사상과 상대주의와 마찬가지로 각자의 세계관에 따라 결정되며 결국 정당의 입장에 의한다. 일반적으로 경찰국가(절대국가)는 합목적성의 원리를 만능한 것으로 삼았고, 자연법시대는 정의를 모든 것을 이끌어 내는 마법적 원리로 삼았으며, 법실증주의는 법적 안정성을 최고의 가치로 삼았다. 또한 법체계에서도 형법은 정의를, 행정법은 합목적성을, 그리고 민법이나 소송법에서는 법적 안정성의 이념을 강하게 앞세웠다.

법이념 사이의 모순·충돌에 대하여 우리 헌법은 다음과 같이 규정하고 있다. "국민의 모든 자유와 권리는 국가안전보장·질서유지 또는 공공복리를 위하여 필요한 경우에 한하여 법률로써 제한할 수 있으며 제한하는 경우에도 자유와 권리의 본질적인 내용을 침해할 수 없다"(헌법 제37조 제2항). 이 규정은 법의 이념인 자유와 권리·공공복리·질서유지·국가안전보장의 상관관계를 규정한 것으로 중요한 의의가 있다. 우리 헌법은 정의·합목적성·법적 안정성이 충돌하는 경우에 이의 조화적인 조정을 원칙으로 하면서 궁극적으로는 정의의 원칙인 인간의 자유와 권리의 본질적 우선을 규정하고 있다고 보아야 할 것이다.

〈그 림〉 현대 사회에서 법의 이념

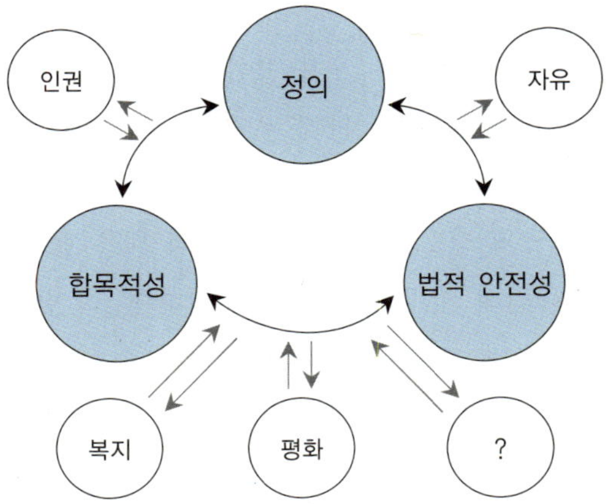

Fiat justitia, ruat coelum.

참 고 법의 이름에 대한 단상

'법의 이름에 대한 단상'이라고 했지만 더 정확히 말하면 '법률의 이름에 대한 단상'이라고 해야 하겠다. 바로 이어 다음 장에서 설명이 되겠지만 법규의 형식은 헌법에서 정해지는데, 국민의 권리나 의무, 국민의 요건 등은 법률로 정하고 법률의 위임에 따라 대통령령이나 총리령, 부령이 만들어진다. 일반적으로 '법'과 '법률'을 혼용해서 쓰기도 하지만 법규의 형식은 '법률 제○○○○호'(공포 번호)라고 표현되기 때문에 '○○법'이라는 명칭을 가진 법규도 그저 불리기 위한 이름일 따름이다. 하위법령의 경우도 대통령령이나 총리령, 부령의 법규형식은 공포번호에 나타나고 법령의 이름은 '~시행령', '~직제', '~규정', '~시행규칙', '~규칙' 또는 '~에 관한 건' 등 다양하게 표기된다. 따라서 법률에서 "대통령령으로 정한다"라고 한 경우 대통령령은 공포번호에 나오는 것이고 법령 이름은 '○○○ 시행령'이나 '○○○ 규칙' 등으로 마무리된다.

우리나라에서 가장 긴 이름을 가진 법률은 무엇이었을까?

「2011대구세계육상선수권대회, 2013충주세계조정선수권대회, 2014인천아시아경기대회, 2014인천장애인아시아경기대회 및 2015광주하계유니버시아드대회 지원법」이다. 「대한민국과아메리카합중국간의상호방위조약제4호에의한시설과구역및대한민국에있어서의합중국군대의지위에관한협정의시행에따른국가및지방자치단체의재산의관리와처분에관한법률」도 이름이 참 길다.

참고로 법제처는 국민 편의 위주로 우리나라의 법문화를 바꾸는 '알기 쉬운 법령 만들기 사업'을 추진하면서 2006년부터는 국민의 일상 어문감정에 맞지 않았던 제명 붙여 쓰기를 하지 않고 제명을 띄어 쓰도록 법령을 정비하고 있다. 또한 긴 법률을 간략하게 줄여 부를 수 있게끔 '법률 제명 약칭 기준'을 마련했다. 「부정청탁 및 금품 등 수수의 금지에 관한 법률」의 약칭은 "청탁금지법"이다.

Chapter 03

법원(法源)

제 1 절 법원(法源)의 의미

법원(法源)을 흔히 법의 존재형식, 법의 인식근거 또는 법의 연원으로 이해한다. 곧 법은 어떤 형태로 존재하는 것인가, 법의 존재는 어떤 것에 의해서 인식될 수 있는 것인가 하는 이른바 형식적 법원의 의미로 이해되고 있다.

그러나 법원은 형식적 법원의 의미만으로 존재하는 것은 아니다. 법원에는 형식적 법원 외에 역사적 법원, 철학적 법원의 세 종류가 있다. 역사적 법원이란 법의 발생·형성의 연원이고, 법의 발전을 거슬러 올라가 그 연원을 찾는 것이다. 이를 규명하는 것은 법사학의 임무이다. 철학적 법원이란 법의 규범으로서의 가치가 연유되는 근원, 즉 법의 효력 내지 구속력의 근원이고, 표현을 바꾸면 실질적 법원이라고 할 수 있다.

법은 어디에서 유래한 것인가? 법은 사회조직의 의사 표시, 즉 성문법은 표현하는 것이기 때문에 표현한다는 것은 법이 속하고 있는 그 계통의 근본적인 근원이 될 수밖에 없다. 또, 불문법 중에 관습법은 법의 출현에 중요한 역할을 하고 거의 성문법 중 법률과 같은 지위를 가지고 있다. 이는 법의 간접적인 근본으로 보아야 한다.

그러나 법률과 관습법과는 별도로 법의 해석학적인 근원이 있는데, 이것은 보다 덜 중요하다고 할 수 있는 법의 간접적 근원으로 판결되었다. 이 문제는 오늘날 논쟁의 대상이 되고 있다.

제2절 형식적 법원과 실질적 법원과의 관계

법을 법답게 하는 가치의 근원, 즉 법의 실질적 근원은 무엇인가 하는 것의 규명은 법철학의 문제이다. 이것은 논자에 따라서 정의, 자연법, 사물의 본성, 주권자 혹은 인민의 총의 등 다양한 모습으로 구현되어 법의 역사에 나타난다. 따라서 형식적 법원이 사회적 사실로서의 법의 차원에서 그 발현형식에 관계되는 것이라고 하면 실질적 법원은 가치로서 법의 차원에서의 법의 준수·복종의 규범적 내용에 관계되고 있는 것이라고 할 것이다.

그러나 이 양자는 결코 서로 무관계하다고 할 수 없다. 법의 해석에서 그것이 법의 본질적인 것, 예컨대 '법 자체', '법의 정신의 인식'을 든다고 한다면 형식적 법원과 실질적 법원과는 분리가 불가능하다. 또는 재판에서, 예컨대 '법관이 만약 입법자라면 제정했을 것인 규칙', '명문 및 관습이 없을 때는 자연법에 의해야 할 것이다', '법의 일반원칙', '문명국이 인정한 법의 일반원칙'이라고 하는 것처럼 조리가 재판규범으로서 작용한다면 실질적 법원은 그대로 형식적 법원의 일부를 이루고 있다고 이해할 수 있다.

따라서 형식적 법원과 실질적 법원과는 표현상 별개로 취급되지만, 법을 동태적으로 볼 때 이 양자는 내면적으로 서로 밀접한 관계에서 결합되어 있는 것이다. 이 구별은 법원을 규범적 가치의 관점에서 보는가, 또는 그와 함께 법의 발현형식이라는 존재사실의 관점에서 보는가 하는 관점의 차이문제로 귀결된다.

여기서 불문법(不文法)의 법원성 문제가 제기될 수 있다. 불문법(unwritten law)이란 글자 그대로는 성문법에 상대되는 개념으로 문자로 쓰이지 않은 법을 말한다. 일정한 절차에 따라 제정된 법 이외의 법으로 비제정법이라고도 불린다. 그렇다고 이러한 개념이 불문법을 설명하는 모든 것이 될 수는 없다. 왜냐하면 양자의 차이는 법이 문자로 표현되어 있는지 여부에 그치는 게 아니라 일정한 절차와 형식에 의해서 제정되고, 공포된 것인지 여부에 있기 때문이다. 예를 들면 불문법에 속하는 판례법은 판례집에 기재됨으로써 문자로 표현되어 있다.

불문법의 법원에는 일반적으로 '관습법', '판례법', '조리' 등이 있다. 이러한 불문법은 수시로 변하는 사회적 가치와 사회 현실에 적응하기 위한 법의 모습일 수도 있을 것이다. 사회의 모든 현상을 법이 다 아우른다는 것도 어려운 일이다. 불문법의 존재가치는 그 법원성과 별개로 성문법 못지않다.

Ⅰ. 성문법(成文法)

1. 헌법(憲法)

헌법은 국가의 근본법이고, 실질적 의미에서 국가의 영토·국가의 통치주체·국민의 기본적 권리·국가의 통치조직과 운영 등에 관한 기본적 사항을 정한 법규범의 총체이다. '헌법(Constitution, Verfassung 등)'이라는 이름으로 정리된 법전을 형식적 의미의 헌법이라고 한다.

헌법에도 성문헌법과 불문헌법이 있다. 1787년 미국연방헌법 제정 이후 19세기에 이르러 입헌국가의 성립에 따라 각국에서 성문의 헌법전이 제정되었다.

영국이나 뉴질랜드 등의 나라는 입헌국가이지만 성문의 헌법전을 가지고 있지 않다. 대한민국은 1948년에 성문헌법을 제정해 9차례 개정하여 지금에 이르고 있다.

헌법은 국가의 최고법규로서 국가법 안에서 최고의 지위에 있고, 그 형식적 효력은 법률·명령 기타 모든 법형식보다도 우월하다. 즉, 헌법조항에 반하는 법률·명령·규칙 및 국무에 관한 그 밖의 행위의 전부 또는 일부는 그 효력이 없다. 그리고 헌법의 최고법규성을 실질적으로 보장하기 위해서 우리 헌법은 헌법재판소에 위헌법률심사권을 부여하고 있다.

한편, 헌법은 그 개정절차로서 대통령과 국회의 발의와 국민투표에 의한 국민의 승인을 거치도록 하고 있다. 즉, 헌법 개정의 발의는 대통령과 국회 재적의원 과반수에 의해서 하고, 국회 재적의원 3분의 2 이상의 찬성으로 의결한 후 국민투표에 붙여 국회의원 선거권자 과반수의 투표와 투표자 과반수의 찬성을 얻어야만 한다(헌법 제128조, 제129조, 제130조).

2. 법률(法律)

(1) 법률의 의미

'법률'이라는 용어는 광협의 두 가지 의미가 있다. 넓은 의미의 법률은 다시 두 가지로 나뉜다. 가장 넓은 의미에서 법률은 성문법은 물론 불문법도 포함한 법일반, 즉 법규범과 같은 의미로 사용되는 것이다. 예를 들면 헌법상 "법관은 헌법과 법률에 따라서 재판한다"고 하는 경우 '법률'은 이 의미의 법률에 해당한다. 이에 대해 넓은 의미에서의 법률은 명령·조례·규칙 기타 일체의 성문법－법규－을 의미하는 경우이다. 예를 들면 형법상 "법률을 알지 못해도 그것으로써 죄를 범할 의사가 없었다고 할 수 없다"고 하는 경우의 법률이 그런 경우라 할 수 있다.

협의의 법률은 국회의 의결을 거쳐 제정된 성문법을 의미하고, 형식적 의의의 법률이라고도 한다. 법률은 입법권을 전유하고 있는 국회의 의결을 거쳐 확정되고 성립한다.

일반적으로 '법률'이라고 하는 경우 넓은 의미의 법률인가, 좁은 의미의 법률인가는 그 내용이나 사용방법에 따라서 판단할 필요가 있다.

(2) 법률의 공포와 시행

국회에서 의결된 법률안은 정부에 이송되어 15일 이내에 대통령이 공포한다. 그러나 대통령이 거부권을 행사하여 국회에서 확정된 법률이나 대통령이 거부도 하지 않고 공포도 하지 않아 확정된 법률은 지체 없이 공포하여야 한다. 법률이 확정된 후, 확정법률이 정부에 이송된 후 5일 이내에 대통령이 공포하지 아니할 때에는 국회의장이 공포한다(헌법 제53조). 공포는 성립한 법률을 국민 일반에게 주지시키기 위한 공시행위이고, 관보에 게재하여 행해진다.

그러나 법률은 공포에 의해서 즉시 법률로서의 효력이 발생하는 것은 아니다. 법률이 현실적으로 효력을 발생하는 것은 그 법률의 '시행일'로부터이다. 따라서 공포는 시행의 전제조건이고 시행하기 위해서는 적어도 동시에 공포되어야만 한다. 대법원판례도 법령은 공포하지 않는 한 법령으로서의 효력을 발생하지 않는다고 하고 있다.

법률이 실제로 법률로서의 효력을 발휘하는 시행일은 법률 스스로 그 법률의 부칙에서 정하는 경우가 많다. 법률은 특별한 규정이 없는 한 공포한 날로부터 20일을 경과함으로써 효력을 발생한다(헌법 제53조 제7항). 조례에 관해서도 지방자치법에 같은 취지의 규정(제32조 제8항)이 있다.

(3) 법률의 공포와 법치

근대국가는 '법의 지배'의 원리 위에 성립하고 있다. 즉, 입법자에 의해서 제정된 법령은 그 입법자 자신은 물론 행정·사법권담당자, 더 나아가 그 대상인 일반국민도 구속하는 이상, 법령이 국민으로 하여금 알 수 있도록 일반에게 공시되는 것은 민주주의의 대원칙이다.

우리의 경우 법률의 공포는 관보에 의함으로써 국민 일반에게 공시한다고 하는 방식이 채용되고 있다. 즉, 법령은 국민이 알 수 있는 곳에 게시되어야 한다. 법령의 공포는 법령을 국민 일반에게 널리 알린다고 하는 단순한 절차의 문제가 아니라 '법의 지배'라는 근대국가 및 근대법의 근본원칙과 관련된 문제인 것이다.

3. 명령(命令)

(1) 명령의 의의

성문법을 제정하는 것은 원칙적으로 입법기관인 국회의 권한에 속하지만, 예외적으로 입법기관 이외의 국가기관에도 입법권이 부여될 수 있다. 입법기관 이외의 국가기관에 의해서 제정되는 입법형식을 광의의 명령이라고 한다. 입법기관 이외의 국가기관 중 특히 행정기관에 의해서 제정되는 입법의 형식을 협의의 명령이라고 한다.

협의의 명령에는 그 제정목적에 따라 집행명령과 위임명령의 두 가지 종류가 있다. 집행명령은 법률규정 또는 상급관청의 명령의 규정을 집행하기 위해서 발해지는 명령으로 통상 시행령 또는 시행규칙이라고 불린다. 위임명령은 대강을 정한 법률의 구체적 세부사항에 관해서 법률 또는 상급관청의 명령의 개별적 위임에 따라서 발해지는 명령이고, 법률에 대한 예외규정이나 세부규정을 정하는 경우의 명령이다. 위임명령은 그 성질상 위임된 법률이 정하는 범위를 넘을 수 없다. 따라서 백지위임이나 본질적 부분의 위임은 인정되지 않고, 법률을 시행하기 위한 절차적인 것에 한정되어야 하는 것으로 되어 있다.

명령은 법률과 함께 종종 '법령'이라고 불린다. 명령은 국회의 의결을 거치지 않는 점에서 법률과 다르지만 국가의 법령인 점에서는 양자에 차이는 없다. 명령의 형식적인 효력은 모두 법률의 하위에 있고, 따라서 명령으로 법률을 개폐하는 것은 불가능하다.

(2) 대통령령(大統領令)

대통령령이란 명령 중 최고의 법형식으로서 원칙적으로 헌법 및 법률규정을 시행하기 위해서 제정되는 명령이다. 대통령령에는 그 집행하려고 하는 법률의 위임이 있는 경우를 제외하고는 벌칙부과, 의무부과, 권리를 제한하는 규정을 둘 수 없다. 대통령령은 법률과 같이 국무총리와 관계국무위원이 부서하고 공포한다.

(3) 총리령(總理令)

법규명령의 형식상 분류의 하나로 총리령이 있다. 이는 국무총리가 법률 혹은 대통령령을 집행하기 위해서 법률 혹은 대통령령의 위임 또는 직권으로 발하는 명령이다. 총리령에는 법률이나 상위법령의 위임이 없으면 벌칙을 두고 의무를 부과하며 국민의 권리를 제한하는 규정을 들 수 없다.

(4) 부령(部令)

부령이란 행정각부의 장이 소관 사무에 관하여 법률이나 대통령령의 위임 또는 직권으로 발하는 명령을 말한다. 부령에는 총리령과 같이 법령의 위임이 없으면 벌칙을 두거나 의무를 과하고 국민의 권리를 제한하는 규정을 둘 수 없다. 부령은 총리령과 관련해 형식적인 효력의 우열이 문제될 수 있지만 많은 학자들은 양자가 동일한 형식적 효력을 갖는 것으로 본다.

참 고 **행정법학의 행정입법 부분에서 다루는 행정규칙과의 비교**

법무사법시행규칙에 대한 헌법소원(헌재결 1990. 10. 15. 89헌마178 전원재판부)

– 1990년 법원행정처장이 법무사를 보충할 필요가 없다고 인정하면 법무사시험을 실시하지 않을 수 있도록 한 법무사법 시행규칙 제3조 제1항은 국민의 평등권과 직업선택의 자유를 침해한다며 내린 위헌 결정으로 이에 따라 1992년 최초로 법무사시험이 실시되었다.

✍ (결정 요지 일부) 헌법 제107조 제2항이 규정한 명령·규칙에 대한 대법원의 최종심사권이란 구체적인 소송사건에서 명령·규칙의 위헌여부가 재판의 전제가 되었을 경우 법률의 경우와는 달리 헌법재판소에 제청할 것 없이 대법원이 최종적으로 심사할 수 있다는 의미이며, 명령·규칙 그 자체에 의하여 직접 기본권이 침해되었음을 이유로 하여 헌법소원심판을 청구하는 것은 위 헌법규정과는 아무런 상관이 없는 문제이다. 따라서 입법부·행정부·사법부에서 제정한 규칙이 별도의 집행행위를 기다리지 않고 직접 기본권을 침해하는 것일 때에는 모두 헌법소원심판의 대상이 될 수 있는 것이다.

4. 규칙(規則)

(1) 규칙의 의미

넓은 의미의 명령의 일종으로 국가기관이 제정하는 성문법의 하나로 규칙이 있다. 이에는 국회규칙, 대법원규칙, 헌법재판소규칙, 중앙선거관리위원회규칙, 감사원규칙 등이 있다. 아래에서는 국회규칙과 대법원규칙에 대하여 살펴보기로 한다.

(2) 규칙의 종류

입법기관에 의한 입법원칙의 중요한 예외의 하나로서 헌법상 직접 명문을 두고 있는 법원의 하나에 국회규칙이 있다. 즉, 국회는 ‘법률에 저촉되지 않은 범위 안에서 의사와 내부규율에 관한 규칙을 제정’할 수 있다. 국회규칙은 입법기관인 국회의 자율권에 근거하는 것이므로 법률에 위임이 없어도 헌법상 당연히 제정할 수 있는 것이다.

대법원도 국회규칙과 마찬가지로 법률의 위임에 의하지 않고 직접 헌법규정에 근거해서 ‘소송에 관한 절차, 법원의 내부규율과 사무처리에 관한 규칙’을 제정할 수 있다. 이 헌법규정은 3권분립의 원리를 채택한 헌법의 입장에서 사법기관이 법원의 자주독립성에 근거한 자율권으로 법원내부 및 사법작용을 하는 데 필요한 규율을 자주적으로 규정할 권한을 인정한 것이다. 대법원규칙은 단순히 법원의 내부사항에 한하지 않고, 소송에 관한 절차, 변호사에 관한 사항에 관해서도 정하는 것이므로 법원직원이라든가 방청인과 같이 법원의 운영에 직접 관계하는 자뿐 아니라 일반 소송관계인을 구속한다. 이 점에서 대법원 규칙은 국회의 운영에 관한 내부사항을 정한 국회규칙과는 현저히 다른 특색을 가지고 국민에 대해서 일반적 구속력을 가지는 소송에 관한 법률에 가까운 성격을 가지고 있다.

5. 조례(條例)

(1) 조례의 의의

조례란 지방자치단체가 법령의 범위 내에서 지방의회의 의결을 거쳐 그 사무에 관하여 제정한 법을 말한다. 헌법은 제117조에서 지방자치단체는 법령의 범위 안에서 자치에 관한 규정을 제정할 수 있다고 명시하였고, 지방자치법 제28조는 “지방자치단체는 법령의 범위 안에서 그 사무에 관하여 조례를 제정할 수 있다. 다만, 주민의 권리 제한 또는 의무 부과에 관한 사항이나 벌칙을 정할 때에는 법률의 위임이 있어야 한다”고 규정하고 있다. 대법원도 판례로 이를 확인하고 있다(대판 1997. 9. 26. 97추43).

(2) 법령과 조례

헌법에서 조례제정의 한계범위로 하는 ‘법령’에는 법률과 광의의 명령을 포함한다고 이해하는 것이 일반적이다. 따라서 조례는 법률이나 대통령령 또는 총리령·부령과 같은 국가의 명령에 위반하지 않는 범위에서 그 효력을 가지는 것이고, 그 형식적 효력은 국가의 법령보다도 하위에 있다.

다만 조례가 법령에 저촉하고 있는지의 여부에 대한 판단이 곤란한 경우가 있다. 법률의 근거가 없는 규제적 조례가 헌법상의 인권보장이나 죄형법정주의에 반하는 것은 아닌가 하는 것이 재판으로 다투어질 수 있고, 또 법령의 규정이 없는 경우에 조례를 제정할 수 있는지도 문제가 될 수 있다. 대법원은 “조례가 규율하는 특정사항에 관하여 그것을 규율하는 국가의 법령이 이미 존재하는 경우에도 조례가 법령과 별도의 목적에 기하여 규율함을 의도하는 것으로서 그 적용에 의하여 법령의 규정이 의도하는 목적과 효과를 전혀 저해하는 바는 없는 때, 또는 양자가 동일한 목적에서 출발한 것이라고 할지라도 국가의 법령이 반드시 그 규정에 의하여 전국에 걸쳐 일률적으로 동일한 내용을 규율하려는 취지가 아니고 각 지방자치단체가 그 지방의 실정에 맞게 별도로 규율하는 것을 용인하는 취지라고 해석되는 때에는 그 조례가 국가의 법령에 위반되는 것은 아니다"라고 판시하고 있다(대판 2006. 10. 12. 2006추38).

법령은 국가적 견지에서 전국에 걸쳐 일률적으로 적용되는 최소한의 규제기준·수단을 정한 것일 뿐이고, 지방자치단체가 각 지역의 제반사정을 고려해서 보다 엄격한 규제기준·수단을 정해도 적법하고, 오히려 법령에 의해서 여기에 제약을 가하는 쪽이 지방자치의 본래의 뜻에 반하여 위헌이라고 하는 견해가 지배적이다.

6. 조약(條約)

(1) 조약의 의의

조약은 국가 간 또는 국가와 국제기관 간의 문서에 의한 합의(계약)이다. 조약은 관계국가를 구속하는 것이지만 공포에 의해서 국내법으로서의 효력을 발생하는 것이므로 국내법의 한 형식이다.

조약은 반드시 '조약'을 지칭하는 것일 뿐 아니라 협약, 협정, 의정서, 선언, 합의, 교환문서 등으로 불리는 것도 원칙적으로 조약이다. 즉, 조약이란 형식상 조약만이 아니라 실질적인 조약을 말하는 것이다.

(2) 조약과 헌법

헌법과 조약과의 관계를 어떻게 보는가는 당해 국가의 헌법에 관한 문제다. 예컨대, 미국헌법 제6조는 "이 헌법에 준거해서 제정된 미국의 법률 및 미국의 권한에 근거해서 체결된 모든 조약은 국가의 최고법규이다. 각 주의 법관은 각 주의 헌법 또는 법률 중에 반대의 규정이 있는 경우라도 여기에 구속된다"고 규정하고 있다. 연방우위의 원칙을 정한 본조에 의해서 주(州)의 헌법·법률 등은 조약에 저촉하는 경우에는 그 효력을 갖지 않게 된다. 조약과 미국헌법과의 관계에 관해서 말하면 미국의원 및 공무원은 헌법수호의 의무를 지는 이상 미국헌법이 조약에 우월한 것은 당연하다.

우리의 경우 국제협력주의에 입각한 헌법정신과 헌법 제6조 제1항 "헌법에 의하여 체결·공포된 조약과 일반적으로 승인된 국제법규는 국내법과 같은 효력을 가진다"는 규정에 비추어 헌법이 조약보다 우위에 있다.

Ⅱ. 불문법(不文法)

1. 관습법(慣習法)

(1) 관습과 관습법의 의의

관습법이란 사회생활상의 관습을 내용으로 하는 불문법이다. 이 경우 관습이란 일정한 사회에서 그 사회의 구성원에 의해서 반복적으로 행하여지는 사실적 행동양식을 말한다. 이러한 관습은 그 사회의 구성원 간에 이것에 의해서 상호의 행동관계를 규제하고, 분쟁을 해결한다는 의식, 즉 그 사회에 의해서 이러한 관습이 법이라고 하는 일반적 신념이 생겼을 때 관습법이 된다. 이러한 일반적 확신은 통상 법적 확신이라고 불린다.

관습은 문서로 기록되지 않은 채 항상 같은 의미로 사용되는 관례가 반복되어 국민의 의식에 의해 받아들여질 때 생기는 것이다. 따라서 국민의 동의와 어떤 행위의 반복은 관례로, 이 관례가 관습, 다시 말해 관습이 관습법으로 되기 위해서는 우선 어떤 행위의 반복과 국민의 동의를 필요로 하는 것이다.

관습법이란 이처럼 같은 사실이 관행으로서 반복되고, 국민 일반의 법적 인식 — 확신 — 으로 이루어진 법규범을 말한다. 그리고 이러한 관습법의 개념적 요소로서 국가에 의한 승인이 필요한가에 대해서 국가승인불필요설과 국가승인필요설로 견해가 나누어져 있다. 판례는 관습법에 대하여 "사회의 거듭된 관행으로 생성한 사회생활규범이 사회의 법적 확신과 인식에 의하여 법적 규범으로 승인·강행되기에 이른 것을 말하고, 사실인 관습은 사회의 관행에 의하여 발생한 사회생활규범인 점에서는 관습법과 같으나 다만 사실인 관습은 사회의 법적 확신이나 인식에 의하여 법적 규범으로서 승인될 정도에 이르지 않은 것을 말한다"고 보아 국가 승인불필요설의 입장을 취하고 있다(대판 1983. 6. 14. 80다3231).

법률이 침묵하고 있는 경우, 관습이 존재할 수 있을까? 법률이 일반 생활의 영역에 개입하지 않고 있다면 그것은 이미 잘 확립된 관계가 있기 때문이라는 대답을 끌어낼 수 있다. 관습은 또 안전의 표시, 거주자들이 입법자가 침묵할 때에 따를 수 있는 행동의 표본을 이룬다.

한편, 아직 법으로서 인정되기 전의 관습을 '사실인 관습'이라고 부르기도 한다. 민법 제106조는 "임의규정과 다른 관습이 있는 경우에 당사자의 의사가 명확하지 아니한 때에는 그 관습에 의한다"고 규정하는데, 여기서의 관습이 사실인 관습을 의미하는 것이라고 이해되고 있다. 민법 제1조도 민법 제106조도 어느 것이나 '관습'이라는 용어를 사용하고 있지만, 양자는 상술한 것처럼 법적 확신의 유무의 정도에 따라 의미를 달리하는 것이라고 이해하는 것이 통설이다. 판례도 이 입장을 취하고 있다.

관습법은 법령에 의해서 인정된 경우 또는 법령에 규정이 없는 사항에 관한 경우에 한해서 법률과 동일한 효력이 주어진다. 이에 대해 사실인 관습은 법령에 규정이 있더라도 그 규정이 공적 질서에 관계하지 않는 것, 즉 임의규정이기 때문에 만약 이와 다른 관습이 있어서 당사자가 이에 따를 의사가 있다고 인정되는 경우에는 이 관습에 따르게 한다는 것이다.

관습법은 법이다. 따라서 당사자가 이 관습법에 의해야 할 의사가 있는지 여부를 불문하고, 또 그것이 존재하는지 여부를 알고 있는가 아닌가를 불문하고 법원(法院)은 이를 적용해야만 한다. 이에 대해 사실인 관습은 당사자가 그 존재를 알고 이에 따르려는 의사가 있다고 인정되는 경우에 적용된다.

(2) 관습법의 근거규정인 민법 제1조와 상법 제1조

우리 민법은 제1조에서 "민사에 관하여 법률에 규정이 없으면 관습법에 의하고 관습법이 없으면 조리에 의한다"고 규정하고 있다. 또 상법 제1조는 "상사에 관해서 본 법에 규정이 없으면 상관습법에 의하고, 상관습법이 없으면 민법을 적용한다"고 규정하여 성문법인 민법에 대해서 상관습법의 우선 적용을 인정하고 있다. 이와 같이 일정한 요건하에서 재판의 기준으로서의 법원성이 인정된 관습을 일반적으로 관습법 또는 법인 관습이라고 부르고 있다.

(3) 사법과 공법에서의 관습법

상관습법에 관해서는 상법 제1조의 규정에 의해서 상법에 규정이 없는 경우에 그것이 적용되는 것만이 아니라 민법의 규정에 대한 변경 전 효력조차 인정되고 있다. 이와 같이 상관습법에 일반관습법보다 강한 효력이 인정되는 것은 상거래의 당사자가 대등한 입장에서 서로 상인으로서의 상기술과 흥정의 범위를 다해서 경쟁하고 있는 이상 그것이 공적 질서에 반하지 않는 한 서로 관습으로 인정되고 있는 것을 그대로 법적으로 유효한 것으로서 승인해도 지장이 없다고 인정될 수 있기 때문이다.

그러나 당사자의 일방이 국가나 지방자치단체 등의 권력의 주체인 경우, 즉 형법이나 행정법과 같은 공법에 관한 경우에는 같은 의미에서 관습법을 인정할 수 없다. 예컨대, 형법은 국가형벌권의 행사의 근거를 정하고 있고, 개인의 기본적 인권에 직접 영향을 주는 바가 크기 때문에 반드시 성문의 법규일 것을 필요로 하고, 관습법을 인정하지 않는다. 이는 근대형법의 기본원칙으로서, '죄형법정주의'라고 한다.

이것은 행정법의 경우도 같고, 예컨대 자의적인 과세를 배제하기 위해서 조세는 법률에 근거해서만 부과된다고 하는 '조세법률주의의 원칙'이 확립되어 있다. 헌법은 "국민은 법률이 정하는 바에 의하여 납세의 의무를 진다(제38조)", "조세의 종목과 세율은 법률로 정한다(제59조)"는 규정을 두어 이를 명문화하고 있다.

2. 판례법(判例法)

(1) 판례와 판례법

우리나라에서는 판례를 공식적으로 인정하지 않음에도 판사는 법률의 불명확성 때문에 곤경에 빠졌을 경우에 그와 동일한 사건에 내려진 판결을 참조하는 데 주저하지 않는다. 즉, 판사는 유사한 논쟁 전에 만족할 해석을 한 선례의 판결을 따르게 되는 것이다.

그리고 일단 대법원이 동일한 분야의 일련의 사건들에 명확한 태도를 취하면, 이는 일종의 법규가 된다. 따라서 그것은 법적 구속력을 지니고 하급법원들은 법률로는 아니라고 해도 사실로 인정하게 된다.

판례란 법원판결의 선례이다. 법원의 판결은 개개 구체적 사건에 관해서 행해진다. 따라서 그 확정판결의 법적 구속력 즉, '기판력'은 당해 사건의 판결주문에 포함되어 있는 범위에만 미친다. 그러므로 확정판결의 기판력은 당해 사건에 관한 효력이므로 유사한 내용의 사건이라도 다른 사건을 구속하는 것은 아니다.

법원의 판결도 일반의 사회적 현상과 같이 같은 종류의 내용을 가진 사건이면 같은 판단이 내려질 수 있다. 선례가 존중되는 것은 당연한 일이다. 이와 같이 어느 판결이 이후의 다른 동종의 사건에 관한 법원의 판결형성에 선례로서의 가치를 가지고 판결기준으로서 일정한 구속력을 가지게 되었을 때 그 판결은 '판례'라고 불리는 것이다.

특정한 판결이 그 후의 동종의 사건의 재판에서 존중되고 또 그 법원의 판결을 구속한다는 것만으로는 단순한 재판의 선례, 즉 판례이고, 판례법은 아니다. 판례법은 단순한 판례의 선례가 아니라 법관을 구속하는 법규범이고 법 그 자체이다. 판례가 판례법이 되기 위해서는 법원의 판결에 있어서 같은 판단이 어느 정도 되풀이되고, 동종의 사건에 대한 국가적 판단의 선례로서 일반적으로 동종의 사건에 관해서 동취지의 판결이 내려지는 것이 필요하다는 법적 확신을 가지고 그 판례가 일반적으로 법적 규범성을 인정받아야만 한다. 이러한 객관적인 규범적 효력을 갖는 선례가 '판례법'이라고 불릴 수 있는 것이다.

(2) 사실상 법원으로서의 판례법

우리나라에서 법관은 헌법 및 법률에만 구속되고, 또 재판은 그 당해 사건에 관해서 하급심을 법률상 구속할 뿐 다른 사건에 관해서는 법원을 구속하지 않는다고 하고, 더 나아가 법원은 언제나 판례를 변경할 수 있다고 되어 있으므로 판례의 선례적 구속력은 제도적으로 보장되어 있지 않고 법제도상 판례의 법원성은 인정되지 않는다고 이해된다.

그러나 실정법상 판례의 구속력이 완전히 부인되고 있는 것은 아니다. 왜냐하면 대법원이 종래의 판례를 변경할 때는 전원합의체에서 해야만 하고, 또 대법원의 판례 위반이 상고이유로 인정되고 있기 때문이다. 이것은 법적 안정성과 판례의 통일성을 유지하기 위해서 판례가 쉽게 변경되어서는 안 된다는 것을 보여주고 있다. 실제 제도적으로 보아도 판례 변경은 쉽지 않다. 대법원은 쉽게 판례를 변경하지 않고 있고, 실제로 전원합의체에서 과반수의 동의에 의해서 스스로 판례를 변경하는 것은 매우 곤란하다. 또 하급심법원이 상급심법원 특히 대법원의 판례가 잘못되었다든가 또는 시대의 요청에 따를 수 없음이 명백한 경우를 제외하고 실제 판례는 거의 변경되지 않는다. 이와 같이 판례에는 사실상의 구속력 내지 사실상의 법원성이 인정되고 있다.

(3) 형식상 법원으로서의 판례법

판례법의 법원성이 문제되는 것은 오히려 '법의 결함'이 있는 경우, 즉 성문법의 규정이 전혀 존재하지 않는다든지, 성문법의 규정이 있어도 시대의 변화에 대응하지 못하여 실제 생활과 거리가 크게 되어 성문법의 해석운용의 한도를 넘어서 새로운 법원리를 정립하지 않을 수 없는 것과 같은 경우에 형성된 판례법에 관해서이다. 이 경우야말로 앞의 사실상 법원으로서의 판례법과 형식상 법원으로서의 판례법을 명확하게 구별하고, 후자는 의미에서의 법원성이 논의되어야 할 것이다. 종래 판례법의 법원성을 논의하는 경우에 이른바 판례법 중에 이 두 종류의 판례법이 있는 것이 간과되고 혹은 혼용되어 취급되었기 때문에 판례법의 법원성의 문제가 미로에 빠져 있는 경우가 적지 않다.

법의 흠결이 있는 경우에 형성된 판례법에 관해서는 그 법원성은 시인되어야 할 것이다. 실제로 이 종류의 경우에 형성된 판례법은 때로는 강행법규에 반하는 많은 권리의무를 만들고, 제정법에 대한 중요한 지위를 차지 또 판례법상 하나의 제도가 되어 있는 것도 적지 않다. 예컨대, 입목 및 미분리과실에 대한 소유권 이전에 관한 명인방법에 관한 판례, 동산의 양도담보 및 내연에 관한 판례 등이 그 현저한 예이다.

3. 조리(條理)

(1) 조리의 의미

전통적으로 민법학에서는 조리를 독일 법학의 개념을 빌려 '사물의 본성'을 가리키는 것으로 이해하였다. '사람의 건전한 상식으로 판단할 수 있는 사물자연의 이치', '사물의 본질적 법칙 또는 사물의 도리를 말하며, 사람의 이성에 기하여 생각되는 규범' 등의 해석은 이를 뒷받침하는 것이라 볼 수 있다. 근래에 이르러서는 이를 좀 더 법칙에 가까운 개념으로 바라보려는 시도도 등장한다. 가령, 어떤 사회에서 구성원들이 일반적으로 정의롭다고 여기는 규범으로 이해하는 경우를 들 수 있을 것이다. 행정법학에서도 다채로운 논의가 행해진다. 인간 집단의 윤리적 최소한의 원칙을 비롯해 여러 불문법원칙을 표현하기 위한 종합적 관념으로까지도 쓰이고 있다.

조리란 일반적으로 '사물자연의 도리'라고 부른다. 이러한 조리는 사회일반의 정의감, 사물의 본질적 법칙, 법의 일반원칙 등을 본질적 요소로 한다. 그러나 조리가 구체적인 법이나 재판의 세계에서 문제된 때는 당해 사회에서 그 조리가 구체적으로 법적 가치가 있다고 인정될 수 있는 것이어야만 한다. 즉, 이 의미에서의 조리는 학설상 실정법체계의 기초적 가치체계, 당해 사회에서 법적 규범의식으로서 승인된 사회생활의 원리, 사회적 법질서에서 도출된 사물의 본질적 원리 등으로 정의된다.

(2) 조리의 법원성

재판기준으로서의 법원성이라는 의미에서 조리는 법관의 법률전문가로서의 정신적 활동에 의해서 논리적인 법적 구성을 통해서 명제화하고, 당해 사건의 재판규범으로서 발견된다. 따라서 조리는 단순히 구체적 사인의 타당한 해결을 꾀할 뿐 아니라, 법질서 전체의 취지에서 법의 흠결을 보충하기 위한 것이므로 이 점에서 다른 법원인 성문법이 관습법과는 성질을 달리하고, 이들과 동일한 평면상에서 논할 수 없다. 오히려 조리는 형식적 법원과 실질적 법원의 일치라는 면에서 나타난다고 하는 특수한 성격을 가지고 있는 것이라고 이해해야 할 것이다. 이것을 단적으로 표현하고 있는 것이 민사조정법 제1조이다('이 법은 민사에 관한 분쟁을 간이한 절차에 따라 당사자 사이의 상호 양해를 통하여 조리를 바탕으로 실정에 맞게 해결함을 목적으로 한다'고 규정하고 있다). 이처럼 조리는 사건의 구체적이고 타당한 해결을 도모하기 위한 형평의 실체로 등장하기도 한다.

일반적으로 성문법주의를 채용하고 있는 법체계하에서도 이것을 보완하는 기능을 갖는 관습이 존재한다. 그럼에도 변화 발전하는 복잡다기한 사회현상의 모두에 대응해 법원이 어느 특정한 구체적 사건에 관해서 적용해야 할 재판기준으로서의 성문법이나 관습이 존재하지 않음을 이유로 재판을 거부할 수는 없다. 물론 우리의 경우 프랑스 민법 제4조의 '법률의 불비, 법률의 결함을 구실로 재판을 거절하는 법관은 재판을 하지 않은 죄로서 처벌된다'고 하는 규정은 존재하지 않지만 헌법 제27조의 '누구도 법원에서 재판을 받을 권리를 박탈당하지 않는다'는 것의 반대해석에 의해서 프랑스법과 같이 법원에 의한 재판의 거부를 인정하는 것은 불가능하다. 조리는 법원으로 하여금 이를 해결케 하는 도구가 될 수 있는 것이다.

4. 학설(學說)

학설이 법원인가 아닌가에 관해서는 다툼이 있다. 확실히 학설은 입법이나 재판의 준거로서 소재를 제공한다는 의미에서 법형성에 중요한 역할을 수행하고 있다. 그러나 법규범의 내용을 서술하고 설명하는 데 지나지 않고 그 자체로 규범적 타당성을 가지는 것은 아니다. 따라서 우리의 법질서에서 학설은 형식적인 법원으로 인정하지는 않는다.

학설이 법원으로서 인정되는 경우는 드물다. 물론 스위스민법 제1조 제3항은 "전 2항의 경우에는 재판관은 확정된 학설 및 선례에 준거하지 않으면 안 된다"로 규정하여 재판에 있어서 학설 및 판례를 존중할 것을 정하고 있다. 이와 같이 재판에서 학설을 존중하는 것은 특히 스위스민법에 한정되지 않고 어느 법질서에서도 널리 볼 수 있다.

미국에서는 법관이 각 전문의 법학자의 학설을 연구하여 자유롭게 학설을 원용하여 인용내용을 명시한 판결을 내리는 것은 결코 드물지 않다. 우리나라에서도 미국의 경우와 같은 정도는 아니라고 해도 학자의 학설이 대법원의 판례에 채용될 뿐 아니라, 학자의 저서의 문장이 그대로 판결문에 쓰이는 경우도 있고, 대법관이 판결 중에 자신의 저서를 인용하고 있는 경우도 볼 수 있게 되었다. 그 의미에서 학설은 실질적으로 법원의 역할을 수행하고 있는 것이라 할 수 있다.

학설의 중요성은 물론 재판에 한정된 것이 아니고, 학설이 입법의 진보를 촉진하여 그 개정을 촉구하는 데 큰 공헌을 하고 있는 것은 오늘날의 엄연한 사실이다.

Chapter 04 법의 체계

제 1 절 법의 체계

Ⅰ. 법의 분류기준

법은 복잡한 사회 생활관계를 규율하는 것이므로, 그에 못지않게 법적 체제도 아주 복잡하다. 따라서 법의 체계를 간단·명료하게 설명한다는 것은 어려운 일이 아닐 수 없다.

법은 그 분류의 기준과 목적에 따라 다양한 모습으로 나타난다. 즉, 법의 실정성 여부에 따라 자연법과 실정법으로, 그 지지하는 주체에 따라 국내법과 국제법으로, 법이 규율하는 그 대상인 생활의 실체에 따라 공법, 사법 및 사회법으로, 적용범위의 차이에 따라 일반법과 특별법, 그리고 원칙법과 예외법으로, 그 효력을 기준으로 볼 때는 강행법과 임의법으로, 그 내용을 기준으로 볼 때는 실체법과 절차법으로, 그 발생의 관점에서 볼 때는 고유법과 계수법으로, 규율대상의 내용에 따라 행위법과 조직법 등으로 분류될 수 있다.

그러나 이와 같은 법의 분류는 이해를 돕기 위한 편의상의 분류일 뿐이다. 미묘한 경계를 타고 있는 법의 존재를 부정할 수 없는 한 이를 법의 본질적 구분이라고 할 수는 없다.

Ⅱ. 공법, 사법, 사회법

1. 공법과 사법의 구별

법을 공법(public law, Recht)과 사법(private law, Privatrecht)으로 분류하는 것은 일찍이

로마법에 기원을 두고 있는 전통적인 방법이다. 로마인들이 법을 이와 같이 구분한 것은 공법관계를 법의 영역에서 제외하기 위한 것이어서 공적인 내용의 조직에 관한 것을 공법이라 하였고, 개인의 이해관계에 관한 것을 사법이라고 보았다.

공·사법의 구별을 부인하는 학자들도 있으나, 법을 공법과 사법으로 분류하는 것은 로마법 이래의 전통적인 분류방법이었으며, 시대에 따라 둘 중 어느 한쪽을 다른 한쪽보다 강조하는 경향을 보여 왔다. 즉, 19세기의 자유방임주의시대에서는 국가의 간섭을 최소한으로 줄이고 개인의 자유가 최대한 인정되었으며 계약자유의 원칙, 소유권절대의 원칙, 과실책임의 원칙 등 근대 민법의 3대 원리가 적용되는 등 사법분야가 확대되었다.

그러나 20세기에 들어와서 부의 불평등 등 자본주의의 모순이 나타나고 복지국가사상이 대두함에 따라 사적 자치의 영역이 점차 제한되고 공법영역이 점차로 확대되는 이른바 '사법의 공법화 현상'이 대두하였으며, 일정한 분야에서는 공법과 사법의 중간영역이라 할 수 있는 사회법이 새롭게 등장하게 되었다.

2. 구별 기준

(1) 이익설

로마법시대의 지배적인 견해였던 이익설은 후세 법학에 지대한 영향을 끼친 울피아누스(Domitius Ulpianus, ca 170~228)가 "공법은 로마 자신을 위하여 존재하는 법이고, 사법은 각 개인의 이익을 위하여 존재하는 법"이라고 한 말에 기원을 둔 것으로, 공법과 사법의 구별을 법이 보호하는 이익을 기준으로 하여, 공법은 공익의 보호를 목적으로 하는 법이며, 사법은 사익을 목적으로 하는 법이라고 한다.

그러나 이 설의 내용이 되고 있는 공익과 사익의 구별이 명확하지 않고, 법익이 공법과 사법 가운데 어느 한쪽에 반드시 명확하게 속하는 것이 아니라는 난점이 있다.

(2) 법률주체설

법률주체설은 공법과 사법의 구별을 법률관계의 주체를 기준으로 하여, 공법은 국가 기타의 공공단체 상호 간의 관계, 또는 국가·공공단체와 개인 간의 관계를 규율하는 법이며, 사법은 사인 상호 간의 관계를 규율하는 법이라고 한다.

그러나 국가 또는 공공단체가 건물을 임대차한다든지, 물품을 구입하는 경우 등은 사인과 대등한 입장에서 법률행위를 하는 것이므로 사법이어야 함에도 불구하고 공법으로 보게 된다는 데에 이 설의 난점이 있다.

(3) 법률관계설

법률관계설은 공법과 사법의 구별을 법이 규율하는 법률관계가 평등관계에 있느냐의 여부를 기준으로 하여 공법은 불평등관계, 즉 지배복종관계를 규율하는 법이고, 사법은 대등한 법률관계를 규율하는 법이라고 하며, 이를 성질설이라고도 한다.

그러나 이 설에 따르면 국가 간의 평등관계를 규율하는 국제법이 사법이 되고, 민법의 친족관계는 평등관계가 아니므로 공법이라고 하지 않을 수 없으므로 이 학설도 일률적으로 적용될 수 있는 것은 아니다.

(4) 생활관계설

생활관계설은 공법과 사법의 구별을 사람의 생활관계를 기준으로 하여, 공법은 국가생활관계를 규율하는 법이고, 사법은 사회생활관계를 규율하는 법이라고 한다. 즉 공법은 국가권력이 지배하는 정치적 생활관계를 규율하는 반면에, 사법은 국가권력이 개입하지 않는 사적이고 경제적이며 가족적인 생활관계를 규율하는 법이다.

독일의 법학자 푸흐타(Georg Friedrich Puchta, 1798~1846)는 "인간이 국가의 구성원으로서 이용하는 법규범이 공법이고, 개인으로서 이용하는 법규범이 사법이다"라고 하여 이를 이해하였다.

다른 학설보다는 이론적 모순이 비교적 적어 생활관계설이 오늘날 다수에 의해 받아들여지고 있다.

3. 사회법

사회법이란(Social law, Sozialrecht)이란 인간의 사법적 생활관계에서 경제적인 약자를 보호할 목적으로 공법적인 통제를 가하여 사인의 실질적 평등을 실현하려고 하는 법을 말한다. 따라서 사회법은 라드브루흐가 말하는 바와 같이 공법도 사법도 아닌 중간적인 성격을 가지고 있는 '새로운 제3의 법'이라고 할 수 있다.

사회법의 테두리 안에서는 공법과 사법의 엄격한 한계를 짓기가 어려우며 서로 교차하는 지점도 생긴다. 사법의 영역인 사적 자치도 공공복리라는 원칙에 배치될 때는 제한될 수가 있다. 흔히 사회법으로 노동법, 경제법, 사회보장법 등을 든다.

Ⅲ. 일반법과 특별법

1. 의의와 구별의 실익

(1) 의 의

일반법과 특별법은 법의 효력이 미치는 범위가 일반적으로 적용되는가 아니면 특수적인 것에 국한되는가 하는 것에 따른 분류이다. 일반법(General law, Gemeingultiges Recht)이란 사람과 장소, 사항 등에 관하여 그 효력에 특수한 제한이 없이 일반적으로 적용되는 법을 말하며, 특별법(Special law, Spezialrecht)이란 그 효력이 특정한 사람과 장소, 사항에만 미치는 법을 말한다.

(2) 구별의 상대성 및 실익

일반법과 특별법은 일단 사람, 지역, 사항을 기준으로 구별할 수는 있지만, 절대적인 구별이 아니라 상대적 구별에 지나지 않는다. 즉, 상법은 민법에 대해서는 특별법이지만 은행법이나 보험업법에 대해서는 일반법의 관계에 놓인다. 또한, 동일한 법령 중의 규정 상호 간에도 일반법적 규정과 특별법적 규정이 존재하는 경우도 있다. 예컨대, 형법 제250조 제2항에는 "자기 또는 배우자의 직계존속을 살해한 자는 사형, 무기징역 또는 7년 이상의 징역에 처한다"고 하여 존속살인죄를 규정하고 있는데, 이는 동조 제1항에서 5년 이상의 징역에 처하도록 한 보통살인죄에 대한 특별법적 규정이다. 또한 일반적 채권의 소멸시효는 10년으로 하고 있으나, 이자나 부양료, 음식료, 여관비 등 특별한 채권은 3년 혹은 1년으로 소멸시효가 단축된다(민법 제162조 내지 제164조).

일반법과 특별법의 구별이 상대적 구별임에도 불구하고, 그와 같이 구별하는 실익을 따지는 경우에 가장 중요한 점은 법적용상의 원칙과 관련된 사항으로 동일한 사항에 일반법과 특별법이 있는 경우에는 특별법이 일반법에 우선하여 적용된다는 점에 있다.

즉, "특별법은 일반법에 우선한다(Lex Specialis derogat lege generali)"는 특별법 우선의 원칙에 있다. 따라서 일반법과 특별법이 서로 저촉되는 경우에는 특별법에 의해야 하며, 일반법은 특별법에 규정되어 있지 않은 것을 보충하는 의미에서 적용된다. 그 밖의 실익으로서는 법해석상의 원칙과 관련된 사항으로서, 일반법은 넓게 해석하고, 특별법은 좁게 해석해야 한다는 점에 있다.

2. 구별 기준

(1) 사람을 기준으로 한 구별

법의 효력이 전국민에 미치는 법을 일반법이라 하고, 어떤 특정한 직업·신분을 가진 사람에게만 미치는 법을 특별법이라 한다. 예컨대, 민법, 형법 등은 전국민에게 적용되므로 일반법이지만, 군형법·국가공무원법·소년법·외국인토지법 등은 특수한 직업과 신분을 가진, 즉 군인·국가공무원·19세 미만의 자·외국인에게만 적용되므로 특별법이다.

(2) 지역을 기준으로 한 구별

법의 효력이 국가의 전영역에 걸쳐서 미치는 법을 일반법이라 하고, 그 국가영역의 일부지역에만 미치는 법을 특별법이라 한다. 예컨대, 민법, 형법, 상법 등은 일반법에 해당하지만, 각 도, 시, 군의 조례나 규칙 같은 것은 특별법으로 각 지방자치단체의 관할구역 내에서만 그 효력이 미친다.

(3) 사항을 기준으로 한 구별

법의 효력이 어떤 사항 전반에 걸쳐서 미치는 법을 일반법이라 하고, 특정한 사항에 대해서만 미치는 법을 특별법이라 한다. 예컨대, 민법은 민사에 관한 일반법이고, 상법은 민사관계 중에서 특히 상사에 관한 사항에 대해서만 효력이 미치는 민사특별법이다. 또, 민사특별법인 상법은 어음과 수표에 관한 사항을 규정하고 있는 어음·수표법에 대하여 일반법이 된다.

제2절 법의 계통

법의 계통을 파악하기 위해서는 다양한 기준이 제시되어야 한다. 가령, 불문법을 중심으로 하는 영미법계와 그에 상대되는 개념으로 성문법적 전통이 강하고 로마법적 요소가 많은 대륙법계로 나누는 경우도 마찬가지다. 양자는 그 터를 잡은 국가의 역사적·문화적 전통이 다른 만큼이나 법을 이해하는 방식도 다르다. 법의 정신, 법의 소재, 법 발전의 모습, 법 발전에서 법학자와 법조인의 역할 등 고려해야 할 요소가 이루 헤아릴 수 없이 많다.

오늘날 특정 국가 또는 민족을 초월하여 역사상 주류를 이루고 있는 법계로는, 이집

트법계·바빌로니아법계·헤브라이법계·인도법계·그리스법계·로마법계·게르만법계·대륙법계·사원법계·영미법계 등으로 분류할 수 있다.

그러나 이와 같은 법계는 그의 문화권에서 발전하는 것이 일반적이지만 때로는 한 법계가 다른 법계에 흡수되어 사라지는 경우도 있고, 이집트법계나 헤브라이법계와 같이 그 법계를 생기게 한 민족과는 상관없이 사멸하는 경우도 있으며, 로마법계와 같이 그 법계가 생성된 민족과는 상관없이 지금까지 존속하는 경우도 있다.

Ⅰ. 대륙법계

대륙법계는 독일과 프랑스 등 유럽대륙에서 발달한 법계로서 주로 로마법계와 게르만법계를 근간으로 구성되어 있다. 이러한 대륙법계는 로마법을 중심으로 발달하여 온 법계이다. 대륙법계의 중요한 특성은 대체로 법을 인간의 올바른 행위규범으로 생각하며, 정의와 도덕관을 그 기본이념으로 하고 있다는 점이다.

또한 대륙법계는 주로 시민관계를 규율하기 위하여 사법을 중심으로 하여 발전해 왔다. 따라서 법실무보다는 이론과 논리를 중시하며, 법실무자들보다는 법학자들에 의하여 형성되어 왔으며, 영미법계의 불문화주의와는 달리 성문화주의를 채용하고 있다.

오늘날 대륙법계는 프랑스법계와 독일법계로 분류할 수 있다. 프랑스법계는 개인주의·자유주의적인 특색이 있고, 독일법계는 게르만 고유법계의 요소가 다분히 포함된 단체주의적 경향이 강하다. 프랑스법계에 속하는 나라로는 이탈리아·벨기에·룩셈부르크·스페인·포르투갈 및 남미의 여러 나라를 들 수 있으며, 독일법계에 속하는 나라로는 스위스·네덜란드·노르웨이·덴마크 등의 유럽국가와 한국이나 일본 등의 국가를 들 수 있다.

Ⅱ. 영미법계

영미법계는 영국과 미국을 중심으로 하는 법계로 대륙법계와 대립되는 개념이다. 영국(특히, 잉글랜드)에서 형성된 법을 코먼로(Common Law) 혹은 보통법이라고 부르는데 영미법 또한 대체로 보통법과 이를 보장하고 보완하기 위한 형평법(equity law)으로 구성되어 있다. 영미법계 중 특히 영국은 유럽대륙의 영향을 받지 않고 독자적으로 생성·발전된 결과 대륙법과는 다른 이질적인 법계를 형성하였고, 미국은 영국법을 계수받아 다시 독자적으로 발전하였다.

영미법계는 법학자들이 아닌 법관들이 실무에서 재판을 통하여 판례법으로 형성되었다는 데에 그 특징이 있다. 따라서 구체적 사실을 중시하게 된다.

영미법계에서는 관습법이나 판례법이 중심이 되므로 체계적이고도 형식적인 법전이 없고, 소송절차나 증거절차 등에 관한 절차법규가 실체법규 이상으로 중요시되며, 성문법의 형식이 아닌 불문법의 형식을 취하고 있다. 또한 영미법계의 법은 왕권과 밀접한 관련이 있다. 즉, 영국의 왕권에 위협을 주는 행위에 대하여 이를 규제하는 형태로 발전되었기 때문에, 주로 공법적 성격을 띠고 있다.

오늘날 영미법계에 속하는 국가로는 영국과 미국 외에도 영국의 식민지나 자치령으로부터 독립한 캐나다·오스트레일리아·뉴질랜드·인도 등이 있다. 그러나 우리나라도 최근에 상법이나 형사소송법 및 행정법 등의 분야에서는 영미법적 요소를 많이 도입하고 있다.

Ⅲ. 사회주의 법계

사회주의 법계는 마르크스주의(Marxism)를 이념으로 하는 구 소련을 비롯한 공산주의 국가의 법계이다. 본래 예전의 사회주의 국가들도 로마·게르만법계의 국가들이었으며 따라서 로마·게르만법적인 요소들을 상당히 간직하고 있었으나, 자본주의를 이념으로 하는 민주주의 국가들과는 달리 공산주의이론이라는 전혀 차원이 다른 이념을 기초로 하기 때문에 그 근본개념에 있어서는 매우 다르다.

즉 사회주의 법계의 학리는 마르크스이론을 기초로 하여 법의 근거로서 “법은 곧 실력이다”라는 실력설을 채택하고, 법사관으로는 유물론적 변증법을 그 내용으로 하고 있다. 이에 따르면 국가는 계급사회에 있어서 지배계급이 타계급을 지배하기 위하여 만든 것으로, 법은 지배계급이 피지배계급을 억압하기 위하여 국가권력과 결합하여 규범화한 도구로 본다.

생산수단의 국유화로 말미암은 사적 생활관계의 위축이나 훼손은 물론 당(黨)의 당헌이나 강령, 지침 등이 국가법 못지 않은 규범적 효력을 지니고, 관습법·판례법 등 불문법의 법원성이 부정되는 등의 사회주의 법의식의 표출로 대변되는 전형적인 사회주의 법계는 이제 그 존재 의의를 상실했다고 봐도 과언이 아니다. 박제된 이론이 되지 않기 위해서라면 법의 계통 또한 새로운 눈이 필요할 때다.

Chapter 05 법의 효력

제 1 절 법의 실현

법의 생명은 사회의 쓰임에 있다. 법이 사회생활을 규율한다고 할 때 이는 현실사회에의 적용을 상정한다. 따라서 법은 그 규범적 의미내용대로 실현될 수 있는 상태로 놓여있어야 한다. 이를 법의 효력이라고 한다. 법은 법으로서의 구속력을 가지고 국민의 행태를 규율하는 규범으로서 그 의미내용대로 사실상 실현할 수 있는 힘을 보유해야 한다.

만일 법이 사회에서 실현되지 않는다면 그 법은 생명을 잃고 존재가치를 상실하게 될 것이다. 물론 법규범이 사실상 실현되지 않는다고 하여 당장 법규범으로서의 의미를 상실해 버리는 것은 아니다. 법은 어느 면에서는 상대적이기 때문이다.

법의 효력의 문제는 두 가지 측면에서 생각할 수 있다. 하나는 '법이 현실생활 속에 실현된다는 것은 무엇이냐'를 구명하는 문제로서, 규범이 사실상 실현되어야 한다는 요구(당위성)가 규범이 현재 사실로서 실현되고 있는 상태(실효성)와 합치되느냐의 문제이다. 이를 법의 실질적 효력이라고 한다. 가령, 프로야구 경기장 앞에서 암표상이 버젓이 암표를 팔고 있음에도 경찰이 방관한 채 이를 단속하지 않는다면 경범죄처벌법의 당해 규정은 실효성이 없는 것과 마찬가지가 되는 것이다.

한편 실정법은 시간적·공간적·인적으로 한정된 범위 안에서 효력을 갖는다. 이것을 법의 형식적 효력이라고 한다.

제2절 법의 실질적 효력

인간은 시대의 고금을 막론하고 사회생활상 "…을 해야 한다", "…을 해서는 안 된다"는 형식의 규범에 구속되어 있다. 법규범에 있어서는 이러한 규범을 위반하게 되면 "…죄에 처한다"라고 하여 그 실현을 강제하거나 그 위반에 대해 제재를 가하고 있다. 이는 법규범이 행위규범적 성격과 강제규범적 성격을 모두 가지고 있다는 것을 의미한다. 따라서 법이 실질적 효력을 잘 발휘하려면 행위를 마땅히 요구할 수 있어야 하고, 그 불응에 대하여는 그에 상응한 강제 내지 제재가 가능해야 한다. 즉, 법의 실질적 효력은 법의 타당성과 법의 실효성이 합치될 때 충분히 발휘될 수 있다.

Ⅰ. 법의 타당성

행위규범으로서의 법은 사람에게 어떤 행위를 금지하기도 하고 명령하기도 한다. "계약은 지켜야 한다"고 명령하기도 하며, "타인의 물건은 훔쳐서는 안 된다"고 금지하기도 한다. 행위규범이 그러한 금지와 명령을 하는 이유는 현실적으로 사실상 타인의 물건을 훔치는 자도 있고 계약을 이행하지 않는 자도 있기 때문이다. 그러므로 법규범은 행위규범으로서 볼 때는 현실적으로 그 규정대로 지켜지기를 요구하는 데 그치는 것이며 현실적으로 그 규정대로 지켜진다는 것을 의미하는 것은 아니다.

법이 효력을 가진다는 것은 그 규범의미 내용대로 '실현되어야 한다는 요구'를 가질 수 있다는 것을 의미한다. 이러한 법의 효력의 규범적인 측면을 법의 규범적 타당성이라고 한다. 따라서 법이 타당하다는 것은 법이 수범자를 구속할 수 있게끔 지키도록 요구할 수 있는 정당한 자격 내지 기능을 갖는다는 것을 의미한다.

Ⅱ. 법의 실효성

법은 그 규범 의미 내용대로 사실을 움직일 수 있는 힘을 갖는다. 이러한 법의 사실적 측면을 법의 실효성이라고 한다.

법이 효력을 갖기 위해서는 실효성이 있어야 한다. 법이 실효성이 있다는 것은 강제규범으로서의 법의 실현이 국가권력에 의하여 보장되고 있다는 것을 의미한다. 이러한 법의 실효성을 보장하는 것은 어디까지나 국가권력이지 사인의 실력 내지 폭력은 아니다. 물론 미개사회에서는 사력에 의한 복수가 허용되었었다. 예컨대, '눈에는 눈, 이에는 이'라는 탈리오의 법칙이 그것이다. 그러나 근대에 와서는 사인의 실력에 의한 제재는 원칙적으로 금지되고 국가에 의한 제재만이 법의 실효성을 보장하는 수단으로 인정되게 되었다. 형벌이 바로 그 예이다. 다만, 특별한 경우에 예외적으로 자력구제가 허용되며, 정당방위·긴급피난 등이 이에 속한다.

법이 효력을 가지려면 규범적 타당성과 사실적 실효성을 동시에 가져야 한다. 법이 이 중 어느 하나라도 결여하는 경우에는 실정법으로서의 존재가치를 상실하게 된다. 타당성은 있으나 실효성이 없으면 그 법은 사문화될 것이고, 실효성은 있으나 타당성이 담보되지 않는 법은 아무리 타당하더라도 현실을 규제하는 실정법으로서의 임무를 다하지 못할 것이고, 결국은 악법 시비에 휘말릴 수 있다.

제3절 법의 형식적 효력

법의 형식적 효력은 법의 실질적 효력이 미치는 범위를 말한다. 실정법은 일정한 시대나 사회의 역사적·사회적·경제적·정치적·경험적 사실로서 생성·발전·소멸하는 것이므로 성문법이건 불문법이건 그 효력이 무제한일 수 없고, 거기에는 일정한 한계가 있기 마련이다. 이와 같은 한계에 따라 법의 효력을 시간적·인적·장소적 효력으로 나누어 볼 수 있다.

Ⅰ. 법의 시간적 효력

법의 시간적 효력은 법이 언제부터 언제까지 효력을 갖는가의 문제이다. 그리고 법률불소급의 원칙과도 관계가 있다.

1. 법의 시행기간

법의 효력은 그 시행일로부터 폐지일까지 계속된다. 이 기간을 법의 시행기간 또는 유효기간이라고 한다. 관습법은 성립과 동시에 효력이 발생한다. 그러나 성문법의 경우에는 시행에 앞서 공포되어야 한다. 성립된 법을 공포하는 행위를 공시라고 한다. 공포는 법의 성립과 그 내용을 국민에게 알리기 위한 절차이다. 법을 공포와 동시에 시행하게 되면 여러 가지 폐해가 발생할 수 있기 때문에 공포 후 시행까지는 얼마간의 기간을 두는 것이 일반적이다. 이 기간을 주지기간이라고 한다.

그러나 법령에 시행기일을 각각 개별적으로 정한 경우에는 그 정한 날로부터 시행된다. 따라서 공포일로부터 즉시 시행할 수도 있다. 다만, 그 기간이 특별히 정하여져 있지 않으면 공포일로부터 20일이 경과함으로써 효력이 발생한다(헌법 제53조 제7항).

한편, 법은 폐지에 의하여 그 효력을 상실한다. 법의 폐지는 법의 명시적인 규정에 의하는 경우와 그렇지 아니한 경우의 두 가지가 있다. 전자를 명시적 폐지, 후자를 묵시적 폐지라고 한다.

명시적 폐지는 법령의 제정 시에 미리 그 시행기간을 규정하고 있어 그 기간의 종료로 폐지되는 경우이다. 이를 기간부입법 또는 한시법이라고 한다. 또 신법에서 구법의 일부 또는 전부를 폐지한다는 명문규정을 든 경우이다. 예컨대, 형법에서 구형법의 폐지를 정한 경우(동법 부칙 제10조 참조)이다. 하지만 이 경우에는 법령의 형식적 효력에 의한 제한이 있다. 명령에서 법률의 폐지를 정하더라도 그 법률은 효력을 잃지 않는다.

묵시적 폐지는 명문에 의한 폐지가 아닌 것으로 구법의 규정과 신법의 규정이 서로 저촉·모순되는 경우에 그 범위 내에서 구법은 당연히 효력을 상실한다. 이것이 "신법은 구법을 개폐한다"는 원칙이다. 다만, 이 경우에도 법령의 형식적 효력에 의한 제한이 있다. 따라서 하위의 법규범으로서 상위의 법규범을 개폐할 수는 없다. 그리고 신·구 양법 사이에 일반법·특별법의 관계가 있는 경우에는 "신일반법은 구특별법을 개폐하지 못한다" 특별법은 일반법에 우선하여 적용되기 때문이다. 이와 함께 처음부터 일정한 조건의 성취, 목적의 달성을 위하여 제정된 법은 그러한 조건의 성취 또는 목적의 달성으로도 당연히 폐지된다.

2. 법률불소급의 원칙

법의 효력은 시간적으로 제한을 받기 때문에 그 시행 후에 발생한 사항에만 적용되는 것이 원칙이다. 그 시행 전에 발생한 사항에 대해서는 소급하여 적용하지 못한다. 이를 법률불소급의 원칙이라고 한다.

이는 법률생활의 안정과 기득권 존중을 위하여 인정되는 것이다. 형사에 관하여는 특히 엄격히 규제되어 헌법적 차원에서 형벌불소급의 원칙을 명시하고 있다. 즉, 헌법 제13조 제1항은 "모든 국민은 행위 시의 법률에 의하여 범죄를 구성하지 아니하는 행위로 소추되지 아니하며…"라고 규정하고 있다. 이를 받아 형법 제1조 제1항은 "범죄의 성립과 처벌은 행위 시의 법률에 의한다"고 규정한다. 기득권 존중의 원칙·사후입법금지의 원칙(형벌불소급의 원칙)은 법률불소급의 원칙의 내용을 이루는 주요한 파생원칙이다.

그러나 이러한 원칙은 절대적인 것은 아니다. 사회실정이나 국민의 정의감에 비추어 필요한 경우에는 예외적으로 소급효를 인정하는 수가 있다. 민법 부칙 제2조·상법시행법 제2조 등에서 신법의 소급효를 인정하였으며, 형법에 있어서도 신법이 구법보다 형사피고인에게 유리한 경우에는 신법이 소급적으로 적용된다고 하고 있다. 즉, 형법 제1조 제2항은 "범죄 후 법률의 변경에 의하여 그 행위가 범죄를 구성하지 아니하거나 형이 구법보다 경한 때에는 신법에 의한다"라고 하고 있다. 법률의 소급효는 법규범의 본질적인 문제로 죄형법정주의와는 다르다.

3. 경과규정

법령의 제정·개폐가 있었을 때, 구법 시행 시에 발생한 사항에는 구법을 그대로 적용하고, 신법 시행 후에도 계속 진행되고 있는 것에는 구법과 신법 중 어느 것을 적용할 것인가가 문제가 된다. 이것을 해결하기 위하여 규정되는 것이 경과법(규정)으로서 시제법이라고도 한다. 이는 신법의 부칙에서 규정하는 것이 보통이나 별도의 시행법에 규정하는 수도 있다.

경과법에 담기는 내용에는 구법과 신법의 적용에 관한 시간적 한계, 구법 밑에서 발생한 사항을 일정한 제한하에 또는 잠정적으로 승인하는 것, 신법의 최초의 적용에 관한 특례조치 등 여러 가지가 있다.

Ⅱ. 법의 대인적 효력

1. 입법주의의 대립

근대법은 '법 앞에서의 만인의 평등'을 이념으로 하고 있다. 따라서 법은 사람의 지위·신분·문벌·계급·성·신앙 등에 의하여 차별하여 적용하는 것이 금지되고, 모든 사람에게 똑같이 적용되는 것이 원칙이다. 그런데 법의 효력이 미치는 사람의 범위를 여하히

정할 것이냐가 문제된다. 이에는 속지주의와 속인주의의 대립이 있다.

법은 원칙적으로 그 시행지역 안의 모든 사람에게 적용된다. 즉 국가의 영역을 기준으로 하여 그 영역 내에 있는 사람이면 자국민이든 외국인이든 그 국가의 법에 복종해야 하는 것이다. 이를 속지법주의라고 한다. 한편 국적을 기준으로 하여 한 국가의 국민은 어디에 있든 자국법의 적용을 받는다고 할 수 있는데, 이를 속인법주의라고 한다.

2. 원 칙

오늘날 각국은 영토를 존중하는 입장에서 속지주의를 원칙으로 하고, 보충적으로 속인주의를 가미하고 있다. 그러나 이러한 양 주의의 병용으로 인하여 속지법과 속인법이 서로 충돌하는 경우가 생기는데 — 법의 저촉 —, 이를 해결하는 것을 목적으로 하는 법, 즉 섭외사법이 각국에 제정되어 있다(우리나라 1962년 법률 제966호).

3. 예 외

속인주의에 의하면 법은 모든 국민에게 평등하게 적용되어야 할 것이다. 하지만 특별법은 일정한 사람에게만 적용되고 전국민에게 적용되지 않는 경우가 있다. 즉, 속인주의에 대한 예외의 경우이다. 예컨대, 국가공무원법은 국가공무원에게만, 변호사법은 변호사에게만, 근로기준법은 사용자와 근로자에게만 적용된다.

또한 국정상의 필요에서 대통령 및 국회의원에 대해서는 일반적인 법의 효력이 미치지 않는 경우가 있는 등 일종의 면책특권이 인정되고 있다. 즉, 대통령은 내란 또는 외환의 죄를 범한 경우가 아니고는 재직 중 형사상의 소추를 받지 아니한다(헌법 제84조).

그리고 국회의원에게는 불체포특권(헌법 제44조 제1항)이 인정되고, 국회에서 직무상 행한 발언과 표결에 관하여 외부에서 책임을 지지 아니할 면책특권(헌법 제45조)도 인정된다. 이는 대통령이나 국회의원이 임기 중 안심하고 직무를 수행할 수 있도록 하기 위한 것이다.

다음으로 속지주의에 의하면 우리나라 영역 안에 있는 모든 사람에게 법의 효력이 미쳐야 한다. 그러나 다음과 같은 경우에는 우리나라 영역 안에 있더라도 우리나라의 법이 미치지 아니한다. 즉, 속지주의에 대한 예외의 경우이다. 구체적으로는 다음과 같다.

첫째, 국내법상의 예외이다. 참정권·청구권·국방의 의무 등과 같은 헌법상의 권리·의무는 국민의 지위에 기한 것이므로 외국인에게는 적용되지 아니한다. 또한 형법 제5조에 의하여 내란죄·외환죄·국기에 관한 죄·통화 및 유가증권에 관한 죄 등 일정한 범죄에 대해서는 대한민국 영역 밖에서 죄를 범한 외국인에게도 형법을 적용한다.

섭외사법에서도 혼인·이혼의 요건, 친족·상속관계 등 일반적으로 사람의 신분·능력에 관한 사항은 각국의 인정·풍속·관습 및 문화 정도에 따라 다를 것이므로 이에 관한 법은 자국 내의 외국인에게는 적용하지 아니한다. 이때에는 외국인의 본국법이 적용된다.

둘째, 국제법상의 예외이다. 국제법상 치외법권을 향유하는 자는 주재국의 재판권·경찰권 및 과세권에 복종하지 않을 특권이 인정된다. 치외법권을 향유할 수 있는 자는 외국원수·외교사절 및 그 가족·수행원이다.

이러한 특권은 일반적인 국제관습법에 의해 인정되는 것이며, 이외에도 개별조약 등에 의해 특정 외국인에게 특권·면제를 인정할 수도 있다. 또 헌법상의 예외에서 보았듯이 외국인에게는 공무담임권·투표권·병역의무 등의 특정한 공권 내지 공의무가 인정되지 않는다. 그리고 토지소유권·수산업권 등의 사권도 제한될 수 있다.

Ⅲ. 법의 장소적 효력

법의 장소적 효력은 법이 실제로 적용될 영역적 단위의 문제이다. 하지만 법의 장소적 효력의 문제는 결국 법이 적용되는 영역의 문제라기보다는 행위 주체인 사람의 문제이므로 법의 대인적 효력의 문제로 환원한다고 할 수 있다.

1. 원 칙

한 나라의 법은 그 나라의 전 영역에 걸쳐 적용되는 것이 원칙이다. 따라서 국권이 미치는 영토·영해 및 영공을 포함해서 그 나라의 영역 내에 있는 모든 사람에게 내외국인을 불문하고 일률적으로 적용된다(속지주의).

2. 예 외

위와 같이 법의 영토관할권에 대한 원칙이 설명될 수 있지만 이에 대하여는 다음의 예외가 인정된다.

첫째는 자국영역 내에 있어서도 법이 일정한 적용지역을 정하고 있을 경우에는 당해 지역 내에서만 그 효력이 미친다. 자치법규·도시계획법 등이 그 예이다.

둘째는 자국의 군함·선박 또는 항공기는 공해상에서는 물론이고 자국의 영역 내에 있을지라도 자국법의 적용을 받는다(기국주의). 이는 자국영토의 연장으로 보기 때문이다.

셋째는 정치적인 이유로 자국법을 배제하고 외국법이 적용될 수 있다. 영사재판권이 행하여지는 지역, 조차지, 점령지, 위임통치지 등이 그 예이다.

참 고 관습법의 효력(대판 2005. 7. 21. 2002다1178 전원합의체)

【판시사항】

1. 관습법의 의의와 효력 및 '사회의 거듭된 관행으로 생성한 사회생활규범'이 법적 규범으로 승인되기에 이르렀다고 하기 위한 요건
2. 관습법으로 승인되었던 '사회의 거듭된 관행으로 생성한 사회생활규범'이 그 법적 규범으로서의 효력을 상실하게 되는 경우
3. 종중 구성원의 자격을 성년 남자만으로 제한하는 종래의 관습법의 효력 등

【판결 요지 일부】

1. 관습법이란 사회의 거듭된 관행으로 생성한 사회생활규범이 사회의 법적 확신과 인식에 의하여 법적 규범으로 승인·강행되기에 이른 것을 말하고, 그러한 관습법은 법원으로서 법령에 저촉되지 아니하는 한 법칙으로서의 효력이 있는 것이고, 또 사회의 거듭된 관행으로 생성한 어떤 사회생활규범이 법적 규범으로 승인되기에 이르렀다고 하기 위하여는 헌법을 최상위 규범으로 하는 전체 법질서에 반하지 아니하는 것으로서 정당성과 합리성이 있다고 인정될 수 있는 것이어야 하고, 그렇지 아니한 사회생활규범은 비록 그것이 사회의 거듭된 관행으로 생성된 것이라고 할지라도 이를 법적 규범으로 삼아 관습법으로서의 효력을 인정할 수 없다.
2. 사회의 거듭된 관행으로 생성된 사회생활규범이 관습법으로 승인되었다고 하더라도 사회 구성원들이 그러한 관행의 법적 구속력에 대하여 확신을 갖지 않게 되었다거나, 사회를 지배하는 기본적 이념이나 사회질서의 변화로 인하여 그러한 관습법을 적용하여야 할 시점에 있어서의 전체 법질서에 부합하지 않게 되었다면 그러한 관습법은 법적 규범으로서의 효력이 부정될 수밖에 없다.
3. (다수의견) 종원의 자격을 성년 남자로만 제한하고 여성에게는 종원의 자격을 부여하지 않는 종래 관습에 대하여 우리 사회 구성원들이 가지고 있던 법적 확신은 상당 부분 흔들리거나 약화되어 있고, 무엇보다도 헌법을 최상위 규범으로 하는 우리의 전체 법질서는 개인의 존엄과 양성의 평등을 기초로 한 가족생활을 보장하고, 가족 내의 실질적인 권리와 의무에 있어서 남녀의 차별을 두지 아니하며, 정치·경제·사회·문화 등 모든 영역에서 여성에 대한 차별을 철폐하고 남녀평등을 실현하는 방향으로 변화되어 왔으며, 앞으로도 이러한 남녀평등의 원칙은 더욱 강화될 것인바, 종중은 공동선조의 분묘수호와 봉제사 및 종원 상호간의 친목을 목적으로 형성되는 종족단체로서 공동선조의 사망과 동시에 그 후손에 의하여 자연발생적으로 성립하는 것임에도, 공동선조의 후손 중 성년 남자만을 종중의 구성원으로 하고 여성은 종중의 구성원이 될 수 없다는 종래의 관습은, 공동선조의 분묘수호와 봉제사 등 종중의 활동에 참여할 기회를 출생에서 비롯되는 성별만에 의하여 생래적으로 부여하거나 원천적으로 박탈하는 것으로서, 위와 같이 변화된 우리의 전체 법질서에 부합하지 아니하여 정당성과 합리성이 있다고 할 수 없으므로, 종중 구성원의 자격을 성년 남자만으로 제한하는 종래의 관습법은 이제 더 이상 법적 효력을 가질 수 없게 되었다.

Chapter 06 법의 적용과 해석

제 1 절 법의 적용

Ⅰ. 사실의 확정

법을 집행하려면 법적용의 전단계로서 먼저 사실이 확정되어야 한다. 예컨대, 갑이 을을 살해하였다면 그 이유는 무엇인가, 고의인가·과실인가, 가해자와 피해자는 무슨 관계에 있는가 등의 사실을 명백히 하지 않으면 안 된다. 사실이 명확히 결정되지 아니하면 거기에 대하여 어떠한 법규를 적용할 것인가를 결정하지 못하기 때문이다. 여기서 사실의 확정 — 인정 — 이라는 것은 사회적 사실을 있는 그대로, 말하자면 자연적으로 인식하는 것이 아니고 법적으로 인식하는 것 — 법적 평가 — 을 말한다. 이를 이른바 사실문제라고 한다. 사실 확정의 방법에는 다음과 같은 것들이 있다.

1. 사실의 입증

사실은 증거에 의하여 확정된다. 이것은 소송절차에서 특히 현저하게 나타난다. 즉, 재판에 있어서 사실의 존부에 관하여 확신을 얻게 하는 자료가 증거이며, 이는 재판관의 사실 인정에 있어서 객관성을 담보한다. 증거의 자료로는 당사자 본인의 진술 내지 자백, 증거에 의한 증언, 전문가의 감정, 문서에 의한 증거, 현장검증 등을 들 수 있다.

증거는 원칙적으로 그 사실을 주장하는 측에서 입증해야 하는데, 소송상 증거에 의하여 사실의 존부를 확정할 수 없는 경우에 법원은 그 사실의 존부를 어느 일방에게 불이익하게 가정하여 재판하지 않으면 안 된다. 이때 법원으로부터 불이익한 법률적 판단을 받는 당사자(민사소송에서의 원고와 피고 중 일방, 형사소송에서의 검사와 피고인 중 일방)의 위험 또는 불이익을 입증책임 또는 거증책임이라고 한다. 그리고 이러한 입증책임을 누가 부담하느냐를 정하는 것을 입증책임의 분배라 하며, 이는 공평의 요구·경험상의 개연성·권리의 실질적 목적 등의 고려 아래 실체법상 정해진다.

2. 사실의 추정과 간주

사실을 입증하는 것이 언제나 쉬운 것은 아니다. 때로는 전혀 불가능하거나 매우 곤란한 경우가 생긴다. 그래서 법은 공익적 견지에서 사실 확정을 위해 추정과 간주의 두 가지 방법을 쓰기도 한다.

(1) 추정(推定)

사실의 추정이란 증거에 의하여 확정하지 못한 사실을 우선 사실 그대로 확정하여 법률효과를 발생시키는 것을 말한다. 이는 법적 생활의 안정성을 우선적으로 유지하기 위한 추정의 이론에서 나온 것이다. 예컨대, "점유자는 소유의 의사로 선의, 평온 및 공연하게 점유한 것으로 추정한다"(민법 제197조 제①항)는 규정이라든가, "처가 혼인 중에 포태한 자는 부의 자로 추정한다"(민법 제844조 제①항)고 규정한 것 등이 그 예이다.

사실의 추정은 앞의 예에서와 같이 보통 법문에 "…추정한다"고 규정한다. 하지만 추정이란 입증을 기다리지 않고 인정하는 것이므로 잠정적인 결정에 불과하며, 반대의 사실을 주장하는 당사자는 반증을 들어 언제나 이 효과를 부정할 수 있다.

참 고

우리 헌법재판소는 2015년 4월 30일 민법 제844조 제②항 "혼인성립의 날로부터 2백일 후 또는 혼인관계 종료의 날로부터 3백일내에 출생한 자는 혼인중에 포태한 것으로 추정한다"는 규정에 대해 헌법불합치결정을 내렸다. 재판부는 결정문에서 "이 조항은 진실한 혈연관계에 부합하지 않고 당사자들이 원하지도 않는 친자관계를 강요하고 있으므로 개인의 존엄과 양성의 평등에 기초한 혼인과 가족생활에 관한 기본권을 제한해 위헌"이라고 밝혔다. 또 "유전자 검사 기술의 발달로 과학적 친자감정이 가능하게 됐는데도 법률상 예외 없이 전남편의 친생자로 추정하고, 이를 해소하기 위해서는 엄격한 친생부인의 소를 통해서만 해결하도록 하는 것은 입법취지에도 맞지 않다"고 설명했다. 재판부는 "다만 심판대상조항이 단순위헌 결정을 받는다면 친생자가 명확한 경우에도 친생추정이 소멸돼 아이의 법적 지위에 공백이 발생하므로 개선입법이 있을 때까지 계속 적용을 명하기로 한다"고 덧붙였다(2013헌마623). 이 조항에서의 추정을 깨뜨리려면 부(夫)가 친생부인의 소를 제기해야 한다.

(2) 간주(看做)[의제(擬制)]

공익 또는 기타의 이유로 법률정책상 사실의 진실성 여부와는 관계없이 일정 사실의 존부를 확정하여 일정한 효과를 부여하는 것을 간주 또는 의제라고 한다. 예컨대, "대리권 없는 자가 타인의 대리인으로 계약을 한 경우에 상대방은 상당한 기간을 정하여 본인에게 그 추인여부의 확답을 최고할 수 있다. 본인이 그 기간 내에 확답을 발하지 아니한 때에는 추인을 거절한 것으로 본다"(민법 제131조)는 규정이라든가, "미성년자가 혼인을 한 때에는 성년자로 본다"(민법 제826조의2)는 규정이 그 예이다.

사실의 간주는 법문에 "… 간주한다", "… 본다"고 적는다. 그런데 간주는 추정과 달라서 상대적인 법률효과를 인정하는 것이 아니고 절대적인 법률효과를 확정하는 것이기 때문에 이에 대하여는 반증을 가지고도 법이 의제한 효과를 뒤집을 수 없다. 실종선고는 사망한 것으로 추정하는 것이 아니라 사망한 것으로 간주해 버리므로 그 실종선고가 사실과 다르다는 것이 후에 입증되더라도 취소의 절차를 밟지 않는 한 사망이라는 법률적 효과를 소멸시키지 못한다. 이렇게 볼 때 사실의 확정에서 추정보다 간주의 효력이 더 강함을 알 수 있다.

Ⅱ. 법의 발견

사실이 확정되었으면 거기에 대응할 법을 발견하여야 한다. 법의 발견이란 많은 법규 중 어떠한 법을 적용할 것인가를 정하는 과정이지만 인간의 생활관계가 매우 다양하고 복잡하기 때문에 그러한 관계에 적용할 법을 발견하는 것은 실로 어려운 일이다. 예컨대, 물건을 금전이나 금전으로 쉽게 환가될 수 있는 것으로 빌리는 것은 소비대차가 되지만, 그것이 부동산이면 임대차가 되며, 차임(사용료)을 부담하지 않고 빌리게 되면 사용대차문제가 되는 등, 각각 그 적용법규를 달리하게 된다.

그리고 생활관계에 해당하는 법을 올바로 발견하기 위해서는 먼저 일반적·추상적으로 규정되어 있는 법의 의미내용을 분명히 할 필요가 있다. 이를 법의 해석이라고 하는데, 대개 법은 추상적이고 일반적인 표현으로 되어 있기 때문에 그러한 법의 발견에는 다시 법의 해석의 문제가 따른다.

Ⅲ. 법의 적용(재판)

입증·추정·간주 등을 통하여 사실이 확정되면 그 사실에다 적용할 법을 찾아내야 한다. 이 일은 판사가 재판을 통해서 하게 된다.

재판에 의한 법의 적용은 대개의 경우 권력적 강제인 강제집행에 의하여 끝나게 된다. 강제집행은 구체적으로 정해진 법의 내용을 집행하는 것이므로 결국 재판에 의하여 법의 집행이 이루어지는 것이다. 따라서 재판은 공정하게 행해져야 하는데, 왜냐하면 법 집행의 결과는 당사자의 이해에 중대한 영향을 미치기 때문이다.

그리하여 사법과정을 살펴보면 판단의 정확성을 보장하기 위한 많은 제도들을 두고 있다. 이를 위한 제도적 보장들로서는 우선 사법권독립제도를 마련하여 법관은 헌법과 법률에 의하여 양심에 따라 심판하면 되고(헌법 제103조), 법관은 파면되거나 징역처분에 의하지 않고는 함부로 정직·감봉 또는 불리한 처분을 받지 않도록 지위의 독립성이 보장되어 있다(헌법 제106조 제1항). 또한 한 번 끝난 사항에 대해서 다시 재판하지 않는다는 일사부재리의 원칙 및 재판에 여러 급을 두어 여러 번 재판을 할 수 있는 심급제도(審級制度)를 두고 있는 것도 공정한 재판을 위한 것들이다.

제2절 법의 해석

Ⅰ. 법 해석의 의미

법의 해석이란 법의 적용을 위해서 일반적이고 추상적인 언어로 이루어진 법규범의 의미를 체계적으로 이해하여 법의 목적에 따라 법규범의 뜻을 구체적으로 명확히 하는 활동이다. 이는 법률문제에 속한다. 따라서 법의 해석은 법을 구체적으로 적용하기 위하여 법규의 의미·내용을 체계적으로 이해하고 법의 목적에 따라 규범의 개념을 명확히 해야 한다. 또한 법을 해석함에 있어서는 법에 내재해 있는 이념과 정신을 객관화해야 한다. 이것은 단순한 형식논리적 방법을 넘어서 목적론적이어야 한다. 그러므로 법의 해석은 각

법규가 가지고 있는 객관적 목적과 그 시대의 사회적 사정을 고려하여 목적적·가치론적으로 그 의미와 내용을 밝혀내야 한다.

해석의 대상이 되는 법은 주로 성문법이며, 불문법은 그 존재 자체에서 내용을 나타내므로 해석보다는 그 존부가 문제가 된다.

성문법은 문자·문장의 형식으로 표현되고 있으므로 그것을 해석하려면 우선 문자·문장의 해석으로부터 시작된다. 그러나 그것만으로는 충분하지 못하다. 법의 해석은 문리해석·논리해석·체계해석의 단계로 나눌 수 있고, 유권해석과 무권해석으로 대별할 수 있다.

Ⅱ. 법 해석의 방법

1. 문리해석(文理解釋)

문리해석이라 함은 법규의 문자나 문장에 중점을 두는 언어적 해석방법을 말한다. 문언해석이라고도 한다.

문리해석을 할 때는 첫째, 동일법령 가운데 포함되어 있는 동일어는 특별한 이유가 없는 한 동일의미로 해석해야 한다. 둘째, 법문의 자구는 사회일반의 통념에 의하여 쉽게 해석함을 원칙으로 하되, 예외적으로 전문적인 특수용어로 사용된 경우(선의·악의 등)에는 그 특수한 의미로 해석해야 한다. 셋째, 법문의 용어가 제정 당시의 의미(연혁적 해석설)와 해석 당시의 의미를 달리할 때는 해석 당시의 의미(진화적 해석설)로 한다.

문리해석은 성문법 해석의 출발점이다. 이러한 의미에서 가장 기초적이며 제1단계적인 해석이라고 할 수 있다. 그러나 법에 내재하는 목적이념을 살피지 않는다면 그것은 무의미한 것으로 된다. 따라서 문리해석은 다음 논리해석을 필요로 하게 된다.

2. 논리해석(論理解釋)

논리해석이라 함은 당해 법령 전체에 있어서의 구성적 관련, 법질서 전체와의 논리적 관련, 입법의 목적·취지, 적용결과의 기초 위에 논리적 사유의 법칙에 따라서 법의 객관적 의미를 찾으려는 해석을 말한다. 이에는 다음과 같은 여러 방법이 있다.

(1) 축소해석

축소해석이란 법문의 문리적 의미가 너무나 넓기 때문에 이를 입법의 취지에 비추어 법규의 용어의 의미를 좁혀서 해석하는 방법을 말한다. 제한해석이라고도 한다.

예컨대, '차마의 통행금지'에서 유모차는 차마에 포함시키지 않고 통행하여도 좋다고 하는 것과 같다. 또한 민법 제752조에 "타인의 생명을 해한 자는 피해자의 직계존속, 직계비속 및 배우자에 대하여는 재산상의 손해 없는 경우에도 손해배상의 책임이 있다"고 하고 있는데, 이때 배우자 중에 사실상의(이른바 내연의) 배우자도 포함되는가가 문제로 되는데, 이를 긍정하면 확장해석이 되고 부정하면 축소해석이 된다.

(2) 확장해석

확장해석이란 법문의 문리적 의미가 법이 목적하는 바에 비추어 보아 너무나 좁다고 생각되는 경우에 법규의 용어의 의미를 언어적 표현의 의미보다 넓혀서 해석하는 방법을 말한다. 예컨대, "공원 안에서 수목을 꺾지 말라"고 한데 있어서 수목에는 화초도 포함하는 것으로 보는 것과 같다.

보통 손괴(損壞)는 물건의 물리적 형태를 파괴하는 것을 말하나, 밥그릇에 방뇨하는 것도 형법 제366조의 손괴에 해당된다고 하는 판례는 확장해석에 의한 것이라고 볼 수 있다.

(3) 반대해석

반대해석이란 법문이 정하는 요건과 반대의 요건이 존재하는 경우에는 법문이 정하는 반대의 효과를 발생하는 것이라고 해석하는 것을 말한다. 예컨대, 민법 제800조에는 "성년에 달한 자는 자유로 약혼할 수 있다"고 규정되어 있는데, 이를 반대로 하여 "성년에 달하지 않은 자(미성년자)는 자유로 약혼할 수 없다"고 하는 경우와 같다. 이것이 반대해석의 결과이다.

반대해석은 형식논리적으로 당연한 것 같으나 반드시 절대적인 것은 아니다. 반대해석의 당부는 법의 목적에 비추어 판단할 문제이다.

(4) 물론해석

물론해석이란 법문이 규정하는 사항에 관한 입법상의 취지와 사물의 당연한 성질로 미루어 어떤 다른 사항에 관하여는 더 한층 강한 이유로 타당한 경우에 그 법문의 규정이 당연히 적용된다고 해석하는 것을 말한다. 예컨대, '자동차운행금지'의 경우에 물론 이보다 훨씬 더 무거운 탱크의 통행도 금지한다고 보는 것과 같다. 민법 제396조에 "채무불이행에 관하여 채권자에게 과실이 있는 때에는 법원은 손해배상의 책임 및 그 금액을 정함에 이를 참작하여야 한다"고 규정하였는데, 이때 과실보다 더 중한 귀책사유인 고의는 당연히 포함된다고 해석되고 있다. 이는 물론해석의 결과이다.

물론해석은 법문의 자구 중에 다른 사항이 당연히 포함되어 있다고 해석되는 데 반하여, 확장해석은 법문의 자구 외로 확장하여 해석한다는 점에 차이점이 있다.

(5) 유추해석

유추해석이란 어떤 사항에 대하여 직접적인 명문의 규정이 없는 경우에 이와 유사한 사항에 대하여 규정한 법규정을 적용하여 같은 법적 효과를 인정하는 것을 말한다. 예컨대, 권리능력 없는 사단의 법률관계에 관하여는 민법에 규정이 없으므로 민법상 법인의 규정을 유추적용하는 경우이다. 유추해석을 인정하는 실질적 근거는 동일한 법 이유가 존재한다는 점에 있다.

유추는 전혀 다른, 즉 입법자가 예기하지 않았던 사항에 대해 단지 그 사항의 성질이 같다는 이유로 어떤 법규를 적용하는 것이라고 하겠다. 형벌법규에서는 죄형법정주의가 강조되므로 해석의 한계를 넘는 유추적 적용을 부정한다(유추해석금지의 원칙).

한편, 유추는 준용과 구별되어야 한다. 준용이란 비슷한 사항에 관하여 법규를 제정하는 경우에 중복적으로 규정하는 번잡을 피하기 위하여 비슷한 법규를 그대로 적용할 것을 규정한 것을 말한다. 따라서 준용이라는 것은 역시 명문의 규정을 하고 있는 경우에만 준용할 수 있다. 법문에 '…에 준용한다'라고 되어 있다. 유추는 법해석의 방법인 데 반하여, 준용은 입법기술상의 방법이라는 점에서 양자는 구별된다.

(6) 보정해석

보정해석이란 법문의 자구가 잘못되었거나 표현이 부정확하다고 인정되는 경우에 그 자구를 보정한다거나 변경하는 해석을 말한다. 이를 변경해석이라고도 한다.

예컨대, 민법 제240조 제3항에는 "인접지의 수목뿌리가 경계를 넘을 때에는 임의로 제거할 수 있다"는 규정이 있는데 그렇다면 제거된 뿌리의 소유자는 누구인지가 문제될 수 있다. 보정해석이 필요할 것이다(수목의 가지는 경계를 넘을 경우 제거를 청구할 수 있고, 청구에 응하지 아니한 때 제거할 수 있다). 또, 민법 제7조에서 "법정대리인은 미성년자가 아직 법률행위를 하기 전에는 전2조의 동의와 승낙을 취소할 수 있다"고 규정하였으나, 여기의 취소는 철회라고 보정하여 해석한다. 왜냐하면 원래 취소는 일정한 원인에 의하여 의사표기의 효과를 소급적으로 소멸시키는 것인데, 여기에서는 법정대리인이 미성년자에게 준 동의나 승낙이 장래에 향하여서만 그 효력이 발생하지 못하도록 저지하는 데 불과한 철회라고 보아야 하기 때문이다.

그렇지만 보정해석은 엄격한 기준을 정하여 일정한 한계 내에서 인정되어야 한다고 본다. 따라서 법문의 표현이 명백히 잘못되었을 때, 확정적 학설에 분명 위배될 때 또는 사회적 수요에 확실히 반할 때 등에는 허용된다고 해야 한다.

3. 체계해석

문리해석과 논리해석에 이어 다음에는 법규의 체계해석을 하여야 한다. 이는 법규의 의미내용을 다른 법규와 대조 내지 관련시켜서 법규 간에 서로 모순이 없도록 해석하는 것을 말한다. 즉, 해석에 있어서 법규의 위치상 상·하로 연결된 효력적 관련을 고려해야 하는 것이다.

예컨대, 민법 제211조는 "소유자는 법률의 범위 내에서 그 소유물을 사용, 수익, 처분할 권리가 있다"고 규정하고 있는데, 여기 소유자의 사용·수익·처분권능을 해석함에는 헌법 제23조 제1항의 "모든 국민의 재산권은 보장된다"는 규정과 동조 제2항의 "재산권의 행사는 공공복리에 적합하도록 하여야 한다"는 규정을 항상 체계적으로 관련시켜야 하는 것이다.

4. 유권해석과 무권해석

이는 법해석의 주체에 따라서 법의 해석방법을 구별하는 형태이다.

(1) 유권해석

유권해석은 국가의 권위 있는 기관에 의한 해석을 말한다. 이 해석은 구속력을 가지므로 강제해석 또는 공권해석이라고도 한다. 이는 다시 법을 해석하는 기관에 따라 입법해석·사법해석·행정해석으로 나누어진다.

가. 입법해석

입법해석이란 입법기관이 법을 제정하는 권한에 기하여 법령의 조문 자체에 해석규정을 두는 경우를 말한다. 예컨대, 민법 제98조에 "본법에서 물건이라 함은 유체물 및 전기 기타 관리할 수 있는 자연력을 말한다"라고 한 정의 규정이 그 대표적인 예이다. 이는 독립된 법규를 이루고 있으므로 법규해석 또는 법정해석이라고도 한다. 이러한 해석규정은 정의규정에만 그치는 것이 아니라 예시규정과 간주규정으로도 나타난다.

나. 사법해석

사법해석이란 법원에 의해 행해지는 해석이며, 법관이 재판을 할 때에 법을 적용하는데 있어서 그 적용될 법의 의의를 판결문에 밝히는 것을 말한다. 보통 판결의 형식으로 이루어지므로 재판해석이라고도 한다. 이는 당해 사건에 관한 한 원칙적으로 최종적인 구속력을 가진다. 그러나 상급심으로 올라간 경우에는 파기될 수도 있으며 또 최고법원의 것이라도 그 후 다른 사례에서 그대로 답습되지는 않는다.

다. 행정해석

행정해석이란 행정청에 의해 행해지는 해석이며, 이는 법의 집행에 있어서 구체적으로 행해지는 수도 있고, 상급행정청의 하급행정청에 대한 통첩 등의 형식으로 일반적·추상적으로 행해지기도 한다. 이는 한편으로는 유효하나 최종적인 구속은 없다. 소원 또는 소송의 대상이 될 수 있기 때문이다.

(2) 무권해석

무권해석이란 사인에 의한 학리적 해석을 말한다. 특히 법학자가 학설로서 전개한 법해석을 가리키므로, 이것을 학리해석이라고도 한다. 보통 학문적인 의미에서 법의 해석이라고 하면 이를 말한다.

무권해석은 국가권력에 의해 적용될 수 있는 뒷받침이 없으므로 그 자체로서는 아무런 구속력이 없다. 하지만 이것은 순수한 학문적 입장에서 하는 해석이므로 모든 재판과 입법의 기초로 되는 것은 부정할 수 없는 사실이다. 종래의 법학은 주로 이러한 해석학에 주력을 기울여 왔다.

〈그 림〉 법의 해석

- 문리해석
- 논리해석
  - 축소해석
  - 확장해석
  - 반대해석
  - 물론해석
  - 유추해석
  - 보정해석(변경해석)
- 체계해석

- 유권해석
  - 입법해석
  - 사법해석
  - 행정해석
- 무권해석
  - 문리해석
  - 논리해석

Chapter 07 권리와 의무

제1절 권 리

Ⅰ. 권리의 개념

1. 권리의 본질

권리의 본질이 무엇인가에 대해서는 일찍부터 학자들 간에 많은 논의가 있어왔으나, 아직 정설은 없으며, 이것은 영원히 해결될 수 없을지도 모르는 법학의 어려운 문제 중의 하나이다.

권리의 본질에 대해서는 의무본위의 극단적 형태로서 법적 권리의 존재를 부인하는 이른바 권리부인설이 있다. 즉, 프랑스의 실증철학자 콩트(Auguste Comte, 1798~1857)는 법학은 형이상학에서 해방되어야 진정한 의미의 과학으로 정립할 수 있다고 전제하면서 권리의 존재를 부인하였고, 그의 영향을 받은 프랑스의 공법학자 뒤기(Léon Duguit, 1859~1928)도 법학에 대한 형이상학을 철저히 배척하고 실증주의와 사회연대주의의 입장에서 "법은 의무를 중심으로 형성되어야 하며, 권리를 중심으로 하여서는 아니 된다"고 주장하였다. 그러나 이와 같은 권리부인설은 현대에 있어서 권리의 행사에도 의무가 따르도록 하고 있으므로 찬성할 수 없는 학설이며, 오늘날의 통설은 여전히 권리를 법의 중심 개념의 하나로 인정하고 있다.

학자들은 권리의 본질을 법에 의해 부여된 의사의 힘으로 보는 의사설, 법률상 보호되는 이익으로 보는 이익설, 또는 특정한 이익을 누릴 수 있는 법률상의 힘으로 보는 권리법력설 등으로 설명하지만 어떤 주장도 흠 없이 '권리'를 설명하지는 못한다.

다만 권리법력설이 재산권의 수용·사용 또는 제한 및 그에 대한 보상은 법률로써 하되, 정당한 보상을 지급하도록 규정하고 있는 헌법의 문언처럼 권리는 결국 법에 의하여 부여된 힘이라고 할 수 있으므로 법을 떠나서는 존재하지 못할 뿐만 아니라, 반대로 그 내용을 법에 의하여 제한할 수도 있는 것이므로 개인본위에서 사회본위로 바뀐 오늘날 지배적인 견해로 자리 잡고 있다.

2. 권리의 성격

권리법력설에 따르면 권리는 첫째, 특정한 이익을 내용으로 한다. 따라서 "달을 달라!"고 요구하는 것과 같이 막연한 이익을 목적으로 하는 것은 권리가 아니다. 권리가 구체화하려면 반드시 특정이익이어야 한다. 특정된 이익이 아니라 법규정에 의한 반사작용으로 인한 이익이 생긴다 하더라도 권리가 될 수 없다. 또한 여기서 '이익'이란 사람이 사회생활을 하는데 있어서 가지는 일반 이익을 말하며, 재산적 이익뿐만 아니라 생명, 신체, 자유, 명예 등과 같은 비재산적 이익도 포함된다.

둘째, 권리는 특정인에게 부여된 것이다. 권리는 사람에게 이익을 부여하려는 것이므로 그 권리를 가지는 사람이 특정되지 않으면 안 된다. 여기서 사람이란 자연인과 법인을 포함하며, 사람이 아닌 동물이나 또는 특정되지 않은 가공인물은 권리를 가질 수 없다.

셋째, 권리는 법률상의 힘이다. 따라서 그것은 사실상의 힘이나 물리적 실력과는 구별되며, 이 힘은 법에 의하여 정당화된 힘이다. 권리는 사람이 법익을 부여받으려고 하였는지의 여부와 관계없고, 또 이미 그것을 부여받고 있는지의 여부와 관계없을 뿐만 아니라, 의사무능력자나 권리의 존재 자체를 몰랐던 사람도 권리의 주체가 될 수 있다.

3. 권리와 구별되는 개념

(1) 권 한

권한이란 본인 또는 권리자를 위하여 할 수 있는 행동의 능력을 말한다. 예를 들면, 공법상에서는 대통령의 권한, 국무총리의 권한 등이 있고, 사법상에서는 대리인의 대리권, 법인 이사의 대표권, 선택채권의 선택권 등을 들 수 있다. 그러나 권한을 가지는 자가 타인을 위하여 그러한 효과를 발생케 하는데 있어서 이익을 가지는 때에는 이를 권리로 보아도 무방할 것이다.

(2) 권 능

다의적으로 쓰이나 일반적으로 권능이란 법률상 인정되는 능력을 말한다. 능력의 범위나 한계보다는 그 내용이나 작용에 중점을 둔 개념이라 할 수 있다. 권리의 내용을 이루는 개개의 기능 내지 작용으로 예컨대, 민법 제211조에는 "소유자는 법률의 범위 내에서 그 소유물을 사용, 수익, 처분할 권리가 있다"고 규정하고 있는 바, 소유권이라고 하는 권리의 내용을 이루는 개개의 기능 내지 작용으로서 그 소유물에 대한 사용권능, 수익권능, 처분권능 등을 가지는 것을 들 수 있으며, 또한, 상법상에 있어서 주주가 의결권, 이익배당청구권, 잔여재산분배청구권 등을 가지는 것은 결국 그 주주권이라는 권리로부터 파생하는 권능인 것이다. 다만, 권리의 내용이 하나의 권능으로 성립되어 있는 경우에는 권리와 권능은 같은 것이다.

(3) 권 원

권원은 어떤 법률적 또는 사실적 행위를 하는 것을 정당화시키는 법률상의 원인을 말한다. 예컨대, 타인의 토지 위에 건물을 부속시킬 수 있는 권리는 지상권이라고 하는 권리가 존재하기 때문이며 임차인이 타인의 토지에 나무를 심거나 농작물을 재배하여 그 수확을 할 수 있는 권리는 임차권이 존재하기 때문이다.

Ⅱ. 권리의 분류

권리는 여러 가지 기준에 의하여 나누어 볼 수 있다. 가장 기본적인 분류는 권리의 존립근거인 법의 분류에 따르는 방법이다. 즉, 법을 공법, 사법, 사회법으로 나눌 수 있듯이 권리도 공권, 사권, 사회권 등으로 나눌 수 있다.

1. 공 권

공권이란 공법관계에서 당사자의 어느 한쪽이 가지는 권리를 말한다. 공법을 국내법과 국제법으로 분류하듯이 공권도 국내법상의 공권과 국제법상의 공권으로 분류할 수 있다.

(1) 국내법상의 공권

국내법상의 공권이란 국가, 공공단체 또는 개인이 공법관계에서 가지는 권리를 말하며, 특히 통치관계에서 가지는 권리이다. 국내법상의 공권은 그 귀속주체에 따라 국가적 공권과 개인적 공권으로 분류할 수 있다.

가. 국가적 공권

국가적 공권이란 국가 또는 공공단체가 그 자체의 존립을 위하여 가지는 권리 및 국민에 대하여 강제할 수 있는 권리를 말하며, 여러 가지 표준에 의해 세분된다.

① 권리의 목적을 표준으로 한 분류

㉠ 행정조직권: 행정사무를 담당할 국가기관의 설치, 명칭, 조직, 권한 등에 관하여 규율하는 권리이다.

㉡ 재정권: 국가 또는 지방자치단체가 그 존립에 필요한 재력을 얻기 위하여 국민에 대하여 행사하는 권리를 말하며, 세금을 부과·징수하는 권리가 이에 해당한다.

㉢ 군정권: 국가가 군대를 유지·관리하고, 또한 그 목적을 위하여 국민에게 병역 및 기타의 부담을 과하는 권리를 말한다.

㉣ 형벌권: 범죄를 저지른 자에 대하여 형법에 규정하고 있는 각종의 법익을 박탈하는 권리를 말한다.

㉤ 경찰권: 사회공공의 안녕질서를 위하여 행정작용으로써 국민에게 명령하고, 강제할 수 있는 권리를 말한다.

㉥ 공기업권: 국가 또는 공공단체가 특정한 공익상의 목적을 위하여 사업을 경영하는 권리를 말한다.

② 권리의 내용을 표준으로 한 분류

㉠ 명령권: 국민에게 어떤 의무를 명하거나, 의무를 면제해 주는 권리를 말한다. 이 권리는 사권인 채권과 비슷한 성질을 가지고 있으나, 명령권은 그 청구에 있어서 강제력을 가지고 있다는 점에서 채권과 구별된다.

㉡ 강제권: 실력에 의하여 국민의 신체 또는 재산에 침해를 가지는 권리를 말하며, 예를 들면, 체포, 구금, 압수, 수색, 재산의 압류, 재산의 상용 및 처분 등을 들 수 있다.

㉢ 형성권: 공법상의 근거에 의하여 권리를 설정, 변경, 소멸케 하거나, 법률관계를 확인하고 이를 공적으로 증명하는 행위를 말한다.

㉣ 공법상의 물권: 직접 물건에 대하여 갖는 권리를 말하며, 예를 들면, 공소유권, 하천·해양 등에 대하여 갖는 공권, 공법사의 담보물권 등을 들 수 있다.

나. 개인적 공권

개인적 공권이란 개인—국민—이 국가나 공공단체에 대하여 갖는 권리를 말하며,

이 권리는 근대국가 이후에 국민의 국가에 대한 지위가 보장됨에 따라 인정되게 되었다. 일반적으로는 다음과 같이 자유권, 참정권, 수익권 등으로 분류된다.

① 자유권

타인의 자유 또는 권리를 해하지 않는 한 국가권력에 의하여 각인의 자유로운 활동이 간섭 또는 구속을 받지 않을 권리를 말하며, 방어적·소극적 권리이다. 예를 들면, 신체의 자유, 거주·이전의 자유, 직업선택의 자유, 주거의 자유, 사생활의 자유와 비밀, 통신의 자유, 양심의 자유, 종교의 자유, 학문과 예술의 자유, 언론·출판·집회·결사의 자유, 재산권의 보장 등이 있다.

② 참정권

국가의 구성원인 국민이 국정에 참여하는 권리를 의미한다. 예를 들면, 선거권, 공무담임권 등 간접참정권, 국민발안, 국민소환, 국민 투표 등 직접참정권 등이 있다.

③ 수익권

국민이 국가에 대하여 특정한 경우에 적극적인 행위를 요구하는 권리를 말한다. 예를 들면, 교육을 받을 권리, 근로의 권리와 노동삼권, 청원권, 재판청구권, 형사보상청구권, 국가배상청구권, 범죄피해구조청구권 등이 있다.

(2) 국제법상의 공권

국제법상의 공권은 국가가 국제법상 갖는 권리를 말한다. 이 권리는 국제조약 및 국제관습법 등에 의하여 인정되고 있는 권리이며, 그 중요한 것으로는 다음과 같은 것이 있다.

가. 주 권

국제법상 다른 국가의 권력이나 어떠한 국제적인 권력에도 복종하지 않고, 자주적으로 통치를 행하고 독립적으로 행동할 수 있는 권리를 주권이라 하며, 영토주권－국내관할권－과 대외주권(독립권)이 있다.

나. 평등권

모든 국가가 평등하게 국제법상 권리·의무를 향유하고 있는 것을 말한다. 다만, 국제사회가 발달하고, 국제조직이 설립됨에 따라 조약에 의해 국가의 평등권이 제한되는 경우가 많아졌다.

다. 자위권

급박 또는 현존하는 위해로부터 국가 또는 국민을 방위하기 위하여 부득이 필요한 한도 내에서 실력을 행사할 수 있는 국가의 권리를 말한다. 자위권에는 급박 또는 현존하는 위법한 위해로부터 국가 또는 국민을 방위하기 위해 부득이 필요한 한도 내에서 취하는 실력행사인 정당행위와 제3국의 행위 또는 자연적 사실로 인한 급박 또는 현존하는 위해로부터 국가 또는 국민을 방위하기 위해 부득이 필요한 한도 내에서 취하는 피난행위인 긴급피난권이 있다.

라. 외교적 보호권

국가가 외국에 체류하고 있는 국민－재외국민－이 체류국으로부터 부당한 대우를 받는다든지 불법하게 권리침해를 받는 경우에 체류국에 대해 적절한 구제를 요구할 수 있는 권리를 말한다.

2. 사 권

사권이란 사법관계에서 당사자인 권리주체가 갖는 권리를 말한다. 즉, 사인상호간에 존재하는 권리 및 국가 또는 공공단체가 통치관계를 떠나서 사인과 대등한 관계에서 행동하는 경우에 국가 또는 공공단체와 국민 간에 존재하는 권리를 말한다. 사권은 여러 가지 기준에 의하여 분류될 수 있다.

(1) 권리의 내용에 의한 분류

가. 인격권

권리자로부터 분리할 수 없는 인격적 이익을 향유하는 것을 내용으로 하는 권리를 말하며, 예를 들면 생명권, 신체권, 자유권, 명예권, 정조권 등이 있다.

나. 재산권

경제적 이익을 목적으로 하는 권리를 말하며, 물권, 채권, 무체재산권 등이 있다.

① 물 권

일정한 물건을 직접 지배하여 이익을 얻는 배타적 권리를 말한다. 즉 물권의 본질은 물권의 객체인 물건을 직접적·배타적으로 지배하는 것이다. "물건을 직접적으로 지배한다"는 것은 채권과 같이 타인의 적극적인 행위를 필요로 하지 않고 직접 물건에 대하여 지배력이 미치는 것을 말하며, "물건을 배타적으로 지배한다"는 것은 동일한 물건 위에 동일 내용의 물권이 두 개 이상 성립할 수 없다는 것을 의미한다. 민법이 인정하는 물권의 종류로서는 점유권·소유권·지상권·지역권·전세권·유치권·질권·저당권 등 8종류가 있다.

② 채 권

특정인－채권자－이 특정인－채무자－에 대하여 일정한 행위－급부－를 청구할 수 있는 권리를 말한다. 우리 민법에는 특정물채권, 종류채권, 금융채권, 이자채권, 선택채권 등이 있다.

③ 무체재산권

저작, 발명 등과 같이 정신적·지능적 창조물인 무형의 이익을 목적으로 하는 권리로 저작권, 특허권, 의장권, 상표권 등이 있다.

다. 신분권

권리자 자신의 일정한 신분에 따르는 권리로서 권리자로부터 분리할 수 없는 권리이며, 친족권, 상속권 등이 있다. 신분권의 특색은 신분과 끊을 수 없는 일신전속적인 권리이며, 거래의 객체도 될 수 없으며, 이를 포기할 수 없는 것을 원칙으로 한다는 데에 있다.

라. 사원권

사단법인의 사원이 그 사원의 지위에서 법인에 대하여 갖는 권리를 말하며, 사단의 운영에 참가하는 것을 내용으로 하는 공익권(예컨대, 의결권, 소수사원권, 의무집행권 등)과 사단에 대한 사원 자신의 권리의무를 내용으로 하는 자익권(예컨대, 이익배당청구권, 시설이용권, 출자의무 등)으로 나눌 수 있다.

(2) 권리의 작용을 표준으로 한 분류

가. 지배권

권리의 내용인 일정한 이익을 직접 지배하는 권리를 말하며, 물권, 무체재산권, 친족권의 대부분이 이에 속한다. 지배권은 일반인이 그 목적에 간섭을 배척할 수 있는 배타성을 가지는 것이 원칙이다. 지배권인 물권이 침해당하였을 경우에는 손해배상청구권이나 방해제거청구권 등의 물권적 청구권이 생긴다.

나. 청구권

타인의 작위 또는 부작위를 요구할 권리를 말한다. 청구권은 지배권과는 달리 권리의 목적인 이익을 향수하기 위하여 타인의 행위를 필요로 하는 것이 특색이며, 채권이 그 전형적인 예이다. 그러나 물권적 청구권, 인지청구권, 부부의 동거 청구권 등과 같이 물권 및 비재산권에 의하여 청구권이 생기는 경우도 있다.

다. 형성권

권리자의 일방적 의사표시에 의하여 권리의 발생, 변경, 소멸 기타의 법률상의 효과를 발생시키는 권리를 말하며, 예를 들면 취소권, 추인권, 해제권, 해지권, 선택권, 인지권,

상계권 등이 있다. 형성권은 원칙적으로 권리자의 일방적 의사표시만으로서 그 효과가 발생하는 것이지만, 채권자취소권이나 이혼청구권과 같이 신분관계나 제3자에 대하여 커다란 영향을 미치는 법률관계에 관하여서는 법원의 판결로 확인된 때, 비로소 형성의 효력이 생기는 경우가 있다.

라. 항변권

타인이 요구하는 청구권에 대하여 이를 거절할 수 있는 권리를 말한다. 항변권의 행사는 상대방에게 단지 청구의 작용을 일시 정지시키는데 그친다. 즉, 그 행사를 부인하는 것이 아니라 그 행위를 배척하는데 그치는 것이다. 예를 들면, 보증인의 최고·검색의 항변권(민법 제437조)이나 동시이행의 항변권(민법 제536조) 등이 있다.

(3) 기타 분류

가. 절대권과 상대권

권리의 효력을 표준으로 한 분류에서 절대권과 상대권이 있다. 절대권이란 모든 사람에게 주장할 수 있는 권리를 말하며, 인격권, 물권, 무체재산권 등이 이에 속한다. 그리고 상대권이란 특정인에게만 주장할 수 있는 권리를 말하며, 채권 등이 이에 속한다.

나. 일신전속권과 비전속권

권리의 이전성을 표준으로 하는 분류에는 일신전속권과 비전속권이 있다. 일신전속권이란 권리의 성질상 권리자에게만 전속하여 양도, 상속 등으로 타인에게 이전할 수 없는 것을 말하며, 신분권, 인격권 등이 이에 속한다. 비전속권은 권리자로부터 분리할 수 있는 권리이며, 양도성과 상속성이 인정된 권리로 재산권은 대부분 이에 속한다.

다. 주된 권리와 종된 권리

권리의 독립성을 표준으로 하는 분류에는 주된 권리와 종된 권리가 있다. 독립된 두 개의 물건 사이에 사회적·경제적 기능으로 보아 한편이 다른 한편이 효용을 돕는 관계에 있을 때, 그 한 쪽을 종물이라고 하고 다른 한 쪽을 주물이라고 한다(민법 제100조 제1항). 즉, 주물은 종물에 의하여 경제적 도움을 받는 물건이고, 종물은 주물의 경제적 효용을 극대화하기 위하여 도움을 주는 물건이다. 예컨대 시계와 시곗줄, 배와 노, 자물쇠와 열쇠 등의 관계를 말한다. 주물과 종물은 동일한 소유자에 속하여야 하며, 종물은 주물의 처분에 따른다.

3. 사회권

사회권이란 사회법상 인정된 권리를 말한다. 사회권은 국가의 기능이 치안의 유지, 외적의 방어 등과 같은 소극적인 것에 머무르지 않고 적극적으로 국민의 인간다운 생활을 보장하는 것이 국가의 책임으로 됨으로서 생긴 권리이며, 공권과 사권의 혼합적 성격을 지니고 있다.

사회권은 우리 헌법상 근로의 권리(제32조 제1항), 교육을 받을 권리(제31조 제1항), 근로자의 단결권, 단체교섭권 및 단체행동권(제33조), 인간다운 생활을 할 권리(제34조 제1항), 신체장애자 및 생활무능력자들에 대하여 국가의 보호를 받을 권리(동조 제3항), 국가로부터 혼인 및 가족생활과 모성 및 보건을 보호받을 권리(제36조) 등을 그 예로 들 수 있다.

Ⅲ. 권리의 행사와 그 한계

1. 권리의 행사

권리의 행사란 권리자가 권리를 주장하여 법에서 보호하는 권리의 내용을 실현하는 행위를 말한다. 예컨대, 대통령이 효부에게 표창하는 것은 영전수여권의 행사이며, 경찰이 범죄인을 체포하는 것은 경찰권의 행사이다. 또한, 임차인이 임차한 건물을 사용하는 것은 임차권의 행사이며, 부모가 미성년자를 보호·교육하는 것은 친권의 행사인 것이다.

권리를 행사함에는 자신이 권리자임을 인식해야 하며, 그렇지 못한 자는 권리 위에서 잠자는 자로서 보호할 필요가 없다. 예컨대, 권리를 장기간 행사하지 않는 경우에는 시효제도에 의해 권리가 소멸된다. 뿐만 아니라 제한되어 있는 사회생활의 이익을 자기의 것으로 하기 위해서는 자신의 권리가 침해되지 않도록 늘 배려를 하여야 한다. 예링은 그의 저서 『권리를 위한 투쟁』에서 "권리자는 자기의 권리를 위해 침해에 대한 과감한 투쟁을 해야 한다"고 하면서 "자기의 권리를 위해 싸운다는 것은 침해된 자기인격을 회복하기 위한 윤리적 의무"라고 까지 하였다.

일찍이 로마법시대부터 "자기의 권리를 행사하는 자는 누구에 대해서도 불법을 행사하는 것이 아니다"는 법원칙이 성립하였고, 이 원칙이 말하듯이 권리의 행사는 개인이 자유로이 행사할 수 있는 것이 원칙이었다.

2. 권리 행사의 한계

근대에서는 권리의 행사를 각자에게 맡겨두면 사회전체가 모두 행복하게 잘 살 수 있게 될 것으로 기대하였으나, 20세기에 이르러 부의 불평등 등 자본주의 폐해가 나타남에 따라 이러한 기대는 무너지게 되었다. 따라서 근대의 개인주의·자유주의사상에 기초를 둔 개인본위·권리본위의 법체계가 현대에 들어와서 사회본위·의무본위로 바뀌게 되었고, 이러한 요망은 권리의 행사를 일정한 경우에 제한하는 형태로 나타나게 되었다.

권리를 제한하는 형태로는 일반적으로 재산권의 제한, 신의성실의 원칙, 권리남용금지의 원칙 등이 있다.

(1) 재산권의 제한

1919년에 만들어진 바이마르헌법 제153조 제3항에서는 "소유권은 의무를 부담한다. 그 행사는 동시에 공공복리에 적합하도록 행사하여야 한다"고 규정하였으며, 우리 헌법 제23조에서도 모든 국민의 재산권은 보장되지만(제1항), 재산권의 행사는 공공복리에 적합하게 행사하도록 하고 있다(제2항).

(2) 권리남용금지의 원칙

권리남용금지의 원칙이란 외견상 적법한 권리의 행사인 것처럼 보이는 경우라도 그 권리가 인정된 사회적 목적에 위반되는 경우에는 권리의 남용으로서 금지된다는 원칙을 말한다. 그리하여 첫째 오직 타인을 해할 목적으로 권리를 행사하는 경우, 둘째 적법한 이익이 없음에도 불구하고 권리를 행사하는 경우, 셋째 공서양속에 위반되는 방법으로 권리를 행사하는 경우, 넷째 사회적 기능에 반하여 권리를 행사하는 경우에는 권리의 남용이 되어 금지된다.

권리는 이렇듯 그 사회성에 비추어 남용해 행사할 수 없다. 만일 선량한 풍속 기타 사회질서에 반하거나 강행법규에 반하는 사항을 내용으로 하는 경우에는 불법행위를 구성하게 된다.

프랑스에서는 1850년대에 이르러 이른바 '질투 건축', '질투로 우물파기' 등의 판결에서 권리남용을 인정하였고, 그 건축 등의 철거 또는 손해배상을 명하였다. 독일은 "단순히 타인에게 손해를 가할 목적으로서의 권리행사는 이를 허락하지 않는다"는 민법 규정(제26조)을 두고 있고, 스위스 또한 민법 제2조에서 "누구든지 권리의 행사 및 의무의 이행에 있어서는 성실하게 행하여야 한다. 권리의 명백한 남용은 법률의 보호를 받지 못한다"고 명문화하고 있다.

(3) 신의성실의 원칙

신의성실의 원칙이란 모든 사람은 사회공동생활의 일원으로서 그 질서유지를 위해 서로 상대방의 신뢰를 헛되이 하지 않도록 성실하게 행동하여야 한다는 원칙을 말한다. 그리하여 당사자 간에 체결된 계약은 가급적이면 유효하게 성립하도록 하는 것이 상대방을 신뢰하고 거래한 계약의 취지에 합당하며 사소한 잘못이 있는 경우라도 이를 이유로 취소할 수 없도록 하고 있다.

이 원칙은 법과 도덕을 조화시키려는 중요한 관념으로서 처음에는 계약법에서만 적용되었던 것이 점차로 권리의무관계를 규율하는 민법상의 일반원칙으로 확대 적용되었으며, 오늘날에는 민사소송법, 행정법, 형법, 국제법 등 모든 법 분야에 적용되는 대원칙으로 작용하고 있다. 결국, 신의성실의 원칙은 권리의 행사와 의무의 이행은 신의에 좇아 성실히 하여야 한다는 윤리적 의무를 강조한 것이다.

제2절 의 무

Ⅰ. 의무의 개념

1. 의무의 본질

의무는 권리에 반대되는 개념이다. 의무의 본질을 따지기 위해 권리의 본질과 마찬가지로 일찍부터 학자들 간에 많은 논의가 있어왔으나, 아직 정설은 없으며 이 또한 답을 내리기 어려운 법학의 어려운 문제 중의 하나이다.

의사설을 주장하는 이들은 의무의 본질을 '법에 의하여 정하여진 의사의 구속력'으로 보고 있다. 의무가 '하여야 한다'는 형태를 띤다면 어떤 근거 이전에 등장하는 내적인 의사의 구속을 더욱 존중해야 한다는 것이다. 책임설은 의무의 본질을 '법률상의 책임'으로 보고 있다. 그러나 이 설은 책임이 수반되지 않은 의무, 예컨대, 시효완성 후의 채무에 대하여 설명할 수 없다. 또한, 이 설은 의무와 책임을 혼동하고 있다.

법적 구속력설은 의무의 본질을 '법적 인격자의 특정한 작위 또는 부작위에 대하여 자기의 의사 여하를 묻지 않고 강요되는 법률상의 구속,' 즉 법이 인정하는 힘의 구속으로 보고 있다. 현재의 통설이다. 여기서 작위라 함은 일정한 행위를 하여야 할 의무이고, 부작위란 일정한 행위를 하여서는 안 될 의무를 말하는 것으로서, 전자는 적극적 행위인데 대하여 후자는 소극적 태도를 의미한다.

2. 의무의 개념

의무라 함은 일정한 행위를 하여야 할 또는 하지 않아야 할 법률상의 구속을 말한다. 여기서 '법률상의 구속'이란 개인이 원하든 원하지 않든 관계없이 어떤 행위를 하거나 하지 않도록 법률상 강제되는 것을 말한다.

의무의 내용에 있어서는 적극적인 형태인 작위를 강요당하는 것과 소극적인 형태인 부작위의 구속을 받는 것이다. 명령을 내용으로 구속하는 경우에는 작위의무가 되고, 금지를 내용으로 구속하는 경우에는 부작위의무가 된다.

의무의 내용이 작위이든 부작위이든 의무자는 이 구속에 복종해야 한다. 따라서 만약 이 구속에 따르지 않게 되면, 소 및 강제집행에 의해 그 구속이 실현되거나, 손해배상의무가 발생하게 된다. 그러나 예외적으로 법규정에는 의무라고 규정되어 있지만, 민법 제528조의 승낙연착 통지의무, 동법 제559조의 하자고지의무 등과 같은 것은 이들 의무를 위반한 경우에 일정한 불이익을 받지만, 그 내용을 강제적으로 실현하거나, 손해배상의무를 발생시키지 않는다.

의무는 책임과 같은 의미로 사용되는 경우가 있으나, 이는 구별하여야 한다. 즉, 의무는 일정한 작위 또는 부작위를 해야 할 법률상의 구속이지만, 책임은 의무위반에 대하여 형벌, 강제집행, 손해배상 등 일정한 제재를 받을 수 있는 기초를 말한다. 의무는 보통 책임을 수반하지만, 때로는 의무에 책임이 따르지 않는 경우도 있다. 예를 들면, 소멸시효완성 후의 채권과 같이 이른바 자연채무에 있어서는 채무는 존재함에도 불구하고, 채권자는 소권을 갖지 않는다.

Ⅱ. 의무의 분류

1. 의무발생의 근원에 따른 분류

(1) 공의무

공의무는 공법상에 있어서 존재하는 의무를 말하며, 국제법상의 공의무와 국내법상의 공의무로 나눌 수 있다.

가. 국제법상의 공의무

국제법상의 공의무는 국가가 국제법상의 주체로서 가지는 의무를 말한다. 가장 기본적인 것으로는 국내문제 불간섭의 의무와 규약이행의무 등이 있는데, 전자는 국가 또는 국제조직이 국제법에 위반하여 타국의 국내문제에 간섭하지 않을 국제법상의 의무이며, 후자는 국가가 타국과 체결한 조약상의 부담을 이행할 의무를 말하는 것으로 이에 위반한 경우에는 국제법상의 국가책임이 발생한다.

나. 국내법상의 공의무

국내법상의 공의무는 국내의 공법관계로부터 나오는 의무를 말하고, 여기에는 국가적 공의무와 국민적 공의무가 있다. 전자는 국가가 국민에 대하여 지는 의무로서 국민의 자유를 보장하는 의무, 국민평등을 확보할 의무, 참정을 인정하는 의무, 국민의 수익권 확보의무 등을 예로 들 수 있으며, 후자는 국민이 국가에 대하여 지는 의무로서 납세의 의무, 재판복종의 의무, 근로의 의무, 공용비용부담의 의무 등을 예로 들 수 있다.

(2) 사(私)의무

사의무란 사권에 대응하는 사법관계에 있어서 존재하는 의무이다. 즉, 사인상호간에 존재하는 의무 및 국가 또는 공공단체가 통치관계에서 행동하지 아니하고, 사인과 대등한 관계에서 행동한 경우에 국가 또는 공공단체와 사인과의 사이에 존재하는 의무이다. 예컨대 채권에 대해서는 채무가 따르게 되고, 물권에 대해서는 불가침의 의무가 있게 되고, 친권에 대해서는 친권에 복종할 의무가 상대방에게 지워지는 것이다.

(3) 사회법상 의무

사회법상의 의무는 사회권에 대응하는 사회법관계에 있어서 존재하는 의무이다. 즉, 사회법상의 의무는 사회권에 대응하여 국가 또는 사용자가 지는 의무이다. 예컨대 국가가 근로자의 단결권을 보장할 의무, 사용자가 근로자의 단체교섭에 응하여 단체협약을 체결할 의무 등이 이에 속한다.

2. 의무의 내용에 의한 분류

(1) 작위의무(作爲義務)

작위의무란 도덕적이고 종교적 의무가 아닌 법적인 의무로서 일정한 행위를 해야 할 의무를 일컫는다. 작위의무가 법적인 의무인 한 그것은 성문법이든 불문법이든, 또 공법이든 사법이든 상관없이 법령이나 계약, 법률행위, 선행행위로 인한 경우는 물론이고 기타 신의성실의 원칙이나 사회상규, 조리 등에 의해 존재한다. 따라서 이를 적극적 의무라고도 하며 근로의 제공, 금전의 급부 등을 예로 들 수 있다.

(2) 부작위의무(不作爲義務)

부작위의무란 의무자가 어떤 행위를 하지 않을 것을 필요로 하는 의무로서 소극적 의무라고도 하며, 여기에는 상법상의 경업피지의 의무와 같이 단순히 일정한 행위를 해서는 안 되는 경우도 있고, 민법 제217조에서 규정한 것처럼 토지소유자는 매연, 열기체, 액체, 음향, 진동 기타 유사한 것으로 이웃토지의 사용을 방해하지 않아야 하는 경우도 있다. 물론 동조 제2항에서처럼 이웃 거주자는 이와 같은 사태가 이웃 토지의 통상의 용도에 적당한 것인 때에는 이를 참고, 방해하지 않아야 할 의무(認容義務)도 있다.

제3절 권리·의무의 주체와 객체

Ⅰ. 권리·의무의 주체

권리를 향유하는 자를 권리의 주체라 하고, 의무를 부담하는 자를 의무의 주체라고 한다. 그리고 권리·의무의 주체가 될 수 있는 지위 또는 자격을 인격 또는 권리능력이라고 한다.

법률상 권리·의무의 주체는 자연인과 법인 등이 있다. 자연인은 민법 제3조에 “사람은 생존한 동안 권리와 의무의 주체가 된다”는 규정에 의하여 모든 사람은 태어나서부터 사망에 이르기까지 권리능력을 갖는다. 즉, 모든 자연인은 성별·종교 또는 사회적 신분의 구별이 없이 평등하게 권리능력을 가진다. 또한, 사람의 단체 또는 재산의 집합도 권리·의무의 주체가 될 수 있는데, 이를 법인이라고 하며, 여기에는 사람의 단체인 사단법인과 재산의 집합이 재단법인이 있다.

Ⅱ. 권리·의무의 객체

권리·의무의 객체라 함은 권리 또는 의무의 목적으로써 지배하고 또는 지배당하는 대상을 말한다. 그 목적의 내용은 권리에서는 이익으로 되고, 의무에서는 불이익으로 되는 경우가 많다.

권리·의무의 객체는 그 목적이나 내용 또는 종류에 따라 다르다. 특히, 권리와의 관계에 있어서 물권에서는 물건, 채권에서는 채무자의 급부·급여, 형성권에서는 법률관계, 무체재산권에서는 저작, 발명 등 정신적 산물, 인격권에 있어서는 권리 주체 자신, 친족권에서는 친족법상의 지위, 상속권에서는 상속재산 등이 각각 권리의 객체가 된다.

Ⅲ. 권리와 의무와의 관계

권리와 의무는 일반적으로 대응하여 존재한다. 즉, 권리가 있으면 그에 대응하여 의무가 발생하고, 의무가 있으면 그에 대응하는 권리가 있게 되는 것이 보통이다. 예컨대 음악과 학생 지영이 생물학과 학생 지연에게 자동차를 사는 경우에 지영은 지연에게 대금을 지불할 의무와 함께 자동차를 인도 받을 권리를 갖게 되는 것이다.

그러나 권리와 의무가 서로 대응하지 않는 경우도 있다. 즉, 권리만 있고 의무가 없는 경우라든지, 의무만 있고 권리가 없는 경우도 있다. 예컨대, 취소권, 추인권, 해제권 등의 형성권에 대해서는 여기에 대응하는 의무가 없으며, 상업장부의 작성의무자는 의무만 있고 여기에 대응하는 권리가 없다. 또한 납세의 의무, 자동차의 우측통행의 의무 등은 권리를 수반하지 않는 의무인 것이다.

2

Law & Society

국가와 국민의 법률관계

Chapter 01

국가와 국민의 법생활

공적 생활영역을 규율하기 위한 공법의 대표적 분야가 헌법과 행정법이다. 헌법은 국가통치체제와 기본권 보장의 기초에 관한 근본법규이며, 이를 행정권력에 초점을 두어 국가 행정권의 조직과 작용 및 그 작용에 의하여 발생한 공권력에 의하여 국민의 권리가 침해된 때에 그 권리구제의 내용과 방법에 대하여 규정하고 있는 법체계가 행정법이다. 헌법과 행정법 양자 모두 국민의 기본권 보장을 핵심 가치로 두고 있다.

기본권이란 인간이 인간이기 때문에 당연히 가진다고 생각되는 생래적(生來的)인 권리로서 '기본권' 또는 본래적 의미의 인권이라 불리기도 한다. 기본권은 생래적 인권(生來的 人權)뿐만 아니라 국법에 의하여 비로소 형성되거나 구체화되는 기본적 권리까지 포함하는 개념이므로, 인권의 내용과 기본권의 그것이 반드시 일치하는 것은 아니다.

기본권규정은 원래 국가로부터의 자유를 보장하기 위한 대국가적 방어권에 관한 규정이기 때문에 기본권 내지 기본권규정은 원칙적으로 모든 국가권력을 구속한다. 따라서, 입법부는 기본권규정에 위배되는 법률을 제정할 수 없고, 사법부는 재판절차나 판결내용을 통해서 기본권을 침해할 수 없으며, 행정부도 공권력의 발동으로 권력적 작용을 하는 경우에는 기본권규정에 구속된다.

헌법 제10조에서 "모든 국민은 인간으로서의 존엄과 가치를 가지며, 행복을 추구할 권리를 가진다. 국가는 개인이 가지는 불가침의 기본적 인권을 확인하고 이를 보장할 의무를 가진다"라고 함으로써 기본권존중주의를 대한민국 헌법의 기본원칙 중 하나로 규정하고 있다.

기본권의 보장은 원래 국가권력에 의한 기본권의 침해를 배제하려는 것이었기 때문에 일반적으로 기본권침해의 문제는 국가 대 사인간의 법률관계에서 발생한다. 그러나 기본권침해는 사인 상호간에 있어서도 발생할 수 있다. 기본권이 침해된 경우에 그에 대한 구제수단으로는 청원권, 행정쟁송, 손실보상청구권, 손해배상청구권, 위헌법령심사청구권, 형사보상청구권, 헌법소원심판청구권 등이 있다.

〈라파엘로, 아테네학당〉(1510~1511년 작품) – 작은 나라 아테네의 힘 –

대법원

https://www.scourt.go.kr/

헌법재판소
Constitutional Court of Korea

https://www.ccourt.go.kr/

Chapter 02 헌법 총설

제1절 헌법 서설

Ⅰ. 헌법의 의의

1. 헌법의 개념

헌법개념은 역사적 발전과정과 사회적 접근방법에 따라 다르게 분석, 정의되는 다의적 개념으로 변천되어 왔기 때문에 이를 일의적으로 정의하기는 어렵다. 그렇지만 일반적으로 헌법은 국가의 구성·조직·작용과 국민의 기본권 보장에 관한 원칙을 정한 근본법이면서 최고법이다. 헌법은 국민 상호 간의 생활관계를 규정하는 사법(私法)과는 달리 국가의 통치질서를 정하는 법이기 때문에 공법(公法)의 영역에 속한다.

2. 역사적 발전과정에서의 헌법개념

헌법이란 그 시대의 정치이념이나 사상 그리고 경제질서와 무관한 것이 아니어서 역사적 발전과정에 따라 변모된 헌법개념을 살펴볼 필요가 있다. 헌법의 개념을 역사적 발전 과정에서 보면 고유한 의미의 헌법과 근대 입헌주의적 의미의 헌법, 현대 사회국가(복지주의)적 의미의 헌법으로 나눌 수 있다.

고유한 의미의 헌법이란 국가의 통치체제에 관한 기본사항을 정한 국가의 기본법을 말한다. 고유한 의미의 헌법은 헌법을 국가의 통치조직을 구성하고 그 권한과 상호관계를 규정하는 기본법으로 국가가 존재하는 한 어떠한 형태로든 존재한다.

근대 입헌주의적 의미의 헌법은 근대시민혁명의 영향으로 제정된 헌법으로 고유한 의미의 헌법에 국민의 기본권보장과 권력분립의 원리를 추가한 헌법을 말한다. 1789년 프랑스인권선언 제16조의 "권리의 보장이 확립되지 아니하고 권력분립이 규정되어 있지 아니한 사회는 헌법을 가진 것이라 할 수 없다"는 규정은 근대 입헌주의적 의미의 헌법을 가장 단적으로 표현하고 있다.

근대 입헌주의 헌법은 국민의 기본권보장을 위한 헌법이란 점에서 그 의의가 크다. 그러나 당시의 시민계급들은 국가권력을 형성하고 담당하는 지위에 있지 못하였기에 군주의 절대적 권력을 제한하는 것에 그칠 뿐이었다. 근대 입헌주의 헌법은 국가마다 차이는 있으나 군주와의 타협의 산물이었다는 역사적 한계를 지닌다.

근대 입헌주의 헌법도 헌법의 성립과정에서 시민혁명을 경험했는가에 따라, 이를 경험한 진정한 근대 입헌주의 헌법과 경험하지 못한 명목적 근대 입헌주의 헌법으로 나눌 수 있다. 전자의 예로는 1776년 Virginia 헌법, 1787년 미연방 헌법, 1791년 프랑스 헌법 등이며, 후자의 예로는 19세기 전반의 독일 헌법과 일본의 명치헌법 등을 들 수 있다.

근대 입헌주의 헌법의 기초를 이룬 시민사회는 정치·경제적으로 많은 변화를 겪으면서 새로운 사회, 즉 산업사회로 변모하게 된다. 시민사회가 요구한 자유와 평등의 절대적 보장은 실질적 불평등을 초래하였고, 시민사회를 지탱해온 시장경제원리는 인류에게 놀라운 발전을 가져다주었으나 독점자본과 독과점의 폐해를 경험하게 만들었다. 동시에 산업혁명으로 인한 대량실업과 그로 인한 노사갈등, 근로대중의 빈곤, 빈부의 격차 등 수많은 문제는 기존의 시민사회의 이념이나 가치로는 해결할 수 없게 되었다. 이러한 모순을 극복하고 공정한 분배와 다수의 빈곤계층에 대한 생존배려를 실현하고자 하는 국가 즉, 사회국가 이념을 추구함에 따라 현대의 사회국가(복지주의)적 의미의 헌법이 출현한다. 이러한 현대 사회국가(복지주의)적 의미의 헌법은 근대 입헌주의적 의미의 헌법에서 나아가 국민의 인간다운 생활을 보장하는 헌법을 말한다. 근대 입헌주의적 의미의 헌법이 형식적 평등과 재산권의 절대성을 강조한 데에 대하여, 현대 사회국가(복지주의)적 의미의 헌법은 실질적 평등과 재산권의 상대성을 강조하고 있으며, 실질적 법치주의와 기본권 보장, 사회정의 실현, 권력행사의 통제와 조정, 사회적 시장경제주의 등을 기본원리로 한다.

이러한 기본원리의 변화는, 기본권보장에 있어서도 그 중점이 자유에서 생존으로 옮아가게 하였고, 사회국가적 경향으로 인하여 국가의 성격이 적극국가화 되었으며, 경제에 대한 국가의 관여를 허용하게 된다.

3. 형식에 따른 개념

실질적 의미의 헌법이란 성문 또는 불문의 형식 여하를 불문하고 그 내용이 성질상 국가의 구성·조직·작용 및 국민과의 관계에 관한 근본원칙이 들어 있는 법을 말한다. 따라서 성문헌법이 없는 영국 등의 불문헌법국가도 실질적 의미의 헌법은 가지고 있다고 하겠다.

형식적 의미의 헌법은 법에 규정되어 있는 내용에 착안하지 않고 그 성립형식·존재형식·형식적 효력 등의 외형적 특징에 따라서 정의한 헌법개념으로서, 헌법전이라는 특별한 형식으로 성문화된 법규범을 말한다. 형식적 의미의 헌법은 대체로 실질적 의미의 헌법과 그 내용을 같이 하나 반드시 완전히 일치하는 것은 아니다.

Ⅱ. 헌법의 분류

1. 성문헌법·불문헌법

형식적 헌법전의 존재여부에 따라 성문헌법과 불문헌법으로 나뉜다. 성문헌법은 일정한 헌법제정절차에 따라 문서의 형식으로 성문화한 형식적 헌법전을 말하며, 불문헌법은 단일 성문헌법전을 가지지 않고 오랜 시일에 걸쳐 확립된 헌법적 관행으로 이루어진 헌법을 말한다. 미국 헌법이나 독일 헌법 등과 같이 헌법이 일반 법률과 별개로 독립된 헌법전의 형태로 존재하는 것을 성문헌법이라 한다. 반면, 영국헌법과 같이 헌법전이 별도로 존재하지 않는 것을 불문헌법이라 한다.

2. 경성헌법·연성헌법

헌법은 개정의 난이도에 따라 경성헌법과 연성헌법으로 분류된다. 경성헌법은 헌법의 개정절차가 일반 법률의 개정절차에 비하여 보다 더 엄격한 절차가 요구되는 헌법을 말하며 미국, 일본, 독일, 프랑스, 한국헌법 등이 이에 해당한다. 연성헌법은 일반 법률과 같은 절차로 개정될 수 있는 헌법을 말하며 영국, 캐나다, 뉴질랜드헌법 등이 이에 해당한다.

3. 흠정헌법·민정헌법·협약헌법·국약헌법

헌법은 제정주체가 누구냐에 따라 흠정헌법, 민정헌법, 협약헌법, 국약헌법으로 분류된다. 흠정헌법은 군주에 의해 제정된 헌법으로 1814년의 프랑스헌법, 1889년의 일본 명치헌법 등이 이에 해당한다. 민정헌법은 국민주권사상에 근거를 두고 국민의 의사에 따라 제정된 헌법으로 오늘날 거의 모든 공화국헌법이 이에 해당한다. 협약헌법은 군주와 국민과의 합의에 의해 제정된 헌법으로 1809년의 스웨덴헌법이 이에 해당한다. 국약헌법은 둘 이상의 국가가 연합국가를 구성할 경우에 합의하여 제정된 헌법으로 1787년의 미합중국 헌법이 이에 해당한다.

4. 독창적 헌법·모방적 헌법

Karl Löwenstein의 분류방식으로 헌법을 그 독창성 여부에 따라 다른 나라의 헌법을 모방하지 아니하고 자국의 특수한 요구와 전통에 따라 독창적으로 만든 독창적 헌법(미국의 대통령제헌법, 폴란드의 신대통령제헌법, 1931년 중화민국의 5권분립제헌법 등)과 외국의 기존 헌법을 그 국가의 정치적 현실에 적합하도록 재구성한 모방적 헌법(한국, 일본 등 아시아 각국의 헌법, 남미의 헌법 등)으로 분류할 수 있다.

5. 규범적 헌법·명목적 헌법·장식적 헌법

헌법의 실효성이라는 관점에서 헌법규범과 헌법현실의 일치여부를 기준으로 헌법을 규범적 헌법, 명목적 헌법, 장식적 헌법으로 분류할 수 있다. 규범적 헌법은 개인의 자유와 권리의 보장을 최고이념으로 할 뿐 아니라 현실적으로 규범으로서의 실효성을 발휘하고 있는 헌법(헌법규범과 헌법현실이 일치하는 헌법)을 말하며 선진국가의 헌법이 이에 해당한다. 명목적 헌법은 헌법은 이상적으로 만들었으나 사회여건이 헌법의 이상을 따를 수 없는 헌법을 말하며 대개 후진국가의 헌법이 이에 해당한다. 장식적 헌법은 헌법이 현실을 규율하려는 목적이 아니고 헌법을 가졌다는 것을 외국에 과시하기 위하여 또는 권력자가 자기정당화 수단으로 삼기 위하여 만든 헌법으로 공산주의국가나 독재주의국가의 헌법이 이에 해당한다.

Ⅲ. 헌법의 특성

1. 사실적 특성

정치성·이념성·역사성 등을 헌법의 사실적 특성으로 들 수 있다. 헌법은 대립된 정치세력 사이의 투쟁과 타협의 산물인 점에서 정치성을 가진다. 헌법의 생성과 변혁이라는 중대한 헌법현상은 정치 그 자체라고 할 수 있다. 그리고 헌법은 일정한 이념과 가치를 실현하려고 한다는 점에서 이념성을 가지며, 시민주의, 사회국가주의, 민주주의, 사회주의 등이 그것이다. 또한 그 이념은 일정한 역사적 조건과 상황 속에 만들어진다는 점에서 역사성을 가진다. 헌법에 내재하며 지향되는 이념과 가치는 헌법정신의 핵심을 이루며, 역사적 발전단계에 상응한다. 근대 시민국가의 헌법이 자유국가의 원리를 근간으로 하고, 현대 복지국가의 헌법이 사회국가의 원리를 근간으로 하는 것 등이 그러한 특성을 드러내는 것이다.

2. 규범적 특성

헌법의 규범적 특성으로는 최고규범성과 수권적 조직규범성, 권력제한규범성, 생활규범성 등을 들 수 있다. 헌법은 한 국가의 실정법 체계 속에서 최고의 단계에 위치하는 규범이라는 점에서 최고규범성을 가진다. 헌법의 최고규범성은 헌법이 주권자인 국민에 의하여 정립되었다는 데에 근거한다. 그리고 헌법은 국가의 조직을 구성하고 그 권한을 부여한다는 점에서 수권적 조직규범성을 가진다. 헌법에 의하여 조직된 국가기관은 헌법에 의하여 부여된 권한만을 행사할 수 있다. 그리고 헌법은 통치조직에 대한 규제를 도모한다는 점에서 권력제한규범성을 가진다. 헌법에 의한 국가기관의 권력제한은 국민의 기본권보장을 목적으로 하는 것이며, 권력분립과 국가기관 상호 간의 견제와 균형으로 나타난다. 그리고 헌법은 국민의 생활 속에서 실현되고 발전한다는 점에서 생활규범성을 가진다. 헌법은 국민의 모든 생활영역을 대상으로 하는 가치규범 내지 행동규범의 성격을 띠며, 따라서 헌법은 국민의 시대사상과 생활감각을 반영하는 한편 국민생활을 헌법에 맞도록 실현한다.

Ⅳ. 헌법의 해석

1. 헌법의 해석의 특징

헌법해석이란 헌법문제를 해결하기 위하여 헌법규범의 객관적 의미내용을 확정하는 법인식작용을 말한다. 헌법해석은 매우 중요한 의의를 지닌다. 추상적인 헌법규범을 어떤 원칙과 방법으로 해석할 것인가에 따라 규범의 의미는 달라질 수 있기 때문이다. 헌법은 그 특성에서 본대로 열린 규범구조를 가지고 있다. 즉 헌법은 한 국가의 기본법으로서 그 내용이 상당히 개방적이며 불확정적이다. 따라서 헌법의 해석은 일반 법률해석에 비하여 법보충과 법형성의 폭이 매우 크며, 헌법해석에는 일반 법률 해석에서는 허용되지 않는 정치적인 관점이 적용될 수 있다. 또한 문리적 해석보다 체계적·역사적·목적적 해석에 의하여 이루어지는 경우가 많다.

2. 헌법합치적 법률해석

합헌적 법률해석은 헌법해석과는 구별되는 것으로 법률해석의 한 원칙이다. 법률의 개념이 다의적이어서 여러 가지 해석이 가능할 때, 헌법에 합치되도록 해석하여야 한다는 것이다. 소극적으로는 합헌해석의 가능성이 있다면 해당 법률의 효력을 지속시켜야 한다는 것을 의미하고, 적극적으로는 법률의 위헌적 요소를 헌법의 정신에 맞도록 법률 내용을 제한·보충해야 한다는 것을 의미한다.

합헌적 법률해석은 헌법을 최고 법규로 하는 통일적인 법질서의 형성, 권력 분립의 정신, 민주주의적 입법 기능의 존중, 법적 안정성 등을 근거로 한다.

법률 조항의 문구가 간직하고 있는 말의 뜻을 넘어서 완전히 다른 의미로 변질되지 않는 범위 내에서 이루어져야 하고, 입법권자가 그 법률의 제정으로써 추구하고자 하는 의지와 목적에 위배되지 않도록 해석되어야 한다. 또한 법률의 효력을 유지하기 위해 헌법 규범의 내용을 지나치게 확대해석함으로써 헌법 규범이 가지는 정상적인 수용 한도를 넘지 않아야 한다.

헌법합치적 법률해석은 법률해석과 아울러 헌법해석을 요구하므로, 단순한 해석원칙에 그치는 것이 아니라 헌법재판의 한 형태로서, 위헌의 가능성을 제거하는 기술이 된다.

헌법합치적 법률해석은 법질서의 통일성 유지 등을 위해 법률의 다의적 해석 중 합헌적 해석을 선택하라는 것이어서 한정합헌결정이나 한정위헌결정은 헌법합치적 법률해석의 적합한 구현형태이다.

Ⅴ. 헌법의 제정과 개정

1. 헌법의 제정

(1) 헌법제정의 의의

혁명이나 독립을 통한 새로운 정치질서의 창설은 헌법이 제정됨으로써 완성되며, 헌법의 제정은 헌법제정권력에 의해 이루어진다. 헌법의 제정이란 국가의 법적 기본질서를 마련하려는 법창조행위로, 형식적으로는 헌법사항을 성문의 헌법전으로 제정하는 것을 말하고, 실질적으로는 정치적 통일체(국가)의 종류와 형태에 관하여 헌법제정권력자가 내린 근본적인 결단을 법규범화 하는 것을 말한다. 헌법제정행위는 오늘날 민주적 원칙에 따라 선출된 국민대표자회의가 행하는 것이 보통이나 혁명을 일으킨 후 정치권력을 장악하기 위한 회의나 기존의 헌법기관이 소집한 회의가 행하는 경우도 있을 수 있다.

(2) 헌법제정권력

헌법제정권력이란 헌법을 창조하는 힘으로, 헌법을 만드는 헌법 이전의 권력을 말한다. 헌법제정권력은 헌법을 초월하는 힘이며 헌법에 의해 인정될 필요가 없는 정치적 힘이다. 처음으로 헌법 제정 권력의 문제를 처음으로 체계화시킨 사람은 시예스(Abbé Siéyès)로, 그는 프랑스 혁명 당시에 배포한 소책자 '제3계급이란 무엇인가'에서 군주가 아닌 국민이 헌법을 제정할 권리를 가진다는 것을 이론적으로 뒷받침하고자 하였다. 시예스는 헌법 제정 권력의 담당자는 국민이며, 국민은 국가와 헌법 밖에 자연 상태로 존재한다는 것이다. 따라서 국민의 제헌권은 국가나 헌법에 의해 구속되지 않는 무제한의 것으로 실질적으로나 절차상 아무런 법적 제한을 받지 아니한다고 하였다.

이후 헌법제정권력의 문제를 본격적으로 거론하여 발전시킨 사람은 슈미트(C. Schmitt)이다. 그는 헌법제정권력을 고유한 정치적 실존의 양식과 형태에 대한 구체적인 근본결단을 내릴 수 있는 실존적인 정치적 의지로 규정하고, 이러한 권력에 의한 의지의 결단을 헌법(Verfassung)이라고 부르며 이러한 결단에서 규범화된 규정을 헌법률(Verfassungsgesetz)이라고 불러 구분하였다.

(3) 헌법제정권력의 한계

시예스는 시원성으로부터, 슈미트는 혁명성으로부터 헌법제정권력이 어떠한 제약도 없이 무슨 결정이든 내릴 수 있는 무한계성을 도출하였다. 그러나 현재의 통설은 헌법제정권력의 한계를 인정하고 있으며, 그 한계로 인격불가침의 기본가치와 같은 자연법적 한계, 기본적인 법적 이성, 정의와 같은 법원리적 한계, 제헌 당시의 정치상황에 의한 정치이념적 한계, 국제법적 한계 등이 거론되고 있다.

2. 헌법의 개정

(1) 헌법개정의 의의

헌법의 개정이란 헌법의 규범력을 높이기 위해 헌법전이 정한 절차에 따라 헌법의 동일성을 유지하면서 헌법전의 내용을 수정·삭제·추가하는 것을 의미한다.

헌법개정은 헌법에 불만을 가진 정치세력들이 헌법을 파괴하는 사태가 발생할 수도 있기 때문에 헌법파괴의 방지를 위하여 필요하고, 헌법의 제정과정에 직접 참여하지 못한 정치집단에게 헌법형성에 참여할 기회를 부여하기 위한 헌법정책상의 이유에서 불가피하게 필요한 것이다.

(2) 헌법개정권력

헌법제정권력이 그 본질에 있어 시원적·창조적 권력, 자율적 권력, 초국가적 권력, 항구적 권력이고 행사방법에 있어 아무런 절차상 제약이 없음에 반해, 헌법개정권력은 헌법에 의하여 제도화된 권력, 타율적·종속적 권력, 국가적 권력, 헌법제정권력의 하위에 있는 권력이라는 본질을 지니고, 그 행사도 국민의 헌법제정의사와 헌법에 규정된 개정절차에 따라야 한다는 한계를 가진다.

(3) 헌법개정권력의 한계

헌법의 개정절차에 따르기만 하면 어떠한 조항의 개정도 가능한지가 문제되는 바, 실정헌법의 상위에는 자연법원리가 존재하고 있고, 헌법조항 상호 간에도 위계질서가 있기 때문에 헌법개정에는 한계가 있다고 보는 견해가 지배적이다. 구체적 한계사항으로는 자연법 원리, 국제법상의 일반원칙 등 초헌법적인 한계, 헌법의 본질적 내용을 훼손하는 개정은 금지하는 헌법내재적인 한계, 헌법자체가 명문으로 특정 조항의 개정을 금지하는 실정헌법상의 한계 등이 있다.

3. 우리나라의 헌법제정과 개정

(1) 우리나라의 헌법제정

제헌헌법은 전문에서 “우리들 대한국민은 … 우리들의 정당 또는 자유로이 선거된 대표로서 구성된 국회에서 …이 헌법을 제정한다”라고 선언하여 헌법제정권력의 주체가 국민이고 국민은 그 대표기관인 국회를 통하여 헌법을 제정하였음을 천명하였다. 현행헌법에서도 제1조 제2항에서 “대한민국의 주권은 국민에게 있고 모든 권력은 국민으로부터 나온다"라고 하여 주권의 가장 중요한 대표인 헌법제정권력자가 국민임을 명시하고 있다.

(2) 우리나라의 헌법개정

우리 헌법은 강한 경성헌법으로 헌법의 개정에 일반 법률보다 엄격한 요건과 신중한 절차를 요구하고 있다. 현행 헌법상의 헌법개정절차는 제안(국회의원 재적과반수, 대통령), 공고(20일 이상), 의결(공고된 날로부터 60일 이내에 국회재적의원 3분의 2 이상의 찬성으로 의결), 확정(30일 이내의 국민투표에서 국회의원선거권자 과반수의 투표와 투표자 과반수의 찬성으로 확정), 공포(대통령이 즉시 공포)의 순으로 되어 있다(헌법 제128조 내지 제130조).

Ⅵ. 헌법의 보호

1. 헌법보호의 의의

헌법의 보호란 헌법 적대적 세력으로부터 헌법의 기능이 상실되지 않도록 헌법을 방어하는 것으로 헌법의 수호라고도 한다. 이는 헌법규범력이 헌법에 대한 위협침해로 변질·훼손되지 않도록, 헌법에 대한 위협침해행위를 사전예방하거나 사후적으로 배제하는 것을 말한다. 즉 헌법의 최고법규성을 기초하여 헌법적 가치질서를 지키는 것을 의미한다. 헌법도 다른 법과 마찬가지로 자체의 안전성과 실효성이 요청된다. 일반적으로 헌법질서는 사회상태의 변화에 따라서, 특히 정치적 권력의 상관관계에 의하여 항상 동태적으로 전개된다. 따라서 헌법질서는 규범과 현실의 긴장 관계 속에서 전개되므로 헌법의 실효성이 동요되기 쉽다.

2. 우리나라의 헌법보호제도

(1) 평상적 헌법보호제도

평상적 헌법보호제도는 사전적·예방적 보호와 사후적·교정적 보호로 크게 나눌 수 있다. 사전적·예방적 보호에는 ① 합리적인 정당정치의 구현, ② 국민의 헌법의식의 고양, ③ 선거민에 의한 국정통제 등의 정치적 보장과 ④ 헌법수호의무의 선서, ⑤ 국가권력의 분립, ⑥ 경성헌법성을 규정한 헌법조항, ⑦ 정당과 관련한 방어적 민주주의의 채택, ⑧ 공무원 및 군의 정치적 중립성 준수 등의 법적 보호가 있다. ⑧ 또한 부칙 제5조에 "이 헌법시행 당시의 법령과 조약은 이 헌법에 위배되지 아니하는 한 그 효력을 지속한다"라고 하여 헌법의 최고법규성의 간접적 선언을 통해 스스로 자기보장기능을 확보하고 있다.

사후적·교정적 보호에는 ① 헌법재판소에 의한 위헌법률심판·헌법소원심판·탄핵심판·위헌정당해산심판, ② 명령·규칙·처분에 대한 대법원의 최종심사제, ③ 국무총리·국무위원 해임건의제, ④ 대통령의 긴급명령 등에 대한 국회의 승인제, ⑤ 국회의 계엄해제 요구제, ⑥ 국회의 국정감사·조사제, ⑦ 공무원의 책임제 등이 있다. ⑧ 또한 형법, 국가보안법을 통해 국헌문란자를 처벌함으로써 헌법을 사후적으로 보호하고 있다.

(2) 비상적 헌법보호제도

가. 국가긴급권

국가긴급권이라 함은 천재지변·전쟁·경제상 위기 등의 비상사태가 발생한 경우 국가의 존립을 유지하고 헌법질서를 보전하기 위하여 행사되는 비상·예외적 권한을 말한다.

합헌적 국가긴급권은 헌법자체가 미리 비상사태를 예상하여 입헌주의를 일시적으로 정지하여 독재적 권력행사를 인정하는 것으로 이를 통해 비상사태를 합법적으로 처리할 수 있고 헌법의 파괴를 막을 수 있으며, 발동의 조건·기간·형식을 정하여 긴급권의 남용을 방지할 수 있다. 따라서 국가긴급권은 국가비상사태 하에서, 국가존립이나 안전을 회복할 목적으로 긴급권 발동권자가 누구인가가 확정된 상태에서, 예외적으로만 발동될 수 있다.

그러나 그러한 요건 하에서의 발동도 일정한 한계를 지니는 바, 잠정적이어야 한다는 기한적 한계 및 국가긴급권의 발동이 불가피한 최후수단임이 객관적으로 납득될 수 있는 경우라야 한다는 상황적 한계, 발동되는 경우에 과잉금지의 원칙을 지켜야 한다는 최소성의 원칙이 그것이다.

현행헌법은 대통령에게 계엄선포권(제77조)과 긴급명령권(제76조 제2항) 및 긴급재정경제처분·명령권(제76조 제1항)을 인정하고 있다. 건국헌법이래 계엄선포권을 기본으로 국가긴급권의 변천이 있어 왔는데 제4공화국 헌법의 긴급조치권과 제5공화국 헌법의 비상조치권이 그러한 예라 하겠다. 2013년, 헌법재판소는 40년 전에 발동된 긴급조치(제1호, 제2호, 제9호)에 대해 위헌결정을 내렸다.

나. 저항권

저항권이란 국가권력에 의하여 헌법의 기본원리에 대한 중대한 침해가 행하여지고 그 침해가 헌법의 존재 자체를 부인하는 것이어서 다른 합법적인 구제수단으로는 목적을 달성할 수 없을 때에 국민이 자기의 권리·자유를 지키기 위하여 실력으로 저항하는 권리를 의미한다(97헌가4 전원재판부).

저항권이 헌법을 보호하는 수단인가 아니면 기본권인가가 다투어진다. 저항권은 헌법을 보호하는 비상적 수단의 성격을 지니지만 기본권의 성격을 부정하기 어렵다. 양자의 성격을 모두 지니고 있다고 보는 것이 다수설이다.

저항권은 ① 민주적 기본질서 또는 기본권보장체계가 전면적으로 부정되고, ② 공권력 행사의 불법성이 객관적으로 명백하며, ③ 다른 일체의 구제수단이 유효할 수 없을 때 최후의 수단으로만 행사될 수 있다.

또한 입헌주의 헌법체계를 유지·수호하기 위한 것이어야지 사회개혁을 위해 사용될 수 없으며, 가능한 한 평화적 방법으로 행하여야 하고 필요한 경우 폭력행사도 가능하지만 최소한의 정도에 머물러야 한다.

우리헌법은 저항권에 관한 명문규정은 없으나 헌법전문의 '불의에 항거한 4·19민주이념을'에서 간접적으로 그 근거를 엿볼 수 있다. 그러나 저항권은 조직화될 수 없는 초국가적 성격을 지니기 때문에 저항권의 헌법적 근거유무는 저항권 인정여부에 영향이 없다. 굳이 찾는다면 국민주권의 원리와 국민의 납세의무를 규정한 헌법취지로부터 저항권의 근거를 찾을 수 있다.

참 고 저항권이란?(헌법재판소 2014. 12. 19. 2013헌다1)

"저항권은 공권력의 행사자가 민주적 기본질서를 침해하거나 파괴하려는 경우 이를 회복하기 위하여 국민이 공권력에 대하여 폭력·비폭력, 적극적·소극적으로 저항할 수 있다는 국민의 권리이자 헌법수호제도를 의미한다. 하지만 저항권은 공권력의 행사에 대한 '실력적' 저항이어서 그 본질상 질서교란의 위험이 수반되므로, 저항권의 행사에는 개별 헌법조항에 대한 단순한 위반이 아닌 민주적 기본질서라는 전체적 질서에 대한 중대한 침해가 있거나 이를 파괴하려는 시도가 있어야 하고, 이미 유효한 구제수단이 남아 있지 않아야 한다는 보충성의 요건이 적용된다. 또한 그 행사는 민주적 기본질서의 유지, 회복이라는 소극적인 목적에 그쳐야 하고 정치적, 사회적, 경제적 체제를 개혁하기 위한 수단으로 이용될 수 없다."

(3) 방어적 민주주의

방어적 민주주의란 민주주의의 이름으로 민주주의 그 자체를 파괴하거나 자유의 이름으로 자유 그 자체를 말살하려는 민주적 헌법질서의 적에 대하여 자신을 수호하기 위한 자기방어적 민주주의를 의미한다. 또한 민주적 기본질서를 부정하는 정당을 해산시키고 자유민주적 기본질서를 침해하는 단체 및 개인의 기본권도 실효시킴으로써 헌법을 수호한다. 나치 독재정권 이후 1930년대 후반 Löwenstein 등에 의해 독일에서 등장한 이론이다. 민주주의의 상대주의적인 가치중립성에 대한 자제 또는 한계이론이다.

방어적 민주주의를 지나치게 확대 적용할 경우 오히려 민주주의를 저해할 위험이 있으므로 일정한 한계가 있다. 따라서 방어적 민주주의가 오히려 민주주의의 본질과 헌법원리의 본질을 침해해서는 안 되고, 그것이 민주주의의 구현을 위한 필수적 기본권인 정치적 기본권 등을 부당하게 제한하기 위한 수단으로 악용되어서도 안 된다. 마지막으로 그 행사는 소극적·방어적인 것이어야지 적극적인 것이거나 공격적인 것이어서는 안 된다.

독일 기본법은 위헌정당해산제도와 기본권상실제도를 규정하여 방어적 민주주의를 채택하고 있다. 우리헌법은 제8조 제4항에서 "정당의 목적이나 활동이 민주적 기본질서에 위배될 때에는 정부는 헌법재판소에 그 해산을 제소할 수 있고, 정당은 헌법재판소의 심판에 의하여 해산된다"라고 규정하여 우리 헌법의 민주주의가 방어적 민주주의임을 시사하고 있다. 그리고 방어적 민주주의의 채택은 민주주의의 본질을 침해하는 행위를 규제할 수 있음을 뜻하는 것이므로 헌법 제37조 제2항이 규정하는 기본권제한 역시 방어적 민주주의를 수용한 규정이라 할 것이다.

참 고 정당해산심판제도의 본질(헌법재판소 2014. 12. 19. 2013헌다1)

"헌법재판소의 해산결정으로 정당이 해산되는 경우에 그 정당 소속 국회의원이 의원직을 상실하는지에 대하여 명문의 규정은 없으나, 정당해산심판제도의 본질은 민주적 기본질서에 위배되는 정당을 정치적 의사형성과정에서 배제함으로써 국민을 보호하는 데에 있는데 해산정당 소속 국회의원의 의원직을 상실시키지 않는 경우 정당해산결정의 실효성을 확보할 수 없게 되므로, 이러한 정당해산제도의 취지 등에 비추어 볼 때 헌법재판소의 정당해산결정이 있는 경우 그 정당 소속 국회의원의 의원직은 당선 방식을 불문하고 모두 상실되어야 한다." (…) "정당해산심판제도는 정당 존립의 특권, 특히 그중에서도 정부의 비판자로서 야당의 존립과 활동을 특별히 보장하고자 하는 헌법제정자의 규범적 의지의 산물로 이해되어야 한다. 그러나 한편 이 제도로 인해서, 정당 활동의 자유가 인정된다 하더라도 민주적 기본질서를 침해해서는 안 된다는 헌법적 한계 역시 설정된다 할 것이다." (…) "정당해산심판제도의 본질은 그 목적이나 활동이 민주적 기본질서에 위배되는 정당을 국민의 정치적 의사 형성과정에서 미리 배제함으로써 국민을 보호하고 헌법을 수호하기 위한 것이다. 어떠한 정당을 엄격한 요건 아래 위헌정당으로 판단하여 해산을 명하는 것은 헌법을 수호한다는 방어적 민주주의 관점에서 비롯되는 것이고, 이러한 비상상황에서는 국회의원의 국민대표성은 부득이 희생될 수 밖에 없다."

참 고 **국회의원 지위확인(대판 2021. 4. 29. 2016두39856)**

"정당해산심판제도는 기본적으로 모든 정당의 존립과 활동은 최대한 보장하되 민주적 기본질서를 수호하기 위하여 엄격한 요건과 절차를 충족하여 해산결정을 받은 위헌적인 정당을 국민의 정치적 의사형성 과정에서 미리 배제하는 것을 본질로 한다. 우리 헌법과 법률이 지향하고 제도적으로 보장하고 있는 정당민주주의하에서, 정당은 국민의 정치적 의사를 형성하는 기능을 하고, 특히 정당 소속 국회의원은 정당이 민주적 기본질서와 직결된 국민의 정치적 의사형성에 참여하는 데 핵심적인 역할을 담당하고 있다. 그렇다면 해산결정을 받은 정당이 국민의 정치적 의사형성 과정에 참여하는 것을 배제하기 위해서는, 그 이념과 정책을 실현하기 위한 활동을 직접적으로 행하는 지위에 있는 그 정당 소속 국회의원을 국민의 정치적 의사형성 과정이 이루어지는 국회에서 배제하여야 하는 것은 당연한 논리적 귀결임과 동시에 방어적 민주주의 이념에 부합하는 결론이다. 따라서 위헌정당 해산결정의 효과로 그 정당의 추천 등으로 당선되거나 임명된 공무원 등의 지위를 상실시킬지 여부는 헌법이나 법률로 명확히 규정하는 것이 보다 바람직하나, 그와 같은 명문의 규정이 없더라도 위헌정당 해산결정에 따른 효과로 위헌정당 소속 국회의원은 국회의원직을 상실한다고 보아야 한다."

제2절 대한민국 헌법

Ⅰ. 대한민국 헌법의 제정과 개정

1. 헌법의 제정

대한민국 초대국회는 1948년 5·10 선거에서 선출된 임기 2년의 198인의 의원으로 구성된 제헌국회였다. 제헌국회는 곧 헌법기초에 착수하였다. 그해 6월 3일 헌법기초위원 30명과 유진오 등 전문위원 10명으로 '헌법기초위원회'를 구성하여, 유진오의 안을 원안으로 하고 권승렬의 안을 참고안으로 하여 초안을 작성하였다. 그 원안이나 참고안은 모두 국회를 양원제로 하고, 정부형태는 의원내각제로 한 것이었으나, 이승만의 주장으로 정부는 대통령책임제로, 국회는 단원제로 수정되었다. 이 안은 7월 12일 국회에서 통과되었고, 7월 17일 서명·공포되어 그날로 발효되었다. 건국헌법에 의거하여 대통령과 부통령이 선출되었고 국무총리와 대법원장이 국회의 인준을 받아 정부가 수립되었으며, 1948년 8월 15일 역사적인 대한민국정부수립 선포식이 거행되었다.

제헌헌법은 구(舊)일본제국헌법과 바이마르헌법을 모방한 것으로 주요 내용은 ① 대통령제, ② 단원제 국회, ③ 정·부통령 국회간선제, ④ 대통령의 법률안거부권·법률안 제출권 허용, ⑤ 헌법위원회제도, ⑥ 탄핵재판소제도, ⑦ 국무총리제, ⑧ 통제경제체제, ⑨ 국무원 설치 등이다.

2. 헌법의 개정

우리나라 헌법은 제정된 지 60년 동안에 12차례의 개정안이 제출되었고, 이 중 9차에 걸쳐 개헌이 이루어졌다. 제헌헌법 이후 1952년 대통령 직선제 1차 개헌, 1954년 이승만 대통령 3선을 위한 소위 '사사오입' 파동을 통한 2차 개헌, 1960년 4·19혁명 뒤 내각책임제로 전환하는 3차 개헌, 반민주행위자처벌에 관한 부칙조항 삽입을 위한 4차 개헌, 그해 5·16군사쿠데타 발생 후 대통령제로 전환하는 5차 개헌, 박정희 대통령 3선을 위한 목적으로 단행된 6차 개헌, 1972년 유신체제 전환을 위한 7차 개헌, 1980년 5·18 이후 신군부 집권에 따른 전두환 정권으로의 전환을 위한 8차 개헌, 그리고 1987년 6월 민주화운동 이후 민주화 결과에 따라 대통령직선제와 5년 단임제를 중심으로 하는 9차 개헌 등을 통해 현재에 이르고 있다.

개헌과정에서 나타난 특징을 살펴보면 ① 개정빈도가 잦은 점, ② 대통령의 임기·권한과 관련된 경우가 많은 점, ③ 개헌처리과정이 변칙적이었던 점, ④ 개헌주체가 집권자 내지 집권여당이었던 점, ⑤ 국민투표를 통한 정당성을 도출시킨 점 등을 들 수 있다. 다만 현행 헌법은 여·야 간의 합의로 개정된 헌법이란 점에서 헌정사의 큰 의의가 있다고 본다.

Ⅱ. 대한민국 헌법의 존립기초

1. 국 가

국가란 구성원의 공감대적 가치를 기초로 세워진 정치적 공동체로 주권, 국민, 영토의 3가지 요소를 중심내용으로 하는 법인이라 할 수 있다. 국가라는 정치적 공동체는 자신의 존립과 유지를 위해 일정한 법적 토대를 필요로 하게 되고, 이러한 법질서 중 가장 기본적인 법질서로서의 성격을 지니고 있는 것이 헌법이다. 대한민국 헌법은 대한민국의 기본적 법질서이기에 대한민국은 대한민국 헌법의 존립기초를 이루게 된다.

국가란 특정한 목적과 과제를 가지고, 일정한 지역을 토대로, 하나의 권력에 의하여 결합된 인간의 집단을 의미한다. 국가는 일정한 지역을 존립요건으로 하지 않는 일반 사회단체 등과 구별되며, 하나의 최고·독립의 권력을 행사할 수 없는 지방자치단체와 구별된다. 국가는 헌법에 따라 의사결정능력과 행위능력을 지니고 권리·의무의 주체로서 법인격을 지니며, 국내외적으로 권리·의무를 부담한다.

2. 국가형태

(1) 국가형태의 의의

국가형태란 국가의 전체적 성격과 그 기본질서가 어떤 것인가를 기준으로 한 국가의 유형을 말한다. 현대에 와서 국가를 군주가 지배하는 군주국과 군주가 없는 공화국, 통치권이 중앙에 통합된 단일국가와 통치권이 각 지방에 분산된 연방국가, 민주적(입헌적) 공화국과 전제적(독재적) 공화국으로 분류하는 것이 일반적이다.

또한 국가형태의 분류 가운데 의의가 있는 것은 단일국가, 연방국가, 국가연합의 구별이다. 단일국가란 국가의 구성이 단일한 집권적인 국가를 말하고, 연방국가란 각 주가 국가의 성격을 가지며 전체국가를 형성하는 국가를 말하는데 여기서 지방은 주권을 가지지 않는다는 점에서 국가와 구별되지만, 광범위한 자주조직권을 가진다는 점에서 단순한 지방자치단체와 구별된다. 연방국가와 구별되는 것이 국가연합인데 이는 주권국가들이 조약을 체결하여 잠정적으로 정치적 결합체를 형성하는 경우를 말한다. 국가연합은 ① 진정한 국가는 아니라는 점, ② 국가연합 자체는 국제법상 주체가 될 수 없다는 점, ③ 잠정적·한시적 결합체라는 점, ④ 병력보유 및 통치권을 구성국이 보유한다는 점에서 연방국가와 구별된다.

(2) 대한민국의 국가형태

헌법 제1조 제1항은 "대한민국은 민주공화국이다"라고 규정하여 우리나라의 국가형태가 민주공화국임을 밝히고 있다. 여기에서 "민주공화국"이란 비군주국이라는 의미뿐만 아니라 자유국가, 국민국가, 반독재국가라는 의미도 아울러 가지고 있다.

헌법 제1조 제1항은 헌법제정권자의 근본적 결단이며, 우리 헌법의 핵이므로 헌법개정절차에 의해서도 이를 개정할 수 없다. 민주공화국인 국가형태를 위협하거나 변형시키려 할 때에는 형법·국가보안법 등에 의한 규제의 대상이 된다.

3. 대한민국의 구성요소

우리 헌법은 제1조 제2항에서 국가권력을, 제2조에서 국민을, 제3조에서 영역을 규정함으로써 전통적 국가이론인 국가 3요소설에 입각하고 있다.

(1) 주 권

주권은 국가의사를 전반적·최종적으로 결정할 수 있는 국내의 최고권력으로 국외에 대해서는 독립의 권력을 의미한다. 또한 주권은 최고성, 독립성, 시원성, 자율성, 단일불가분성, 불가양성, 항구성, 실정법초월성 등을 본질적 속성으로 한다. 현실적으로 국가적 조직을 유지하고 국가적 목적을 실현하기 위한 구체적 권력으로서의 통치권(공권력)과 구별된다.

우리헌법은 제1조 제2항에서 "대한민국의 주권은 국민에게 있고, 모든 권력은 국민으로부터 나온다"라고 규정하고 있는데, 여기서의 "주권"은 국가의사를 결정하는 최고의 원동력 또는 국가권력의 최고독립성을 의미하고, "모든 권력"은 주권에 의하여 조직된 국가권력, 즉 통치권을 의미한다.

(2) 국 민

국민은 한 나라의 통치권 아래에 결합하여 국가를 구성하고 있는 국가의 인적 요소 내지 항구적 소속원으로서 국가의 통치권에 복종할 의무를 가진 개개인의 전체집합 또는 국가에 소속하는 개개의 자연인을 의미한다.

이러한 국민이 되는 자격을 "국적"이라고 하며, 헌법 제2조 제1항은 "대한민국의 국민이 되는 요건은 법률로 정한다"라고 규정하여 이에 근거하여 제정된 "국적법"이 대한민국 국민의 요건인 국적의 취득과 상실에 관하여 규정하고 있다.

(3) 영 역

영역이란 한 나라의 주권이 미치는 공간으로 국가의 통치권이 배타적으로 행사되는 영토, 영해, 영공의 범위를 말한다. 우리 헌법은 제3조에서 대한민국의 영토는 한반도와 그 부속도서임을 규정하고 있다. 영해란 육지에 접속한 해면의 일정부분을 말하는데 연안해·만·내해·해협·항 등으로 구성된다. 우리나라는 12해리 영해법을 실시하고 있으며, 대한해협에 대해서는 국제해협이라는 특수성을 고려하여 3해리를 잠정적으로 적용하고 있다. 영공이란 지배 가능한 범위의 영토와 영해의 수직적 상공에 한한다.

Ⅲ. 헌법질서의 기본원리

1. 헌법질서 기본원리의 의의

헌법에 부과된 과제를 수행함에 있어서는 준수되지 않으면 안 될 지도원리나 원칙이 요구된다. 특정한 원칙 없이 저마다의 판단에 따라 자유롭게 행동한다면 정치적 공동체의 형성·유지가 저해되며 법적 토대가 흔들리게 되어 정치적 공동체의 위기로 이어질 수 있고, 결국에는 헌법의 근본이념을 달성하는 데 이르지 못하게 되기 때문이다. 따라서 헌법은 정치적 공동체의 기본골격과 조직을 마련하고, 마련된 법적 토대가 올바르게 유지될 수 있도록 기본적이고 구조적이며, 기초를 이루는 원리를 요구한다. 이것이 헌법질서의 기본원리이다. 이러한 헌법의 기본원리는 헌법을 지탱해줄 근본적 결정의 성격과 동시에 헌법의 규율대상인 국가의 내용과 형태를 규정하는 원리의 성격을 지닌다.

헌법질서의 기본원리는 헌법을 비롯한 모든 법령해석의 기준과 한계 역할을 담당하며 입법·사법·행정의 모든 국가작용에 있어 준수되어야 할 행동지침이 된다. 따라서 최고의 가치로서의 헌법질서의 기본원리는 헌법개정의 대상이 될 수 없다.

2. 대한민국헌법질서의 기본원리

(1) 국민주권주의

국민주권의 원리라 함은 국가적 의사를 전반적·최종적으로 결정할 수 있는 최고의 권력인 주권을 국민이 보유한다는 것과 모든 국가권력의 정당성의 근거를 국민에게서 찾아야 한다는 것을 내용으로 하는 민주국가적 헌법원리를 말한다.

헌법 제1조 2항은 "대한민국의 주권은 국민에게 있고, 모든 권력은 국민으로부터 나온다"고 규정하여 국민주권의 원칙을 선언하였다. 또한, 제1조 제1항에서도 "대한민국은 민주공화국이다"라고 밝힘으로써 국민주권주의를 간접적으로 시사하였다. 국민은 주권자로서 국민투표에 의하여 헌법개정을 확정하고, 대통령과 국회의원을 선거하거나 여론형성 등으로 주권을 행사하게 된다. 또한 정당제도, 기본권보장, 직업공무원제 등도 국민주권의 원리를 구현하는 제도로서 헌법에 규정하고 있다.

(2) 권력분립주의

권력분립의 실질적 목적은 통치작용을 입법·행정·사법으로 나누어 상호견제와 균형을 이루게 함으로써 국민의 자유와 권리를 보장하려는 데 있다. 우리 헌법은 이의 실현을 위해 입법권은 국회에(제40조), 행정권은 정부에(제66조 제4항). 사법권은 법원에(제101조 제1항) 각각 귀속시켜 상호 견제와 균형을 이루게 하고 있다.

(3) 기본권존중주의

헌법 제10조는 "모든 국민은 인간으로서의 존엄과 가치를 가지며, 행복을 추구할 권리를 가진다. 국가는 개인이 가지는 불가침의 기본적 인권을 확인하고 이를 보장할 의무를 진다"고 하였다. 아울러 제11조 이하에서 기본권을 개별적으로 보장하고 있다. 이는 국가의 존립목적이 국민의 기본권 보장에 있음을 밝히고, 기본권이 초국가적 자연권임을 인정한 것이다. 제37조 제2항은 "국민의 모든 자유와 권리는 국가안전보장·질서유지 또는 공공복리를 위하여 필요한 경우에 한하여 법률로써 제한할 수 있으며, 제한하는 경우에도 자유와 권리의 본질적인 내용을 침해할 수 없다"고 하여 기본권의 제한을 엄격하게 하였다.

(4) 법치주의

법치주의란 모든 국가권력의 행사가 국민의 대표기관인 의회가 제정한 법률에 근거를 두고 법률에 따라 이루어져야 한다는 헌법원리를 말한다. 공포되고 명확하게 규정된 법에 의해 국가권력을 제한·통제함으로써 자의적인 지배를 배격하여 국민의 기본권보장을 핵심으로 한다.

법치주의는 법률의 우위, 법률에 의한 행정, 법률에 의한 재판을 그 기본내용으로 하며, 구체적으로 성문헌법주의, 기본권과 적법절차의 보장(헌법전문, 제10조, 제11조, 제12조 제1항, 제34조 제1항, 제37조 제2항, 기타 여러 헌법조항), 위헌법률심사제의 확립(제107조 제1항, 제111조 제1항 제1호), 포괄위임금지의 원칙(제75조), 권력분립의 확립(제40조, 제66조 제4항, 조101제 1항), 법적 안정성 및 신뢰보호의 원칙(제96조, 제89조, 제102조 제3항, 제13조 제1·2항) 등에 의해 구현되고 있다.

과거의 법치주의는 행정과 재판이 법률에 적합하도록 행해질 것을 요청할 뿐 그 법률의 목적이나 내용을 문제 삼지 아니하는 형식적 법치주의를 의미했고 이는 법에 의한 독재를 낳았다. 그러나 오늘날의 법치주의는 법률의 목적과 내용도 정의에 합치하는 정당한 것이어야 한다는 실질적 법치주의로 발전하고 있다.

(5) 세계평화주의

헌법 전문은 "밖으로는 항구적인 세계평화와 인류공영에 이바지함으로써 …"라 하였고, 제5조는 "대한민국은 국제평화의 유지에 노력하고 침략전쟁을 부인한다"고 하였다. 또, 제6조 제1항의 국제법 존중주의와 제2항의 외국인의 법적 지위보장 규정 및 제5조 제2항의 국군의 사명 규정 등에도 한국 헌법의 세계평화주의의 원리가 잘 나타나 있다.

(6) 문화국가주의

헌법 전문은 "유구한 역사와 전통, 평화애호의 전통"을 강조하였고, 제9조에서는 "국가는 전통문화의 계승·발전과 민족문화의 창달에 노력하여야 한다"고 규정하고 있다. 또한 제31조 제5항에서는 "국가는 평생교육을 진흥하여야 한다"고 규정하였고, 제69조에서는 대통령으로 하여금 "국민의 자유와 복리의 증진 및 민족문화의 창달에 노력하여…"라는 선서를 하게 함으로써 문화국가주의를 천명하였다.

(7) 복지국가주의

헌법 전문에서 "국민생활의 균등한 향상"을 선언하였고, 제34조에서 "모든 국민의 인간다운 생활"을 보장하였으며, 사회보장·사회복지에 관한 국가의무를 규정하였다. 또한 제35조 제1항에서는 "건강하고 쾌적한 환경에서 생활할 권리"를 보장하고, 나아가 제32조 제3항에서는 "근로자의 고용의 증진과 적정임금의 보장" 및 근로조건의 기준을 "인간의 존엄성을 보장하도록 법률로 정할 것"을 규정하였다. 그 밖에 제32조 제6항에서 국가유공자·상이군경 및 전몰군경의 유가족에 대한 우선취업권을 보장하고, 제36조에서는 혼인과 가족생활이 "개인의 존엄과 양성의 평등"에 기초하도록 강조하여 복지국가주의를 실질화하고 있다.

Ⅳ. 제도보장

1. 제도보장의 의의

제도보장이란 역사적·전통적으로 형성된 일정한 기존의 객관적 제도 그 자체에 착안하여 그 제도의 본질적이고 핵심적인 요소를 입법권(행정권, 사법권 포함)의 침해로부터 객관적으로 보장하고 유지하기 위한 특정 제도의 헌법적 보장을 의미한다. 또한 이러한 객관적 제도를 헌법에 규정함으로써 당해 제도의 본질을 보장하려는 것이다. 제도보장을 곧 제도의 본질, 중핵을 헌법에 규정함으로써 일반적인 입법에 의한 폐지나 본질의 훼손으로부터 이를 보호하려는 점에 그 의의가 있다.

2. 기본권과 제도보장

제도보장은 주관적 권리의 요소를 지니고 있지 않기 때문에 기본권과 제도보장은 원칙적으로 서로 구별된다고 보는 견해가 일반적이다. 그러나 양자는 일반적으로 일정한 관련을 지니게 되는바, 권리가 제도에 종속되는 경우로는 특정의 제도가 보장됨으로써 부수적 또는 간접적으로 기본권이 보장되는 경우가 있으며(복수정당제가 보장됨으로써 정당의 설립이나 가입 또는 탈퇴의 자유가 보장되는 것), 제도가 기본권에 수반되는 경우로는 특정의 기본권을 보장하기 위하여 그 수단으로서 특정한 제도의 보장을 필요로 하는 경우가 있다(정치적 자유권(특히 투표권)을 확보하기 위하여 민주적 선거제도가 보장된다). 또한 보장이 병존하는 경우로는 특정의 기본권 보장이 동시에 특정의 제도보장이 되는 경우가 있다(사유재산권의 보장이 사유재산제도의 보장이 된다). 따라서 제도보장은 기본권을 보호·강화·보충하는 기능을 가진다는 점에서 기본권과 밀접한 관련성이 있다.

3. 대한민국 헌법상 제도보장의 내용

우리 헌법상 어떤 것을 제도보장으로 볼 것인가에 관하여는 학자마다 견해가 다르나 공통적인 것으로 받아들여지는 것으로는 직업공무원제도(제7조), 정당제도(제8조), 사유재산제도(제23조), 교육의 자주성·전문성·중립성과 대학의 자치제도(제31조 제4항), 혼인과 가족제도(제36조 제1항), 지방자치제도(제117조 제1조) 등이 있다.

Chapter 03

인간의 존엄과 가치·행복추구권·평등권(포괄적 기본권)

제 1 절 인간의 존엄과 가치·행복추구권

헌법 제10조 전단은 "모든 국민은 인간으로서의 존엄과 가치를 가지며, 행복을 추구할 권리를 가진다"라고 규정하고 있다. 이 조항은 헌법의 근본규범으로서 입법·사법·행정의 모든 국가권력과 국가작용을 구속한다.

Ⅰ. 인간의 존엄과 가치·행복추구권의 의의

헌법 제10조의 인간의 존엄과 가치는 헌법 기본권질서의 정신적·이념적 출발점인 동시에 그 기초에 해당하며, 나아가 모든 국가적·국민적 활동의 실천원리이자 가치판단의 기준이 되는 것이라 할 수 있다. 여기에서 '인간의 존엄'이란 인간의 본질로 간주되는 인격성과 인격주체성을 의미하며, '인간의 가치'란 인격에 대한 총체적인 평가를 의미한다. 또한 '인간'이란 인간의 고유한 가치를 유지하면서 사회에 구속되며 사회와 일정한 관계를 가진 인간을 의미한다. 인간으로서의 존엄과 가치는 제2차 세계대전에 대한 반성으로 1949년에 제정된 독일기본법 제1조에 처음으로 명시되었으며, 우리나라도 1962년 헌법 이래 실정규범화하고 있다.

행복추구권이란 근대 입헌민주주의의 핵심인 개인주의·자유주의를 그 사상적 기반으로 하고 있다. 행복추구권에 있어서 행복은 다의적(多義的)인 개념으로, 각자의 생활조건이나 가치관에 따라 다르게 이해될 수 있으나, 최소한 인간적인 고통이 없는 상태 내지

만족감을 느낄 수 있는 행복한 상태를 의미한다. 행복이란 개인에 따라 다를 수 있으나, 그 기준은 정신이나 물질의 어느 한쪽에 치우칠 수 없음은 물론, 고정적인 것이 아니라 발전적으로 형성되어 가고 있는 추상적 개념이다. 구체적 권리로는 생명권, 신체의 자유, 정신적·문화적·기술적 창조의 보호, 인간 고유의 개인적 영역에서의 권리(명예권·성명권·초상권 등), 자유로운 생활 영위, 자기결정권, 개성의 자유발현권, 자유로운 인격발현권 등이 행복추구권의 구체적 내용으로 헌법재판소에 의해 구체화되고 있다.

행복추구권은 Locke사상의 영향을 받아 미국의 독립선언에서 최초로 규정되었으며, 미국 버지니아권리장전 제1조는 행복추구권을 개인 인격의 기본적 가치를 중심으로 하는 자연권의 포괄적 내용을 가지는 권리로서 선언하고 있다. 우리나라의 경우는 1980년 개정 헌법에 인간으로서의 존엄과 가치와 더불어 최초로 규정하여 현재에 이르고 있다.

Ⅱ. 헌법 제10조 전단의 법적 성격

헌법 제10조 전단의 규정은 기본권 중에서도 주된 기본권으로서 국민의 기본적 인권 전반을 의미하며, 헌법에 보장된 다른 여타의 개별적 기본권들은 궁극적으로는 헌법 제10조의 인간의 존엄과 가치 및 행복추구권에서 나온 것이라고 볼 수 있다. 따라서 헌법 제10조의 인간의 존엄성 조항은 모든 기본권보장의 궁극적인 목적조항이고 그 밖의 기본권 조항은 인간의 존엄과 가치를 유지하고 실현하기 위한 수단조항인 것이다.

사례탐구

형법(1953. 9. 18. 법률 제 293호로 제정된 것) 제241조 배우자가 있는 사람이 배우자가 아닌 사람과 성관계를 가진 경우 그 사람과 상간자를 처벌하기 위한 법 조항의 간통죄는 헌법에 합치하는가?

[해 설] 헌법 제10조는 개인의 인격권과 행복추구권을 보장하고 있고, 인격권과 행복추구권은 개인의 자기운명결정권을 전제로 한다. 이 자기운명결정권에는 성행위 여부 및 그 상대방을 결정할 수 있는 성적 자기결정권이 포함되어 있으므로, 심판대상조항은 개인의 성적 자기결정권을 제한한다. 또한, 심판대상조항은 개인의 성생활이라는 내밀한 사적 생활영역에서의 행위를 제한하므로 헌법 제17조가 보장하는 사생활의 비밀과 자유 역시 제한하므로 형법 제241조 간통죄는 헌법에 위배된다.

헌법재판소는 2015년 2월 26일 간통죄 규정에 대하여 헌법재판관 9인 중 7인의 의견으로 위헌 결정을 하였다. 간통죄 처벌 규정은 헌법상 보장되는 성적 자기결정권 및 사생활의 비밀과 자유를 제한한다. 그런데 성적 자기결정권을 더욱 중요시하는 인식이 확산됨에 따라 국가가 형벌로 간통 행위를 다스리는 것이 적정한지에 관해 국민 인식이 일치한다고 보기 어려워졌다. 비도덕적인 행위라고 해도 개인의 사생활에 속하고 사회적 해악이 크지 않으면 국가 권력이 개입해서는 안 된다는 것이 현대 형법의 추세이고, 전세계적으로도 간통죄를 폐지하고 있다. 혼인과 가정의 유지는 당사자의 자유로운 의지와 애정에 맡겨야 한다.
사회적 비난 정도 등을 보면 간통죄의 형사정책상 예방 효과를 거두기 어렵게 됐다. 오히려 잘못이 훨씬 큰 배우자의 이혼 수단으로 활용되거나 일시 탈선한 가정주부 등을 공갈하는 수단으로 악용된다.
간통죄 처벌 규정을 통해 혼인제도와 부부간 정조의무 보호라는 공익은 더 이상 달성되기 어렵다. 반면, 이 규정은 국민의 성적 자기결정권 등 기본권을 지나치게 제한하고 있다.
다음과 같은 일부(헌법재판관 9인 중 2인) 반대 의견(합헌 의견)도 있었다. 간통은 혼인이라는 사회적 제도를 훼손하고 가족 공동체의 유지·보호에 파괴적 영향을 미치므로 개인의 성적 자기결정권의 보호 영역에 포함되지 않는다. 간통이 사회 질서를 해치고 타인의 권리를 침해한다고 보는 우리 사회의 법 의식은 여전히 유효하다. 특히 간통제 폐지는 성도덕 의식의 하향화를 가져오고 범죄 의식을 없애 성도덕의 문란을 초래할 수 있다. 그 결과 혼인과 가족 공동체의 해체를 촉진시킬 수 있다. 간통죄 처벌 규정이 징역형만 규정하고 있으나 법정형의 상한 자체가 높지 않고 죄질이 가벼운 간통 행위에 대해서는 선고유예까지 할 수 있으므로 지나치게 과중한 형벌을 규정하고 있다고 볼 수 없다.

제2절 평등권

헌법 제11조는 “① 모든 국민은 법 앞에 평등하다. 누구든지 성별·종교·또는 사회적 신분에 의하여 정치적·경제적·사회적·문화적 생활의 모든 영역에 있어서 차별을 받지 아니한다. ② 사회적 특수계급의 제도는 인정되지 아니하며 어떠한 형태로도 이를 창설할 수 없다. ③ 훈장 등의 영전은 이를 받은 자에게만 효력이 있고 어떠한 특권도 이에 따르지 않는다”라고 하여 평등의 원칙과 개인의 주관적 공권으로서 평등권을 규정하고 있다.

Ⅰ. 평등의 원칙과 평등권의 의의

‘평등의 원칙’은 법적용의 대상이 되는 모든 인간을 원칙적으로 평등하게 다루어야 한다는 법원칙을 말하며, 그 중심내용은 기회균등과 자의의 금지이다. 평등의 원칙은

'동일한 것은 평등하게, 상이한 것은 불평등하게' 다룸으로써 사회정의를 실현하려는 원리이다.

'평등권'은 인간이 자연적 상태에서 누려온 생래적·천부적 권리이며 국가로부터 불평등한 처우를 받지 아니함은 물론 평등한 보호를 요구할 수 있는 주관적 공권이며 기본권 전반에 공통으로 작용되어야 할 기능적·수단적 권리이며 객관적 법질서로서의 성격을 갖는다.

참 고 평등원칙의 일반적 의미(헌법재판소 2003. 5. 15. 2002헌마90)

헌법 제11조는 (…) 모든 국민에게 평등권을 보장하고 있는바, 평등의 원칙은 국민의 기본권 보장에 관한 우리 헌법의 최고원리로서 국가가 입법을 하거나 법을 해석 및 집행함에 있어 따라야 할 기준인 동시에, 국가에 대하여 합리적 이유 없이 불평등한 대우를 하지 말 것과, 평등한 대우를 요구할 수 있는 국민의 권리이다. 헌법 제11조 제1항의 평등의 원칙은 일체의 차별적 대우를 부정하는 절대적 평등을 의미하는 것이 아니라, 입법과 법의 적용에 있어서 합리적 근거 없는 차별을 하여서는 아니된다는 상대적 평등을 뜻하고, 따라서, 합리적 근거 있는 차별 내지 불평등은 평등의 원칙에 반하는 것이 아니다.

참 고 자의금지 원칙의 심사요건(헌법재판소 2002. 11. 28. 2002헌바45)

일반적으로 자의금지원칙에 관한 심사요건은 ① 본질적으로 동일한 것을 다르게 취급하고 있는지에 관련된 차별취급의 존재 여부와, ② 이러한 차별취급이 존재한다면 이를 자의적인 것으로 볼 수 있는지 여부라고 할 수 있다. 한편, ①의 요건에 관련하여 두 개의 비교집단이 본질적으로 동일한가의 판단은 일반적으로 당해 법규정의 의미와 목적에 달려 있고, ②의 요건에 관련하여 차별취급의 자의성은 합리적인 이유가 결여된 것을 의미하므로, 차별대우를 정당화하는 객관적이고 합리적인 이유가 존재한다면 차별대우는 자의적인 것이 아니게 된다.

Ⅱ. 평등권의 내용

헌법 제11조에서 규정하고 있는 평등의 의미는 추상적·형식적 평등이 아니라 사회적·경제적 원인에 의한 실업과 빈곤 등을 제거하여 모든 국민으로 하여금 인간다운 생활을 가능하게 하는 실질적 평등과 결과의 평등을 실현하고자 하는 것이다.

헌법은 제11조 이외에 평등의 원칙을 구현하고 평등권을 보장하기 위한 특별조항을 두고 있다. 즉 ① 사회적 특수계급제도 부인(제11조 제2항), 영전일대의 원칙(제11조 제3항),

② 평등선거의 원칙(제41조 제1항, 제116조 제1항), ③ 교육의 기회균등(제31조 제1항), ④ 혼인과 가족생활에서의 양성의 평등(제36조 제1항), ⑤ 경제적 복지의 평등(제119조 제2항), ⑥ 근로관계에 있어서 여성에 대한 차별금지(제32조 제4항) 등이 그것이다.

사례탐구

호텔 단기 아르바이트 공고를 보고 지원한 K군. 해당 일자에 출근하라는 통보와 주의사항, 복장 규정 등을 안내받고 아르바이트 당일 출근한 K군은 청천벽력 같은 소리를 듣는다. 호텔 채용담당자로부터 '대머리이기 때문에 채용이 취소되었다'는 것이다.
채용담당자는 "단정한 머리라고 채용공고에 있기는 한데…"라고 하며 연신 대머리 K군을 보며 이야기했다. 채용담당자는 호텔 직원에게 물어보고 온다며 자리를 비웠고, 잠시 후 돌아와서는 "일할 수 없다"고 통보한 것이다. 호텔 관계직원에 의하면, "대머리는 접객이 주 업무인 호텔 종사자로서 고객에게 불편함과 거부감을 줄 수 있는 부적합한 외모이기에 채용이 부적절하다"는 게 사유였다.
우리가 일반적으로 채용공고에 명시하는 '단정한 용모'의 기준은 무엇일까? 채용담당자는 '단정한 머리'란, 남자는 '일반적인 남성들이 채용면접 시 하는 왁스로 깔끔하게 넘긴 머리'를 말하며, 여자는 '스프레이로 머리를 고정시키고 머리망을 한 깔끔한 스타일'이라고 표현했다. 이러한 암묵적인 규정이 사회적 통념으로 자리하고 있는 가운데, 용모와 업무의 상관관계를 어떻게 설명할 수 있을까?
K군이 지원한 호텔 아르바이트생의 주요 업무는 '손님 응대 및 안내', '연회장 음식 제공', '테이블 접시 치우기', '핸드링 기물정리'였다. 이러한 업무를 수행하는 데 '대머리'라는 신체적 조건이 결격사유가 되는 것일까?

[해 설] 국가인권위원회는 탈모로 인한 대머리의 경우, 개인의 선택에 의해 좌우될 수 없는 자연적인 현상에 해당하는 신체적 조건이고, 이를 사회통념상 호텔 접객업에서 요구되는 부적합한 용모라고 볼 만한 타당한 근거가 없다고 판단하였다. 헌법 제11조는 모든 국민은 법 앞에 평등하다고 규정하고 있으며, 국가인권위원회법 제2조 제3호는 합리적인 이유 없이 용모 등 신체조건을 이유로 고용 등과 관련하여 특정한 사람을 배제하는 행위는 '평등권 침해의 차별행위'로 규정하고 있다. 위 사례에 경우 이에 해당하는바, 호텔과 채용업체 측에 재발방지대책 수립을 권고하였다(인권위 2008. 1. 28. 07진차654).

Chapter 04 자유권

제 1 절 인신의 안전과 자유

Ⅰ. 생명권

우리 헌법에는 생명권에 관한 규정이 없으나 인간의 존엄과 가치를 규정한 헌법 제10조나 헌법 제12조의 신체의 자유, 헌법 제37조 제1항의 헌법에 열거되지 아니한 자유와 권리에서 그 근거를 찾을 수 있다. 생명이란 비생명적인 것 또는 죽음에 대칭되는 인간의 인격적·육신적 존재형태, 즉 생존을 의미하는데 이 생명에 관한 권리는 인간의 존엄과 가치 중에서도 가장 본질적이고 핵심적인 가치를 담고 있다.

생명권의 법적 성격으로는 국가적 침해로부터 생명을 방어하려는 대국가적 방어권의 성격과 제3자로부터의 생명권의 침해에 대한 보호를 국가에 요구할 수 있는 보호청구권의 성격을 동시에 가진다.

사례탐구

죽음보다 더 큰 고통을 당하고 있는 죽음의 문턱에 있는 사람에게 인간답게 죽을 권리, 즉 안락사를 허용할 수 있는 것인가?

[해 설] 안락사(Euthanasia)란 통상 '생존의 가능성이 없는 병자의 고통을 덜어주기 위하여 인위적으로 죽음에 이르게 하는 일을 말하며, 적극적 안락사와 소극적 안락사로 구분된다. 적극

적 안락사란 아직 사망의 과정에 진입하지 않은 상태에서 적극적 행위를 통해 사망을 재촉하는 것으로, 적극적 안락사는 살아있는 환자(통상 말기환자)의 생명을 인위적으로 단축하는 살인행위의 성질을 지니고 있고, 남용의 우려 또한 매우 높기에, 부정하는 견해가 지배적이다. 반면 소극적 안락사란 사망이 임박한 상태에서(임종환자) 생명유지나 생명연장을 위한 적극적 조치를 포기하여 사망과정을 자연스럽게 진행시키는 것을 말한다. 적극과 소극의 근본적 차이점은 사망과정의 진입 여부이다. 소극적 안락사는 사망이 임박한 경우로서 이미 죽은 것은 아니지만 죽어가고 있는 과정에 놓여 있는 사람을 그 대상으로 한다는 점에서, 아직 사망과정에 진입하지 않은 환자를 그 대상으로 하는 적극적 안락사와 구별된다. 죽이는 것이 아니라 죽게 내버려 두는 것이다. 소극적 안락사는 죽어가는 사람을 존엄하게 죽게 하는 존엄사로 이해된다.

Ⅱ. 신체의 자유

헌법은 제12조 제1항에 "모든 국민은 신체의 자유를 가진다"고 규정하여 국가권력의 남용으로 인신의 자유가 침해되지 않도록 상세한 규정을 두고 있다. 법률에 의한 체포·구속과 죄형법정주의 및 적법절차의 보장(제12조 제1항 제2문), 고문의 금지와 불리한 진술거부권(제12조 제2항), 영장제도(제12조 제3항), 변호인의 조력을 받을 권리와 국선변호인제도(제12조 제4항), 체포·구속이유 등 고지제도(제12조 제5항), 체포·구속적부심사제(제12조 제6항), 자백의 증거능력 제한(제12조 제7항), 형벌법규불소급의 원칙과 일사부재리의 원칙(제13조 제1항), 연좌제의 금지(제13조 제3항), 신속한 공개재판청구권(제27조 제3항), 형사피고인을 위한 무죄추정의 원칙(제27조 제4항), 형사보상청구권(제28조) 조항 등이 그에 해당된다.

1. 의 의

신체의 자유란 신체의 안전성이 외부로부터 물리적인 힘이나 정신적인 위협으로부터 침해당하지 않을 자유와 신체활동을 임의적이고 자율적으로 할 수 있는 자유를 말한다. 신체의 자유를 보장하는 방법은 ㉠ 실체적 보장, ㉡ 절차적 보장, ㉢ 형사피의자·피고인의 형사절차상의 인권보장 등으로 나누어 볼 수 있다.

신체의 자유의 법적 성격은 ㉠ 인간으로서 당연히 누리는 천부적·초국가적 자연권이며, ㉡ 국가적 안전과 질서유지를 위해 최소한의 범위 안에서 제한이 가능한 상대적 자연권이고, ㉢ 국가에 대한 개인의 소극적·방어적 공권이다.

신체의 자유는 불법한 체포·구속으로부터의 자유, 불법한 압수·수색으로부터의 자유, 불법한 심문으로부터의 자유, 불법한 처벌로부터의 자유, 불법한 보안처분으로부터의 자유, 불법한 강제 노역의 금지 등을 그 내용으로 한다.

2. 신체의 자유의 실체적 보장

(1) 죄형법정주의

죄형법정주의란 '법률이 없으면 범죄도 없고 형벌도 없다(nullum crimen nulla poena sine lege)'라는 근대형법의 기본원리이다. 즉 이미 제정된 정당한 법률에 의하지 아니하고는 처벌받지 아니한다는 원칙이며 자의적 국가권력 행사로부터 국민의 기본권을 보호하려는 데 그 의미가 있다. 죄형법정주의의 파생원칙으로 형벌법규법률주의(관습형법금지의 원칙), 형벌법규불소급의 원칙, 절대적부정기형(절대적부정기선고형)금지의 원칙, 법규내용명확성의 원칙, 유추해석금지의 원칙 등이 있다.

(2) 일사부재리(一事不再理)의 원칙

실체판결이 확정되어 판결의 실체적 확정력이 발생하면 그 후 동일사건에 대하여 거듭 심판하는 것을 금지한 원칙으로 '형사판결이 확정되어 기판력이 발생하면 동일한 사건에 대하여 거듭 심판할 수 없다'는 것이다. 헌법재판소는 형벌과 보안처분의 병과는 이중처벌금지원칙에 위반되지 않는다고 보고 있으며, 대법원은 운행정지처분과 형사처벌 및 동일한 사유로 인한 직위해제처분과 감봉처분을 이중처벌이 아니라고 판시한 바 있다.

(3) 연좌제의 금지

자신의 행위가 아닌 친족의 행위를 이유로 형사처벌 등 불리한 처우를 받는 것을 금지하는 규정이다. 불이익처우란 해외여행의 제한이나 공무담임권의 제한 기타 모든 영역에서 국가기관에 의한 불이익한 대우를 포함하는 개념이다.

3. 신체의 자유의 절차적 보장

(1) 적법절차의 원칙

헌법 제12조 제1항에는 "모든 국민은 신체의 자유를 가진다. 누구든지 법률에 의하지 아니하고는 체포·구속·압수·수색 또는 심문을 받지 아니하며, 법률과 적법한 절차에 의하지 아니하고는 처벌·보안처분 또는 강제노역을 받지 아니한다"고 규정하였고 동조 제3항에는 '체포·구속·압수·수색을 할 때에는 적법한 절차에 따라 법관이 발부한 영장을 제시하여야 한다'라고 하여 인신의 자유를 위한 '적법절차의 원칙'을 규정하고 있다. '적법절차의 원칙'은 입법·집행·사법 등 모든 국가작용은 정당한 법률을 근거로 정당한 절차에 따라 발동되어야 한다는 헌법원리이다.

적법절차조항의 적용대상인 처벌, 보안처분, 강제노역 등은 예시규정에 불과하며 개인의 신체적·정신적·재산적 불이익이 되는 일체의 재제를 그 대상으로 한다. 따라서 적법절차조항의 적용범위는 형사절차뿐만 아니라 입법, 행정 등 국가의 모든 공권력의 작용에는 절차상의 적법성뿐만 아니라 법률의 실체적 내용도 합리성과 정당성을 갖춘 실체적인 적법성이 있어야 한다는 것을 규정한 것으로 헌법의 기본원리를 명시한 조항으로 볼 수 있다(헌재결 1992. 12. 24. 92헌가8).

사례탐구

한성질씨는 고등학교 동창들과 술을 마시다 옆 테이블의 사람들과 시비가 붙어 싸우게 되었다. 이 일로 현장에서 경찰관에게 붙잡혀 이틀 동안 조사를 받은 다음 경찰서 유치장에 수감되었다. 한씨는 상대방의 공격을 막는 과정에서 몇 차례 주먹으로 상대방을 때렸을 뿐이고 일방적으로 맞기만 하였는데, 이렇게 구속까지 되어 매우 억울하였다.

그런데 유치장에 수감된 후에 더욱 억울한 일을 겪게 되었다. 처음 유치장에 갇힐 때에는 옷을 입은 상태에서 경찰관이 손으로 몸을 더듬는 식으로 간단히 신체검사를 받았다. 단체생활이니 그러려니 했다. 하지만 다음 날 변호사를 만나고 다시 유치장으로 돌아올 때에는 참을 수 없을 정도로 불쾌하게 신체검사를 하였다. 먼저, 경찰관은 유치장으로 반입이 금지되는 마약 등 위험한 물건을 옷속이나 몸속에 숨겨서 들여오는 사람이 있기 때문에 신체검사를 한다고 설명했다. 그리고는 한씨에게 윗옷을 모두 겨드랑이까지 올리고 바지와 속옷까지 모두 무릎까지 내리도록 하였다. 그리고 다시 그 상태에서 앉았다 일어서기를 반복하게 하였다.

한씨는 너무 수치스럽고 부끄러웠다. 왜 이렇게 하는지 설명을 듣긴 했지만, 이렇게까지 할 것은 아니라고 생각하였다. 특히 자신이 싸움을 했다는 이유로 수사를 받고 있긴 하지만, 아직 죄가 확정된 것도 아닌데 이런 취급을 당하는 것은 문제가 있다고 생각하였다. 유치장에서 내 몸을 수색한다면, 그것도 신체의 자유를 빼앗는 것일까?

[해 설] 경찰서 유치장이나 구치소는 범죄를 저질렀거나 저질렀다고 의심을 받는 사람들을 가두어놓은 곳이기 때문에 마약이나 칼 등과 같이 범죄에 사용될 수 있는 물건을 누군가 가지고 있다면 그 안에 있는 사람들의 생명이나 신체에 큰 위험을 줄 수 있다. 그래서 수감시설에 처음 들어갈 때 또는 수사나 변호사 접견 등을 위해 수감시설 밖으로 나갔다가 들어올 때에는 이러한 물건을 소지하고 있는지를 확인하기 위해 신체수색을 포함하여 신체검사를 하게 된다.

구치소 등 수감시설에 수감될 때에 받게 되는 신체검사는 수용자의 생명·신체에 대한 위험을 방지하고 유치장 내의 안전과 질서를 유지하기 위한 것으로, 교정시설의 관리에 관한 사항을 규정한 '형의 집행 및 수용자의 처우에 관한 법률'에 따른 것이다.

그러나 신체검사를 할 수 있는 법률상의 근거가 있고, 또한 그에 따라서 신체검사를 하였다고 해서 언제나 정당화되는 것은 아니다. 국민의 자유와 권리를 제한하고자 할 때에는 항상 제한을 하는 목적에 비추어 필요한 만큼만 제한을 하여야 하기 때문이다. 즉, 필요한 범위를 넘어서 지나치게 제한을 한다면 그것은 신체검사를 받은 사람의 신체의 자유를 제한하는 것을 넘어 침해하는 결과가 된다.
경찰관은 한성질씨가 처음 유치장으로 들어갈 때 신체검사를 하여 그가 위험한 물건을 가지고 있지 않은 것을 확인하였다. 그리고 변호사를 만날 때에도 변호사와의 대화가 들리는 거리는 아니지만 두 사람의 대화모습을 관찰할 수 있는 곳에 경찰관이 입회하고 있었기 때문에 위험한 물건이나 금지된 물건을 주고받는지 여부도 충분히 확인할 수 있었다.
따라서 한성질씨가 위험한 물건을 몸속에 숨길 가능성이 극히 낮은 상황임에도 불구하고, 속옷까지 모두 내린 상태에서 앉았다 일어서기를 반복하게 하는 것은 필요한 정도를 넘는 매우 모욕적이고 치욕적인 방법의 신체검사라고 할 것이다. 그래서 헌법재판소는 심한 모욕감과 수치심을 안겨주는 이와 같은 방식의 신체검사는 수감자의 인격권과 신체의 자유를 지나치게 제한하는 것이라고 판단하였다.

(2) 사전영장주의

영장제도란 사람을 체포·구속·압수·수색 등의 강제처분 시 원칙적으로 법관이 발부한 영장을 제시하도록 하는 제도이며, 범죄수사로 인한 부당한 인권침해의 방지를 목적으로 한다.

형사소송법은 ① 적법한 수사절차를 확보하기 위해 체포제도를 새로이 도입하였다. ② 피의자가 의심할만한 상당한 이유와 출석요구에 불응할 우려가 있을 경우 수사기관이 사전에 판사에게 체포영장을 발부받아 체포하고, 48시간 이내에 구속영장을 청구하지 않는 경우 석방하도록 하였다. ③ 체포영장제도의 도입에 대응하여 긴급구속제도를 폐지하고 긴급체포제도를 도입하였다. ④ 체포된 자에게 적부심사청구를 인정하였다. ⑤ 피의자에게 보석제도를 적용하도록 하였다. ⑥ 구속에 신중을 기하기 위해 영장실질심사제를 채택하여 체포된 피의자에 대하여는 피의자 또는 그 변호인, 법정대리인, 배우자, 직계친족, 고용주 등의 신청이 있을 때 판사가 피의자를 직접 심문하여 구속영장을 발부하도록 하였다. ⑦ 체포되지 아니한 피의자로서 죄를 범했다고 의심할만한 이유가 있는 경우, 필요하다고 인정되는 때에는 구인영장을 발부하여 피의자를 심문한 후 구속영장을 발부하도록 하였다.

(3) 체포·구속적부심사제도

체포·구속이 적법하지 않거나 사유가 부당한 경우를 구제하는 제도로서 영장에 의해 체포 또는 구속된 피의자와 변호인, 가족 등이 관할법원에 체포 또는 구속의 적부여부에 대한 심사를 청구할 경우, 법관이 즉시 피의자와 변호인이 출석한 공개법정에서 체포·구속의 이유를 밝혀 부당하거나 적법한 것이 아닌 것일 때 석방하는 제도로서 수사권 남용의 방지, 인신의 자유의 확보, 불법체포, 구속의 방지를 목적으로 하는 것이다.

(4) 체포·구속이유 등 고지·통지제도

체포·구속이유 등 고지·통지제도는 ㉠ 형사피의자에 대하여 체포·구속의 이유와 변호인 의뢰권을 고지하는 것과 ㉡ 형사피의자의 가족과 변호인 등에 대하여 체포·구속의 이유와 일시 및 장소를 통지하는 것을 내용하는 제도이다. 이 제도는 피의자나 그 가족 등에게 변명과 적절한 방어수단을 강구케 함으로써 인신보호에 기여하고 있다.

수사기관이 고지·통지의무를 이행하지 아니할 경우에는 직권남용에 의한 불법행위로 간주되어 형사처벌을 받는다.

4. 형사피의자·형사피고인의 형사절차상의 인권보장

(1) 무죄추정의 원칙

형사절차에 관련하여 아직 공소의 제기가 없는 피의자는 물론이고 공소가 제기된 피고인까지도 유죄판결이 있을 때까지 무죄로 추정하는 원칙이다. 형사피고인에게 무죄의 판결이 있으면 그 확정 전에 무죄로 추정됨은 물론 유죄판결이 있을지라도 그 확정 전에는 무죄로 추정된다는 것이다. 따라서 불구속수사, 불구속재판을 원칙으로 한다. 헌법재판소는 구속기간은 가능한 한 최소한에 그쳐야 한다고 보고 지나친 구속기간의 연장은 무죄추정의 원칙에 위반되는 것으로 본다(헌재결 1997. 6. 26. 96헌가8·9·10병합).

사례탐구

국가보안법 위반으로 형사기소된 대학교수를 직위해제한 학교법인의 처분은 위헌인가?

[해 설] 무죄추정의 원칙과 학문의 자유를 규정하고 있는 헌법 정신에 비추어 당연퇴직 사유에 해당하는 유죄의 확정판결을 받을 고도의 개연성이나 직무를 계속 수행함으로 인하여 공정한 직무집행에 위험을 초래할 가능성이 충분히 소명되지 않는 이상 위 직위해제처분은 위법하다(울산지방법원 2012카합644).

(2) 고문을 받지 아니할 권리

고문의 금지는 절대적 금지이기 때문에 어떠한 이유로도 정당화될 수 없다. 형법은 고문을 범죄로 규정하고 형벌적 제재를 가하고 있으며 형사소송법도 고문에 의한 자백의 증거능력을 절대적으로 부인한다. 공무원이 고문을 한 경우에는 불법행위로서 가중처벌되며 국가는 이에 대한 배상책임을 져야 한다.

(3) 자백의 증거능력 및 증명력 제한의 원칙

자백이란 범죄사실의 전부 또는 일부에 관하여 자신에게 불이익한 진술을 하는 것을 말한다. 증거능력이란 증명의 자료로 사용될 수 있는 자격으로서 '고문·폭행·협박·구속의 부당한 장기화 또는 기망'에 의한 자백은 임의성이 없으므로 증거능력이 제한된다. 임의성 없는 자백과 보강증거 없는 불리한 유일한 자백은 정식판결에서 증거능력 또는 증명력을 가질 수 없다. 이는 직접적으로는 자백강요를 위한 인신의 침해를 막을 수 있고 간접적으로는 진범발견을 촉진시켜 형벌권에 의한 정의를 실현하며 나아가서는 형사보상청구사건을 줄여서 국가의 재정에 기여한다.

사례탐구

피고인의 자백이 잠을 재우지 않은 상태에서 이루어진 경우 그 진술의 증거능력이 인정될 수 있는가?

[해 설] 피고인의 검찰에서의 자백이 피고인이 검찰에 연행된 때로부터 약 30시간동안 잠을 재우지 아니한 채 검사 2명이 교대로 신문을 하면서 회유한 끝에 받아낸 것으로써, 임의로 진술한 것이 아니라고 의심할 만한 사유에 해당하는 경우에는 형사소송법 제309조의 규정에 의하여 그 피의자신문조서는 증거능력이 없는 것이다(대판 1997. 6. 27. 95도1964).

(4) 불리한 진술거부권

피고인이나 피의자가 수사절차 또는 공판절차에서 수사기관과 법원의 심문에 대하여 진술을 거부할 수 있는 권리를 말한다. 이는 고문 등 폭행에 의한 진술의 강요는 물론 법률로써도 진술을 강요당하지 아니함을 의미한다. 검사와 사법경찰관은 진술 전에 피의자에게 진술거부권이 있음을 고지해야 하고, 이에 위반한 진술은 무효이며 유죄의 증거로 삼을 수 없다.

사례탐구

A는 주취상태에서 승용차를 운전하다가 주택가 골목길에 주차되어 있던 차량을 추돌하고 귀가하였다. 그 후 집으로 찾아온 경찰관으로부터 음주측정을 요구받았으나 이를 거부하였고 그 이유로 기소되었다. 음주측정에 응하도록 규정한 도로교통법 제44조 제2항과 음주측정 불응 시 처벌하도록 규정한 동법 제93조 제1항 제3호는 헌법상 보장된 진술거부권을 침해하는 것은 아닌가?

[해 설] "진술"이라 함은 언어적 표출, 즉 생각이나 지식, 경험사실을 정신작용의 일환인 언어를 통하여 표출하는 것을 의미한다. 헌법재판소는 '호흡측정은 신체의 물리적·사실적 상태를 그대로 드러내는 행위에 불과하다. 호흡측정은 진술서와 같은 진술의 등가물(等價物)로도 평가될 수 없는 것이고 신체의 상태를 객관적으로 밝히는 데 그 초점이 있을 뿐 신체의 상태에 관한 당사자의 의식, 사고, 지식 등과는 아무런 관련이 없는 것이다. 호흡측정에 있어 결정적인 것은 측정결과 밝혀지는 객관적인 혈중알콜농도로서 이는 당사자의 의식으로부터 독립되어 있고 당사자는 이에 대하여 아무런 지배력도 갖고 있지 아니하다. 따라서 호흡측정행위는 진술이 아니므로 호흡측정에 응하도록 요구하고 이를 거부할 경우 처벌한다고 하여도 "진술강요"에 해당하지 않는다'(헌재결 1997. 3. 27. 96헌가11)고 판시하였다.

(5) 변호인의 조력을 받을 권리

헌법 제12조 제4항에는 "누구든지 체포·구속을 당한 때에는 즉시 변호인의 조력을 받을 권리를 가진다. 다만 형사피고인이 스스로 변호인을 구할 수 없을 때에는 법률이 정하는 바에 의하여 국가가 변호인을 붙인다"라고 하여 변호인의 조력을 받을 권리를 규정하고 있다. 이는 무죄추정을 받는 피의자·피고인에 대하여 신체구속의 상황에서 발생하는 폐해를 제거하고 구속의 악용을 막기 위한 권리이며 변호인 접견교통권과 소송관계서류의 열람까지 포함하는 것으로 본다.

피고인의 이익을 위해 법원이 직권으로 선임하는 국선변호인의 조력을 받을 수 있는 경우로는 ① 피고인이 구속된 때, ② 피고인이 미성년자, 70세 이상인 자, 농아자, 심신장애의 의심이 있는 자, 빈곤 기타 이유로 변호인을 선임할 수 없는 때, ③ 피고인이 사형, 무기 또는 단기 3년 이상의 징역이나 금고에 해당하는 사건에 변호인이 없는 때 등이다(형사소송법 제33조).

(6) 형사기록의 열람·복사요구권

형사피의자와 형사피고인은 자신의 피의사실과 공판절차 등 형사절차에 관하여 알 권리와 기록 및 증거서류에 대한 열람·복사요구권을 가진다.

(7) 신속한 공개재판을 받을 권리

형사피고인은 상당한 이유가 없는 한 지체 없이 공개재판을 받을 권리를 가진다. 신속한 공개재판을 받을 권리는 인신구속의 부당한 장기화를 막고 실체적 진실발견을 위해서 중요한 의미를 가지며 재판의 공정성을 확보하기 위해서도 꼭 필요하다. 다만 국가의 안전보장 또는 안녕질서를 방해하거나 선량한 풍속을 해칠 우려가 있는 때에는 심리에 한하여 법원의 결정으로 공개하지 아니할 수 있으나, 판결의 선고는 반드시 공개법정에서 하여야 한다.

제 2 절 사생활의 안전과 자유

Ⅰ. 사생활의 비밀과 자유

헌법 제17조는 "모든 국민은 사생활의 비밀과 자유를 침해받지 아니한다"라고 하여 사생활의 비밀과 자유를 보장하고 있다.

현대사회를 정보화 사회(information oriented society)라고 부르고 있다. 이 용어는 '정보 자체가 어떠한 재화나 에너지 이상의 유력한 자원이 되고 정보가치의 생산을 중심으로 경제사회구조가 변화·발전되어가는 사회' 또는 '기존의 언론매체의 확대에 추가하여 컴퓨터를 중심으로 한 정보처리 및 통신기술의 비약적인 진보에 따라 데이터의 이용가치가 높아지고 사회에 유통하는 데이터가 거대한 분량에 이름에 따라 일련의 사회구조의 변혁을 일으키는 상황'으로 의미를 파악하고 있다.

정보화 사회의 진행이 심화되면서 국가나 지방자치단체의 컴퓨터를 이용한 정보처리의 확대 등으로 인하여 공적 정보뿐만 아니라 사적 정보까지 부당하게 이용되어 프라이버시를 침해할 가능성이 높아졌다.

1. 의 의

사생활의 비밀과 자유는 인간이 소극적으로는 사생활의 내용, 명예, 신용 등을 침해받지 아니하고, 적극적으로는 자신이 원하는 자유로운 사생활과 사적 활동을 영위할 수 있는 권리를 말한다.

법적 성격으로는 인격권의 일종이고 자연권으로서 일신전속적 권리이며 자신에 관한 정보의 자율적 관리와 통제를 내용으로 하는 청구권적 성격도 가진다.

2. 내 용

사생활의 비밀과 자유의 내용으로는 ① 본인이 비밀로 하고 싶은 개인에 관한 사적 사항이나 명예·신용·인격적 징표에 대한 불가침, ② 자신이 원하는 사생활을 자유롭게 형성·유지하며 이를 방해받지 아니할 자유인 사생활의 자유의 불가침, ③ 자신에 관한 정보를 자율적으로 관리하고 통제할 수 있는 자기정보통제관리권 등이 있다.

사례탐구

"배우자가 노상에서 주차단속요원과의 불미스런 일로 '특수공무집행방해죄'로 구속되어 재판을 받고 집행유예 2년의 처벌을 받은 사건과 관련, 대전광역시청이 당시의 현장사진을 인터넷(ㅍ미디어)측에 배우자의 얼굴과 자동차 번호판이 보이도록 게시하여 시정 홍보용으로 사용하여 배우자의 인권을 침해하였다"며 2007년 2월 이모씨가 국가인권위원회에 진정을 제기한데 대하여 국가인권위원회는 어떤 결정을 내릴 수 있는가?

[해 설] 국가인권위는, 「공공기관의 개인정보보호에 관한 법률」 제10조(처리정보의 이용 및 제공의 제한)에 의거, 보유기관의 장이 다른 법률에 의하여 보유기관의 내부에서 이용하거나 보유기관외의 자에게 제공하는 경우를 제외하고는 당해 개인정보화일의 보유목적외의 목적으로 처리 정보를 이용하거나 다른 기관에 제공하여서는 아니된다고 명시하고 있는 점, 「헌법」 제17조는 개인의 사생활의 비밀과 자유를 보장하고 있는 점을 근거로, 피해자의 얼굴과 자동차 번호판이 보이도록 게시하여 시정홍보용으로 사용한 대전광역시장에게 향후 유사 사례의 재발 방지를 위하여 직원들에게 개인정보보호에 관한 인권교육을 실시할 것을 권고하였다.

Ⅱ. 주거의 자유

헌법 제16조는 "모든 국민은 주거의 자유를 침해받지 아니한다. 주거에 대한 압수나 수색을 할 때에는 검사의 신청에 의하여 법관이 발부한 영장을 제시하여야 한다"라고 주거의 자유를 규정하고 있다.

1. 의 의

주거의 자유라 함은 자신의 주거를 공권력이나 제3자로부터 침해당하지 않을 권리를 말하며, 일정한 주거에 거주함으로써 그 장소로부터 사생활의 이익을 얻는 자이면 누구나 주거의 자유의 주체가 된다. 여기서 '주거'라 함은 협의의 주택에 한하지 않고 현재의 거주 여부를 불문하며 사람이 거주하기 위하여 점유하고 있는 일체의 건조물 시설을 말한다.

2. 내 용

주거의 자유의 내용은 ① 주거의 불가침으로써 개인의 사생활을 영위하는 장소인 주거에는 거주자의 동의 내지 승낙을 얻지 아니하고 또는 그 의사에 반하여 주거에 들어가는 것을 금지하는 것이며, ② 영장주의의 원칙으로써 주거에 대한 압수나 수색에는 정당한 이유가 있어야 하고 검사의 신청에 따라 법관이 발부한 영장을 필요로 한다는 것이다.

참 고

► 판례상 주거침입죄가 인정된 경우

㉠ 일반인의 출입이 허용된 음식점이라 하더라도, 영업주의 명시적 또는 추정적 의사에 반하여 들어간 것이라면 주거침입죄가 성립되는바, 기관장들의 조찬모임에서의 대화내용을 도청하기 위한 도청장치를 설치할 목적으로 손님을 가장하여 그 조찬모임 장소인 음식점에 들어간 경우에는 영업주가 그 출입을 허용하지 않았을 것으로 보는 것이 경험칙에 부합하므로, 그와 같은 행위는 주거침입죄가 성립한다(대판 1997. 3. 28. 95도2674).

㉡ 동거자 중의 1인이 부재 중인 경우라도 주거의 지배관리관계가 외관상 존재하는 상태로 인정되는 한 위 법리에는 영향이 없다고 볼 것이니 남편이 일시 부재중 간통의 목적하에 그 처의 승낙을 얻어 주거에 들어간 경우라도 남편의 주거에 대한 지배관리관계는 여전히 존속한다고 봄이 옳고 사회통념상 간통의 목적으로 주거에 들어오는 것은 남편의 의사에 반한다고 보여지므로 처의 승낙이 있었다 하더라도 남편의 주거의 사실상의 평온은 깨어졌다 할 것이므로 이러한 경우에는 주거침입죄가 성립한다고 할 것이다(대판 1984. 6. 26. 83도685).

㉢ 야간에 타인의 집의 창문을 열고 집안으로 얼굴을 들이미는 등의 행위를 하였다면 피고인이 자신의 신체의 일부가 집안으로 들어간다는 인식하에 하였더라도 주거침입죄의 범의는 인정되고, 또한 비록 신체의 일부만이 집 안으로 들어갔다고 하더라도 사실상 주거의 평온을 해하였다면 주거침입죄는 기수에 이르렀다(대판 1995. 9. 15. 94도2561).

Ⅲ. 통신의 자유

헌법 제18조는 "모든 국민은 통신의 비밀을 침해받지 아니한다"라고 하여 통신의 자유를 규정하고 있다.

1. 의 의

통신의 자유라 함은 개인이 그 의사나 정보를 우편물이나 전기통신 등의 수단에 의하여 전달 또는 교환하는 경우에 그 내용 등이 본인의 의사에 반하여 공개되지 아니할 자유를 말한다. 통신의 자유는 사생활의 비밀을 보장하기 위한 것으로 외국인뿐만 아니라 법인도 이를 향유할 수 있다.

2. 내 용

통신의 자유란 서신뿐만 아니라 전신·전화·텔렉스·팩스·이메일 등의 검열이나 도청을 금지하고 발신에서 수신에 이르기까지 비밀이 침해되는 것을 금지하는 것을 말한다. 통신의 발신 장소, 발신인 등을 탐지하는 전화의 역탐지는 협박행위 등의 현행범에 대하여 수사기관이 직권으로 행하는데 피해자의 요청이 있을 경우에는 영장 없이도 가능하다.

제3절 사회·경제적 안전과 자유

Ⅰ. 거주·이전의 자유

헌법 제14조는 "모든 국민은 거주·이전의 자유를 가진다"라고 하여 거주·이전의 자유를 규정하고 있다.

1. 의 의

거주·이전의 자유라 함은 국가권력의 간섭을 받지 아니하고 자기가 원하는 곳에 주소나 거소를 설정하거나, 이전하거나 또는 자신의 의사에 반하여 거주지와 체류지를 변경하지 아니할 자유를 말한다.

2. 내 용

거주·이전의 자유의 내용은 대한민국의 영역 내에서 체류지와 거주지를 자유롭게 설정하고 변경할 수 있는 자유, 국외이주와 해외여행의 자유, 귀국의 자유, 국적이탈의 자유까지도 포함된다고 본다. 그러나 무국적의 자유까지 포함하는 것은 아니라고 해석된다.

거주·이전의 자유는 헌법 제37조 제2항에 의한 제한이 가능하다. 예컨대 국가안전보장을 위한 제한으로는 계엄사령관의 특별조치, 해·공군기지 및 군사시설에의 출입제한과 강제퇴거 등이 있다. 질서유지를 위한 제한으로는 형사피고인의 주거제한, 경찰관직무집행법과 소년법에 의거한 보호조치·보호처분, 보안관찰법에 의한 보안관찰처분, 소방기본법에 의한 소방상 강제처분 등이 있다. 공공복리를 위한 제한으로는 전염병예방법과 마약법에 의한 환자·중독자의 강제수용 및 치료, 검역법에 의한 전염병 방지를 위한 조치, 결핵예방법에 의거한 결핵환자나 그 보균자의 입원 등이 있다.

사례탐구

북한에서 망명한 고위인사에 대한 신변안전대책을 이유로 한 여권발급거부처분은 위법한가?

[해 설] 거주·이전의 자유가 국민에게 그가 선택할 직업 내지 취입할 공직을 그가 선택하는 임의의 장소에서 여권의 발급은 헌법이 보장하는 거주·이전의 자유의 내용인 해외여행의 자유를 보장하기 위한 수단적 성격을 갖고 있으며, 국민의 해외여행의 자유는 행복을 추구하기 위한 권리이자 이동의 자유로운 보장의 확보를 통하여 의사를 표현할 수 있는 측면에서 인신의 자유 또는 표현의 자유와 밀접한 관련을 가진 기본권이므로 최대한 그 권리가 보장되어야 할 것이고, 따라서 그 권리를 제한하는 것은 최소한에 그쳐야 할 것이다.
원고가 미국의 권위 있는 기관으로부터 초청장을 받고 스스로 미국으로 출국하기를 원하고 있으므로 그와 같은 원고의 자발적인 해외여행의 자유는 원칙적으로 국민의 기본권으로서 최대한 보장되어야 하며, 원고가 비록 탈북하기 전에 북한에서 노동당중앙위원회 등에서 근무를 한 경력이 있는 탈북자로서 대한민국 내에서 신변안전의 위해에 대한 우려가 있는 사정에 처해 있다고 하여, 그러한 신분이나 막연한 우려만으로 대한민국의 일반 국민보다 그의 기본권이 과도하게 제한되어서는 아니 된다.
피고가 제시한 국내에서의 신변위해 가능성만으로는 원고의 방미 중 신변안전에 문제가 발생할 개연성이 있다고 단정하기 어려우며, 설령 원고 개인에게 그러한 문제가 발생한다고 하더라도 그로 인하여 정부의 대북정책에 차질을 초래하고 국가의 신뢰도가 하락하거나 미국 측과 외교적인 마찰이 발생할 가능성은 매우 적다고 보이고, 따라서 대한민국의 이익이나 공공의 안전을 해할 상당한 이유가 있다고 보기도 어렵다(대판 2008. 1. 24. 2007두10846).

Ⅱ. 직업선택의 자유

헌법 제15조는 "모든 국민은 직업선택의 자유를 가진다"라고 하여 직업선택의 자유를 규정하고 있다.

1. 의 의

직업선택의 자유는 국가의 간섭을 받지 아니하고 자신이 원하는 직업을 자유로이 선택하고 이를 영위하는 등 직업에 관한 종합적이고 포괄적인 자유를 말한다. 따라서 직업선택의 자유는 영업의 자유 내지 선택한 직업에 종사할 자유를 포함한다. 직업선택의 자유가 자신이 종사할 직업을 결정할 자유와 결정한 직업을 수행하는 자유를 내용으로 하는 것이라면, 영업의 자유는 직업수행의 자유의 일환으로써 그중에 당연히 포함된다고 본다(통설).

여기서 직업이란 생활의 기본적 수요를 충족시키기 위하여 행하는 계속적인 경제적 소득활동으로서 생활수단성과 계속성, 공공에 대한 무해성을 충족시킬 수 있어야 한다. 따라서 도박·인신매매·매춘·마약거래 등은 헌법상 보호되는 직업이라고 할 수 없다.

직업선택의 자유는 국민의 권리이기 때문에 외국인은 원칙적으로 주체가 될 수 없지만 영주허가를 얻은 외국인에게는 직업선택의 자유가 보장되며 사법인도 주체가 될 수 있다.

2. 내 용

직업선택의 자유의 내용은 직종결정의 자유, 전직의 자유, 직업교육의 자유 등 직업결정의 자유가 포함되며 무직업의 자유도 인정된다고 본다(다수설). 나아가 선정한 직업에 종사하는 직업수행의 자유와 선택한 직업을 자유로이 포기하거나 이탈할 자유를 포함한다.

3. 제 한

직업선택의 자유 역시 헌법 제37조 제2항에 의한 제한이 가능하다. 직업선택의 자유에 대한 제한이 어느 정도 가능한 것인가에 관해서 독일의 학설·판례는 '단계이론'을 확립하였다. 이 단계이론은 직업선택의 자유를 직업수행의 자유와 직업결정의 자유로 구분하여 직업수행의 자유는 상대적으로 제한정도를 크게 할 수 있다는 것이다. ① 제1단계는 직업수행의 자유를 제한한다. 예컨대 유흥업소의 심야영업시간제한, 택시의 10부제 운행 등이 이에 해당한다. ② 제2단계는 주관적 사유에 의한 직업결정의 자유를 제한한다. 이러한 제한은 직업의 성질상 일정한 기술성·전문성 등이 필요한 경우에 허용되는 제한으로서 예컨대 병원 또는 약국을 개설하거나 변호사·회계사업무를 수행하고자 하는 자에게 일정한 자격(국가시험에의 합격)을 요구하는 것이 이에 해당한다. ③ 제3단계는 객관적 사유에 의한 직업결정의 자유를 제한한다. 이 제한의 방법은 직업선택의 자유에 대한 결정적인 제한이 되기 때문에 신중을 기하여 공공의 이익에 대한 '명백하고 현존하는 위험'을 방지하기 위하여 불가피한 경우에만 허용된다. 예컨대, 가스충전소 설치, 화약류의 제조·판매·운송업 등은 공공에 대한 위험방지를 완벽하게 기대할 수 없을 경우에 이를 제한한다.

사례탐구

벤처 IT회사에서 2년간 기술연구직으로 근무를 하다가 회사의 전망도 불투명하고 임금도 형편이 없었는데, 동종업체로부터 좋은 조건으로 스카웃 제의를 받고 고심끝에 회사에 사직서를 제출하고 동종업체에 취업하였다. 이 사실을 뒤늦게 안 종전회사에서는 입사당시 약속한 '퇴직 후 5년간 동종업계 취업금지' 서약서를 빌미로 고발하겠다고 협박하며 손해배상을 요구하는바, 법원은 어떤 판단을 내려야 하나?

[해 설] 영업비밀보호를 위한 전직금지 약정에 대해 우리 법원은 "제조공정에 있어서 특수한 기술상의 비밀정보를 가지고 있고 이러한 비밀정보는 일종의 객관화된 지적재산이므로, 퇴직사원의 영업비밀 침해행위에 대하여 회사와의 사이에 침해행위 중지 및 위반시 손해배상 약정금을 정한 합의가 이루어진 경우, 그 합의서의 내용을 회사의 영업비밀을 취득하는 입장에 있었던 사원들에게 퇴직 후 비밀유지의무 내지 경업금지의무를 인정하는 것으로 해석하는 것이 직업선택의 자유에 관한 헌법규정에 반하지 않는다"는 기본입장을 정하고 있어 영업비밀보호를 위한 전직금지 약정 그 자체는 인정하고 있는 상황이다.

그러나 이 과정에서 다수의 기업들은 전직금지기간을 과도하게 장기적으로 설정하게 되거나 영업비밀의 범위를 추상적으로 정하고 또는 기업내부적으로도 영업비밀보호를 위한 특별한 조치를 하지 않게 되는데, 이러한 흠결이 있는 영업비밀보호를 위한 전직금지 약정에 대해 법원은 그 약정자체가 무효가 된다고 판시하고 있으며, 이러한 판결이 점차 증가하고 있는 추세이다. 영업비밀보호계약의 취지에 반하게 과도한 기간동안 취업금지를 정하여 노동자의 직업선택의 자유를 근본적으로 침해해서는 안되며 사회통념적인 판단에서 합리적인 기간으로 정해져야 하는데, 그 범위를 정함에 있어서는 기업이 소유한 영업비밀인 기술정보의 내용과 난이도, 기업의 기술정보 취득에 소요된 기간과 비용, 영업비밀의 유지에 기울인 노력과 방법 등을 고려하고 노동자에 대해서는 사용자와의 관계에서 그에 종속하여 근무하였던 기간, 담당업무나 직책, 영업비밀에의 접근 정도, 영업비밀보호에 관한 내규나 약정 여부, 노동자의 생계활동 및 직업선택의 자유와 영업활동의 자유, 기타 변론에 나타난 당사자의 인적·물적 시설 등을 고려하여 합리적으로 결정되어야 한다(대판 1998. 2. 13. 97다24528).

Ⅲ. 재산권

헌법 제23조는 "① 모든 국민의 재산권은 보장된다. 그 내용과 한계는 법률로 정한다. ② 재산권행사는 공공복리에 적합하도록 하여야 한다. ③ 공공필요에 의한 재산권의 수용·사용·제한은 법률로써 하되, 정당한 보상을 지급해야 한다"라고 규정하고 있다.

1. 의 의

헌법상 재산권의 보장은 사유재산에 대한 임의적 처분권능과 그 침해에 대한 방어권이라는 주관적 공권임과 아울러 객관적 가치질서로서, 사유재산제를 제도로서 보장한다는 의미를 가지고 있다. 헌법상의 재산권은 민법상 인정되는 소유권보다 넓은 개념으로서 재산적 가치가 있는 모든 공법상·사법상의 권리를 말한다. 따라서 재산권의 객체로서는 일반재산권으로 모든 종류의 물권, 채권과 특별법상의 권리인 광업권, 어업권 등이 포함된다. 또한 공무원의 봉급청구권·연금청구권·국가유공자의 생활조정수당청구권·재산적 가치를 가진 공적 자격 등과 같은 공법상 및 사법상의 권리들도 자신의 노력과 업적에 대한 대가로서의 성질이 강하고 자신 또는 가족의 특별한 희생으로 얻어진 보상적 성질의 권리이기 때문에 헌법상 재산권 중에 포함된다. 문학·예술·과학·기술 등 인간의 정신적 창작활동의 결과 얻어지는 무형의 산물인 지적 재산권, 즉 저작권·특허권·실용신안권·의장권·상표권, 제3의 지적재산권이라는 컴퓨터소프트웨어·반도체칩·데이터베이스·영업비밀 등도 포함된다. 특히 토지재산권은 다른 재산권에 비해 가중된 사회적·공공적 구속을 받는다.

2. 내 용

재산권보장의 내용은 사유재산제를 보장하며 사회적 시장경제가 경제질서의 근간을 이루고 있는 현행 헌법하에서는 모든 생산수단을 국·공유화한다거나 보상을 조건으로 할지라도 모든 사영기업을 국유화, 공유화하는 조치는 허용되지 아니한다. 헌법이 개인을 위하여 구체적인 재산권을 보장한다는 것은 재산을 소유하고 상속할 수 있을 뿐 아니라 재산을 이용·수익·처분할 수 있는 권능을 보장한다는 뜻이며, 이에 재산권은 국가에 대한 소극적 권리로서의 성격을 가진다. 헌법재판소는 '헌법은 제23조 제1항에서 국민의 재산권보장에 관한 원칙을 선언함으로써 조세 법률관계에 있어서도 국가가 과세권행사라는 이름 아래 법률의 근거와 합리적 이유 없이 국민의 재산권을 함부로 침해할 수 없도록 하였다'라고 판시하였다. 따라서 과세요건법정주의·과세요건명확주의·소급과세금지의 원칙·실질과세의 원칙·납세자권리보호의 원칙 등 조세법률주의를 무시한 국가의 자의적인 과세권행사는 헌법 제23조 제1항이 보장하는 국민의 재산권을 침해하는 것이 된다. 헌법 제13조 제2항은 "모든 국민은 소급입법에 의하여 … 재산권을 박탈당하지 아니한다"고 하여 소급입법에 의한 재산권의 박탈을 금지하고 있다.

헌법 제23조 제2항은 "재산권의 행사는 공공복리에 적합하도록 하여야 한다"라고 하여 법률로써 내용과 한계가 이미 확정된 구체적 재산권의 행사도 공공복리에 적합한 것이어야 한다는 재산권행사의 공공복리적합성을 규정하고 있다. 국가안전보장·질서유지 또는 공공복리와 공공필요를 위한 경우에 재산권을 제한할 수 있으나 반드시 법률에 의해야 하고 정당한 보상을 지급하여야 한다.

Ⅳ. 소비자의 권리

헌법 제124조는 "국가는 건전한 소비행위를 계도하고 생산품의 품질향상을 촉구하기 위한 소비자보호운동을 법률이 정하는 바에 의하여 보장한다"고 규정하고 있다.

1. 의 의

소비자의 권리는 소비자가 인간다운 생활을 영위하기 위하여 공정한 가격으로 양질의 상품 또는 용역을 적절한 유통구조를 통하여 적절한 시기에 구입하거나 사용할 수 있는 권리를 말한다. 오늘날의 자본주의시장경제체제하에서의 경제구조는 독점자본에 의한 위험, 불량·유해한 상품 또는 용역의 공급과 불공정한 거래로 말미암아 소비자들의 생명·신체에 대한 안전과 경제적 이익 등에 심각한 피해가 나타나고 있다. 최근에 소비자문제가 소비자보호론의 단계를 넘어 소비자주권론의 차원에서 논의되고 있음은 바람직한 경향이라고 할 수 있다.

2. 내 용

소비자권리의 내용은 산업사회의 발전에 따라 점차 그 범위가 확대되고 있다. 소비자기본법 제4조는 소비자의 기본적인 권리로서 ① 물품 또는 용역(이하 "물품 등"이라 한다)으로 인한 생명·신체 또는 재산에 대한 위해로부터 보호받을 권리, ② 물품 등을 선택함에 있어서 필요한 지식 및 정보를 제공받을 권리, ③ 물품 등을 사용함에 있어서 거래상대방·구입장소·가격 및 거래조건 등을 자유로이 선택할 권리, ④ 소비생활에 영향을 주는 국가 및 지방자치단체의 정책과 사업자의 사업활동 등에 대하여 의견을 반영시킬 권리, ⑤ 물품 등의 사용으로 인하여 입은 피해에 대하여 신속·공정한 절차에 따라 적절한 보상을 받을 권리, ⑥ 합리적인 소비생활을 위하여 필요한 교육을 받을 권리, ⑦ 소비자 스스로의 권익을 증진하기 위하여 단체를 조직하고 이를 통하여 활동할 수 있는 권리, ⑧ 안전하고 쾌적한 소비생활 환경에서 소비할 권리 등을 규정하고 있다.

사례탐구

백화점에서 세일을 실시하면서 본래의 가격보다 인상된 가격표를 부착하고 큰 폭의 할인을 하는 것처럼 고객을 기만한 경우 피해를 배상받을 수 있는가?

[해 설] 대법원은 "가격을 변칙적으로 인상하여 세일을 실시한 것은 물품구매에 있어서 중요한 동기가 되는 가격조건에 기망이 이루어진 것이나 그 사술의 정도가 사회적으로 용인될 수 있는 상술의 정도를 넘어선 것이어서 위법성이 있으므로 백화점 측은 소비자들의 정신적·물질적 피해를 배상하여야 한다"고 판시하였다(대판 1993. 8. 13. 92다52665).

제4절 정신의 안전과 자유

Ⅰ. 양심의 자유

헌법 제19조는 "모든 국민은 양심의 자유를 가진다"라고 하여 양심의 자유를 보장하고 있다.

1. 의 의

헌법재판소에 의하면 헌법 제19조의 '양심'은 세계관·인생관·주의·신조 등은 물론 널리 개인의 인격형성에 관계되는 내심에 있어서의 가치적·윤리적 판단까지도 포함하는 것으로 보고 있다(헌재결 1998. 7. 16. 96헌바35). 양심의 자유라 함은 인간의 존엄과 가치의 내면적 기초가 되는 각자의 윤리의식과 사상을 외부에 표명하도록 강제당하지 아니할 자유와 그 윤리의식 또는 사상에 반하는 행위를 강요당하지 아니할 자유를 말한다.

2. 내 용

양심의 자유의 내용은 양심형성의 자유와 양심유지의 자유로 나눌 수 있다. 양심형성의 자유는 어떠한 경우에도 제한될 수 없는 절대적 자유이다. 양심의 자유로운 형성에 영향을 줄 수 있는 국가에 의한 세뇌, 정신강제, 약물사용, 특정한 사상의 강요는 금지된다. 양심유지의 자유는 인간의 내면세계에서 결정되거나 형성된 양심을 언어 등으로 외부에 표명하도록 강제 받지 아니하는 자유인 침묵의 자유가 인정되며 직접적으로 양심의 표명이 강제되거나, 충성선서나 십자가 밟기 같은 외부적 행위를 통하여 간접적으로 내면의 양심을 추지(推知)하는 것은 위헌이다.

사례탐구

양심상의 이유로 집총(병역)을 거부할 수 있는가?

[해 설] 양심상의 이유로 집총을 거부한 자에 관하여 미국과 독일 등에서는 병역을 면제하는 제도가 인정되고 있으나 우리 판례는 이를 부정하고 있다. 대법원은 "여호와의 증인이라는 종교를 신봉하고 그 교리에 따른 크리스트교인의 양심상의 결정으로 군복무를 거부한 행위는 응당 병역법의 규정에 의하여 처벌을 받아야 하며 … 소위 양심상의 결정은 헌법 제17조에 규정한 양심의 자유에 속하는 것이 아니다"라고 판시하고 있다(대판 1969. 7. 22. 69도934).
그러나 한국 정부가 양심적 병역거부자들을 대체복무 없이 무조건 형사처벌하는 것은 '시민적, 정치적 권리에 대한 국제 규약'(B규약)을 위반한 것이라는 유엔(UN)의 판단이 나왔다. "2011년 4월 5일 유엔 자유권규약위원회(UN Human Rights Committee)에서 양심적 병역 거부는 종교적 신념에서 비롯된 것으로 이들에게 유죄를 선고한 것은 양심의 자유를 침해해 규약 제18조 제1항을 위반한 것"으로 결정한 바 있다.

Ⅱ. 종교의 자유

헌법 제20조는 "① 모든 국민은 종교의 자유를 가진다. ② 국교는 인정되지 아니하며, 종교와 정치는 분리된다"라고 하여 종교의 자유를 보장하고 국교를 부인하고 있다.

1. 의 의

종교의 자유라 함은 자신이 선호하는 종교를 자신이 원하는 방법으로 신봉하는 자유를 말한다. 종교의 개념에 관해서는 정설이 없지만, 인간의 상념의 세계에서만 존재할 수 있는 신이나 절대자 등 초월적 존재를 신봉하고 그것에 귀의하는 것이 종교라고 할 수 있다. 역사적으로 양심의 자유는 내면적인 종교의 자유의 의미로, 종교의 자유는 외면적인 종교의 자유의 의미로 규정되었다. 우리 헌법은 제19조 양심의 자유와 제20조 종교의 자유를 분리하여 규정함으로써 모든 종교의 자유를 제20조에 포함시키고 있다.

2. 내 용

종교의 자유의 내용으로는 신앙의 자유, 종교적 행사의 자유, 종교적 집회·결사의 자유, 선교의 자유 등이 있다. 신앙의 자유에는 신앙선택·신앙변경·신앙고백·신앙불표현 및 무신앙의 자유가 있으며, 종교적 행사의 자유를 보장함은 개인적 또는 집단으로 행하는 종교적 행사를 방해하거나 금지할 수 없음은 물론 종교적 의식이나 집회에의 참가를 강제해서는 안 된다는 것을 말한다. 종교적 집회·결사의 자유라 함은 종교를 위한 집회나 단체형성의 자유는 물론 그러한 집회 및 단체에 참가 또는 가입하거나 그로부터 자유로이 이탈할 수 있는 자유를 말한다. 종교의 자유에는 자신이 신봉하는 종교를 선전할 수 있는 자유와 신자를 규합하기 위한 선교의 자유 및 종교교육의 자유가 포함된다.

사례탐구

김씨는 폭력행위 등 처벌에 관한 법률 등을 위반해 2012년 4월부터 부산구치소에 수용돼 재판을 받았다. 김씨는 부산구치소장이 교정시설 안에서 실시하는 종교집회에 참석하는 것을 제한하자 종교의 자유가 침해됐다며 같은 해 9월 구치소가 재판을 받고 있는 미결수용자에 대해 종교집회에 참석을 제한한 것은 위헌이라는 헌법소원을 냈다.

[해 설] 헌법재판소는 김모씨가 "미결수용자와 미지정 수형자(추가 사건이 진행 중인 자 및 잔형기가 3개월 미만인 자)에 대해 종교행사 참석을 제한한 것은 위헌"이라며 낸 헌법소원사건(2012헌마782)에서 재판관 전원일치 의견으로 위헌결정을 했다.

재판부는 "종교집회는 수형자의 교정교화뿐 아니라 교정시설의 안전과 질서유지에 기여하므로, 종교집회에 참석할 수 있는 기회는 형이 확정된 수형자뿐 아니라 미결수용자에게도 인정돼야 한다"고 밝혔다.

또 "미결수용자와 미지정 수형자에 대해서는 원칙적으로 매월 1회, 그것도 공간의 협소함과 관리 인력의 부족을 이유로 수용동별로 돌아가며 종교집회를 실시해 실제 연간 1회 정도의 종교집회 참석 기회를 부여하고 있는 것은 미결수용자 및 미지정 수형자의 구금기간을 고려하면 사실상 종교집회 참석 기회가 거의 보장되지 않는 결과를 초래할 수도 있어 구치소의 열악한 시설을 감안하더라도 종교의 자유를 과도하게 제한하는 것"이라고 지적했다.

Ⅲ. 언론·출판의 자유

헌법 제21조는 "① 모든 국민은 언론·출판의 자유를 가진다. ② 언론·출판에 대한 허가나 검열은 인정되지 아니한다. ③ 통신·방송의 시설기준과 신문의 기능을 보장하기 위하여 필요한 사항은 법률로 정한다. ④ 언론·출판은 타인의 명예나 권익 또는 공중도덕이나 사회논리를 침해해서는 아니 된다. 언론·출판이 타인의 명예나 권리를 침해했을 때에는 피해자는 이에 대한 피해의 배상을 청구할 수 있다"라고 하여 언론·출판의 자유에 대하여 규정하고 있다.

1. 의 의

언론·출판의 자유라 함은 사상 또는 의견을 언어문자 등으로 불특정다수인에게 발표하는 자유를 말하며 나아가 알 권리, 액세스권, 반론권, 언론기관설립권은 물론이고 언론기관 취재의 자유와 편집·편성권 및 그 내부적 자유까지 포괄하는 의미로 사용된다. 언론·출판의 자유는 원칙적으로 개인의 표현의 자유를 의미하며, 집회결사의 자유는 개인간의 결합을 전제로 한 집단적 표현의 자유를 의미한다. 표현의 자유란 사상 또는 의견의 자유로운 표명과 그것을 전파할 자유를 의미한다.

2. 내 용

사상 또는 의견의 자유로운 표명을 위해서는 합리적이고 건설적인 사상 또는 의견의 형성이 불가피하며 그러한 사상 또는 의견의 형성이 가능하려면 국가나 사회로부터 필요한 정보를 광범하게 수집할 수 있어야 하기 때문에 언론·출판의 자유는 의사 또는 사상의 표명과 그 전달의 자유 이외에 알 권리, 액세스권, 반론권과 더불어 언론기관의 취재의 자유까지를 그 내용으로 한다. 알 권리라 함은 모든 정보원으로부터 일반적 정보를 수집하고 또 처리할 수 있는 권리를 말한다. 알 권리는 타인에게 정보를 제공하는 자유가 아니라 자신이 정보를 수집할 수 있는 권리이다. 국민의 알 권리를 보장하고 국정운영의 투명성을 확보하기 위한 법률로서 "개인정보보호법"이 있다.

액세스권이라 함은 일반국민이 자신의 사상이나 의견을 발표하기 위하여 언론매체에 자유로이 접근하여 그것을 이용할 수 있는 권리를 말하며, 반론권 내지 반론보도청구권이라 함은 정기간행물이나 방송 등에서 공표된 사실적 주장에 의하여 피해를 입은 자가 발행인이나 편집자에 대하여 피해를 입었다는 주장을 게재하여 줄 것을 요구할 수 있는 권리를 말한다.

언론·출판의 자유는 자유민주적 기본질서에 위배되어서는 안 되고, 국가의 존립을 위태롭게 해서는 안 되며, 타인의 명예를 훼손하거나 도덕률에 위반할 수 없다. 여기에 언론·출판의 자유의 내재적 한계가 있다.

사례탐구

2009년 최모씨 등 4명이 '인터넷 포털 등을 통해 음란영상 등을 배포·판매하는 등의 행위를 형사처벌하도록 정한 옛 정보통신망법은 명확성의 원칙에 위배된다'며 헌법소원을 제기하였다.

[해 설] 헌법재판소는 재판관 만장일치로 합헌 결정을 내렸다. 정보통신망을 통해 음란물을 배포, 판매하는 행위에 대해 형사처벌을 규정한 해당 법률은 헌법에 어긋나지 않는다고 판단한 것이다.

그러나 헌재는 결정문을 통해 '음란 표현도 헌법상 언론·출판 자유의 보호 영역에는 해당한다'고 판시했다. 헌재가 1998년 '음란 표현은 언론·출판 자유의 보호 영역에 해당하지 않는다'는 취지의 결정을 내린 지 11년 만에 선례를 변경한 것이다.

헌재는 1998년 출판사 및 인쇄소의 등록에 관한 법률에 대한 위헌제청사건(95헌가16)에서 '음란이란 인간 존엄 내지 인간성을 왜곡하는 노골적이고 적나라한 성 표현으로 언론·출판의 자유를 보장받을 수 없다'고 판시했다. 이어 '표현의 해악이 처음부터 해소될 수 없는 성질의 것이거나 심대한 해악을 지닌 표현은 언론·출판의 자유에 의한 보장을 받을 수 없다'며 '음란은 오로지 성적 흥미에만 호소할 뿐 문학적, 예술적, 과학적 또는 정치적 가치를 지니지 않은 것으로서, 사회의 건전한 성도덕을 크게 해친다'고 강조했다.

그러나 2009년 헌재는 결정문에서 '음란 표현을 헌법상 언론·출판 자유의 보호 영역 밖에 있다고 해석하면 음란 표현에 대해서는 명확성의 원칙, 검열금지의 원칙 등에 입각한 합헌성 심사를 하지 못하게 된다'며 '법률에 의한 제한, 본질적 내용의 침해금지원칙 등 기본권 제한에 대한 헌법상의 기본원칙도 적용하기 어렵다'고 전제했다.

보호 영역 밖에 있을 경우 형사처벌이나 불이익을 부과하기 위한 행위에 대한 합헌성 심사나 법률적 근거에 의한 제한 등을 적용할 수 없다는 의미다. 헌재는 이어 '음란 표현에 대한 최소한의 헌법상 보호마저도 부인하게 될 위험성이 높다'며 '음란 표현도 헌법 제21조가 규정하는 언론·출판 자유의 보호 영역에는 해당하되 다만 헌법 제37조 2항에 따라 국가 안전 보장,

질서 유지 또는 공공 복리를 위해 제한할 수 있는 것이라고 해석해야 한다'고 판시했다(헌재결 2009. 5. 28. 2006헌바109).

Ⅳ. 집회·결사의 자유

헌법 제21조는 "① 모든 국민은 … 집회·결사의 자유를 가진다. ② 집회·결사에 대한 허가는 인정되지 아니한다"라고 하여 집회와 결사의 자유를 보장하고, 집회·결사의 허가제를 금지하고 있다.

집회와 결사의 자유는 다수인이 공동의 목적을 가지고 회합하거나 결합하는 자유를 말한다. 언론과 출판이 개인적으로 행해지는 표현 형태라면, 집회와 결사는 집단적으로 행해지는 표현 형태이기 때문에 민주정치의 실현에 매우 중요한 기본권이다.

1. 집회의 자유

집회의 자유에 있어서 '집회'라 함은 다수인이 공동의 목적을 가지고 일정한 장소에서 일시적으로 회합하는 행위를 말한다. 집회의 자유는 개인의 인격실현과 개성신장을 촉진시키며 의사표현의 실효성을 증대시키고, 대표기능이 약화된 경우에 직접민주주의의 수단이 될 수 있다.

또한 소수의 의견을 국정에 반영함으로써 소수를 보호하는 기능 등을 수행한다. 집회의 자유의 구체적 내용으로는 적극적으로 ① 집회를 개최하는 자유, ② 집회를 사회 또는 진행하는 자유, ③ 집회에 참가하는 자유 등이 포함되며, 소극적으로는 ① 집회를 개최하지 아니할 자유, ② 집회에 참가하지 아니할 자유가 포함된다. 나아가 집회를 가지려고 하는 사람이 공공시설의 관리자인 공권력에 대하여 공공시설의 이용을 요구할 수 있는 권리도 포함된다.

2. 결사의 자유

결사의 자유에 있어서 '결사'라 함은 다수의 자연인 또는 법인이 공동의 목적을 위하여 단체를 결성하는 것을 말한다. 결사의 자유의 내용으로는 적극적 측면에서 단체결성의 자유, 단체존속의 자유, 단체 활동의 자유, 결사에의 가입·잔류의 자유 등을 들 수 있으며, 소극적 측면으로는 단체로부터 탈퇴할 자유와 결사에 가입하지 아니할 자유를 들 수 있다. 정당·교단·학회 및 예술단체·노동조합 등의 특수한 결사는 각각 헌법 제8조, 제20조, 제22조, 제33조의 적용을 받는다.

사례탐구

'플래시 몹'(불특정 다수가 특정 장소에 모여 짧은 시간 약속된 행동을 한 뒤 순식간에 흩어지는 것) 집시법상 집회로 볼 수 있는가?

[해 설] 대법원은 퍼포먼스 형태의 '플래시 몹'(불특정 다수가 특정 장소에 모여 짧은 시간 약속된 행동을 한 뒤 순식간에 흩어지는 것) 방식으로 집회를 열더라도, 정치·사회적 주장을 대외에 알리는 모양을 띠었다면 집회 및 시위에 관한 법률(집시법)에 따라 사전신고를 해야 한다는 판단을 했다.

집시법 15조는 학문·예술·체육·종교·의식·친목·오락·관혼상제·국경행사에 관한 집회에 대해선 사전신고 의무를 면제하도록 규정하고 있다. 그러나 대법원은 "이 모임은 집시법 15조에 의해 신고의무의 적용이 배제되는 오락 또는 예술 등에 관한 집회라고 볼 수 없고, 실질적으로 정부의 청년실업 정책을 규탄하는 등 주장하고자 하는 정치·사회적 구호를 대외적으로 널리 알리려는 의도 아래 개최된 집시법의 옥외집회에 해당해 사전신고의 대상이 된다"고 판단하였다(헌재결 2013. 3. 28. 2011도2393).

V. 학문과 예술의 자유

헌법 제22조 제1항은 "모든 국민은 학문과 예술의 자유를 가진다"라고 하여 학문과 예술의 자유를 보장하고 있다.

1. 의 의

학문의 자유라 함은 학문적 활동에 관하여 공권력의 간섭이나 방해를 받지 아니하는 자유를 말한다. 헌법상 예술의 개념은 기술적·형식적 측면에서가 아니라 실질적 측면에서 규정되어야 한다. 예술 활동은 인간의 창조적 정신의 표현이며, 따라서 자유로운 예술 활동의 보장은 헌법의 최고이념인 인간존엄의 보장을 위하여 필수적이다.

2. 내 용

학문의 자유의 내용은 연구의 자유와 연구결과발표의 자유, 강학의 자유, 학문적 집회·결사의 자유, 대학의 자치 등이 있고, 예술의 자유의 내용은 예술창작의 자유, 예술표현의 자유, 예술적 집회·결사의 자유가 있다.

사례탐구

국정교과서제도가 교사의 교육에 관한 학문연구의 자유와 연구결과를 자유롭게 가르칠 자유를 침해하는가?

[해 설] 초·중·고교학생은 다양한 가치·지식에 대한 독자적 비판능력이 부족하므로 교사가 어떤 내용이든지 교육할 수 있는 것이 아니고, 교사의 수업권이 학문의 자유에서 파생된다 하더라도 수업의 자유가 무제한 인정될 수 없고 일정수준의 교육이 이루어져야 한다는 점에서 교사의 수업권이 학생의 헌법상 기본권인 교육을 받을 권리(수학권)를 위해 제한될 수 있으므로 국정교과서제도가 교사의 학문의 자유를 침해한 것은 아니다(헌재결 1992. 11. 12. 89헌마88).

제 5 절 참정권

참정권은 국민이 국가의 의사형성이나 정책결정에 직접 참여하거나 선거인단·투표인단의 일원으로서 선거 또는 투표에 참여하거나 공무원으로 선임될 수 있는 국민의 주관적 공권으로 간접민주제(대의제)를 보완하는 역할을 한다.

참정권은 국가구성원으로서의 국민이 선거에 참가하거나 투표에 참여하는 실정법상의 권리이기 때문에 외국인은 그 주체가 될 수 없으며, 정치적 활동권, 선거권, 공무담임권, 직접참정권 등을 그 내용으로 한다.

Ⅰ. 선거권

헌법 제24조는 “모든 국민은 법률이 정하는 바에 의하여 선거권을 가진다”라고 참정권으로서의 선거권을 규정하고 있다.

선거권이라 함은 선거인단의 구성원으로서 국민이 통치권 내지 국정의 담당자를 결정하는 권리로서 대의제국가에서는 참정권 중에서 기본적인 것이 공무원선거권이다. 여기서 ‘공무원’은 가장 넓은 의미의 공무원을 의미하므로 일반직공무원은 물론 대통령·국회의원·지방자치단체장·지방의회의원·법관 등 국가기관과 지방자치단체를 구성하는 모든 자를 말한다. 헌법은 대통령선거권·국회의원선거권·지방의회의원선거권·지방자치단체장선거권만을 규정하고 있다.

이러한 선거권은 국민주권의 이념과 불가분의 관계에 있고 선거제도와도 직접적인 관계가 있다. 우리 헌법은 선거제도의 기본원칙으로 보통·평등·직접·비밀선거의 원칙을 명시하고 있으며 선거권의 행사에 관한 구체적 사항은 법률에 위임하고 있다.

Ⅱ. 공무담임권

헌법 제25조는 "모든 국민은 법률이 정하는 바에 의하여 공무담임권을 가진다"라고 하여 국민에게 공무담임권을 보장하고 있다. 공무담임권은 각종 선거에 입후보하여 당선될 수 있는 피선거권과 입법부·집행부·사법부는 물론 지방자치단체 등 국가·공공단체의 구성원으로서 그 직무를 담당하는 것을 말한다.

Ⅲ. 직접참정권

직접참정권은 직접민주제를 위한 수단으로서 간접민주제를 보완하는 기능을 하며 국민이 국가의 의사형성이나 정책결정에 직접 참여할 수 있는 권리를 말한다. 구체적인 제도적 유형으로는 국민발안권·국민투표권·국민소환권 등이 있다.

1. 국민발안권

국민발안권은 국민이 국가정책이나 법률안 등에 직접 관여할 수 있는 권리를 말한다. 국민발안은 또한 법안의 제안이 곧 국민투표에 부의되는 직접발안과 의회의 의결 후에 그것이 국민투표에 부의되는 간접발안으로 나누어진다. 국민발안제는 미국의 주헌법·스위스헌법·독일기본법 등에서 인정되고 있으나, 우리나라에서는 이 제도를 채택하지 않고 있다.

2. 국민투표권

국민투표권이라 함은 국민이 헌법안이나 법률안 또는 국가정책을 국민투표로써 결정하는 권리를 말한다. 선거권이 간접적 참정권이라면 국민투표권은 국민이 국가의 의사형성에 직접 참여하는 헌법에 따라 보장되는 직접적인 참정권이다. 우리 헌법 제72조에서는 외교·국방·통일 기타 국가안위에 관한 중요정책에 관하여 대통령이 필요하다고 인정할 때 실시되는 국민투표와 헌법 제130조 제2항의 헌법개정에 관한 국민투표를 규정하고 있다.

3. 국민소환권

국민소환권이란 공직자에 대하여 일정한 절차에 따라 일정수의 유권자가 소환청구를 하면 직접파면의 효과를 발생시키는 것으로 공직자를 임기만료 전에 해직시킬 수 있는 권리를 말하는데 우리나라에서는 이 제도를 채택하지 않고 있다.

참 고

우리 「지방자치법」 제25조는 ①항에 "주민은 그 지방자치단체의 장 및 지방의회의원(비례대표 지방의회의원은 제외한다)을 소환할 권리를 가진다"고 하여 주민소환제를 규정하고 있다. 이와 관련하여 「주민소환에 관한 법률」도 제정되어 있다. 헌법재판소는 '주민소환에 관한 법률'(2007. 5. 11. 법률 제8423호로 개정된 것)이 주민소환의 청구사유를 명시하지 아니하고 주민소환 청구사유의 진위 여부에 대한 확인을 규정하지 아니해 위헌이라고 주장하며 제기된 헌법소원심판 사건(2008헌마355)에서 "대의민주주의 아래에서 대표자에 대한 선출과 신임은 선거의 형태로 이루어지는 것이 바람직하고, 주민소환은 대표자에 대한 신임을 묻는 것으로서 그 속성은 재선거와 다를 바 없으므로 선거와 마찬가지로 그 사유를 묻지 않는 것이 제도의 취지에 부합한다. 또한, 주민소환제는 역사적으로도 위법·탈법행위에 대한 규제보다 비민주적·독선적 행위에 대한 광범위한 통제의 필요성이 강조되어 왔으므로 주민소환의 청구사유에 제한을 둘 필요가 없고, 또 업무의 광범위성이나 입법기술적 측면에서 소환사유를 구체적으로 적시하는 것도 쉽지 않다. 다만, 청구사유에 제한을 두지 않음으로써 주민소환제가 남용될 소지는 있으나, 법에서 그 남용의 가능성을 제도적으로 방지하고 있을 뿐만 아니라, 현실적으로도 시민의식 또한 성장하여 남용의 위험성은 점차 줄어들 것으로 예상할 수 있다. 그리고 청구사유를 제한하는 경우 그 해당여부를 사법기관에서 심사하는 것이 과연 가능하고 적정한지 의문이고, 이 경우 절차가 지연됨으로써 조기에 문제를 해결하지 못할 위험성이 크다 할 수 있으므로 법이 주민소환의 청구사유에 제한을 두지 않는 데에는 상당한 이유가 있고, 입법자가 주민소환제 형성에 있어서 반드시 청구사유를 제한하여야 할 의무가 있다고 할 수도 없으며, 달리 그와 같이 청구사유를 제한하지 아니한 입법자의 판단이 현저하게 잘못되었다고 볼 사정 또한 찾아볼 수 없다. 따라서 이 사건 법률조항은 과잉금지의 원칙에 위배하여 청구인의 공무담임권을 침해한다고 볼 수 없다"고 판단했다.

Chapter 05 생존권

제 1 절 인간다운 생활을 할 권리

헌법 제34조 제1항은 "모든 국민은 인간다운 생활을 할 권리를 가진다"라고 하여 인간다운 생활권을 보장하고 있다.

Ⅰ. 의 의

인간다운 생활을 할 권리라 함은 생존권적 기본권 중에서 가장 핵심적인 권리로서 인간의 존엄성에 상응하는 건강하고 문화적인 최저한도의 생활을 영위할 권리를 말하며 사회적 기본권의 이념적·총칙적 규정이라고 할 수 있다. 또한 이 권리는 인간의 존엄성실현을 위한 최소한의 방법적 기초이고 우리나라 경제질서의 가치지표이며 사회국가실현의 국가적 의무를 제시하는 헌법상의 기능을 수행하는 규정이라고 할 수 있다.

인간다운 생활권에 관한 헌법규정의 법적 성격에 관해서는 ① 모든 국민이 건강하고 문화적인 생활을 영위할 수 있도록 국정을 운영할 것을 국가의 책무로 선언한 것에 불과하다는 프로그램적 권리설, ② 구체적 입법이 없는 한 구체적인 권리로서 주장할 수 없다는 추상적 권리설, ③ 국가에 대하여 구체적이고 현실적인 권리로서 주장할 수 있다는 구체적 권리설로 학설이 나뉘고 있으나 불완전하나마 구체적 권리로 보는 것이 타당하다고 본다.

Ⅱ. 내 용

헌법 제34조 제1항의 인간다운 생활을 할 권리란 인간의 존엄성에 상응하는 최저한도의 건강하고 문화적인 생활을 영위할 권리를 말한다. 헌법재판소는 인간다운 생활을 할 권리로부터는 인간의 존엄에 상응하는 생활에 필요한 '최소한의 물질적인 생활'의 유지에 필요한 급부를 요구할 수 있는 권리로 보고 있다.

헌법은 국민에게 인간다운 생활을 보장하는 방법으로써 제34조 제2항 이하에서 사회적 기본권을 보장하고 제119조 제2항 등에서 경제에 관한 규제와 조정을 예정하고 있다. 인간다운 생활을 보장하기 위한 수단으로서의 사회적 기본권에 관해서는 이하에서 구체적으로 서술하고자 한다.

사례탐구

국군통수권자인 대통령이 2007년 3월경 한미연합 군사훈련의 일종인 2007년 전시증원연습을 하기로 결정하자, 청구인들이 헌법상 보장된 기본권으로서 "평화적 생존권"을 주장하면서 위 결정으로 인하여 평화적 생존권을 침해당하였다는 이유를 들어 헌법소원심판을 청구하였다.

[해 설] 헌법재판소는 재판관 6:3의 의견으로, "청구인들이 평화적 생존권이란 이름으로 주장하고 있는 평화란 헌법의 이념 내지 목적으로서 추상적인 개념에 지나지 아니하고 평화적 생존권은 헌법상 보장된 기본권이라고 할 수 없으므로, 그 침해를 전제로 하는 이 사건 심판청구는 더 나아가 살필 것 없이 부적법하다는 이유로 이를 각하한다"는 결정을 선고하였다. 이에 대하여 재판관 3인은 "평화적 생존권이 비록 헌법에 명시되어 있지는 않더라도 구체적 권리라고 할 것이지만, 이 사건 청구는 평화적 생존권의 침해가능성이 결여되어 부적법하므로 각하되어야 한다"는 별개의견을 밝혔다(헌재 2009. 5. 28. 2007헌마369).

제2절 사회보장을 받을 권리

헌법 제34조는 "① 국가는 사회보장·사회복지의 증진에 노력할 의무를 진다. ② 국가는 여자의 복지와 권익의 향상을 위하여 노력하여야 한다. ③ 국가는 노인과 청소년의 복지향상을 위한 정책을 실시할 의무를 진다. ④ 신체장애자 및 질병·노령 기타의 사유로 생활능력이 없는 국민은 법률이 정하는 바에 의하여 국가의 보호를 받는다. ⑤ 국가는 재해를 예방하고 그 위험으로부터 국민을 보호하기 위하여 노력하여야 한다"라고 하여, 국민에게는 일련의 사회보장수급권을 보장하고 국가에 대하여는 사회보장증진의무를 부과하고 있다.

Ⅰ. 의 의

사회보장수급권 내지 사회보장권은 사회적 위험으로 말미암아 요보호상태에 있는 개인이 인간의 존엄에 상응한 인간다운 생활을 영위하기 위하여 국가에 일정한 내용의 적극적 급부를 요구할 수 있는 권리를 말한다.

사회보장은 국가가 국민의 생존을 공공부조 또는 사회보험에 의하여 확보하는 것인데 여기에는 건강보험·재해보험·양로보험 등의 사회보험제도와 양로원·고아원·보육시설·조산원·무료진료소 등의 사회구호시설의 혜택을 받을 수 있는 권리가 포함된다. 사회보장수급권은 바이마르헌법이 그 효시이며 오늘날 세계 각국은 사회보장에 대한 요구를 권리로서 규정하고 있으나 어떠한 법적 형태와 내용을 규정할 것인가는 국가의 헌법정책에 따라 상이하다.

Ⅱ. 내 용

사회보장청구권이라 함은 개인이 현실적인 사회보장급여를 해당 사회보장법에 따라 청구할 수 있는 실체적이고 구체적인 권리를 말한다. 현행사회보장제도의 주요분야는 소득보장, 의료보장, 주거보장, 교육보장, 복지서비스보장 분야 등으로 나눌 수 있지만, 사회보장청구권은 사회보장법체계와 관련하여 다음의 4가지 유형의 청구권으로 구성되어 있다.

첫째, 질병·노령 등 사회적 위험의 발생에 의하여 생활불능이나 생활곤궁상태로의 전락을 방지하려는 목적을 가지고 보험원리에 기하여 일정한 각출액을 납부하게 함으로써 가입자 간에 사회적 위험을 분산할 뿐만 아니라 개인의 생애주기를 시간적으로 분산하여 개인이 지고 있는 과중한 부담에서 해방시키는 것을 내용으로 하는 사회보험청구권이 있다. 사회보험수급권은 보험의 대상이 되는 위험의 유형에 따라 의료보험청구권, 연금보호청구권, 재해보상보험청구권, 실업보험청구권 등이 있다.

둘째, 현실적으로 생활불능상태에 있거나 생계의 유지가 곤란한 사람에게 국가가 최종적인 생활보장수단으로서 갹출을 요건으로 하지 아니하고 최저생활에 필요한 급여를 하는 제도인 공적부조청구권이 있다.

셋째, 국가유공행위 혹은 특별히 공동체 전체에 책임이 귀속되는 인적·물적 피해로 인하여 본인 또는 유족의 생활이 곤궁하게 된 때에 국가적 차원에서 본인이나 부양가족 또는 유족의 의료와 생활을 보장하기 위한 제도로 사회보상청구권이 있다. 이에 관한 법률로서 '국가유공자 등 예우 및 지원에 관한 법률'이 있다.

넷째, 공적부조대상자, 아동, 신체장애자, 노인 기타 요보호자가 자립의 생활능력을 계발하는 데 필요한 수용보호, 생활지도, 갱생보도, 원호지원 등을 요청하는 사회복지청구권이 있다. 이에 관한 법률로는 성매매알선 등 행위의 처벌에 관한 법률, 아동복지법, 노인복지법, 사회복지사업법 등이 있다.

제3절 교육을 받을 권리

헌법 제31조 제1항은 "모든 국민은 능력에 따라 균등하게 교육을 받을 권리를 가진다"라고 하여 교육을 받을 권리를 규정하고 있고, 동조 제2항 이하에서는 보호하는 자녀에게 교육을 받게 할 의무, 무상의무교육제, 교육의 자주성·전문성·정치적 중립성, 대학의 자율성, 국가의 평생교육진흥의무, 교육제도법정주의 등을 규정하고 있다.

Ⅰ. 의 의

교육을 받을 권리라 함은 교육을 받는 것을 국가로부터 방해받지 아니함은 물론 교육을 받을 수 있도록 국가의 적극적 배려를 요구할 수 있는 권리를 말한다. 헌법이 교육을 받을 권리를 보장하는 이유는 현대사회국가, 문화국가에 있어서 교육을 통해 개인의 능력을 개발하고 더불어 개성의 신장과 문화국가실현을 이룰 수 있으며, 자질 있는 개인의 존재를 전제로 하는 민주주의의 정착과 사회국가실현을 통한 인간다운 생활의 영위에 필수요건이 되기 때문이다.

Ⅱ. 내 용

헌법 제31조 제1항은 '능력에 따라' 상응한 교육을 요구할 수 있는 권리와 교육의 기회균등을 보장하고 있다. 이것은 법 앞에서의 평등의 이념을 교육의 영역에서 실현하려는 것이다. 여기에서 능력이라 함은 재산·인종·성별·가정환경 등을 의미하는 것이 아니라 일신전속적인 정신적·육체적 재능을 말한다. 그러므로 입학시험에서 공개경쟁시험을 시행하는 것은 위헌이 아니다.

헌법 제31조 제1항의 '균등하게' 교육을 받을 권리는 소극적 측면에서는 능력 이외의 성별, 종교, 사회적 신분 등에 의하여 교육을 받을 기회를 차별하지 아니할 것을 의미하며 적극적 측면에서는 모든 국민이 균등하게 교육을 받을 수 있도록 학교교육 등 시설을 확장하고 의무교육을 시행하며 경제적 이유로 진학을 포기하지 않도록 장학정책을 시행하는 등 교육의 외적 조건을 갖추도록 요구할 수 있음을 의미한다.

교육에는 학교교육, 사회교육, 공민교육, 가정교육 등이 있으나 헌법 제31조 제1항에서의 교육은 주로 제도적 기관에서 행하는 학교교육을 뜻한다. 또한 헌법 제31조 제1항의 교육에는 평생교육이 포함되지만, 동조 제5항에서는 '국가는 평생교육을 진흥하여야 한다'라고 하여 국가의 평생교육진흥의무를 따로 규정하고 있다. 오늘날 급속히 변화하는 시대적 조류에 적응하기 위해서는 정규의 학교교육 이외에 성인교육, 사회교육, 직업교육, 청소년교육 등이 평생에 걸쳐 요구된다. 이에 관한 법률이 사회교육법이다.

헌법 제31조 제2항은 '모든 국민은 그 보호하는 자녀에게 적어도 초등교육과 법률이 정하는 교육을 받게 할 의무를 진다'라고 규정하고 있다. '초등교육과 법률이 정하는 교육'은 의무적인 것이므로, 모든 국민은 '교육기본법'과 '초·중등교육법'에 따라 6년의 초등교육과 3년의 중등교육을 받을 권리를 보장받고 있다. 의무교육에서 교육을 받을 권리의 주체는 취학연령의 미성년자(6세~15세)이고, 교육을 받게 할 의무의 주체는 학령아동의 친권자 또는 후견인이다.

헌법 제31조 제3항에서 '의무교육은 무상으로 한다'라고 하여 의무교육의 무상을 규정하고 있다. 무상의 범위에 관하여는 여러 견해가 있으나 수업료 면제만이 아니라 국가의 재정범위 내에서 학용품·급식 등까지도 포함된다고 보아야 한다. 의무교육제를 실시하기 위하여 국가나 지방자치단체는 필요한 학교의 설립과 운용은 물론 필요한 경비를 부담할 의무를 진다.

제4절 근로의 권리

헌법 제32조는 제1항에서 "모든 국민은 근로의 권리를 가진다. 국가는 사회적·경제적 방법으로 근로자의 고용의 증진과 적정임금의 보장에 노력하여야 하며, 법률이 정하는 바에 의하여 최저임금제를 시행하여야 한다"라고 하여 근로의 권리를 비롯한 근로자의 고용증진, 적정임금보장, 최저임금제시행 등을 규정하고 있다.

Ⅰ. 의 의

근로의 권리라 함은 개인이 근로의 종류, 내용, 장소 등을 근로자가 자신의 의사, 능력, 취미에 따라 선택하여 근로관계를 형성하고 타인의 방해를 받음이 없이 근로관계를 계속 유지하며, 근로의 기회를 얻지 못한 경우에는 국가에 대하여 근로의 기회를 제공하여 줄 것을 요구할 수 있는 권리를 말한다.

헌법 제32조의 근로의 권리는 국민으로 하여금 근로를 통하여 생활의 기본적 수요를 스스로 충족하게 하고 근로를 통하여 개성과 자주적 인간성을 제고·함양하게 한다. 또한 근로기회의 제공을 통하여 생활무능력자에 대한 국가적 보호의무를 경감시키고 근로의 상품화를 허용함으로써 자본주의 경제의 이념적 기초를 제공하는 기능 등을 한다.

근로의 권리의 법적 성격에 관해서는 취업의 자유를 의미한다는 자유권설과 근로자의 인간다운 생활을 보장하기 위한 것이라는 사회권설로 대립되고 있다. 후자는 다시 입법방침규정설과 직접적 효력규정설로 나누어진다. 근로의 권리에 있어 자유권적 성격은 부수적인 것이고, 그 본질은 사회권성에 있기 때문에 직접적 효력규정이라고 보는 것이 타당할 것이다.

Ⅱ. 내 용

헌법은 제32조 제1항 제2문 이하에서 근로의 권리가 실효적인 것이 될 수 있도록 헌법 제32조 제1항 제2문 전단은 "국가는 사회적·경제적 방법으로 근로자의 고용의 증진에 노력하여야 하며"라고 규정하여 국가의 고용증진의 의무를 명시하였다. 이에 따라 직업안정법, 고용정책기본법, 장애인고용촉진 및 직업재활법, 고용상 연령차별금지 및 고령자고용촉진에 관한 법률 등이 제정되었다. 헌법 제32조 제1항 제2문은 "국가는 … 적정임금의 보장에 노력하여야 하며, 법률이 정하는 바에 의하여 최저임금제를 시행하여야 한다"라고 하여 근로자를 위한 적정임금을 보장하고 최저임금제를 시행하도록 하고 있으며 최저임금법에 상세한 규정을 두고 있다. 동조 제4항에서는 "여자의 근로는 특별한 보호를 받으며, 고용·임금 및 근로조건에 있어서 부당한 차별을 받지 아니한다"라고 하여 동일노동에 대한 동일임금의 원칙을 규정하고 있다. 이에 따라 근로기준법은 여자근로자에 대한 특별한 보호를 규정하고 있다.

사례탐구

쌍용차는 2009년 경영난으로 회생절차 개시를 신청하면서 자구계획 차원에서 구조조정을 단행했다. 그 해 4월 발표한 경영정상화 방안은 자산매각과 함께 2646명에 대한 구조조정이 골자였다. 이에 대해 금속노조 쌍용차 지부는 5월22일부터 77일간 옥쇄 파업에 나섰다. 시민단체, 정치권이 가세해 사회적 논란으로 확대됐고, 쌍용차 노사는 8월 6일 대타협을 이룬다. 이에 따라 1904명이 희망퇴직을 했고, 454명에 대해서는 무급휴직이 이뤄졌다. 하지만 희망퇴직에 반대한 159명은 '자율적 해고'라는 이름으로 정리해고 됐다. 정리해고자들은 "회사가 회계조작을 통해 구조조정의 근거를 마련, 대규모 정리해고를 단행했다"며 2011년 해고무효 소송을 제기했다. 이에 대해 회사 측은 "인력구조조정은 경영위기로 인한 기업회생절차 과정에서 회사의 생존을 위해 불가피한 조치였다"고 맞섰다. 법원은 어떤 결정을 내릴까?

[해 설] 대법원이 쌍용차 사측의 손을 들어줬다. 긴박한 경영상 필요성과 사측의 해고회피 노력 등이 있을 경우 정리해고가 정당하다는 취지여서 향후 노사간 정리해고의 중요한 판례로 남을 것이다. 대법원은 구조조정에 대해 "국제금융위기와 경기불황, 연구개발 투자 및 신차개발 소홀에 따른 경쟁력 약화, 주력 차종인 SUV(스포츠 유틸리티 자동차) 판매량 감소 등에서 비롯된 구조적 위기 상황이라 긴박한 경영상 필요가 존재했다"고 판시했다. 특히 쌍용차가 정리해고에 앞서 부분휴업, 임금 동결, 순환휴직, 사내협력업체 인원 축소, 희망퇴직 등의 조치를 실시한 점을 들어 해고회피 노력을 다한 것으로 볼 수 있다고 밝혔다.

제5절 근로3권

헌법 제33조 제1항은 "근로자는 근로조건의 향상을 위하여 자주적인 단결권, 단체교섭권 및 단체행동권을 가진다"라고 하여 근로자의 근로3권을 보장하고 있다. 헌법 제33조

제2항은 "공무원인 근로자는 법률이 정하는 자에 한하여 단결권, 단체교섭권 및 단체행동권을 가진다"라고 하여 일정한 범위의 공무원에 한하여 근로3권을 보장하고 있다. 헌법 제33조 제3항은 "법률이 정하는 주요방위산업체에 종사하는 근로자의 단체행동권은 법률이 정하는 바에 의하여 이를 제한하거나 인정하지 아니할 수 있다"라고 하여 방위산업체에 종사하는 근로자의 단체행동권을 제한하고 있다.

Ⅰ. 의 의

근로3권(노동3권)이라 함은 근로자들이 인간다운 생활을 확보하기 위한 현실적인 방법으로서 근로조건의 향상을 위해 사용자에게 대항할 수 있는 권리를 보장함으로써 사회정의를 실현할 수 있도록 근로자가 가지는 단결권·단체교섭권·단체행동권을 말한다.

근로3권은 근로자가 단결·단체교섭·단체행동을 함에 있어 국가로부터 부당한 간섭이나 제재를 받지 아니하는 자유권적 성격과 자본주의사회에서 생산수단을 소유하지 못한 경제적 약자인 근로자가 인간다운 생활을 확보하기 위하여 국가적 개입과 대책을 요구할 수 있는 사회권적 성격을 가지고 있다.

Ⅱ. 내 용

1. 단결권

단결권이라 함은 근로자들이 근로조건의 유지 또는 개선을 위하여 사용자와 대등한 교섭력을 가질 목적으로 자주적 단체를 결성하고 이에 가입하여 활용할 수 있는 권리를 말한다. 단결권은 그 주체에 따라 각 근로자가 노동조합과 같은 단체를 결성하거나 이에 가입함에 있어 국가나 사용자의 부당한 개입 또는 간섭을 받지 아니할 권리인 개인적 단결권과 근로자집단이 그 조직을 유지·확대하고 그 목적을 달성하기 위하여 단결체를 구성할 수 있는 권리인 집단적 단결권으로 나누어진다.

2. 단체교섭권

단체교섭권이라 함은 근로자단체가 근로조건의 향상을 위하여 사용자나 사용자단체와 자주적으로 교섭하는 권리를 말한다. 단체교섭권은 근로자를 위한 기본권의 하나이지만 근로자가 개별적으로 행사할 수 있는 권리가 아니다. 즉 근로자 측의 주체는 근로자 개인이 아닌 노동조합이다. 단체교섭은 근로조건과 무관한 사항이나 경영권, 인사권 및 이윤취득권 등 사용자가 독점적으로 보유하는 사항은 원칙적으로 단체교섭의 대상이 될 수 없다.

3. 단체행동권

단체행동권이라 함은 노동쟁의가 발생된 경우 쟁의행위를 할 수 있는 권리를 말한다. 쟁의권은 근로자가 그의 주장을 관철하기 위하여 업무의 정상적인 운영을 저해하는 행위를 할 수 있는 권리를 의미하는데 근로자 개인뿐만이 아니라 조직된 단체도 쟁의권의 주체가 될 수 있는 것으로 본다.

'노동쟁의'라 함은 노동 당사자 간의 임금, 근로시간, 복지, 해고, 기타 대우 등 근로조건의 결정에 관한 주장의 불일치로 인하여 발생한 분쟁상태를 말하며 '쟁의행위'라 함은 파업, 태업, 직장폐쇄 기타 노동관계의 당사자가 그 주장을 관철할 목적으로 행하는 행위와 이에 대항하는 행위로서 업무의 정상적인 운영을 저해하는 행위를 말한다.

사례탐구

방위산업체에 종사하는 근로자의 쟁의행위금지는 헌법상 보장된 평등권의 위반이 아닌가?

[해 설] 헌법 제33조 제3항은 "법률이 정하는 주요 방위산업체에 종사하는 근로자의 단체행동권은 법률이 정하는 바에 의하여 이를 제한하거나 인정하지 아니할 수 있다"라고 하여 방위산업체에 종사하는 근로자의 단체행동권을 제한하고 있다. 노동조합 및 노동관계조정법 제41조 제2항이 "② 「방위사업법」에 의하여 지정된 주요 방위산업체에 종사하는 근로자중 전력, 용수 및 주로 방산물자를 생산하는 업무에 종사하는 자는 쟁의행위를 할 수 없으며 주로 방산물자를 생산하는 업무에 종사하는 자의 범위는 대통령령으로 정한다"라고 규정한 것은 헌법 제33조 제3항에 근거를 둔 것이고 평등원칙에 위반된 것이라 할 수 없다(대판 1993. 4. 23. 93도493).

제6절 환경권

헌법 제35조 제1항에서는 “모든 국민은 건강하고 쾌적한 환경에서 생활할 권리를 가지며 국가와 국민은 환경보전을 위하여 노력하여야 한다”라고 하여 환경권의 보장과 더불어 국민의 환경보전의무를 규정하고 있다.

Ⅰ. 의 의

환경권이란 인간다운 환경에서 생존할 수 있는 권리를 말한다. 좁은 의미로는 공권력이나 제3자에 대하여 오염되거나 불안한 환경으로부터 건강을 훼손당할 위험에 놓인 자가 그 원인을 예방 또는 배제하여 주도록 요구할 수 있는 권리를 말하며, 넓은 의미로는 국가에 대하여 적극적으로 건강하고 쾌적한 환경을 보전하고 조성하여 줄 것을 요구할 수 있는 권리를 말한다.

환경권의 법적 성격으로는 ① 인간의 존엄권으로 보는 설, ② 행복추구권으로 보는 설, ③ 생존권으로 보는 설, ④ 인간의 존엄성 존중과 행복추구권 및 사회적 기본권의 성격을 아울러 가지고 있다고 보는 설, ⑤ 생존권과 인격권의 성질을 가진다고 보는 설 등이 있는데 환경권은 인간의 존엄성존중을 그 이념적 기초로 하면서 여러 가지 성격을 아울러 가지는 총합적 기본권이라 할 수 있다.

Ⅱ. 내 용

환경권의 내용은 건강하고 쾌적한 환경에서의 생활을 보호법익으로 하고 깨끗한 환경의 보전과 공해의 배제를 그 보장수단으로 한다는 것으로 이의 구체적 내용으로는 ① 공해예방청구권과 ② 공해배제청구권 ③ 헌법 제35조 제3항에 규정된 바와 같이 모든 국민이 쾌적한 주거생활을 할 수 있도록 국가에 대하여 일정한 배려와 급부를 요구할 수 있는 권리인 쾌적한 주거생활권 등이 있다. 그 밖에 일조권, 조망권, 자연경관권도 포함된다.

사례탐구

한 신청인이 지자체를 상대로 도심공원법상 근린공원인 C공원 내의 피신청인 소유 토지상에 골프연습장을 설치할 수 있다는 인가처분과 관련하여 C공원의 인근 주민들이 골프연습장에 출입하는 차량에 의한 교통체증, 소음, 골프공 타격소리, 연습장 내 조명 등으로 인근 주민인 신청인들의 생활환경을 침하하게 된다는 이유로 해당 골프연습장 건설 금지를 구하는 가처분 신청을 제출하였는바, 법원은 어떤 결정을 내릴 수 있나?

[해 설] 법원은 "위 C공원이 도시공원법상 근린공원으로 지정됨으로 인하여 신청인들과 같은 일반 주민들은 다른 사람의 공동 사용을 방해하지 않는 한 자유로이 이 사건 C공원을 이용할 수 있다고 할 것이지만 그러한 사정만으로 신청인들이 누구에게나 주장할 수 있는 이른바 공원이용권이라는 배타적인 권리를 취득하였다고는 할 수 없고, 위 골프연습장설치인가처분에 하자가 있다는 이유만으로는 피신청인의 이 사건 골프연습장 설치가 신청인들에 대한 불법행위가 된다고 할 수도 없다"라는 판결을 내렸다(대결 1995. 5. 23.자 94마2218).

제7절 혼인과 가족·보건에 관한 권리

헌법 제36조는 "① 혼인과 가족생활은 개인의 존엄과 양성의 평등을 기초로 성립되고 유지되어야 하며 국가는 이를 보장한다. ② 국가는 모성의 보호를 위하여 노력하여야 한다. ③ 모든 국민은 보건에 관하여 국가의 보호를 받는다"라고 규정하고 있다.

Ⅰ. 혼인과 가족생활

혼인과 가족생활은 개인의 존엄과 양성의 평등을 기초로 한다. 이는 혼인제도와 가족제도를 지배하는 원리가 인간의 존엄성존중과 민주주의임을 선언한 것이며 개인의 존엄과 양성의 평등에 입각한 일부일처제와 혼인의 자유를 보장하는 것이다. 그 내용을 보면 혼인 여부에 대한 결정과 배우자 선택 및 혼인시기의 결정도 개인의 자유로운 의사에 의한 것이어야 하고 혼인관계를 계속 유지하거나 해소하는 자유도 포함된다.

Ⅱ. 모성보호

헌법 제36조 제2항의 모성의 보호란 모성의 건강과 자녀를 출산·양육할 수 있는 사회적·경제적 여건에 대한 국가보호를 말하는 것이며 가족과 국가 및 사회의 건전한 존속과 발전을 위한 필수적 조건이라고 할 수 있다. 모성의 보호를 위한 법률로서는 모성의 생명과 건강을 보호할 것을 규정하고 있는 '모자보건법'과 모자가정의 생활안정과 복지증진을 규정하고 있는 '한부모가정지원법'이 있다.

Ⅲ. 국민보건권

보건에 관한 권리는 국민이 자신과 가족의 건강을 유지하는 데 필요한 건강의 보호를 받을 권리 및 이를 위한 국가의 적극적인 보건행정의 시행을 통해 국민의 위생과 건강을 유지하는 데 필요한 시설이나 환경을 국가에 요구할 수 있는 권리를 말한다. 이를 위하여 국가는 입법을 통하여 건강보험제도·무료진료·주택개량 등을 실시할 의무를 가진다.

참 고 **국민으로 태어난 아동의 즉시 '출생등록될 권리'(헌법재판소 2020. 6. 8. 2020스575)**

출생 당시에 부 또는 모가 대한민국의 국민인 자(子)는 출생과 동시에 대한민국 국적을 취득한다(국적법 제2조 제1항). 대한민국 국민으로 태어난 아동에 대하여 국가가 출생신고를 받아주지 않거나 절차가 복잡하고 시간도 오래 걸려 출생신고를 받아주지 않는 것과 마찬가지 결과가 발생한다면 이는 아동으로부터 사회적 신분을 취득할 기회를 박탈함으로써 인간으로서의 존엄과 가치, 행복추구권 및 아동의 인격권을 침해하는 것이다(헌법 제10조). 현대사회에서 개인이 국가가 운영하는 제도를 이용하려면 주민등록과 같은 사회적 신분을 갖추어야 하고, 사회적 신분의 취득은 개인에 대한 출생신고에서부터 시작한다. 대한민국 국민으로 태어난 아동은 태어난 즉시 '출생등록될 권리'를 가진다. 이러한 권리는 '법 앞에 인간으로 인정받을 권리'로서 모든 기본권 보장의 전제가 되는 기본권이므로 법률로써도 이를 제한하거나 침해할 수 없다(헌법 제37조 제2항).

Chapter 06 청구권

제 1 절 청원권

헌법 제26조는 "① 모든 국민은 법률이 정하는 바에 의하여 국가기관에 문서로 청원할 권리를 가진다. ② 국가는 청원에 대하여 심사할 의무를 가진다"라고 하여 청원권을 보장하고 있다. 헌법 제89조 제15호도 "정부에 제출 또는 회부된 정부의 정책에 관계되는 청원의 심사"는 국무회의의 심의를 거치도록 하고 있다. 청원에 관한 일반법으로는 청원법이 있다.

Ⅰ. 의 의

청원권이라 함은 국가기관에 대하여 일정한 사항에 관한 의견이나 희망을 진술할 권리를 말한다. 국가는 국민이 제출한 청원을 수리하여 성실하게 처리하고 그 결과를 통지할 의무까지 지고 있기 때문에 청원권은 국가기관에 대해 일정한 행위를 요구할 수 있는 청구권적 기본권의 하나이다.

Ⅱ. 내 용

청원법 제4조에 의한 청원사항은 ① 피해의 구제, ② 공무원의 위법·부당한 행위에 대한 시정이나 징계의 요구, ③ 법률·명령·조례·규칙의 제정 및 개정 또는 폐지, ④ 공공의 제도 또는 시설의 운영, ⑤ 그 밖에 국가기관 등의 권한에 속하는 사항이면 모두 청원의 대상이 될 수 있다.

청원을 할 수 있는 대상기관에 관하여 헌법은 '국가기관'이라고만 명시하고 있지만 청원권의 실효성을 제고하기 위해서 청원대상인 '국가기관'은 입법·행정·사법기관뿐만 아니라 지방자치단체와 그 밖의 공공단체에 대해서도 청원을 할 수 있는 것으로 보아야 한다.

청원의 방법과 절차로써 청원서에는 반드시 청원인의 성명·직업·주소를 기재하고 서명날인한 문서로써 해야 하며, 청원의 이유와 취지를 명시하고 필요한 경우에는 서류 기타 참고자료를 첨부하여야 한다. 그리고 국회나 지방의회에 청원을 하려는 자는 의원의 소개를 얻어 청원서를 제출하여야 한다. 헌법 제26조 제2항은 국가의 청원수리와 심사의 의무만을 규정하고 있지만 청원법 제9조는 청원을 성실·공정하게 신속히 심사·처리하고 그 결과를 청원인에게 통지할 의무까지 규정하고 있다.

제 2 절 재판청구권

헌법 제27조는 "① 모든 국민은 헌법과 법률이 정한 법관에 의하여 법률에 의한 재판을 받을 권리를 가진다. ② 군인 또는 군무원이 아닌 국민은 대한민국의 영역 안에서 중대한 군사상 기밀·초병·초소·유독음식물공급·포로·군용물에 관한 죄 중 법률이 정한 경우와 비상계엄이 선포된 경우를 제외하고는 군사법원의 재판을 받지 아니한다. ③ 모든 국민은 신속한 재판을 받을 권리를 가진다. 형사피고인은 상당한 이유가 없는 한 지체 없이 공개재판을 받을 권리를 가진다. ④ 형사피고인은 유죄의 판결이 확정될 때까지는 무죄로 추정된다. ⑤ 형사피해자는 법률이 정하는 바에 의하여 당해 사건의 재판절차에서 진술할 수 있다"라고 하여 재판청구권을 보장하고 있다.

Ⅰ. 의 의

재판청구권은 행정부의 자의적인 판단을 배제하고 사법권의 독립이 보장된 법원에서 일정한 자격을 가진 법관에 의하여 재판을 받을 권리와 적법한 절차에 따르는 공정한 심판을 받을 권리를 포함한다. 즉 재판절차를 규율하는 법률과 재판에서 적용될 실체적 법률이 모두 합헌적이어야 한다는 의미에서 법률에 의한 재판을 받을 권리뿐만 아니라 비밀재판을 배제하고 일반국민의 감시하에 심리와 판결을 받음으로써 공정한 재판을 받을 권리를 포함한다고 해석할 수 있다(헌재결 1998. 12. 24. 94헌마46).

Ⅱ. 내 용

'재판'이라 함은 당사자 간에 권리·의무에 관한 구체적인 분쟁이 발생한 경우에 당사자의 청구에 따라 독립적인 지위에 있는 법원이 사실을 확인하여 당사자가 주장하는 권리의무의 당부를 종국적으로 확정하는 작용을 말한다. 재판을 청구하려면 재판을 청구할 자격이 있는 자가 법적 판단을 구하기에 적합한 사건에 관하여 소를 제기할 이익이 있는 경우라야 한다.

재판을 받을 권리라 함은 구체적으로 민사재판청구권·형사재판청구권·행정재판청구권·헌법재판청구권 등을 말한다. 재판을 받을 권리에 대법원의 재판을 받을 권리까지 포함된다고는 볼 수 없으나 상고권을 전면적으로 박탈하는 것은 위헌이 된다. 일반국민은 원칙적으로 군사법원의 재판을 받지 아니할 권리를 가진다. 그러나 대한민국 영역 안에서 중대한 군사상 기밀·초병·초소·유독음식물공급·포로·군용물에 관한 죄 중 법률이 정한 경우와 비상계엄이 선포된 경우에는 예외적으로 군사법원의 재판을 받게 할 수 있다.

제3절 국가배상청구권

헌법 제29조에는 "① 공무원의 직무상 불법행위로 손해를 받은 국민은 법률이 정하는 바에 의하여 국가 또는 공공단체에 정당한 배상을 청구할 수 있다. 이 경우 공무원 자신의 책임은 면제되지 아니한다. ② 군인·군무원·경찰공무원 기타 법률이 정하는 자가 전투·훈련 등 직무집행과 관련하여 받은 손해에 대해서는 법률이 정하는 보상 외에 국가 또는 공공단체에 공무원의 직무상 불법행위로 인한 배상은 청구할 수 없다"고 규정하여 국가배상청구권 보장과 공법상 특수관계를 맺고 있는 자에 대한 이중배상금지규정을 두고 있다.

Ⅰ. 의 의

국가배상청구권이란 국민이 공무원의 직무상 불법행위로 말미암아 손해를 입은 때에는 국가 또는 공공단체에 대하여 손해의 배상을 청구할 수 있는 권리를 말한다. 현행 국가배상법은 헌법상의 명시적 규정인 '공무원의 직무상 불법행위로 인한 손해배상'이외에 '영조물의 설치관리상의 하자로 인한 손해배상'도 인정하고 있다.

Ⅱ. 내 용

국가배상청구권이 발생하기 위해서는 '공무원'의 '직무상' '불법행위'로 인한 '손해의 발생'을 요한다. 여기서 공무원이라 함은 국가공무원법 또는 지방공무원법에서 말하는 신분상의 공무원에 한하지 않고 널리 국가 또는 공공단체를 위하여 공무를 집행하는 일체의 사람을 말한다. 판례는 미군부대의 카투사, 전입신고서에 도장을 찍는 통장, 소집 중인 향토예비군, 시청소차 운전수, 철도차장, 철도건널목의 간수, 소방원, 집달관, 각종위원회위원 등은 공무원으로 보고 있고, 시영버스 운전수나 의용소방대원은 공무원이 아니라고 한다. '직무상'이란 직무행위 자체보다는 넓은 개념으로서 직무행위와 외형상 관련된 것으로 인정되는 행위까지 포함한다는 외형설이 통설과 판례의 입장이다. '불법행위'란 고의·과실에 의하여 법령에 위반된 행위를 말하며 '손해의 발생'은 가해자인 공무원과 그의 직무상의 위법행위에 가세한 자 이외의 타인에게 발생한 것이어야 하며, 손해의 발생과 불법행위 간에는 상당인과관계가 있어야 한다.

참 고 영조물의 설치·관리상의 하자로 인한 손해배상책임을 인정한 전국법원 주요 사례

1. 태풍 시 집중호우로 수원지 댐 인근의 화훼농장이 침수피해를 입은 사안에서 영조물(댐)의 설치 또는 관리 하자책임을 인정한 사례(부산지법 2007가합10798)
2. 지방자치단체가 설치·관리하고 있는 방차석에 걸려 넘어진 사고로 인하여 상해를 입은 주민에 대하여, 지방자치단체에게 영조물의 설치·관리 하자로 인한 손해배상책임이 있다고 인정한 사례(의정부지방법원 2006나8857)
3. 수원시 화서동 소재 이면도로에 설치된 스틸그레이팅 — 빗물 배수 및 이물질 수거 편의용 철망 — 의 접합부분이 탈락되어 빗살 부분이 지면에서 약 1cm 가량 떠 있는 상태에서, 자전거를 타다가 왼발을 디뎌 제동을 하던 중, 위 스틸그레이팅 부분에 발이 걸려 중한 상해를 입은 사안에 관하여, 도로 및 스틸그레이팅 설치·관리자인 지자체 — 수원시 — 에 대하여

영조물 설치·관리상의 하자로 인한 배상책임을 인정한 사례(수원지방법원 2011가단10309)
4. 2011년 집중호우로 하수도가 막혀 원고의 사업장이 침수된 사고에 대하여 하수도 관리업무를 담당하는 피고 양주시에 설치·관리상 하자가 있다고 보아 30%의 손해배상책임을 인정한 사례(의정부지방법원 2011가합10300)

제4절 손실보상청구권

헌법 제23조 제3항은 "공공필요에 의한 재산권의 수용·사용 또는 제한 및 그에 대한 보상은 법률로써 하되 정당한 보상을 지급하여야 한다"라고 하여 손실보상청구권을 보장하고 있다.

Ⅰ. 의 의

손실보상청구권은 공용수용·사용·제한 등 적법한 공권력의 행사로 말미암아 재산상 특별한 희생을 당한 자가 공평부담의 견지에서 국가에 대하여 재산적 손실의 전보를 청구할 수 있는 권리이다. 국가배상청구권이 위법한 공권력의 행사로 인한 재산적 손해를 구제하기 위한 권리라면 손실보상청구권은 적법한 공권력의 행사로 인한 손실을 구제하기 위한 권리이다.

Ⅱ. 내 용

공공필요에 의한 국민의 재산권을 수용·사용·제한하는 경우 보상의 기준에 관하여 현행헌법은 정당한 보상을 지급하도록 규정하고 있는데 '정당한 보상'의 개념에 대해서는 ① 침해된 재산의 객관적 가치의 완전한 보상이어야 한다는 완전보상설, ② 사회관념에 비추어 합리적이고 타당성 있는 보상이어야 한다는 상당보상설이 있다. 헌법재판소는 정당한 보상이란 완전보상을 의미한다고 보고 있다.

손실보상은 현금보상을 원칙으로 하며 선불·개별불·일시불로 한다. 토지수용법은 당사자 간의 협의를 원칙으로 하며 협의가 이루어지지 않는 경우에 토지수용위원회와 같은 의결기관의 재결에 의하도록 하고 있다.

사례탐구

과거 방치되어진 땅에 대해 땅주인의 승낙 없이 불법 경작을 해오고 있었다면 이는 토지수용에 따라 경작물 등에서 영농에 손실을 입었다하여 토지보상을 받을 수 있을까?

[해 설] A씨는 2003년부터 울산 울주군의 타인 소유 토지에서 불법적으로 경작을 해오고 있었으며, 이 중 일부에 대해서는 약 10년 간 무상으로, 또 다른 일부는 약 5년간 매년 임차료를 내며 사용해오고 있었다.

이렇게 타인 소유의 토지에서 경작을 해오는 도중 울주군이 2012년 정비사업을 진행하면서 A씨가 경작하던 타인 소유의 토지들을 모두 수용하였고 공익사업시행지구 편입에 따른 토지보상 영농손실보상금을 산정했다. 이에 타인의 토지에서 경작을 해오고 있었던 A씨는 토지의 주인이 아닌 실제 경작자인 자신에게 3,300만원에 상당하는 영농손실에 따른 토지보상금을 지급해야 한다며 울주군을 상대로 소송을 제기하였다.

대법원 판결에 따르면 영농손실에 대해서는 농지 단위면적당 소득 등을 판단하여 실제 경작자에게 보상하는 것을 옳다고 보고 있지만 타인 소유 토지를 불법적으로 점유하여 경작하는 토지보상에 대해서는 제외하도록 되어 있다고 밝혔다.

이러한 판결에 대해 A씨는 방치되어 있던 토지들을 약 10년간 무상으로 경작해 오고 있다며 주장했지만 A씨가 정당한 근거에 입각하여 토지를 인정할 증거가 없으며, 소유자의 허락 없이 경작한 사실만이 인정할 수 있기에 A씨가 불법적으로 점유하여 경작한 토지에 대해서는 영농손실에 따른 토지보상금의 지급 대상에 해당하지 않는다하였다.

다만 A씨가 약 5년 전부터 농사를 지은 토지의 경우 일정한 임대료를 내고 적법하게 점유해 경작했으므로 그 부분에 대한 영농손실 보상 토지에 적합할 수 있다고 하여 이에 따라 법원은 A씨가 청구한 보상금 3,300여 만원 가운데 적법하게 경작한 토지분에 대해서 영농손실보상금 1,500여 만원을 울주군이 지급할 의무가 있다고 판결하였다.

제 5 절 형사보상청구권

Ⅰ. 의 의

형사보상청구권이란 형사피의자 또는 형사피고인으로 구금되었던 자가 법률이 정하는 불기소처분을 받거나 무죄판결을 받은 경우에 그가 입은 물질적·정신적 손실을 보상하여 주도록 국가에 대하여 청구할 수 있는 권리를 말한다. 우리 헌법은 제28조에서 형사보상청구권을 규정하고 있다. 형사보상청구의 내용과 철차를 규정한 법률로는 형사보상 및 명예회복에 관한 법률이 있다.

Ⅱ. 내 용

형사보상청구권이 성립하기 위해서는 ① 형사피의자로서 구금되었던 자가 법률이 정하는 불기소처분을 받거나(피의자보상), ② 형사피고인으로서 구금되었던 자가 무죄판결을 받아야 한다(피고인보상). 국가기관의 고의·과실을 불문하며, 이 점에서 헌법 제29조의 손해배상책임과 구별된다. 형사보상 및 명예회복에 관한 법률에 의하면 면소나 공소기각의 판결을 받은 경우도 형사보상을 청구할 수 있다.

형사보상청구는 불기소처분의 고지 또는 통지를 받거나 무죄판결이 확정된 날로부터 1년 이내에 불기소처분을 한 지방검찰청의 피의자보상심의회 또는 무죄판결을 한 법원에 해야 한다.

제6절 범죄피해자구조청구권

Ⅰ. 의 의

헌법 제30조는 "타인의 범죄행위로 인하여 생명·신체에 대한 피해를 받은 국민은 법률이 정하는 바에 의하여 국가로부터 구조를 받을 수 있다"라고 규정하여 '범죄피해자구조청구권'을 국민의 기본권으로 보장하고 있다. 이렇듯 '범죄피해자구조청구권'은 타인의 범죄행위로 말미암아 생명을 잃거나 신체상의 피해를 입은 국민이나 그 유족이 가해자로부터 충분한 피해배상을 받지 못한 경우, 국가에 일정한 보상을 청구할 수 있는 권리이다.

Ⅱ. 내 용

범죄피해자구조청구권을 인정하는 이유는 크게 국가의 범죄방지책임 또는 범죄로부터 국민을 보호할 국가의 보호의무를 다하지 못하였다는 것과 그 범죄피해자들에 대한 최소한의 구제가 필요하다는 데 있다(헌법재판소 2011. 12. 29. 2009헌마354). 누구나 범죄피해자가 될 수 있는 지금의 상황에서 범죄피해자구조청구권은 그에 대한 국가책임을 강조하고 국가의 기본권 보호의무를 뚜렷이 하고 있는 의미 있고 중요한 기본권이다. 범죄피해자로 하여금 피해를 극복하고 사회에 복귀하게 하는 것이야말로 현대 국가의 기본적인 역할이다. 범죄피해자구조청구권을 바탕으로 범죄피해자보호법이 제정되어 유족구조금, 장해구조금, 중상해구조금 등을 청구할 수 있다.

Chapter 07 행정법통칙

제 1 절 행정법의 개념과 특징

Ⅰ. 행정법의 개념

행정법이란 행정의 조직·작용 및 그 구제에 관한 국내공법을 말하며, 행정에 관한 법, 공법, 국내법의 3요소를 가지고 있다. 행정법은 '행정'에 관한 법 즉, 행정권을 중심으로 그의 조직·작용 및 행정구제에 관한 법으로 헌법, 입법법, 사법법 등과 구별된다. 행정법은 행정에 관한 '공법'이다. 즉, 행정법은 행정에 관한 모든 법을 의미하는 것이 아니라, 그중에서 사법을 제외하고, 오로지 행정에 관한 특수·고유한 법, 즉, 공법만을 가리킨다. 또한 행정법은 행정에 관한 '국내법'으로 행정에 관한 일체의 공법을 가리키는 것이 아니라, 그중에서 국내행정에 관한 법만을 가리킨다. 다만, 헌법에 의해 체결·공포된 국제조약과 일반적으로 승인된 국제법규는 국내법과 동일한 효력이 인정되므로 그 한도 내에서 행정법의 대상이 된다.

Ⅱ. 행정법의 특징

1. 형식상의 특징

(1) 성문법

행정법은 국민의 권리·의무에 관한 사항에 대해 일방적으로 규율하려는 것이므로,

장래에 대한 예측가능성과 법적 생활의 안정성을 위해 성문의 형식을 취하고 있다.

(2) 형식의 다양성

행정법은 무수히 많은 법령으로 이루어져 있다. 따라서 헌법, 법률, 명령, 규칙, 조례, 차치규칙, 훈령, 예규, 고시, 일일명령 등 다양한 형태를 취하고 있다.

2. 성질상의 특징

(1) 획일·강행성

행정법은 다수국민을 상대로 하여 공공적 견지에서 개개인의 의사 여하를 묻지 않고 강제적으로 획일·평등하게 규율하려고 한다.

(2) 기술성

행정법은 공공의 이익의 실현을 목적으로 그 목적에 이바지하는 기술적·수단적 성질을 갖는다. Otto Mayer는 "헌법은 변해도 행정법은 변하지 않는다"고 하였는데, 이는 헌법의 근본체제가 변천되어도 행정법을 기초 짓는 독자적인 이론체계에는 변함이 없다는 것으로 행정법의 기술성을 나타내는 말이다.

(3) 단속규정성

행정법상 강행법규는 단속규정이라 할 수 있다. 법규를 위반했다 하더라도 위반에 대한 제재를 할 뿐, 그 행위의 효력까지 부인하지는 않는 것이 일반적이다.

3. 내용상의 특징

(1) 행정주체의 우월성

국가·공공단체 등 행정주체는 상대방인 국민의 의사를 묻지 않고 일방적으로 명령·강제하고, 또는 일방적으로 법률관계를 형성하는 권력 등이 인정된다. 예를 들면, 조세의 부과, 토지수용 등이 있다.

(2) 공익 우선성

공익목적의 달성을 위하여 일반사법과는 다른 여러 가지 특별한 취급을 인정하는 경우가 많은데, 이것은 사익을 무시한다는 의미가 아니라 사익과의 조화를 도모하면서 전체로써 공공목적의 실현을 기하고자 하는 것이다.

(3) 집단성·평등성

행정법은 많은 사람을 동시에 또는 단일의 규율대상으로 삼는다는 점에서 사법(私法)과 달리 집단적 성질을 가지고 있으므로 집단구성원 상호간의 평등을 고려하여야 한다.

제2절 행정법의 법원과 효력

I. 행정법의 법원

1. 행정법상 법원의 개념

행정법의 법원은 행정권의 조직과 작용에 관한 실정법의 인식근거 내지 존재형식을 말한다. 여기에서 법원의 개념에 관하여 직접 행정주체와 국민 사이에서 구속력을 가지는 일반적, 추상적 법규범인 외부법규만을 법원으로 보려는 견해와, 외부법규만이 아니라 행정규칙 등 행정조직 내부에서만 구속력을 가지는 내부법규를 포함하여, 행정사무처리기준이 되는 모든 법규범을 법원으로 이해하려는 견해가 있다.

2. 성문법

성문법은 문자로 표현되고 문서의 형식을 갖춘 법으로 헌법(특히, 행정조직과 작용에 관한 규정), 법률(형식적 법률뿐만 아니라 법률과 동등한 효력을 갖는 긴급재정경제처분·명령 및 긴급명령 등), 조약·국제법규 중 행정에 관한 것, 명령, 조례, 규칙 등이 있다.

3. 불문법

불문법은 일정한 제정절차를 거치지 않고 문서의 형식으로 표현되지 않은 법으로 ① 관습법으로서 행정선례법과 민중관습법이 있으며, ② 판례법, ③ 최후의 보충적 법원으로서 조리법 등이 있다.

Ⅱ. 행정법의 효력

1. 시간적 효력

시행일에 대해서는 법의 부칙에서 정하는 것이 보통인데, 법령이 시행일에 관하여 특별한 규정이 있는 경우에는 그에 따른 시기에 효력이 발생한다. 특별한 규정이 없는 한 공포한 날로부터 20일 경과 후에 효력이 발생한다. 다만, 국민의 권리제한·의무부과와 직접 관련된 법령은 특별한 사유가 없는 한 적어도 30일이 경과한 날부터 시행되도록 해야 한다.

2. 지역적 효력

행정법규는 그 법규의 제정권자의 권한이 미치는 지역적 범위 내에서만 효력을 갖는다. 따라서 행정법규는 이를 제정한 기관의 관할구역 내에서만 효력을 가지는 것이 원칙이다. 그러나 예외적으로 그 영역 밖으로 미칠 때도 있으며, 국제법상 치외법권(외교공간, 외국군시설 등)을 가지는 지역에는 국내법이 효력을 미치지 못한다.

3. 대인적 효력

행정법규는 원칙적으로 속지주의에 입각하여 그 지역 내에 있는 모든 사람을 일률적으로 규율한다. 자연인·법인·내국인·외국인을 불문한다. 그러나 외교사절의 특권과 면제를 향유하는 자, 미국 군대구성원 등에는 예외가 인정된다.

제3절 행정법의 일반원칙

행정법의 일반원칙이란 행정법 관계의 모든 분야에 적용되고 지배되는 일반적 원리로서의 법 원칙을 말하는데, 행정법의 법원 가운데 불문법원인 조리의 하나로 설명되는 것이 일반적이었다. 그러나, 2021년 3월 「행정기본법」의 제정을 통하여 행정법 영역에서의 일반원칙을 기본법의 틀 안으로 수렴함으로써 행정법령에 대한 예측가능성과 신뢰를 확보함은 물론, 더욱 충실하게 국민의 권익을 보호할 수 있게 되었다. 즉, 동법 제8조 법치행정의 원칙, 제9조 평등의 원칙, 제10조 비례의 원칙, 제11조 성실의무 및 권한남용금지의 원칙, 제12조 신뢰보호의 원칙, 제13조 부당결부금지의 원칙을 규정해 기본적인 실정법을 통한 근거를 둔 것이다. 아래에서 설명하기로 한다.

Ⅰ. 비례의 원칙

1. 의 의

행정주체가 행정목적을 실현함에 그 목적과 수단 사이에 합리적인 비례관계가 유지되어야 한다는 원칙이다. 이은 행정청에 재량행위 등 독자적 판단권을 부여한 경우 그 합리성을 판단하는 기준으로서 작용한다.

2. 근 거

비례의 원칙의 이론적 근거는 정의나 형평관념 등에서 찾을 수 있다. 헌법적 근거로서는 헌법 제37조 제2항의 "국민의 자유와 권리는 국가안전보장, 질서유지 또는 공공복리를 위하여 필요한 경우에 법률로써 제한할 수 있으며 제한하는 경우에도 자유와 권리의 본질적 내용을 침해할 수 없다"는 규정을 들 수 있다. 개별법적 근거의 한 예로는 경찰관직무집행법 제1조 제2항에서 "이 법에 규정된 경찰관의 직권은 그 직무수행에 필요한 최소한도에서 행사되어야 하며 남용되어서는 아니 된다"라고 규정해서 비례의 원칙을 명시하고 있다. 행정기본법 제10조에서도 세분해 규정하고 있다.

3. 내 용

행정주체가 행정목적 실현을 위하여 취하는 조치나 수단은 행정목적 실현에 적합해야 한다는 원칙(적합성의 원칙)과 행정목적 실현을 위하여 행하여지는 행정조치는 설정된 목적 실현을 위하여 필요한 한도 이상으로 행사되서는 안되며 여러 수단 중에서 상대방에게 가장 침해가 적은 수단을 행사하여야 한다는 원칙(최소침해의 원칙), 행정조치의 결과로써 발생하는 사익의 침해와 보호되는 공익이 균형을 유지해야 한다는 원칙(상당성의 원칙)이 그 내용을 이룬다.

참 고 경찰관의 범인 검거 시 가스총을 사용할 때의 주의의무(대판 2002다57218)

경찰관은 범인의 체포 또는 도주의 방지, 타인 또는 경찰관의 생명·신체에 대한 방호, 공무집행에 대한 항거의 억제를 위하여 필요한 때에는 최소한의 범위 안에서 가스총을 사용할 수 있으나, 가스총은 통상의 용법대로 사용하는 경우 사람의 생명 또는 신체에 위해를 가할 수 있는 이른바 위해성 장비로서 그 탄환은 고무마개로 막혀 있어 사람에게 근접하여 발사하는 경우에는 고무마개가 가스와 함께 발사되어 인체에 위해를 가할 가능성이 있으므로, 이를 사용하는 경찰관으로서는 인체에 대한 위해를 방지하기 위하여 상대방과 근접한 거리에서 상대방의 얼굴을 향하여 이를 발사하지 않는 등 가스총 사용 시 요구되는 최소한의 안전수칙을 준수함으로써 장비 사용으로 인한 사고 발생을 미리 막아야 할 주의의무가 있다. 경찰관이 범인을 검거하면서 가스총을 근접 발사하여 가스와 함께 발사된 고무마개가 범인의 눈에 맞아 실명한 경우 국가배상책임을 인정한 사례이다.

Ⅱ. 평등의 원칙

1. 의 의

평등의 원칙이란 행정작용에 있어서 특별한 합리적 사유가 존재하지 않는 한 상대방인 국민을 공평하게 처우해야 한다는 원칙을 말한다.

2. 근 거

헌법 제11조 제1항 "모든 국민은 법 앞에 평등하다"는 규정에 근거를 두고 있으며, 행정기본법 제9조에 명시하고 있다.

3. 기 능

평등의 원칙은 행정기관의 재량권 행사에 한계를 제시하는 원리로서의 기능을 가진다. 그러므로 평등의 원칙에 위반되는 국가작용은 위헌·위법이 된다. 따라서 행정쟁송을 제기하거나 손해배상을 통하여 구제받을 수 있다.

참 고 영업허가 관련 공무원중 담당계장의 감봉처분 징계양정(대판 91누2090)

구청공무원인 원고가 같은 구청 관할 내에서 다른 관광호텔의 부대시설 또는 기타 시설로서

복합목욕장 영업허가를 내준 선례가 있었으며 관련 건설부공고의 내용에 애매모호한 점이 있고 관련된 법령이나 상부의 방침을 잘못 이해하여 이 사건 복합목욕장 영업허가를 결재함으로써 공무원의 성실의무를 위반하였는데, 원고는 임용된 이래 20년간 아무런 징계처분을 받지 않았고, 수회에 걸쳐 표창을 받는 등 성실히 근무해 왔으며, 이 사건 영업허가에 관련된 공무원 중 기안담당자는 불문에, 담당과장은 견책에, 담당국장은 경고 등 가벼운 처분을 받은 경우 원고에 대한 감봉처분의 징계양정은 재량권의 범위를 일탈한 것이어서 위법하다.

Ⅲ. 자기구속의 법리

1. 의 의

행정의 자기구속의 법리는 행정청이 제3자에 대하여 행하였던 결정은 동종(同種)의 사안에 대하여 제3자에게 한 것과 같은 결정을 처분의 상대방에게도 하여야 할 구속을 받는다는 것을 말한다.

2. 근 거

자기구속의 법리의 근거에 대해서는 특별한 사유가 없는 한 제3자에게 불리한 처분을 하는 것은 불합리한 차별에 해당하므로 평등의 파생원칙으로 보는 것이 일반적 견해이다.

참 고 **자기구속의 법리에 관한 헌법재판소 판결(헌재결 1990. 9. 3. 90헌바13)**

행정규칙이 일반적으로 대외적인 구속력을 갖는 것은 아니지만 법령의 규정에 의하여 행정관청에 법령의 구체적 내용을 보충할 권한을 부여한 경우, 재량권행사의 준칙인 규칙이 되풀이되어 행정관행이 이룩되어 평등의 원칙이나 신뢰보호의 원칙에 따라 행정기관이 그 상대방에 대한 관계에서 그 규칙에 따라야 할 자기구속을 당하게 되는 경우에는 대외적인 구속력을 가지게 된다.

Ⅳ. 신뢰보호의 원칙

1. 의 의

신뢰보호의 원칙은 국민이 행정기관의 어느 특정한 결정의 정당성이나 존속성에 대하여 신뢰한 경우 보호가치 있는 신뢰는 보호해 주어야 한다는 원칙이다.

2. 근 거

신의칙설은 사법(私法)에서 발달한 신의성실의 원칙에 그 근거를 두고 있다는 견해이다. 독일연방행정법원은 미망인(未亡人) 사건이라 불리는 과부부조금 반환청구소송사건에서 신의칙을 근거로 신뢰보호의 원칙을 긍정한 바 있다.

법적 안정성설은 법치국가원리 및 그 요소로서의 법적 안정성에서 근거를 구하는 견해이다(독일의 학설·판례, 우리나라 다수설).

행정기본법, 행정절차법, 국세기본법 등에서도 그 근거를 찾을 수 있다.

3. 요 건

(1) 선행조치

신뢰의 대상이 되는 행정청의 선행조치가 존재하여야 하며 여기에는 국가의 모든 행정작용이 포함된다. 선행조치로서의 공적인 견해표명은 명시적·묵시적 또는 적극적·소극적 언동을 불문한다. 대법원은 신뢰의 대상을 공적인 견해표명으로 한정하고 있다.

(2) 보호가치

상대방의 신뢰가 보호되기 위해서는 선행조치의 정당성 또는 존속성에 대한 관계인의 신뢰가 보호가치 있는 것이어야 한다. 판례는 이를 귀책사유가 없을 것으로 표현하고 있다.

참 고 신뢰보호의 원칙의 적용요건(대판 2001. 11. 9. 2001두7251)

일반적으로 행정상 법률관계에 있어서 행정청의 행위에 대하여 신뢰보호의 원칙이 적용되기 위해서는 첫째, 행정청이 개인에 대하여 신뢰의 대상이 되는 견해표명을 하여야 하고, 둘째, 행정청의 견해표명이 정당하다고 신뢰한 데 대하여 그 개인에게 귀책사유가 없어야 하며, 셋째, 그 개인이 그 견해표명을 신뢰하고 이에 어떠한 행위를 하였어야 하고, 넷째, 행정청이 위 견해표명에 반하는 처분을 함으로써 그 견해표명을 신뢰한 개인의 이익이 침해되는 결과가 초래되어야 하며 어떠한 행정처분이 이러한 요건을 충족할 때에는 공익 또는 제3자의 정당한 이익을 현저히 해할 우려가 있는 경우가 아닌 한, 신뢰보호의 원칙에 반하는 행위로 위법하게 된다.

(3) 신뢰에 기인한 사인의 처리

신뢰보호원칙을 통하여 보호받기 위해서는 행정청의 선행조치를 믿은 것뿐만 아니라 사인의 처리가 있을 것이 요구된다. 예컨대 영업의 개시, 건축의 착수, 공유수면매립, 토지의 형질변경 등 신뢰에 입각한 사인의 처리가 있어야 한다.

(4) 선행조치에 반하는 행정작용

선행조치에 반하는 행정청의 처분이 있는 경우에 비로소 사인의 신뢰는 현실적으로 배반되고, 아울러 사인의 법 생활의 안정도 구체적으로 침해된다.

V. 부당결부금지의 원칙

1. 의 의

행정기관이 권력적 조치를 취할 때에는 그것과 실질적 관련이 없는 반대급부와 결부시켜서는 안 된다는 원칙으로 국가에 의존하는 국민의 기본적 생활필수 수단인 전기·가스·수도 등 확대된 급부행정이 행정강제의 효과적인 수단으로 활용되는 경향이 있기 때문이다.

2. 근 거

법치국가의 원리와 행정권의 자의금지(恣意禁止)의 원칙에서 도출된 것이라 하겠다. 급부행정의 수단과 행정권한의 결부는 법치행정(행정의 예측가능성과 법적 안정성)의 원리와 관련해서 기본권의 침해를 초래할 수 있다. 행정기본법 제13조에 명시되어 있다.

참 고 부당결부금지의 원칙을 적용하여 위법성을 확인한 판례

1. 원고가 운전한 오토바이는 이륜자동차로서 제2종 소형면허를 가진 사람만이 운전할 수 있는 것이고, 이륜자동차의 운전은 제1종 대형면허와는 아무런 관련이 없는 것이므로 오토바이를 음주운전 하였음을 이유로 이륜자동차 이외의 다른 차종을 운전할 수 있는 제1종 대형면허를 취소한 피고의 이 사건처분은 부당결부로서 위법하다(대판 1992. 9. 22. 91누8289).
2. 건축물의 건축허가(준공거부처분)와 도로 기부채납 의무는 별개의 것인바, 도로 기부채납 의무를 불이행하였음을 이유로 하는 준공거부처분은 건축법에 근거 없이 이루어진 부당결부로서 위법하다(대판 1992. 11. 27. 92누10364).

제4절 행정법관계

Ⅰ. 의의와 특성

1. 의 의

행정에 관한 법률관계를 행정상의 법률관계라 하는데, 이에는 국가와 공공단체 사이나 공공단체 또는 행정기관 상호 간의 법률관계와 국가 또는 공공단체 등의 행정주체와 그 상대방인 개인과의 법률관계가 있다. 전자는 대내적·조직법적 관계이고, 후자는 대외적·작용법적 관계인데, 일반적으로 행정상의 법률관계라고 할 때에는 후자를 가리킨다. 따라서 행정법관계란 행정상의 법률관계 가운데에서 특히 행정법이 규율하는 법률관계를 말한다. 행정법은 공법에 속하는 것이기 때문에 행정법관계는 곧 공법관계이다. 행정법관계는 그 성질상 두 가지의 법률관계로 나누는 것이 보통이다. 즉, 하나는 법이 어떠한 법률관계에 있어서 행정권의 의사에 우위성을 인정하는 경우이고, 다른 하나는 법이 공공복리의 실현이라는 행정목적의 효율적인 달성을 도모하기 위하여 특별한 법적 규율을 인정하고 있는 경우인데, 전자를 권력관계, 후자를 관리관계라 한다.

2. 특 성

행정법관계는 법률관계라는 점에서 본질적으로 사법관계와 다름이 없다. 다만, 사법관계는 사인 상호 간에 대등한 관계가 인정되는 반면에 행정법관계는 국가 또는 공공단체가 우월한 의사의 주체로서 국민에게 대하는 불대등관계인 까닭에 사법관계에서 볼 수 없는 여러 가지 특성이 인정되고 있다.

(1) 공정력

행정법관계에 있어서 행정주체의 행위는 성립에 있어서 설혹 하자가 있더라도 그 하자가 중대하고 명백하여 당연무효로 보아야할 사유가 있는 경우를 제외하고는 일단 적법의 추정을 받으며 권한 있는 기관에 의하여 취소될 때까지에는 상대방·제삼자·국가기관도 이에 구속되고 그 효력을 부정하지 못함을 말한다(대판 1991. 4. 23. 90누8756). 이와 같이 행정주체에게 부여된 행위의 공정성은 행정권에 본질적으로 내재하는 고유한 것이 아니라 실정법의 직접 또는 간접의 규정에 바탕을 둔 데 지나지 않는다.

(2) 확정력

가. 불가쟁력

행정주체의 행위는 비록 다툴 수 있는 것이라고 하더라도 일정한 기간이 경과하거나 쟁송수단을 모두 거친 후에는 상대방이나 이해관계인 등 행정객체에게 더 이상 법적 쟁송이 허용되지 않는다. 이는 행정법관계에 있어서 행정주체의 행위가 공공성을 가지며 그로 인한 법적 생활의 안정을 보장할 필요가 있기 때문이다.

나. 불가변력

행정행위를 한 행정주체라 하더라도 준사법적 행정행위 등 일정한 행위는 그 내용에 관해서 취소·철회 등을 자유롭게 행할 수 없고 제한을 받게 되는 것을 의미한다. 이 역시 법적 안정성 차원에서 인정하는 것이다.

(3) 강제력

행정법관계에 있어서 국가의사의 실효성을 확보하기 위하여 사인의 경우에는 볼 수 없는 강제력이 인정된다. 즉, 행정주체의 의사에 위배되는 행위에 대하여는 일정한 제재를 가하거나 당해 행정청에 의한 강제집행이 행하여진다.

(4) 권리·의무에 특수성

행정법관계에서의 권리·의무는 사법관계에 있어서처럼 서로 엇갈리는 이해관계로 대립되는 것이 아니라 다 같이 공공복리의 향상 또는 사회질서의 유지라는 점에서 서로 공통성을 가지며 상대적인 것이다. 따라서 행정법관계에 있어서의 권리·의무는 그 이전이나 포기가 제한되거나 특별한 보호나 강제가 가하여지는 특수성을 가지고 있다.

(5) 권리구제절차의 특수성

행정법체계에서 국민의 권리가 침해되었을 경우에 행정심판전치주의에 의하여 행정심판의 재결에 의하여 구제될 수 있으며, 이에 불복이 있으면 행정소송절차에 의하여 구제될 수 있다. 또한 행정주체의 작용으로 인한 침해에 대하여는 민사상의 손해배상에 대한 많은 특례가 인정되는 손실보상 또는 국가배상절차에 의하여 구제를 받게 된다.

Ⅱ. 특별권력(행정법)관계

특별권력관계라 함은 국가·공공단체와 공무원의 관계에서와 같이, 공법상의 특정한 목적에 필요한 범위 내에서, 당사자의 일방이 타방을 지배하고 타방이 이에 복종하는 두 주체 간의 관계를 말한다. 국가나 공공단체와 공무원 간의 관계가 그 한 예이다. 위의 법률규정 또는 당사자의 동의에서 합리적으로 추측할 수 있는 한도 내에서 법치주의원리의 적용이 배제되고, 일방은 타방에 대하여 명령·강제·징계할 수 있는 권능을 갖는다. 근래에는 특별권력관계를 부정하는 견해가 유력하다.

Chapter 08 행정작용법

제 1 절 행정입법

Ⅰ. 개 설

1. 행정입법의 의의

행정입법이란 행정기관이 법조의 형식에 의하여 일반적·추상적 규율을 제정하는 작용과 그에 따라 정립된 법규범을 말한다.

2. 행정입법의 유형

(1) 법규명령

법규명령이란 행정입법 중에서 법규(행정주체와 국민에 대하여 직접적 효력을 가지며 재판규범이 되는 법규범)의 성질을 가진 것을 말하며, 이는 다시 위임명령과 집행명령 등으로 구분된다.

(2) 행정규칙(행정명령)

행정규칙이란 행정입법 중에서 법규의 성질을 가지지 않는 행정조직의 내부질서유지를 위하여 발하여지는 것을 말하며, 이를 행정명령이라고 한다.

3. 행정입법의 등장배경과 허용

19C까지는 법규범을 제정하는 입법권은 국민의 대표기관인 의회에 속한다는 것이 권력분립의 기초 아래 형성된 법치국가의 원칙으로 이해되었다. 따라서 행정권에 의한 입법활동은 권력분립의 원칙에 위배되는 것으로 보아 이를 허용하지 않았으며(권력분립의 원칙), 의회의 입법권은 국민으로부터 위임받은 것이므로 이를 다시 다른 기관에 재위임 할 수 없다는 것이 일반적 입장이었다(복위임금지의 원칙).

그러나 현대국가에서는 ① 행정기능의 확대와 전문적·기술적 입법사항의 증대, ② 행정현상의 급격한 변화에 따른 빠른 적응을 위한 탄력성 있는 입법의 필요성 증가, ③ 국가비상시 적절한 대처를 위한 행정권에 대해 넓은 수권의 불가피성, ④ 지방자치에 따른 각 지방별·분야별 특수사정을 법률로 규정하는 것에 대한 곤란함 등을 이유로 그 필요성이 대두되었다.

따라서 행정입법은 20C 이후의 행정국가화 경향에 따른 현실적 측면에서 더욱 적극적으로 행정목적 달성을 위한 주요한 수단이며, 유용한 행위형식으로 인식할 것이 요구된다. 오늘날 행정입법은 그 필요성과 유용성 측면에서 허용하되, 행정입법권의 남용과 한계를 감시하고 이를 적절히 통제하는 것이 더욱 중요한 사항이라고 볼 수 있다.

Ⅱ. 법규명령

1. 개 념

법규명령이란 행정기관에 의해 제정된 일반적·추상적 규율 중 법규(행정주체와 국민에 대하여 직접적 효력을 가지며 재판규범이 되는 법규범)의 성질을 가진 것을 말한다.

2. 성 질

법규명령은 법규성을 지니므로 이에 위반한 행정청의 행위는 위법한 행위로써 취소 또는 무효사유가 된다. 따라서 국민은 행정쟁송을 제기하거나 손해배상소송을 통하여 구제 받을 수 있다.

3. 법규명령의 종류

(1) 효력에 의한 분류

가. 법률대위명령

법률대위명령이란 법률에 종속하지 않고 헌법에 직접 근거하여 독자적인 권한의 발동으로 제정되며, 법률의 효력을 가지는 명령을 말한다. 현행 헌법상 긴급재정·경제명령(헌법 제76조 제1항), 긴급명령(헌법 제76조 제2항)의 형태가 법률대위명령에 속한다.

나. 법률종속명령

법률종속명령이란 법률의 범위 내에서 제정되며, 법률보다 하위의 효력을 가지는 명령을 말하며, 위임명령과 집행명령이 있다.

참 고

헌법 제75조의 규정상 대통령령으로 정할 사항에 관한 법률의 위임은 구체적으로 범위를 정하여 이루어져야 하고, 이때 구체적으로 범위를 정한다고 함은 위임의 목적·내용·범위와 그 위임에 따른 행정입법에서 준수하여야 할 목표·기준 등의 요소가 미리 규정되어 있는 것을 가리키고, 이러한 위임이 있는지 여부를 판단함에 있어서는 직접적인 위임 규정의 형식과 내용 외에 당해 법률의 전반적인 체계와 취지·목적 등도 아울러 고려하여야 하고, 규율대상의 종류와 성격에 따라서는 요구되는 구체성의 정도 또한 달라질 수 있으나, 국민의 기본권을 제한하거나 침해할 소지가 있는 사항에 관한 위임에 있어서는 위와 같은 구체성 내지 명확성이 보다 엄격하게 요구된다(대판 2000. 10. 19. 98두6265).

(2) 형식에 의한 분류

가. 긴급명령

긴급명령이란 국가비상시에 대통령이 발하는 것으로 헌법에 직접 근거하며, 법률과 독립하여 발하는 것이다. 긴급재정·경제명령(헌법 제76조 제1항), 긴급명령(헌법 제76조 제2항) 등이 있다.

나. 대통령령(시행령)

대통령령은 법률에서 구체적으로 범위를 정하여 위임받은 사항이나 법률을 시행하기 위하여 필요한 사항을 규정하는 것을 말한다.

다. 총리령·부령(시행규칙)

총리령이란 법률이나 대통령령의 위임 또는 직권으로 국무총리가 발하는 명령을 말한다. 반면 부령이란 법률이나 대통령령의 위임 또는 직권으로 행정각부의 장이 발하는 명령을 말한다.

라. 기 타

기타 중앙선거관리위원회규칙, 감사원규칙 등도 법규명령의 범주에 포함된다.

Ⅲ. 행정규칙

1. 개 념

행정규칙이란 행정조직 내부 또는 특별권력관계 내부에서 그 조직과 활동을 규율하기 위하여 행정기관이 법률의 수권 없이 권한의 범위 내에서 정립하는 일반적·추상적 규율을 말한다.

2. 종 류

(1) 내용상 분류

행정규칙을 그 내용에 따라 분류하면 ① 행정기관의 설치, 내부적인 권한분배 등에 관한 행정규칙(조직규칙), ② 상급기관이 하급기관과 그의 구성원의 근무에 관하여 규율하는 행정규칙(근무규칙), ③ 공공의 영조물 이용규칙 등 특별권력관계의 구성원에 대한 규율(영조물 규칙), ④ 법률의 통일적 적용을 위한 법규범에 해석과 적용에 관한 규칙(법률해석규칙), ⑤ 통일적이고 동등한 재량행사를 확보하기 위하여 어떤 방식으로 재량을 행사할 것인가에 관한 행정규칙(재량준칙), ⑥ 규범의 내용이 지나치게 일반적이어서 보충 또는 구체화의 과정이 필요한 경우에 이의 보충 또는 구체화를 위한 행정규칙(법률보충규칙) 등으로 나뉜다.

(2) 형식상 분류(행정업무의 효율적 운영에 관한 규정과 그 시행규칙에 따른 분류)

행정규칙을 그 형식에 따라 분류하면 ① 행정기관이 법령이 정하는 바에 따라 일정한 사항을 불특정 다수인에게 알리는 행정규칙(고시), ② 상급기관이 하급기관에 대하여 상당한 장기간에 걸쳐 권한의 행사를 지휘·감독하기 위하여 발하는 명령(훈령), ③ 행정사무의 통일을 기하기 위하여 반복적 행정사무의 처리기준을 제시하는 명령(예규), ④ 상급기관이 직권으로 또는 하급기관의 문의나 신청에 따라 개별적·구체적으로 발하는 명령(지시), ⑤ 당직, 출장, 시간 외 근무, 휴가 등의 일일업무에 관한 명령(일일명령) 등이 있다.

참 고

1. 구 식품위생법시행규칙(1993. 7. 3. 보건사회부령 제910호로 개정되기 전의 것) 제53조에서 [별표 15]로 식품위생법 제58조에 따른 행정처분의 기준을 정하였다고 하더라도 이는 형식만 부령으로 되어 있을 뿐, 그 성질은 행정기관 내부의 사무처리준칙을 정한 것으로서 행정명령의 성질을 가지는 것이고, 대외적으로 국민이나 법원을 기속하는 힘이 있는 것은 아니므로 같은 법 제58조 제1항에 의한 처분의 적법 여부는 같은법시행규칙에 적합한 것인가의 여부에 따라 판단할 것이 아니라 같은 법의 규정 및 그 취지에 적합한 것인가의 여부에 따라 판단하여야 한다(1995. 3. 28. 94누6925).
2. 제재적 행정처분의 기준이 부령 형식으로 규정되어 있더라도 그것은 행정청 내부의 사무처리준칙을 규정한 것에 지나지 않아 대외적으로 국민이나 법원을 기속하는 효력이 없다. 따라서 그 처분의 적법 여부는 처분기준만이 아니라 관계 법령의 규정 내용과 취지에 따라 판단하여야 한다. 그러므로 처분기준에 부합한다 하여 곧바로 처분이 적법한 것이라고 할 수는 없지만, 처분기준이 그 자체로 헌법 또는 법률에 합치되지 않거나 그 기준을 적용한 결과가 처분사유인 위반행위의 내용 및 관계 법령의 규정과 취지에 비추어 현저히 부당하다고 인정할 만한 합리적인 이유가 없는 한, 섣불리 그 기준에 따른 처분이 재량권의 범위를 일탈하였다거나 재량권을 남용한 것으로 판단해서는 안 된다(대판 2022. 4. 14. 2021두60960 등등).

제 2 절 행정행위

Ⅰ. 개념과 특성

1. 행정행위의 개념

행정행위의 개념은 실정법상의 개념이 아니라 학문상 만들어진 것이고, 일반적으로 행정주체의 집행행위 중 권력적 단독행위라고 이해한다. 즉, 국가 기타의 행정주체가 법 아래서 구체적 사실에 관한 법집행으로 행하는 권력적 단독행위인 공법행위를 말한다.

2. 행정행위의 특성

(1) 법적합성

행정행위는 이와 같이 공권력의 발동으로서의 단독행위이기 때문에 공법적 특수성이 강하고 행정법학에서 중심적 관념이 되고 있으며, 그 밖에 행정행위의 법적합성이 중요한 특질이 되고 있다. 근대 법치국가에서는 법에 의한 행정의 지배는 원칙적으로 법률에 의한 규율을 의미하므로 결국 행정행위의 법적합성은 행정행위의 법률적합성을 의미하는 것이다.

(2) 공정성

행정행위는 그 성립상의 요건에 하자가 있는 경우에도 그것이 중대하고 명백한 하자로서 당연 무효가 아닌 한 권한 있는 기관에 의하여 취소될 때까지는 그 효력을 가진다.

(3) 강제성(실효성)

행정행위에 의하여 부과된 의무를 상대방이 이행치 않는 경우에는 법률이 정하는 바에 의하여 스스로 그 이행을 강제적으로 실현하는 자력집행력을 행사하거나 일정한 제재를 가하여 그 의무이행을 확보할 수 있다.

(4) 존속성(확정성)

행정행위에 하자가 있더라도 당연무효가 되는 경우를 제외하고는 쟁송제기기간이 경과하였거나 심급(審級)절차를 모두 거친 후에는 더 이상 다툴 수 없으며(불가쟁력), 일정한 행위에 대하여는 처분청이라도 임의로 취소하거나 변경할 수 없다(불가변력).

(5) 권리구제의 특수성

행정행위에 의하여 국민의 권리가 침해된 경우에는 행정상 손해전보(행정상 손해배상, 행정상 손실보상)의 수단에 의하거나 행정쟁송(행정심판, 행정소송)의 절차에 의하여 구제받을 수 있는 특수성이 인정되고 있다.

Ⅱ. 행정행위의 종류

1. 행정주체에 따라

행정주체를 기준으로 할 때 국가의 행정행위, 공공단체의 행정행위, 공권력이 주어진 사인(공무수탁사인)의 행정행위로 나눌 수 있다.

2. 효과의사에 따라

법률행위적 행정행위와 준법률행위적 행정행위로 나눌 수 있다. 법률행위적 행정행위는 행정청의 의사표시를 요소로 하는 행정행위로써, 그 법적 효과가 행정청의 효과의사의 내용에 따라 발생하는 것을 말한다. 법률행위적 행정행위는 다시 명령적 행정행위(하명, 인가, 면제)와 형성적 행정행위(특허, 인가, 대리)로 나뉜다. 준법률행위적 행정행위는 행정청의 의사표시 이외의 판단, 인식, 관념 등의 정신작용의 표시를 요소로 하며 의사표시의 내용이 아닌 법이 정하는 바에 따라서 법적 효과가 발생하는 행정행위를 말한다. 준법률행위적 행정행위에는 확인, 공증, 통지, 수리가 있다.

3. 법적 기속의 정도에 따라

기속행위와 재량행위로 나눌 수 있다. 기속행위는 행정청에 재량의 여지를 주지 않고 행정청이 단지 법규의 내용을 그대로 집행하는데 그치는 행위이며, 재량행위는 법규가 공익목적의 구체적 실현을 기하기 위하여 행정청에 어느 정도의 자유재량을 허용한 행위를 말한다.

재량행위는 법규가 행정행위의 요건에 대해 아무런 규정을 두고 있지 아니한 경우나 그 요건으로서 단지 공익목적 또는 중간목적만을 규정하는 경우 또는 어느 행위를 할 수 있다고 규정한 경우 등에 인정되는 것이다. 재량행위는 법의 취지는 확정되어 있고 그 해석·적용에만 행정청의 재량이 인정되는 기속재량과 무엇이 합목적적인가를 판단하는 공익재량(자유재량)이 있다. 기속재량의 경우 그 재량을 그르친 행위는 법의 취지를 어긴 위법행위가 되어 사법심사의 대상이 되는 반면 공익재량의 경우 그것을 그르친 행위는 합목적성에 어긋난 부당행위가 되는데 그치고 특히 재량권을 일탈하거나 남용한 경우가 아니고는 사법심사의 대상에서 제외된다.

4. 법률효과의 성질에 따라

수익적 행정행위와 부담적 행정행위, 복효적 행정행위로 나눌 수 있다. 수익적 행정행위란 상대방에게 권리나 이익을 부여하는 행정행위를 말한다(예: 건축허가, 영업허가 등). 부담적 행정행위란 상대방에게 의무를 부과하거나 권리·이익을 침해·제한하는 등의 불이익을 주는 행위를 말한다(예: 위법건축물 철거명령, 과세처분 등). 복효적 행정행위란 수익적 효과와 부담적 효과가 동시에 발생하는 행위를 말한다(예: 신규업자에 대한 영업허가).

5. 상대방의 협력여부에 따라

독립적 행정행위와 쌍방적 행정행위로 나눌 수 있다. 독립적 행정행위는 행위의 상대방의 협력을 필요로 하지 않고 행정주체의 행위만으로 성립하는 행정행위를 말한다. 쌍방적 행정행위는 상대방의 협력을 필요로 하는 행정행위이다. 신청 등에 의하여 행하여지나 그 신청에 엄격히 구속되지 않고 내용결정 등이 국가의 우월적 의사에 의해서 일방적으로 행해진다는 의미에서 공법상의 계약과 구별된다.

Ⅲ. 행정행위의 내용

1. 법률행위적 행정행위

(1) 명령적 행정행위

가. 의 의

국민에 대한 특정한 의무부과 또는 의무해제를 내용으로 하는 행위이고, 그 내용에 따라 다시 하명, 허가, 면제로 구분된다.

나. 하 명

하명이란 일정한 작위·부작위·급부·수인을 명하는 행정행위를 말한다. 부작위의 의무를 과하는 하명을 특히 금지라고도 하고, 그에 대하여 작위·급부·수인의 의무를 과하는 것을 명령이라고도 한다. 하명의 효과는 수명자가 하명의 내용에 따라서 일정한 행위를 해야만 하거나 해서는 안 된다는 공법상 의무를 지는 데 있다. 야간통행금지와 같은 것이 그 예이다. 하명에 의하여 의무를 지는 자가 의무불이행을 한 경우에는 행정상 강제집행방법에 의하여 의무의 이행을 강제할 수 있고 또 의무위반에 대하여는 벌칙을 적용하여 처벌하는 것이 특색이다.

다. 허 가

허가란 일반적 금지를 특정한 경우에 해제함으로써 적법하게 일정한 행위를 할 수 있도록 하는 행정행위를 말한다. 허가를 받아야 할 행위를 허가 없이 행한 경우에는 행정상의 강제집행이나 처벌의 대상은 되지만 행위 그 자체의 법률적 효력에는 영향이 없는 것이 특색이다. 운전면허, 영업허가, 건축허가 등이 그 예이다.

참 고 허가의 성질

대법원은 허가의 성질을 사안에 따라 기속행위와 재량행위로 나누고 있다. 건축허가의 법적 성질과 관련해서는 기본적으로 기속행위로 보고 있다. "건축허가권자는 건축허가신청이 건축법 등 관계 법규에서 정하는 어떠한 제한에 배치되지 않는 이상 당연히 같은 법조에서 정하는 건축허가를 하여야 하고, 중대한 공익상의 필요가 없는데도 관계 법령에서 정하는 제한사유 이외의 사유를 들어 요건을 갖춘 자에 대한 허가를 거부할 수는 없다"(대판 2009. 9. 24. 2009두8946). 다만, 국토의 계획 및 이용에 관한 법률에 따른 토지의 형질변경행위를 수반하는 건축허가가 재량행위에 속하는지 여부에 대해서는 "국토의 계획 및 이용에 관한 법률(이하 '국토계획법'이라 한다)에 따른 토지의 형질변경허가는 그 금지요건이 불확정개념으로 규정되어 있어 그 금지요건에 해당하는지 여부를 판단함에 있어서 행정청에 재량권이 부여되어 있다고 할 것이므로, 국토계획법에 따른 토지의 형질변경행위를 수반하는 건축허가는 재량행위에 속한다. 한편 재량행위에 대한 사법심사는 행정청의 재량에 의한 공익판단의 여지를 감안하여 원칙적으로 재량권의 일탈이나 남용이 있는지 여부만을 대상으로 하고, 재량권의 일탈·남용 여부에 대한 심사는 사실오인, 비례·평등의 원칙 위반 등을 그 판단 대상으로 한다(대판 2013. 10. 31. 2013두9625)"고 판결했다.

라. 면 제

면제란 법령에 의하여 일반적으로 부과되어 있는 작위의무·급부의무·수인의무를 특정한 경우에 해제하는 행정행위를 말한다. 면제도 의무해제행위라는 점에서 허가와 그 성질이 같지만 허가가 부작위의무를 해제하는 행위임에 반해서 면제는 작위·급부·수인의무를 해제하는 행위라는 점에서 다르다.

(2) 형성적 행정행위

가. 의 의

형성적 행정행위란 국민에게 특정한 권리·능력·포괄적 법률관계 기타 법률상의 힘을 발생·변경·소멸시키는 행정행위를 말하며 그 내용에 따라서 특허, 인가, 대리로 구분된다.

나. 특 허

특허란 특정인에게 새로이 일정한 권리·능력 또는 포괄적인 법률관계를 설정하는 행정행위를 말한다. 공무원임명, 귀화허가, 광업허가, 어업면허 등이 그 예이다.

참 고 **출입국관리법상 체류자격 변경허가가 설권적 처분의 성격을 가지는지 여부**

법령의 문언, 내용 및 형식, 체계 등에 비추어 보면, 체류자격 변경허가는 신청인에게 당초의 체류자격과 다른 체류자격에 해당하는 활동을 할 수 있는 권한을 부여하는 일종의 설권적 처분의 성격을 가지므로, 허가권자는 신청인이 관계 법령에서 정한 요건을 충족하였다고 하더라도, 신청인의 적격성, 체류 목적, 공익상의 영향 등을 참작하여 허가 여부를 결정할 수 있는 재량을 가진다고 할 것이다. 다만 이러한 재량을 행사할 때 판단의 기초가 된 사실인정에 중대한 오류가 있는 경우 또는 비례·평등의 원칙을 위반하거나 사회통념상 현저하게 타당성을 잃는 등의 사유가 있다면 이는 재량권의 일탈·남용으로서 위법하다(대판 2016. 7. 14. 2015두48846).

다. 인 가

인가란 제3자의 행위를 보충해서 그 법률행위의 효력을 완성시키는 행정행위를 말하며 법인설립의 인가가 그 예이다.

라. 대 리

대리란 타인이 해야 할 행위를 행정청이 대신함으로써 본인이 한 것과 같은 법적효과를 발생하는 행정행위이다(예: 감독청에 의한 공법인의 정관작성, 토지수용재결, 조세체납처분으로서의 공매행위).

2. 준법률행위적 행정행위

(1) 의 의

준법률행위적 행정행위는 효과의사를 구성요소로 하지 않는 행정행위라는 점에서 법률행위적 행정행위와 구별된다. 준법률행위적 행정행위는 효과의사 이외의 정신작용, 즉 판단·관념·의사 등을 표시하고 그 법률적 효과는 행위자의 의사 여하를 불문하고 직접 법규가 정하는 바에 따라 발생한다. 준법률행위적 행정행위는 확인·공증·통지·수리의 네 가지로 나뉜다.

(2) 종 류

가. 확 인

확인은 특정한 법률사실 또는 법률관계의 존부 또는 정부에 관하여 의문이나 분쟁이 있는 경우에 행정청이 이를 공권적으로 판단·확정하는 행정행위이다. 발명특허, 당선인 결정, 건물준공검사, 행정심판재결 등이 그 예이다.

나. 공 증

공증은 의문 또는 다툼이 없는 사항 또는 이미 확인된 사항에 관하여 공적 권위로서 형식적으로 이를 증명하는 행위이다. 선거인명부에의 등록, 등기부·등록부에 등기, 회의록·의사록의 기재, 각종 증명서의 발급이 그 예이다.

다. 통 지

통지는 특정 또는 불특정 다수인에게 특정한 사실을 알리는 행위이며 의사의 통지와 관념의 통지가 있다. 의사의 통지는 대집행의 계고, 납세의 독촉행위 등이 있으며 관념의 통지는 특허출원공고, 토지수용에 있어서의 사업인정의 고시, 토지세목의 공고, 귀화의 고시, 의회소집공고행위 등이 있다.

라. 수 리

수리는 타인의 행정청에 대한 행위를 유효한 것으로 수령하는 행정행위이다. 혼인신고의 수리, 입후보등록, 이의신청, 행정심판의 수리 등이 그 예이다.

참 고

주유소등록신청을 받은 행정청은 주유소등록신청이 석유사업법, 동법시행령 혹은 위 시행령의 위임을 받은 시·도지사의 고시 등 관계법규에 정하는 제한에 배치되지 않고, 그 신청이 법정 등록요건에 합치되는 경우에는 특별한 사정이 없는 한 이를 수리하여야 하고 관계법령에서 정하는 제한사유 이외의 사유를 들어 등록을 거부할 수는 없는 것이나, 심사결과 관계법령상의 제한 이외의 중대한 공익상 필요가 있는 경우에는 그 수리를 거부할 수 있다(대판 1998. 9. 25. 98두7503).

Ⅳ. 행정행위의 부관

행정행위의 부관이란 행정행위의 일반적인 효과를 제한하기 위하여 그 행위의 요소인 의사표시의 주된 내용에 부가되는 종된 의사표시를 말한다. 행정행위의 부관에는 조건·기한·부담·취소권유보·법률효과의 일부배제 등이 있다.

1. 조 건

조건이란 행정행위의 효과의 발생 또는 소멸을 발생불확실한 장래의 사실에 의존케 하는 행정청의 의사표시를 말한다. 그 사실의 성부가 미정인 동안에 행정행위의 효력은 불확정상태에 있고, 조건성취에 의해서 그 효력이 발행하는 정지조건(예: 도로포장공사 완성을 조건으로 한 자동차운수사업면허, 일정기간 내에 시설완성을 조건으로 한 대학설립인가)과 그 효력을 상실하는 해제조건(예: 일정기간 내에 공사에 착수하지 않으면 효력을 잃는다는 조건으로 행한 특허기업의 특허)이 있다. 그러나 조건부행정행위는 행정법관계를 오랫동안 불확정상태에 둠으로써 공익을 해할 우려가 있으므로 그 예는 비교적 적다.

2. 기 한

기한이란 행정행위의 효과의 발생 또는 소멸을 장래의 확실한 사실에 의존케 하는 행정청의 의사표시를 말한다. 기한은 도래할 것이 확실한 장래의 사실에 기초한다는 점에서 조건과 구별된다.

3. 부 담

부담이란 행정행위의 주된 의사표시에 부가하여 그 효과를 받는 상대방에게 이에 따른 특별한 의무를 명하는 의사표시를 말한다. 특허·허가 기타 상대방에게 권리·이익을 주는 행정행위에서 흔히 볼 수 있고, 부관 중에서 실례가 가장 많다.

4. 철회권의 유보

철회권의 유보란 행정행위의 주된 의사표시에 부가하여 특정한 경우에 행정행위를 철회할 수 있는 권리를 유보하는 의사표시를 말한다.

5. 법률효과의 일부배제

이는 행정행위의 주된 의사표시에 부가하여 법령에서 일반적으로 그 행위에 부여하는 법률효과의 일부발생을 배제하는 의사표시를 말한다. 예를 들면, 외제차의 수입 허가시 외국인관광용으로만 허용하는 경우이다. 이것은 법령상의 효과를 특정한 경우에 제한하는 것이므로 원칙적으로 법령에 특별한 근거가 있을 때에 한하여 붙일 수 있다.

참 고

행정행위의 부관은 부담의 경우를 제외하고는 독립하여 행정소송의 대상이 될 수 없는 것인바, 지방국토관리청장이 일부 공유수면매립지에 대하여 행한 국가 또는 직할시 귀속처분은 매립준공인가를 함에 있어서 매립면허를 받은 자의 매립지에 대한 소유권 취득을 규정한 공유수면매립법 제14조의 효과 일부를 배제하는 부관을 붙인 것이고, 이러한 행정행위의 부관은 위 법리와 같이 독립하여 행정소송 대상이 될 수 없다(대판 1993. 10. 8. 93누2032).

Ⅴ. 하자(흠)있는 행정행위

행정행위는 행위주체가 정당한 권한을 가진 자가 권한 안에서 결함 없는 의사에 기하여 행하고, 내용적으로 법과 공익에 적합하고 실현가능한 것이어야 하며, 일정한 절차와 형식을 갖추어(내부적 성립요건) 외부에 표시되어야 한다(외부적 성립요건). 그리고 이러한 요건을 갖추어 성립된 행정행위가 상대방에게 고지되어야 비로소 완전한 행위가 된다. 이러한 요건을 갖추지 못한 경우 위법 또는 부당한 행위를 의미하며 행정행위로서 유효하게 성립하는데 영향을 준다.

흠있는 행정행위와 그 효과는 일반적으로 무효와 취소의 두 가지로 나누고 있다. 종래의 통설은 흠이 중대한 법규위반이나 외관상 명백할 때에는 그 행정행위는 무효이고, 나머지는 취소할 수 있는 행정행위로 나누고 있다. 또한 무효와 구별되는 부존재라는 개념도 인정하고 있으므로 이에 관해 살펴보기로 한다.

1. 무효인 행정행위

행정행위로서의 외형은 갖추고 있으나, 그 하자가 중대하고 명백하여 처음부터 행정행위로서의 효력이 전혀 발생하지 않는 행정행위로, 누구도 그것에 기속되지 아니하며 언제든지 그 무효를 주장할 수 있다. 정당한 권한을 가진 행정기관이 아닌 자의 행위, 행정기관의 권한 외의 행위 등이 그 예이다.

2. 취소할 수 있는 행정행위

그 성립에 흠이 있기는 하지만 이른바 공정력의 효과로 인하여 권한 있는 기관의 취소가 있기까지는 일단 유효한 행정행위를 말한다. 단순위법, 권한의 초과, 공익위반, 사기나 강박에 의한 경우가 그 예이다. 행정청에 의한 직권취소와 행정심판이나 행정소송에 의한 쟁송취소가 있다.

참 고

1. 행정처분의 취소와 당사자의 불이익(대판 1973. 6. 26. 72누232)
   행정행위가 일단 성립하면 이를 기초로 하여 새로운 법질서가 형성되는 것이므로, 비록 하자 있는 행정행위라 할지라도 함부로 이를 취소할 수 없는 것이고, 허가, 특허등과 같이 상대방에게 이익을 생기게 하는 것에 있어서는 그 취소는 항상 국민의 기득권(또는 자유)을 침해하는 것이 되므로 이러한 경우에는 취소권자가 취소원인이 존재하는 이유만 가지고 취소할 수는 없고, 취소하여야 할 공익상 필요와 취소로 인하여 당사자가 입을 불이익 등을 비교교량하여 그 취소여부를 결정하여야 함이 상당하다.
2. 수익적 행정행위를 취소할 수 있는 경우(대판 1986. 2. 25. 85누664)
   행정행위를 한 처분청은 그 행위에 하자가 있는 경우에 별도의 법적 근거가 없더라도 스스로 이를 취소할 수 있는 것이며, 다만 그 행위가 국민에게 권리나 이익을 부여하는 이른바 수익적 행정행위인 때에는 그 행위를 취소하여야 할 공익상 필요와 그 취소로 인하여 당사자가 입을 기득권과 신뢰보호 및 법률생활 안정의 침해 등 불이익을 비교교량한 후 공익상 필요가 당사자의 기득권침해 등 불이익을 정당화할 수 있을 만큼 강한 경우에 한하여 취소할 수 있다.

3. 행정행위의 부존재

행정행위가 처음부터 아무런 효력이 없는 점에서는 무효와 같으나 무효의 경우에는 행위로서의 외형이 존재하는데 비해 행정행위의 부존재는 행정행위의 어떤 중요한 요건을 결여함으로써 하나의 행위로서 성립조차 하지 못하는 경우를 말한다. 사인이 행정기관을 사칭하여 행한 행위, 권유, 주의, 호의적 알선, 희망의 표시, 행정기관의 내부결정만 있고 외부에 표시되지 아니한 경우 등이 그 예이다.

Ⅵ. 하자있는 행정행위의 소멸

1. 행정행위의 철회

행정행위의 철회란 아무런 흠 없이 완전하게 성립한 행정행위에 대해 그 행위가 성립한 후에 생긴 새로운 사정으로 행정행위의 효력을 지속시키는 것이 공익에 반하는 경우에 그 행위의 효력을 장래에 향해서 효력을 상실시키는 행정행위를 말한다.

철회는 직권취소와는 달리 처분청만 할 수 있고 감독청은 특별한 규정이 없는 한 직접 철회할 수는 없다.

2. 행정행위의 실효

행정행위의 실효란 행정청의 의사에 의하지 않고 객관적인 사실의 발생에 의하여 당연히 효력이 없어지는 것을 말한다. 실효사유로는 당사자의 사망, 해제조건의 성취, 종기의 도래, 목적물의 멸실 등을 들 수 있다. 실효는 무효, 취소, 철회와 구별되며, 실효의 효과는 실효사유가 발생한 때로부터 장래에 향하여 당연히 효력이 상실된다.

참 고

1. 실권의 법리에 따른 철회 제한
   실권의 법리란 행정기관이 위법한 상태를 장기간 방치함으로써 사인이 그러한 상태를 신뢰하여 이를 기초로 새로운 법률관계를 형성한 경우에는 행정기관이 그 위법성을 주장할 수 없도록 하는 것을 말한다. 다시 말하면, "실권 또는 실효의 법리는 법의 일반원리인 신의성실의 원칙에 바탕을 둔 파생원칙인 것으로 공법관계 가운데 관리관계는 물론이고 권력관계에도 적용되어야 함을 배제할 수는 없다 하겠으나 그것은 본래 권리행사의 기회가 있음에도 불구하고 권리자가 장기간에 걸쳐 그의 권리를 행사하지 아니하였기 때문에 의무자인 상대방은 이미 그의 권리를 행사하지 아니할 것으로 믿을 만한 정당한 사유가 있게 되거나 행사하지 아니할 것으로 추인케 할 경우에 새삼스럽게 그 권리를 행사하는 것이 신의성실의 원칙에 반하는 결과가 될 때 그 권리행사를 허용하지 않는 것을 의미한다(대판 1988. 4. 27. 87누915)."
2. 선행처분의 내용을 변경하는 후행처분이 있는 경우, 선행처분의 효력 존속 여부
   선행처분의 주요 부분을 실질적으로 변경하는 내용으로 후행처분을 한 경우에 선행처분은 특별한 사정이 없는 한 효력을 상실하지만, 후행처분이 선행처분의 내용 중 일부만을 소폭 변경하는 정도에 불과한 경우에는 선행처분은 소멸하는 것이 아니라 후행처분에 의하여 변경되지 아니한 범위 내에서는 그대로 존속한다(대판 2020. 4. 9. 2019두49953).

Chapter 09 행정상 의무이행 확보수단

제 1 절 행정상 강제집행

Ⅰ. 서 설

1. 의 의

행정상 강제집행은 '법령' 또는 이에 의거한 행정처분에 의하여 발생한 행정법상의 의무를 의무자 스스로 이행하지 않을 경우에 행정청이 의무자의 신체 또는 재산에 실력을 가하여 장래에 향하여 그것을 이행하거나 한 것과 동일한 상태를 실현하는 작용이다.

2. 근 거

행정상 강제집행은 국민의 신체, 재산에 실력을 가하여 행정상 의무이행을 확보하는 수단으로서 그에 의하여 국민의 자유가 침해되는 것이라는 점에서 법적 근거가 필요하다. 우리나라의 행정상 강제집행에 관한 근거법으로는 일반법으로서 행정대집행법과 국세징수법이 있으며 그 밖의 단행법으로 공익사업을 위한 토지 등의 취득 및 보상에 관한 법률, 출입국관리법, 방어해면법, 군사기지 및 군사시설보호법 등이 있다.

Ⅱ. 수 단

1. 행정대집행

타인이 대신할 수 있는 작위의무의 불이행에 대하여 당해 행정청이 스스로 의무자가 하여야 할 행위를 하거나 또는 제3자로 하여금 그것을 행하게 하고 그 비용을 의무자로부터 징수하는 것을 말한다. 대집행의 절차는 계고, 대집행영장에 의한 통지, 대집행의 실행, 비용징수 등에 의하며, 대집행에 불복이 있으면 행정심판 또는 행정소송을 제기할 수 있다.

참 고

1. 건물철거 대집행 계고처분(대판 1992. 3. 10. 91누4140)
   무허가증축부분으로 인하여 건물의 미관이 나아지고 위 증축부분을 철거하는 데 비용이 많이 소요된다고 하더라도 위 무허가증축부분을 그대로 방치한다면 이를 단속하는 당국의 권능이 무력화되어 건축행정의 원활한 수행이 위태롭게 되며 건축법 소정의 제한규정을 회피하는 것을 사전예방하고 또한 도시계획구역 안에서 토지의 경제적이고 효율적인 이용을 도모한다는 더 큰 공익을 심히 해할 우려가 있다고 보아 건물철거대집행계고처분을 할 요건에 해당된다.
2. 적법한 절차를 거치지 않은 행정대집행(서울동부지방법원 2007가합17879)
   원고는 태백시 소속 공무원인 피고 乙이 행정대집행법에 정한 절차를 거치지 않은 채 태백산도립공원내에 있던 원고 소유의 기도용 천막을 철거하고 그 안에 보관되어 있던 물건들을 폐기하는 위법행위를 하였으므로, 피고들은 각자 이로 인한 원고의 재산상 손해에 대한 배상금 14,968,600원과 정신적 손해에 대한 위자료 1억원을 지급할 의무가 있다고 주장한다.
   이에 재판부는 심리결과, 피고 乙이 행정대집행법에 따라 위 천막의 철거에 관한 대집행을 하기 위해서는 원고에게 위 천막의 철거를 명하여 철거의무의 발생이 전제되어야 하는데, 피고 乙이 이러한 절차를 거치지 아니하였으므로 위와 같은 천막의 철거는 위법하여 피고들은 이로 인한 원고의 손해를 배상할 책임이 있고 원고가 도립공원 내에 무허가 구조물인 천막을 방치하였다는 사실만으로 피고들이 면책될 수 없다고 판단한 뒤, 손해의 범위와 관련하여 재산상 손해배상의 청구 부분은 폐기된 물건의 객관적 가치에 대한 입증이 곤란하여 손해액의 확정이 곤란하므로 기각하고, 위자료 청구 부분은 종교시설의 불법철거의 경우에 이로 인하여 원고가 상당한 정신적 고통을 겪었을 것임은 경험칙상 충분히 인정되므로 원고의 정신적 고통을 금전으로나마 위자할 의무가 있으며, 위자료 액수에 대하여 원고에게 재산상 손해의 발생이 인정되는데도 손해액의 확정이 불가능하여 피고들에게 그 배상을 명할 수 없는 점, 법의 집행으로 인하여 침익적인 효과가 발생할 경우에는 절차적 정당성의 확보가 중요한 점, 법을 집행하는 공무원이 적법절차에 대한 인식이 부족했던 점은 비난가능성이 상당한 점 등을 고려하여 2,500만원으로 정하여 원고의 이 사건 청구를 일부 인용하였다.

2. 직접강제

행정상 의무불이행에 대하여 직접 의무자의 신체 또는 재산에 실력을 가하여 의무가 이행된 것과 같은 상태를 실현하는 것을 말하며, 외국인의 출국정지, 퇴거의 강제, 금지사항을 위반한 영업장소의 폐쇄 등이 그 예이다. 현행법상 일반적 규정은 없으며 공중위생관리법, 방어해면법, 군사기지 및 군사시설 보호법 등의 개별법에서 예외적으로 인정하고 있다.

참 고 **학원폐쇄조치(대판 2001. 2. 23. 99두6002)**

학원의 설립·운영에 관한 법률 제2조 제1호와 제6조 및 제19조 등의 관련규정에 의하면, 같은 법상의 학원을 설립·운영하고자 하는 자는 소정의 시설과 설비를 갖추어 등록을 하여야 하고, 그와 같은 등록절차를 거치지 아니한 경우에는 관할 행정청이 직접 그 무등록 학원의 폐쇄를 위하여 출입제한 시설물의 설치와 같은 조치를 취할 수 있게 되어 있으나, 달리 무등록 학원의 설립·운영자에 대하여 그 폐쇄를 명할 수 있는 것으로 규정하고 있지 아니하고, 위와 같은 폐쇄조치에 관한 규정이 그와 같은 폐쇄명령의 근거규정이 된다고 할 수 없다.

3. 집행벌(이행강제금)

작위의무 또는 부작위의무를 이행하지 않는 경우에 그 의무자에게 심리적 압박을 가하여 의무의 이행을 간접적으로 강제하기 위하여 과하는 금전적 부담을 말한다. 현행법상 그 예를 찾아보기 어려운데, 국세징수법상의 중가산금제와 건축법상의 이행강제금은 집행벌적 성격을 가지는 것이라고 할 수 있다. 행정벌과 달리 반복 부과하여도 일사부재리의 원칙에 반하지 않는다.

4. 행정상의 강제징수

국민이 국가 또는 지방자치단체에 대하여 부담하는 공법상의 금전지급의무를 이행하지 아니하는 경우에, 행정청이 강제수단에 의하여 그 의무가 이행된 것과 같은 결과를 실현하기 위하여 하는 작용을 말한다. 국세징수법상의 절차로는 독촉, 체납처분(재산 압류, 매각, 청산), 납세처분의 중지 및 결손처분 등이 있으며, 각 단행법 및 행정심판법·행정소송법에 의하여 행정쟁송을 제기할 수 있다.

참 고 **공매실익이 없는 경우 압류해제 여부(대판 1996. 12. 20. 95누15193)**

압류해제신청 당시 과세관청이 압류토지를 공매한다고 하더라도 국세체납액에 우선하는 압류토지의 가등기담보권 피담보채권액이 토지가액을 훨씬 넘게 됨이 분명하여, 공매처분에 의하여 체납처분비에 충당하고 잔여가 생길 여지가 없는 것으로 판명된 경우라면, 이는 국세징수법 제53조 제1항 제1호 소정의 '기타의 사유로 압류의 필요가 없게 된 때'에 해당하는 것이므로 세무서장은 압류를 해제하여야 한다.

제 2 절 행정상 즉시강제

Ⅰ. 서 설

1. 의 의

행정상 즉시강제란 목전에 급박한 행정상 장해를 제거할 필요가 있는 경우에 미리 의무를 명할 시간적 여유가 없을 때 또는 그 성질상 의무를 명해 가지고는 목적달성이 곤란할 때에 직접 국민의 신체 또는 재산에 실력을 가하여 행정상 필요한 상태를 실현하는 작용을 말한다.

2. 근 거

법치행정의 원리상 엄격한 법률의 근거를 요하며, 일반법으로 경찰관직무집행법이 있으며, 이외에 마약류 관리에 관한 법률, 감염병의 예방 및 관리에 관한 법률, 소방기본법, 식품위생법 등 각각의 개별법에서 인정하고 있다.

3. 한 계

법규의 범위 내에서도 일정한 조리상의 한계가 있는바, 급박성의 원리, 보충성의 원리, 비례성의 원리, 소극성의 원리 등이 있으며, 이 한계를 넘는 강제권 발동은 위법행위가 된다.

Ⅱ. 수 단

1. 대인적 강제

사람의 신체에 실력을 가하여 행정상 필요한 상태를 실현하는 것으로 강제격리, 강제건강진단, 강제수용, 원조강제 등이 그 예이다.

2. 대물적 강제

타인의 물건에 대한 소유권 기타의 권리를 실력으로 침해함으로써 행정상 필요한 상태를 실현하는 행정작용으로 물건의 폐기, 물품대장의 검사·압수, 유해물의 제거·파괴 등이 그 예이다.

3. 대가택 강제

소유자나 점유자 및 관리자의 의사에 불구하고 타인의 가택에 출입·수색하는 행정작용이며, 가택출입, 임검, 검사, 수색 등이 그 예이다.

Ⅲ. 행정상 즉시강제에 대한 구제

1. 적법한 즉시강제에 대한 구제

행정상 즉시강제가 적법하더라도 그로 인하여 귀책사유 없이 수인의 범위를 넘은 특별한 희생이 발생한 경우에는 행정상 손실보상청구가 인정된다.

2. 위법한 즉시강제에 대한 구제

행정상 소송의 제기, 정당방위, 행정상 손실보상의 청구, 기타 직권에 의한 취소·정지, 공무원의 형사책임·징계책임 등이 있다.

제 3 절 행정벌

Ⅰ. 서 설

1. 의 의

행정 법규에 의한 명령 또는 금지의 위반에 대한 제재로서 일반통치권에 의해 과해지는 처벌을 말한다. 행정 법규는 행정 목적의 실현을 위해 국민에게 각종의 행정 의무를 과하는 동시에, 국민이 그 의무를 위반하는 경우 제재를 과할 것을 규정함으로써 행정법규의 실효성을 확보한다. 행정벌은 과거의 행정법상의 의무 위반에 대한 제재로서 과하는 처벌인데 비해, 집행벌은 장래에 향해 행정법상의 의무의 이행을 강제하기 위해 과하는 처벌이라는 점에서 다르다.

2. 근 거

행정벌도 형벌 기타 처벌이므로 죄형법정주의가 적용된다. 다만, 법률에 의하여 구체적·개별적으로 벌칙제정권을 위임받은 경우에 한하여 명령으로서 벌칙을 제정할 수 있다. 조례도 일정한 한도 내에서는 행정벌, 특히 행정질서벌의 근거가 된다.

Ⅱ. 종 류

1. 행정형벌

행정형벌은 형법상 형명이 있는 벌(사형, 징역, 금고, 자격상실, 자격정지, 벌금, 구류, 과료, 몰수 등)을 과하는 행정벌로 특별한 규정이 없는 한 형법총칙이 적용되고, 행정소송법 절차에 의하며, 예외적으로 통고처분, 즉결심판 등이 인정된다.

참 고

1. 행정상의 단속을 주안으로 하는 법규라 하더라도 명문규정이 있거나 해석상 과실범도 벌할

뜻이 명확한 경우를 제외하고는 형법의 원칙에 따라 고의가 있어야 벌할 수 있다(대판 2010. 2. 11. 2009도9807).

2. 행정형벌의 과벌절차와 관련 통고처분은 법원에 의하여 자유형 또는 재산형에 처하는 형사절차에 갈음하여 과세관청이 조세범칙자에 대하여 금전적 제재를 통고하고 이를 이행한 조세범칙자에 대하여는 고발하지 아니하고 조세범칙사건을 신속·간이하게 처리하는 절차로서, 형사절차의 사전절차로서의 성격을 가진다(대판 2016. 9. 28. 2014도10748).

2. 행정질서벌

행정질서벌은 행정법상의 의무위반에 대한 과태료라는 금전벌을 과하는 행정벌을 말한다. 조례에 의한 과태료는 지방자치단체의 장이 부과·집행한다. 행정질서벌에 대한 질서위반행위의 성립요건과 과태료의 부과·징수 및 재판 등에 관한 사항을 규정하는 것으로 질서위반행위규제법이 있다.

참 고 행정질서벌과 형사벌(대판 1989. 6. 13. 88도1983)

일사부재리의 효력은 확정재판이 있을 때에 발생하는 것이고 과태료는 행정법상의 질서벌에 불과하므로 과태료처분을 받고 이를 납부한 일이 있더라도 그 후에 형사처벌을 한다고 해서 일사부재리의 원칙에 어긋난다고 할 수 없다.

제4절 행정상 새로운 의무이행 확보수단

Ⅰ. 서 설

오늘날 행정작용의 복잡·다양화 현상에 따라 전통적인 행정강제나 행정벌 등의 실효성 확보수단만으로는 현대행정수요에 충분히 대응하기 곤란하므로 행정현실에 상응하는 새로운 실효성 확보수단이 필요하게 되었다. 그러나 행정의 실효성 확보라는 측면에서는 바람직하지만 상대적으로 법치행정의 원리 또는 국민의 권리보호측면에서 위험성이 있다는 점이 지적되고 있다.

Ⅱ. 유 형

1. 과징금

과징금이란 위법한 사업활동으로 인한 수익을 환수함으로써 경제적 불이익을 생기도록 하여 궁극적으로 사업자로 하여금 주어진 의무를 이행하게 하려는 것으로, 여객자동차 운수사업법상의 의무위반에 대한 사업정지처분에 갈음한 과징금, 환경보전법상의 오염물질 등의 배출에 대한 과징금 등이 그 예이다.

참 고

과징금 산정의 잘못을 이유로 공정거래위원회의 과징금부과처분 등의 취소를 구하는 사건에서 대법원은 "공정거래법상 과징금은 위반행위에 의하여 얻은 불법적인 경제적 이익을 박탈한다는 부당이득 환수뿐만 아니라, 위반행위의 억지라는 행정목적을 실현하기 위하여 부과된다는 성격을 모두 가지고 있다. 입찰담합을 하였으나 입찰담합이 무위로 돌아가 참여자들 가운데 낙찰자가 선정되지 않은 경우, 참여자들이 입찰담합으로 인한 경제적 이익을 누리지 못한다고 볼 여지가 있으므로 계약금액을 과징금 기본 산정기준으로 삼는 것은 과징금의 부당이득 환수적 성격에는 어울리지 않는 측면이 있다. 그러나 그러한 사정만으로 계약금액을 과징금 기본 산정기준에서 제외하는 것은 입찰담합 행위 그 자체의 위법성에 걸맞게 제재 수위가 결정되어야 한다는 행정제재 목적 달성의 측면을 도외시한 것이 된다. 입찰담합 참여자가 그 위반행위로 인하여 얻은 이익이 적거나 없다는 사정은 부과기준율 적용단계 등 과징금을 결정하는 재량 행사과정에서 반영될 수 있다. 따라서 입찰담합이 성공하였는지 실패하였는지를 가리지 않고 그 입찰의 계약금액을 과징금 기본 산정기준으로 삼는다고 하더라도, 그것이 반드시 과잉환수 내지 과잉제재의 결과로 이어진다고 할 수 없다"(대판 2022. 5. 26. 2019두57398)고 판단했다.

2. 가산금

가산금이란 행정법상의 급부의무불행에 대한 제재로서 과하는 금전부담을 말한다. 이에는 체납세액에 일정액을 가하는 가산금과 체납시에 매1월마다 체납세액에 다시 일정액을 가산하는 중가산금이 있다. 이러한 가산금은 연체금에 해당하고, 중가산금은 집행벌의 성질을 가진다고 할 수 있다.

3. 가산세

가산세란 세법상 의무의 성실한 이행을 확보하기 위하여 그 세법에 의하여 산출된

세액에 가산하여 징수하는 금액을 말한다. 납부불성실행위 또는 신고불성실행위 등에 대하여 부과된다. 판례는 가산세는 세금의 형태로 부과되는 행정벌의 성질을 가지는 제재라고 보았다.

참 고 **본세의 산출세액이 없더라도 가산세만 독립하여 부과·징수(대판 2007. 3. 15. 2005두12725)**

가산세는 과세권의 행사와 조세채권의 실현을 용이하게 하기 위하여 세법에 규정된 의무를 정당한 이유 없이 위반한 납세자에게 부과하는 일종의 행정상 제재로서, 개별 세법에 의하여 산출한 법인세 등 본세에 가산세를 가산한 금액을 본세의 명목으로 징수한다 하더라도 이는 징수절차의 편의상 본세의 세액에 가산하여 함께 징수하는 것일 뿐 세법이 정하는 바에 의하여 성립·확정되는 본세와는 그 성질이 다르므로, 본세의 산출세액이 없는 경우에는 가산세도 부과·징수하지 아니한다는 등의 특별한 규정이 없는 한, 본세의 산출세액이 없다 하더라도 가산세만 독립하여 부과·징수할 수 있다.

4. 공급거부

행정법상의 의무위반자에 대하여 일정한 행정상의 역무나 재화의 공급을 거부하는 행정조치를 말하며, 건축법위반의 건축물에 대한 수도·전기·전화의 공급거부가 그 예이다. 그러나 공급거부는 국민의 권익에 중대한 영향을 미치는 것이므로 건축법도 2005. 11. 8 개정에 의해 규정이 삭제되었다. 다만 관허사업의 제한으로 대체될 수 있다.

참 고 **공급거부 권고의 법적 성격(대판 1996. 3. 22. 96누433)**

건축법 제69조 제2항, 제3항의 규정에 비추어 보면, 행정청이 위법 건축물에 대한 시정명령을 하고 나서 위반자가 이를 이행하지 아니하여 전기·전화의 공급자에게 그 위법 건축물에 대한 전기·전화공급을 하지 말아 줄 것을 요청한 행위는 권고적 성격의 행위에 불과한 것으로서 전기·전화공급자나 특정인의 법률상 지위에 직접적인 변동을 가져오는 것은 아니므로 이를 항고소송의 대상이 되는 행정처분이라고 볼 수 없다.

5. 공 표

일정한 행정법상의 의무위반이 있는 경우에 그 위반상황을 불특정다수인에게 알 수 있도록 공시하는 행위를 말하며, 행정청이 위반자의 성명, 위반사실 등을 일반에게 공개하여 명예 또는 신용에 침해를 가함으로서 의무자의 수치심을 자극하여 행정법상의 의무이행을 확보하는 수단이다. 환경오염물질의 배출업소를 공시하는 것 등이 그 예이다.

참 고 **국가기관의 위법한 공표행위의 위법성 판단 기준(대판 1993. 11. 26. 93다18389)**

국가기관이 행정목적달성을 위하여 언론에 보도자료를 제공하는 등 이른바 행정상 공표의 방법으로 실명을 공개함으로써 타인의 명예를 훼손한 경우, 그 공표된 사람에 관하여 적시된 사실의 내용이 진실이라는 증명이 없더라도 국가기관이 공표 당시 이를 진실이라고 믿었고 또 그렇게 믿을 만한 상당한 이유가 있다면 위법성이 없는 것이고, 이 점은 언론을 포함한 사인에 의한 명예훼손의 경우에서와 마찬가지이다. 이 경우 상당한 이유의 존부의 판단에 있어서는, 실명공표 자체가 매우 신중하게 이루어져야 한다는 요청에서 비롯되는 무거운 주의의무와 공권력의 광범한 사실조사능력, 공표된 사실이 진실하리라는 점에 대한 국민의 강한 기대와 신뢰, 공무원의 비밀엄수의무와 법령준수의무 등에 비추어, 사인의 행위에 의한 경우보다는 훨씬 더 엄격한 기준이 요구된다 할 것이므로, 그 사실이 의심의 여지없이 확실히 진실이라고 믿을 만한 객관적이고도 타당한 확증과 근거가 있는 경우가 아니라면 그러한 상당한 이유가 있다고 할 수 없다.

6. 관허사업의 제한

일정한 행정법상의 의무위반이 있는 경우에 기왕에 그 의무위반자에게 주어진 인가·허가 등 수익적 행정행위를 철회하거나 정지함으로써 불이익을 주어 행정법상의 의무이행을 간접적으로 강제하는 수단을 말한다. 세무서장은 납세자가 정당한 사유없이 국세를 체납한 때에는 허가, 인가, 면허 및 등록과 그 갱신을 요하는 사업의 주무관서에 그 납세자에 대해 허가 등을 하지 않을 것을 요구할 수 있다.

7. 제재처분

법령 등에 따른 의무를 위반하거나 이행하지 아니하였음을 이유로 당사자에게 의무를 부과하거나 권익을 제한하는 처분이 제재처분이다. 여기서 행정기본법 제30조 제1항 각 호에 따른 행정상 강제는 제외한다. 제재처분은 침익적 처분이므로 반드시 법적 근거가 있어야 하고, 행정청은 법령 등의 위반행위가 종료된 날로부터 5년이 지나면 제재처분을 할 수 없다(동법 제23조 제1항).

3

Law & Society

민사법의 이해와 법률문제

Chapter 01 법률행위로서 계약

제 1 절 법률행위의 의미

Ⅰ. 법률행위와 계약

법학자들은 법률행위를 일컬어 의사표시를 요소로 하는 법률요건이라 이른다. 여기서 의사표시란 당사자가 일정한 법률효과를 바라고 그러한 뜻을 바깥으로 표시하는 행위이다. 따라서 의사표시는 하나가 될 수도 있고, 두 개 이상이 될 수도 있다. 의사표시가 곧 법률행위는 아니다. 법률요건이란 법률효과를 가져오는 원인을 말한다.

가령, 자동차를 사고파는 매매의 경우, 자동차를 살지 혹은 팔지 물어 청약(의 의사표시)하고, 팔래 살래 답하여 승낙(의 의사표시)하고, 두 의사가 합치해 계약이 성립하면(법률요건) 매매의 효과(법률효과)가 발생하게 된다.

불법행위의 요건이 충족되면 피해자가 손해배상을 요구할 수 있는 권리를 갖는데, 이때는 "요구할 수 있는 권리를 갖는다"가 법률효과가 되고, 불법행위의 원인이 법률요건이 된다(법률요건을 구성하는 개개의 사실을 법률사실이라 한다).

사람들은 알게 모르게 스스로에게 유리한 법률효과가 발생하기를 원한다. 하지만 법은 지극히 상식적이지만 때로는 그러한 상식을 거스르는 것처럼 보일 때가 있다. 왜냐하면 상식은 누구나의 것이어야 되는데 그렇지 못한 경우가 있기 때문이다.

법률행위(와 관련한 민법상의 규정)는 '의사표시'가 그 중요 요소가 되지만(여기에 '당사자'와 '목적'이 일반 성립요건으로 추가된다), 그 내용이나 성질이 다 같은 것은 아닌 까닭에 아주 다양하다. 재산행위와 신분행위, 요식행위와 불요식행위, 단독행위와 계약 등으로 나누는 것이 그러한 예가 될 것이다.

여기서는 우리가 살면서 가장 빈번하고 흔하게 마주치는 법률행위인 계약을 중심으로 민사편에 대한 서두를 열어가고자 한다. 일상생활에서 수많은 계약을 체결하고, 그 계약에 따라 권리를 취득하거나 의무를 부담하는 법률생활은 곧 일상생활 그 자체라 해도 과언이 아니다. 그런데 대부분의 사람들은 그러한 사실을 인식하지 못하고 있다. 그 이유는 우리가 상대방과 체결한 계약의 내용을 서로 성실하게 이행하고 있거나, 서로 상대방의 잘못에 대하여 문제를 삼지 않기 때문이다. 아니면 아예 그러한 행위 자체가 법적인 의미를 갖는 것인가에 대한 생각을 하지 않기 때문인지도 모른다. 그럼에도 만약 어느 일방이 계약의 내용을 준수하지 않고, 그것을 상대방이 문제로 삼을 때 법률문제로 비화된다.

참 고

계약은 당사자 사이의 의사표시가 합치됨으로써 이루어지는 법률행위이다. 이로써 당사자 서로의 권리와 의무에 변동을 가져오는 법률요건이 된다. 사람들이 보통 "계약"이라고 할 때는 채권과 채무의 발생을 목적으로 하는 채권계약을 말하는 경우가 대부분이다. 하지만 계약에는 물권변동을 목적으로 물권계약, 채권양도나 채무인수에 관한 합의로서 준물권계약, 혼인과 같은 친족법상의 합의와 같은 계약도 있다. 우리 민법은 제3편 채권편 제2장 제2절 내지 제15절에서 14가지의 전형계약에 관해 규정하고 있다. 증여, 매매, 교환, 소비대차, 사용대차, 임대차, 고용, 도급, 현상광고, 위임, 임치, 조합, 종신정기금, 화해가 그것이다. 하지만 현대 사회에서는 민법에서 예정하고 있지 않은 무수한 계약도 존재한다. 위 14가지의 전형계약 가운데 증여와 매매, 교환은 재산권을 이전할 것을 목적으로 하는 계약이고, 소비대차, 사용대차, 임대차는 재산권을 이용할 것을 목적으로 하는 계약이다.

Ⅱ. 권리의 발생과 불법행위

권리의 발생과 변경, 소멸을 함께 일컬어 권리의 변동이라 한다. 권리의 발생원인은 권리의 종류에 따라 다양하고, 그 원인을 분류하는 방법도 여러 가지이다. 다른 사람의 권리에 의하지 않고 원시적으로 권리를 취득하는 경우도 있고(취득시효, 선의취득, 선점, 첨부 등), 다른 사람의 권리를 승계하는 경우도 있다. 바꿔 말하면 당사자가 권리를 취득하고 의무를 부담할 의사를 가지고 있으며 그 의사에 의하여 권리가 발생하는 경우와 그러한 의사가 없지만 법률의 규정에 의하여 권리가 발생하는 경우가 있는 셈이다. 앞의 설명처럼 당사자의 의사에 의하여 권리가 발생하는 원인을 법률행위라고 하고, 법률행위의 중심에는 계약이 있다. 또한 법률의 규정에 의하여 권리가 발생하게 되는 불법행위도 있다.

불법행위란 법률의 근본목적에 어긋나고, 법률질서를 깨뜨리는 행위로 법률이 본질상 이를 허용할 수 없는 것으로 평가하는 행위를 일컫는다. 우리 민법은 제750조에서 그 내용을 규정하고 있는데 이에 따르면 '고의 또는 과실로 인한 위법행위로 타인에게 손해를 가한 자는 그 손해를 배상할 책임이 있'게 된다. 여기서 불법행위의 성립요건을 구체적으로 살펴보면 첫째, 가해자의 고의 또는 과실에 의한 행위가 있어야 하고, 둘째 가해자의 책임능력이 있어야 하며, 셋째 가해행위가 위법성을 가지며, 넷째 가해행위에 따른 손해가 발생하여야 한다. 불법행위 또한 사람의 행위이기는 하지만 위법행위로 법률행위는 아니고 법률의 규정에 의해서 채권이 발생되는 원인이 되는데 그친다.

대법원은 불법행위에서 고의를 "일정한 결과가 발생하리라는 것을 알면서 감히 이를 행하는 심리상태를 말하는데 객관적으로 위법이라고 평가되는 일정한 결과의 발생이라는 사실에 대한 인식만 존재하면 충분하고 그 외에 그것이 위법한 것으로 평가된다는 데까지 인식할 필요는 없다"고 한다(대판 2002. 7. 12. 2001다46440). 민사책임에서는 형사책임과는 달리 고의와 과실을 구별하는 실익이 거의 없다. 가해행위로 말미암은 손해의 배상에 목적을 두어 행위자에게 비난을 가할 만한 사유가 있으면 그것으로 충분하기 때문이다.

참 고

"불법행위에 따른 형사책임은 사회의 법질서를 위반한 행위에 대한 책임을 묻는 것으로서 행위자에 대한 공적인 제재를 그 내용으로 함에 비하여, 민사책임은 타인의 법익을 침해한 데 대하여 행위자의 개인적 책임을 묻는 것으로서 피해자에게 발생한 손해의 전보를 그 내용으로 하는 것이고, 손해배상제도는 손해의 공평, 타당한 부담을 그 지도원리로 하는 것이므로, 형사상 범죄를 구성하지 아니하는 침해행위라고 하더라도 그것이 민사상 불법행위를 구성하는지 여부는 형사책임과 별개의 관점에서 검토하여야 한다"(대판 2008. 2. 1. 2006다6713).

Ⅲ. 권리의 실현

법률행위 또는 법률의 규정에 의하여 권리가 발생하면 그 권리를 행사하여 권리의 내용을 실현하여야 한다. 물론 권리의 실현에 상대방의 협력이 필요 없는 경우도 있지만 상대방의 협력이 없으면 권리를 실현할 수 없는 경우가 있다. 채권이 그러한 것이다. 그러면 상대방의 협력이 없는 경우에는 어떻게 하여야 하는가에 대하여 규율하는 법이 절차법인 민사소송법과 민사집행법이다.

참 고

회사에 가려고 버스를 이용했는데 버스운전사 A의 졸음운전에 의하여 사고가 발생하였고, 그 사고를 정당화할 만한 사유가 없으며, 그 사고에 의하여 승객인 B가 100만원의 손해를 입었다면 민법 제750조의 규정에 의하여 A(또는 버스회사)는 B에게 100만원의 손해를 배상할 의무를 부담하고, B는 손해배상청구권을 취득하게 된다. 그런데 B의 손해배상청구에 대하여 버스회사가 임의로 손해배상금을 지급하지 않는 경우에 B는 손해배상청구권을 실현하기 위해서 버스회사를 상대로 소송을 제기하고, 확정판결을 받은 후에 그 확정판결을 채무명의로 하여 버스회사의 재산에 대한 강제집행을 하여야 한다. 이러한 소송절차를 규정하는 법이 민사소송법이고, 강제집행절차를 규정하는 법이 민사집행법이다.

제2절 법률행위의 주체와 성립

Ⅰ. 당사자

1. 권리능력

(1) 권리능력의 의의

권리는 생활상의 일정한 이익을 갖게 하기 위하여 인정되는 법률상의 힘으로 권리의 주체가 될 수 있는 자격이나 지위를 권리능력이라 한다. 권리능력을 갖는다 함은 동시에 의무능력을 갖는 것을 의미한다. 권리능력이 있어야 권리자 또는 의무자가 될 수 있다. 우리 법은 자연인과 법인에 대하여만 권리능력을 인정하는 것을 원칙으로 하고, 각종의 법에서 예외를 인정하고 있다.

(2) 자연인의 권리능력

"사람은 생존한 동안 권리와 의무의 주체가 된다"(민법 제3조). 그러므로 사람은 출생으로부터 사망에 이르기까지 권리능력을 갖게 된다. 다만, 예외적으로 태아에 대하여는 개별권리에 대하여 권리능력을 인정하고 있다. 즉, 재산상속(민법 제1000조 제3항), 불법행위에 의한 손해배상청구권(민법 제762조), 유증(민법 제1064조)에 대하여 태아는 출생한 것으로 본다.

참 고

태아도 손해배상청구권에 관하여는 이미 출생한 것으로 보는바, 부가 교통사고로 상해를 입을 당시 태아가 출생하지 아니하였다고 하더라도 그 뒤에 출생한 이상 부의 부상으로 인하여 입게 될 정신적 고통에 대한 위자료를 청구할 수 있다(대판 1993. 4. 27. 93다4663). 이에 대해서는 "태아도 손해배상의 청구권에 관하여는 이미 출생한 것으로 보는 것이고 또 위자료는 그 청구권자가 피해 당시 정신상 고통에 대한 감수성을 갖추고 있지 않다 하더라도 장래 이를 감수할 것임이 현재 합리적으로 기대할 수 있는 경우에 있어서는 즉시 그 청구를 할 수 있다고 해석되는 것"이라는 1962년 대법원 판례(1962. 3. 15. 4294민상903)뿐만 아니라 이후에도 수많은 판례의 언급을 거쳐 부산지방법원 서부지원 2023. 2. 9. 2019가단108822 판결, 수원지방법원 성남지원 2020. 3. 20. 2019가단217079 판결, 서울북부지방법원 2018. 8. 23. 선고 2017가합23053 판결 등에 이르고 있다. 헌법재판소는 "민법 제762조는 '태아는 손해배상의 청구권에 관하여는 이미 출생한 것으로 본다'라고 규정하고 있는바, 이 규정을 문면 그대로 해석할 경우 사산된 태아의 손해배상청구권을 인정할 여지가 있다. 그럼에도 불구하고 사산한 태아의 손해배상청구권이 부정되는 것은 법원이 민법 제762조를 해석함에 있어 생존한 동안에만 권리와 의무의 주체가 된다고 규정한 민법 제3조를 함께 적용하고 있기 때문이다. 살아서 출생하지 못한 태아의 손해배상청구권이 부정되는 것은 민법 제762조의 해석 때문이 아니라 오히려 민법 제3조 때문인 것이다. 그렇다면 당해사건에는 민법 제3조도 적용되고 있는 것으로 보아야 하므로 민법 제3조는 재판의 전제성이 인정된다"고 하였다(헌법재판소 2008. 7. 31. 2004헌바81).

(3) 법인의 권리능력

법인은 법에 의하여 권리능력이 인정되는 사람의 집단(사단법인) 또는 일정한 재산(재단법인)을 말한다. 법인은 정관의 작성과 주무관청의 허가 그리고 설립등기에 의하여 권리능력을 취득하고, 법인의 해산과 법인재산의 청산절차의 종료에 의하여 소멸한다.

2. 의사능력

의사능력이란 사물을 변별할 능력을 말한다. 즉, 어떠한 행위를 하면 어떠한 결과가 발생하리라는 것을 판단할 수 있는 능력을 뜻한다. 의사능력이 없는 자를 의사무능력자라 하고, 의사무능력자의 법률행위는 무효이다. 그리고 의사무능력자뿐만 아니라 상대방도 무효를 주장할 수 있다고 보아야 한다. 어떠한 자에게 의사능력이 있는지의 여부는 개별적·구체적으로 판단할 수밖에 없다. 왜 의사능력이 없는지의 여부는 묻지 않는다.

참 고

법률행위에 대하여 구속력을 부여하는 이유는 당사자 간에 대등한 입장에서, 합리적인 판단 아래 법률행위를 하였기 때문이다. 그러므로 당사자 일방이 판단능력이 없어 합리적인 판단을 하지 못한다면 공정한 법률행위가 성립할 수 없기 때문에(돈이 있다고 가정하자.) 법률행위의 구속력을 인정하지 않는 것이다. 예컨대, 어른이 6세의 어린 아이에게 과자 한 봉지를 1만원에 파는 것은 어렵지 않다. 그런데 그 계약을 유효하다고 인정하는 것은 공평하지 못하다. 그 아이는 판단능력이 없기 때문이다. 그러므로 그러한 계약은 무효이다.

3. 행위능력

(1) 행위능력의 의의

행위능력이란 유효한 법률행위를 할 수 있도록 법이 일률적으로 정한 능력이다. 의사능력이 없는 자의 법률행위는 무효이다. 그런데 의사능력 유무를 판단하는 것은 어려운 문제이다. 예전의 행위무능력자 제도는 개인의 의사결정능력에 따른 사회적 약자를 보호한다는 의미가 있었지만, 다른 한편으로는 글자 그대로 '행위무능력자'라는 부정적 의미가 내포되어 있었음도 사실이다. 2013년 7월부터 시행되고 있는 성년후견제도는 바로 이러한 부정적인 면을 고려한 것이다. 따라서 스스로 의사결정을 하고 권리능력을 주장하는데 어려움이 있는 사람들도 다양한 후견인이 선정되어 보다 더 원활한 사회생활을 할 수 있게 되었다. 현대의 복지국가가 지향하는 사회복지시스템을 반영, 현실적응성을 더욱 제고하게 된 것이다.

행위능력이 제한되는 자를 제한능력자라고 하는데, 민법은 미성년자와 일정한 요건에 따라 가정법원의 심판에 의해 제한능력자로 되는 피성년후견인, 피한정후견인을 두고 있다(민법 제4조, 제9조, 제12조). 행위능력제도는 제한능력자의 이익을 보호하기 위한 것이고, 행위능력에 관한 규정은 강행규정이다. 제한능력자가 한 법률행위는 원칙적으로 취소할 수 있고, 취소를 하게 되면 소급해서 무효가 된다. 가령 민법은 제4조에서 "사람은 19세로 성년에 이르게 된다"고 규정하고 있다. 따라서 성년이 되면 부모 등 법정대리인의 동의 없이도 법률행위를 할 수 있게 된다. 법정대리인의 동의를 얻지 않은 미성년자의 법률행위는 이를 취소할 수 있다(민법 제5조).

(2) 제한능력자의 유형

제한능력자에는 미성년자와 피성년후견인, 피한정후견인, 피특정후견인 등이 있다.

다만, 피특정후견인의 경우 특정후견의 심판이 있다 해서 그 행위능력이 제한되지 않는다는 것이 일반적인 견해이다.

피성년후견인은 정신적 제약으로 사무를 처리할 능력이 지속적으로 결여된 사람에 대하여 가정법원이 일정한 자의 청구에 의하여 성년후견개시의 심판을 하게 될 경우 그 심판을 받은 자를 말한다. 민법 제9조에서는 성년후견개시의 심판 규정을 두어 '가정법원은 질병, 장애, 노령, 그 밖의 사유로 인한 정신적 제약으로 사무를 처리할 능력이 지속적으로 결여된 사람'에 대하여 성년후견개시의 심판을 하게 했다. 피성년후견인의 법률행위는 취소할 수 있다. 만약 성년후견인의 동의가 있더라도 그 동의대로 법률행위를 할 것이라는 기대가 없다는 점에서 역시 취소할 수 있으며, 그 취소는 피성년후견인 또는 성년후견인이 할 수 있다. 성년후견인은 피성년후견인의 법정대리인이 된다.

피한정후견인은 정신적 제약으로 사무를 처리할 능력이 부족한 사람에 대하여 가정법원이 일정한 자의 청구에 의하여 한정후견개시의 심판을 하게 될 경우 그 심판을 받은 자를 말한다. 민법 제12조에서는 한정후견개시의 심판 규정을 두어 가정법원은 '질병, 장애, 노령, 그 밖의 사유로 인한 정신적 제약으로 사무를 처리할 능력이 부족한 사람'에 대하여 한정후견개시의 심판을 하게 했다. 가정법원은 피한정후견인의 정신적 제약의 상태에 따라 한정후견인의 동의를 받아야 하는 행위의 범위를 정할 수 있고, 일정한 자의 청구에 의하여 그 범위를 변경할 수도 있다. 동의가 필요한 행위를 피한정후견인이 단독으로 한 경우에는 피한정후견인 또는 한정후견인은 그 법률행위를 취소할 수 있다. 동의를 받아야 하는 것으로 정한 것 외에는 피한정후견인이 단독으로 할 수 있다. 일용품을 구입하는 등 일상생활의 필요에 의한 행위나 대가가 과도하지 않은 법률행위는 피한정후견인이 단독으로 할 수 있다.

또한, 피특정후견인(질병, 장애, 노령, 그 밖의 사유로 인한 정신적 제약으로 일시적 후원 또는 특정한 사무에 관한 후원이 필요한 사람으로서 가정법원으로부터 특정후견의 심판을 받은 자로 특정후견은 본인의 의사에 반해 할 수 없다. 특정후견의 심판을 하는 경우에는 특정후견의 기간 또는 사무의 범위를 정하여야 한다. 민법 제14조의2)의 행위능력은 법률에 특별한 규정이 없는 것에 비추어 제한되지 않는 것으로 보인다. 따라서 특정후견인은 취소권과 동의권을 갖지 않으며 특정후견인이 대리권을 갖는 경우에도 피특정후견인은 스스로 법률행위를 할 수 있다.

여기에 더해 후견을 받는 사람의 복리, 치료행위, 주거의 자유 등에 관한 신상보호규정(제947조, 제947조의2)의 도입이나, 후견을 받을 사람 스스로 후견인을 선임하고 후견의 내용을 정할 수 있는 후견계약제도(제959조의14 이하)를 둔 것도 피후견인의 권익을 보호하기 위한 것이다.

Ⅱ. 목 적

법률행위의 목적이란 법률행위 당사자가 법률행위에 의하여 달성하고자 하는 법률효과를 말한다. 이는 법률행위의 내용을 이룬다. 예컨대, A가 B에게 자전거를 10만원에 매매하는 법률행위의 효과는 A가 B에게 자전거를 인도하고, 그 대금으로 10만원을 받는 것이다. 그리고 그 법률행위의 내용도 동일하다.

1. 내용의 확정성

법률행위의 목적이 확정되지 않았거나 확정할 수 없는 법률행위는 무효이다. 법률행위의 해석을 통해서도 그 내용을 확정할 수 없는 경우에도 마찬가지다. 그러나 이행기까지 확정할 수 있는 기준이 마련되어 있다면 이러한 계약은 유효하다. 예컨대, A와 B가 물건을 10만원에 매매하는 계약을 체결한 경우에 물건이라는 것이 확정되어 있지 않기 때문에 이러한 계약은 무효이다. 그러나 A와 B가 매달 쌀을 거래하고 있었다면 물건이라는 것은 선행행위에 의하여 쌀로 인정할 수 있기 때문에 쌀의 매매계약이 유효하게 체결된 것이다.

2. 내용의 실현가능성

법률행위의 내용의 실현이 불가능하면 그 법률행위는 무효이다. 가능여부는 사회관념에 따라 판단한다. 물리적으로 가능하더라도 보통 사람의 입장에서 불가능으로 판단되면 불능이다(예를 들어 사하라 사막에서 금반지를 찾아준다는 약정). 가능인지의 여부는 계약의 성립시를 기준으로 한다. 계약의 성립이전에 계약내용의 실현이 불가능하면 계약불성립의 문제이고, 계약의 성립이후에 불능이면 이는 채무불이행의 문제가 발생한다.

3. 내용의 적법성

법률행위는 법이 허용하는 범위 내의 행위이어야 한다. 즉, 강행법규가 허용하는 범위 내에서 법률행위의 내용을 자유롭게 정할 수 있는 것이다. 강행규정에 위반하는 법률행위는 무효이다. 예컨대, 장사를 하는 홍길동이 친구 놀부에게 천오백만원을 빌리면서 이자를 연 100%로 계약하는 경우에 연 100%의 이자의 약정은 무효이다. 왜냐하면 "이자제한법" 제2조에서 약정 때의 최고이자율을 연 25% 범위 내로 규정했기 때문이다.

참 고

판례는 법률행위 내용(목적)의 적법성과 사회적 타당성의 요건은 별개라는 태도를 보이는데, 이를테면 대법원은 양도소득세의 일부를 회피할 목적으로 매매계약서에 실제로 거래한 가액보다 낮은 금액을 매매대금으로 기재한 매매계약이 사회질서에 반하는 법률행위로서 무효인지 여부와 관련하여 "소득세법령의 규정에 의하여 당해 자산의 양도 당시의 기준시가가 아닌 양도자와 양수자 간에 실제로 거래한 가액을 양도가액으로 하는 경우, 양도소득세의 일부를 회피할 목적으로 매매계약서에 실제로 거래한 가액을 매매대금으로 기재하지 아니하고 그보다 낮은 금액을 매매대금으로 기재하였다 하여, 그것만으로 그 매매계약이 사회질서에 반하는 법률행위로서 무효로 된다고 할 수는 없다"고 하여 적법성과 사회적 타당성을 구별한다(대판 2007. 6. 14. 2007다3285). 강행법규의 적법성을 사회적 타당성보다 넓게 파악하고 있는 것이다.

4. 사회적 타당성

선량한 풍속 기타 사회질서에 위반하는 것을 내용으로 하는 법률행위는 무효이다. 선량한 풍속 기타 사회질서에 위반하는지의 여부는 개별적·구체적으로 파악하여야 한다. 정의 관념에 반하는 행위, 인륜에 반하는 행위, 인간의 자유를 지나치게 제한하는 행위, 거주이전의 자유를 제한하는 행위, 인간의 존엄을 해하는 행위, 지나친 사행심을 조장하는 행위 등은 선량한 풍속 기타사회질서에 위반하는 행위로 볼 수 있다.

Ⅲ. 의사표시

1. 의사표시의 의의

의사표시는 일정한 법률효과의 발생을 의욕하고, 이를 외부로 표현하는 일련의 행위이다. 의사표시는 내심적 효과의사(意思)와 표시상의 효과의사(表示)로 이루어져 있고, 의사와 표시는 일치하는 것이 일반적이다. 이러한 '의사표시'는 법률행위의 필수 요소이므로 민사법에서 중요하게 다루어진다.

문제는 의사와 표시가 일치하지 않는 경우가 발생한다거나, 의사와 표시가 일치하지 않는 경우에 의사를 존중할 것인지 또는 표시를 존중할 것인지에 대한 여부이다. 이를 의사와 표시의 불일치라고 하고 우리 민법은 진의 아닌 의사표시(非眞意表示), 통정허위표시, 착오에 의한 의사표시에 관한 규정을 두고 있다. 또한 의사표시는 자유롭게 의욕하고 표시되어야 하지만 의욕과 표시가 자유롭지 못한 상태에서 이루어지는 경우가 있다. 이를 의사표시의 하자라 하고 민법은 사기·강박에 의한 의사표시에 관하여 규정하고 있다.

2. 의사·표시의 불일치

(1) 진의 아닌 의사표시[非眞意表示]

의사와 표시가 일치하지 않음을 표의자 스스로 알고 하는 의사표시를 비진의 표시라 한다. 비진의 표시는 원칙적으로 표시한 대로 효력이 발생한다. 그러나 상대방이 표의자의 진의 아님을 알거나 알 수 있었을 경우에는 무효이다. 다만, 선의의 제3자에게 대항하지 못한다(민법 제107조). 이렇듯 제107조에 규정되어 있는 비진의 표시는 원칙적으로 유효이나, 상대방을 보호할 필요가 없을 때에는 무효이다. 한편, 대리권 남용 문제를 이 조항으로 해결하려는 것이 통설과 판례의 입장이다.

참 고

판례는 민법 제107조의 '진의'란 특정한 내용의 의사표시를 하고자 하는 표의자의 생각을 말하며 표의자가 진정으로 마음속에서 바라는 사항을 뜻하는 것은 아니라고 한다. 이와 관련해 근로자의 사직서 제출과 관련한 판례가 아주 많다. 판례는 사용자의 지시 또는 강요에 의해 근로자가 사직서를 낸 경우 그 사직의 의사표시는 비진의표시에 해당하고, 또 사용자도 사정을 안 것으로 보아 그 사직의 의사표시는 제107조 단서에 해당하여 무효라고 한다(대판 1992. 5. 26. 92다3670; 대판 1992. 8. 14. 92다21036; 대판 1992. 9. 1. 92다26260 등).

(2) 통정허위표시

법률행위 당사자 쌍방이 모두 의사와 표시가 일치하지 않는 의사표시를 하는 것에 통정(통모, 합의)하고, 그에 의하여 이루어진 법률행위를 통정허위표시라 한다. 이는 무효이다. 다만, 선의의 제3자에게 대항하지 못한다(민법 제108조). 통정허위표시가 무효인 까닭은 당사자 사이에 권리이전을 위한 효과의사가 없기 때문이다.

진의와 다른 의사표시를 하는 것에 표의자와 상대방이 합의를 한다는 점에서 비진의 표시와 다르다. 허위표시에 의한 법률행위를 '가장행위'라고 한다.

사례탐구

린다는 세라에게 토지를 증여하였다. 그런데 증여세를 내지 않기 위해 허위로 매매계약을 체결하여 세라 앞으로 소유권이전등기를 마쳤다. 이후 세라는 이 토지를 다시 현주에게 매도하여, 현주 명의로 소유권이전등기까지 마치게 되었다. 과연 현주는 소유권을 취득하게 될까?

[해 설] '매매'는 허위표시로서 무효이지만, 린다와 현주 사이에 증여의 합의가 있으므로 증여의 효력은 있다(일종의 은닉행위가 된다). 이 증여에 기해 세라는 토지의 소유권을 정당하게 취득한 것이므로, 세라에게 토지를 매수하여 소유권이전등기를 마친 현주도 토지의 소유권을 취득한다. 만약 린다가 허위표시임을 이유로 매매를 무효로 주장하더라도 현주가 선의인 경우에는 소유권을 취득하게 된다.

(3) 착오에 의한 의사표시

표의자가 의사와 표시가 일치하지 않음을 알지 못하고 하는 의사표시를 착오에 의한 의사표시라 한다. 착오에 의한 의사표시는 법률행위의 중요부분에 착오가 있는 때에는 이를 취소할 수 있다. 그러나 그 착오가 표의자의 중대한 과실에 의하는 때에는 취소하지 못한다. 착오에 의한 의사표시의 취소는 선의의 제3자에게 대항하지 못한다(민법 제109조).

여기서 '중요부분'이란 표의자가 그러한 착오가 없었다면 그 의사표시를 하지 않았을 정도로 중요한 것이어야 하고(주관적 기준), 보통의 일반인도 표의자의 처지에서 그러한 의사표시를 하지 않았을 정도로 중요한 것이어야 한다(객관적 기준). 그리고 착오의 종류는 다양하다.

10만원이라고 쓸 것을 100만원으로 쓰는 표시의 착오(취소사유가 된다), 미국 달러와 호주 달러를 동일한 것으로 알고 쓴 내용의 착오(취소사유에 해당한다), 그리고 의사표시를 하게 된 주관적 동기에 착오가 있는 동기의 착오(가령, 지하철역이 들어설 지역으로 알고 토지를 매수했는데 그렇지 않은 경우와 같이 의사를 결정하는 동기가 실제의 사실과 다를 때 등이 있는데, 판례는 표의자 스스로 동기에 착오를 일으켜 계약을 체결한 사안에서 당사자 사이에 그 동기를 계약의 내용으로 삼은 때에만 착오를 이유로 취소할 수 있다고 한다(대판 1984. 10. 23. 83다카1187 등)) 등이 있는데 이 또한 여러 해석이 가능하다.

사례탐구

A는 어릴 때 친구 B를 만나러 오랜만에 고향을 찾았다. 그런데 마침 B가 와인경매장에 갔다는 말을 듣고 경매장을 찾아갔는데, 그곳에서 B를 발견하고 반가운 마음에 손을 들었다. 그러자 경매사가 A에게 와인 경매가 이루어졌다고 선언했다. 이 경매에서는 통상 경매 진행 중에 손을 드는 행위가 있을 경우 직전의 희망자보다 100마르크를 더 주겠다는 제의로 받아들여진다. 과연 와인 경락은 이루어진 것일까?

[해 설] A는 분명 억울할 것이다. 손을 들어 친구에게 인사한 것뿐인데, 그것이 법적인 의미를 가진 것이라고는 생각하지 않았을 것이기 때문이다. 표시의사(자신의 행위가 일정한 법적 의미를 가지는 표시를 나타낸다고 인식하는 의사)를 의사표시의 요소로 보는 견해에 따르면 A의 의사표시는 아예 존재하지 않는다. 하지만 표시의사를 의사표시의 요소로 삼기에는 무리가 있다. 그러므로 이 사례에서 A의 의사표시는 있는 것이지만, 다만 착오에 의해 이를 취소할 수 있는지 하는 문제만 남게 된다(트리에르 와인경매 사례 차용 참조).

3. 사기·강박에 의한 의사표시[瑕疵 있는 意思表示]

의사표시는 다른 사람의 부당한 간섭으로 이루어지는 경우도 있다. 의사와 표시 사이에 불일치는 존재하지 않지만 의사 형성과정에 하자가 생겼을 때는 문제가 된다. 구체적으로 보면 민법 제110조에 따라 사기·강박에 의한 의사표시는 취소할 수 있다. 제3자의 사기·강박에 의한 의사표시는 상대방이 그 사실을 알았거나 알 수 있었을 경우에 한하여 취소할 수 있다. 다만, 선의의 제3자에게 대항할 수 없다. 판례는 여기의 제3자에는 표의자의 취소의 의사표시 후 그 상대방과 법률행위를 한 제3자도 포함한다고 본다.

사기란 상대방을 기망하여 착오를 일으키게 하고, 그 착오에 의하여 법률행위를 하도록 하는 위법행위를 말한다. 기망행위는 표의자에게 그릇된 관념을 가지게 하거나 이를 강화 또는 유지하려는 모든 용태이다. 단순한 의견이나 진술은 원칙적으로 기망행위가 되지 않는다. 옷가게에서 손님에게 옷이 잘 어울린다는 말을 듣고 옷을 샀는데 집에 와서 보니 그렇지 않은 것 같을 때 손님은 사기를 이유로 계약을 취소할 수는 없을 것이다.

강박이란 상대방에게 해악을 고지하여 상대방이 공포심을 일으키고 그에 의하여 법률행위를 하도록 하는 행위이다. 만약 저항 할 수 없는 물리적인 힘에 의하여 의사결정의 자유를 완전히 빼앗긴 상태에서 의사표시의 외관만을 만들어낸 경우라면 의사표시는 아예 무효가 된다(대판 2003. 5. 13. 2002다73708 참조).

사기와 강박 모두 2단계의 고의가 있어야 한다. 사기는 표의자를 착오에 빠지게 하려는 고의와 다시 그 착오에 의해 구체적인 의사표시를 하게 하려는 고의가 있어야 한다. 강박은 표의자를 공포심에 사로잡히게 하려는 고의와 그에 따라 의사표시를 하게 하려는 고의가 있어야 한다. 강박행위의 방법에는 제한이 없다.

참 고

1. 각서에 서명·날인할 것을 강력이 요구하는 것만으로 이를 곧 강박행위로는 볼 수 없다(대판 1979. 1. 16. 78다1968).
2. 상품의 선전·광고에 있어 다소의 과장이나 허위가 수반되는 것은 그것이 일반 상거래의 관행과 신의칙에 비추어 시인될 수 있는 한 기망성이 결여된다고 할 수 하겠으나, 거래에 있어서 중요한 사항에 관하여 구체적 사실을 신의성실의 의무에 비추어 비난받을 정도의 방법으로 허위로 고지한 경우에는 기망행위에 해당한다(대판 2009. 4. 23. 2009다1313).

Ⅳ. 법률행위의 성립

1. 청약과 승낙에 의한 계약 성립

(1) 의 의

계약은 법률행위의 성립요건을 충족할 뿐만 아니라 청약의 의사표시와 승낙의 의사표시의 합치에 의하여 성립하는 것이 일반적이다. 의사의 합치는 객관적 합치(계약내용의 합치)와 주관적 합치(계약상대방의 합치)가 있어야 한다. 의사의 합의가 없으면 계약은 성립하지 않는다.

(2) 청약과 승낙의 의사표시

가. 청약의 의사표시

청약은 상대방의 승낙과 결합하여(따라서 상대방 있는 의사표시이다) 일정한 내용의 계약을 성립시킬 것을 목적으로 일방이 타방에게 제의하는 의사표시이다. 상대방이 승낙을 하여야 계약이 성립하므로 청약 자체는 법률행위가 아니다. 예컨대, 매도인이 매수인에게 자동차를 100만원에 팔겠다는 의사표시가 청약의 의사표시이다. 청약의 의사표시는 승낙자의 단순한 승낙의 의사표시에 의해서도 계약이 성립될 수 있을 정도의 확정성을 갖추어야 한다(대판 2003. 5. 13. 2000다45273).

참 고

1. 단순히 보게 되는 음식점의 메뉴, 물품판매광고, 버스 시간표 등은 청약과는 달리 "청약의 유인"으로 본다. 청약의 유인이란 타인으로 하여금 자기에게 청약을 하게 하려는 것이다. 그런

데 청약은 특정인에게 하는 경우도 많지만 불특정다수에게 하는 경우도 있다. 신문광고로 하는 청약, 자동판매기의 설치, 버스의 정류장 정차 등은 청약의 유인이 아니라 청약이다.

2. 일상에서 흔히 대하는 아파트 분양광고는 그 성질상 논의의 여지가 있으나 일반적으로 청약의 유인으로 본다. 광고의 내용과 실제 분양계약서의 내용이 다른 경우 그 광고를 청약의 유인으로 보아 분양회사는 분양계약자에 대해 분양광고상의 의무를 부담하지 않는다는 판례가 있다(대판 2001. 5. 29. 99다55601, 55618).

나. 승낙의 의사표시

청약의 상대방이 계약을 성립시킬 목적으로 청약자에 대하여 하는 의사표시를 승낙의 의사표시라 한다. 특별한 사정이 없는 한 승낙자에게 승낙의 의사표시를 할 의무는 없다. 즉, 승낙자의 승낙여부는 자유이다.

승낙의 의사표시는 청약자에 대하여만 하여야 하고(주관적 합치), 청약의 내용과 일치하여야 하며(객관적 합치), 승낙적격이 있는 동안(승낙기간 내)에 승낙의 의사표시가 상대방에게 도달하여야 한다. 승낙의 방식에는 제한이 없어, 특별한 사정이 있는 경우에는 묵시의 승낙도 가능하다. 승낙자가 청약에 대하여 조건을 붙이거나 변경을 가하여 승낙한 때에는 그 청약의 거절과 동시에 새로 청약한 것으로 본다(민법 제534조).

(3) 의사표시의 효력발생시기

가. 원 칙

의사표시의 효력발생시기에 대하여 우리 민법은 제111조 제1항에서 도달주의를 원칙으로 삼아 표의자와 그 상대방의 이익 사이에 조화를 꾀하고 있다. 도달이란 '통지가 상대방의 지배권 내에 들어가 사회통념상 일반적으로 요지할 수 있는 상태'를 가리킨다. 상대방이 정당한 사유 없이 통지의 수령을 거절하는 경우에는 상대방이 그 통지의 내용을 알 수 있는 객관적 상태에 놓인 때에 의사표시의 효력이 생기는 것으로 보아야 한다(대판 2008. 6. 12. 2008다19973).

의사표시자가 그 통지를 발송한 후 사망하거나 제한능력자가 되어도 의사표시의 효력에는 영향을 미치지 않는다. 의사표시의 상대방이 의사표시를 받은 때에 제한능력자인 경우에는 의사표시자는 그 의사표시로써 대항할 수 없다. 미성년자에게 취소 통지를 했다고 해서 효력이 발생하였다고 주장할 수는 없는 것이다. 다만, 그 상대방의 법정대리인이 의사표시가 도달한 사실을 안 후에는 그렇지 않다. 이때의 도달은 법정대리인이 안 때를 말하는 것으로 의사표시가 도달한 때로 소급하지는 않는다.

참 고

민법 제111조 의사표시의 효력발생시기는 상대방 있는 의사표시의 경우에 적용한다. 상대방 없는 의사표시의 경우 의사표시를 수령할 특정된 상대방이 없기 때문에 표시행위가 완료된 때에 효력을 발생하게 되고 도달과 관련해 별 문제가 없다.

나. 청약의 의사표시

청약의 의사표시는 상대방에게 도달하여야 효력이 발생한다. 그러므로 청약의 의사표시가 상대방에게 도달하기 전까지는 철회할 수 있지만, 일단 상대방에게 도달하면 임의로 철회할 수 없다, 승낙기간이 있는 경우에는 그 기간 내에는 철회하지 못하고, 승낙기간이 없는 경우에는 상당한 기간까지 철회하지 못한다.

다. 승낙의 의사표시

계약을 신속하게 성립시킬 필요에서 우리민법은 승낙의 의사표시에 대하여 발신주의를 취하고 있다. 그러므로 승낙기간을 정하고 있는 경우에는 그 기간 내에, 승낙기간을 정하고 있지 않은 경우에는 상당한 기간 내에 승낙의 통지가 상대방에게 도달하면 승낙의 의사표시를 발신한 시점에서 계약은 성립된다. 연착한 승낙의 통지는 새로운 청약으로 인정되고, 연착된 통지가 보통 그 기간 내에 도달할 수 있는 발송인 때에는 청약자는 지체없이 상대방에게 그 연착의 통지를 하여야 한다. 청약자가 연착의 통지를 하지 아니한 때에는 승낙의 통지는 연착되지 아니한 것으로 본다.

2. 기타의 방법에 의한 계약 성립

(1) 의사실현에 의한 계약 성립

청약자의 의사표시나 관습에 의하여 승낙의 통지가 필요하지 아니한 경우에는 계약은 승낙의 의사표시로 인정되는 사실이 있는 때에 성립한다(민법 제532조). 여기서 '승낙의 의사표시로 인정되는 사실'이 의사실현이다. 예컨대, 청약의 의사표시와 함께 송부한 물건을 소비하는 행위, 주문 받은 상품을 송부하는 행위, 여행자가 호텔 객실에 가방을 놓는 행위 등은 승낙의 의사표시로 인정되는 행위가 될 것이다. 그리고 이러한 행위가 있을 때 계약은 성립한다.

이 규정은 청약자를 보호하고, 계약성립에 대한 당사자의 다툼을 피하기 위한 규정이다. 다만, 지하철이나 버스를 이용하고, 자동판매기를 이용하는 것 같이 당사자의 의사합치라기보다는 일종의 급부 청구 행위 즉, 사회 정형적인 행위에 의한 계약 성립의 경우

이를 부정하는 견해도 있다.

(2) 교차청약에 의한 계약 성립

당사자들이 같은 내용을 가지는 계약의 청약을 서로 한 경우를 교차청약이라고 한다. 당사자 사이에 동일한 내용의 청약이 상호교차 된 경우에는 양 청약이 상대방에게 도달한 때에 계약이 성립한다(민법 제533조). 예컨대, A가 B에게 자동차를 1,000만원에 팔겠다는 청약의 의사표시를 하였는데, 그 사실을 모르고 B가 A에게 그 자동차를 1,000만원에 사겠다고 청약하는 경우이다.

이처럼 매도인과 매수인이 동일한 내용으로 청약의 의사표시를 한 경우에 매도인과 매수인은 별도의 승낙의 의사표시 없이 양 청약이 상대방에게 도달하였을 때 계약이 성립하는 것으로 의제한다. 교차청약은 두 개의 의사표시에 주관적·객관적 합치가 있고, 거래의 신속이라는 요청에도 부합하기 때문이다.

(3) 경쟁적 계약 성립

이는 다수인으로 하여금 서로 경쟁하게 하여 자기에게 가장 유리한 조건을 제시한 자와 계약을 체결하는 것을 말한다. 이에는 경매와 입찰이 있다. 경매란 다수의 청약자가 경쟁자의 청약내용을 알면서 공개적으로 경쟁하는 것이고, 입찰은 다수의 청약자가 경쟁자의 청약내용을 모르면서 비공개적으로 자기 청약을 제시하는 것을 말한다.

일반적으로 경매 또는 입찰의 공고는 청약의 유인이고, 경매 또는 입찰에 참가한 자가 구체적인 조건을 제시하는 것이 청약의 의사표시이며, 낙찰결정이 승낙의 의사표시로 인정된다. 그러나 최저가격을 정하고 올라가는 경매나 입찰의 경우 또는 최고가격을 정하고 내려가는 경매나 입찰의 경우에는 입찰의 공고가 청약의 의사표시로 인정된다.

Ⅴ. 대리인에 의한 법률행위

1. 대리의 의의

대리라 함은 타인이 본인의 이름으로 의사표시를 하거나 의사표시를 받음으로써, 그 법률효과가 직접 본인에 대하여 생기는 제도이다. 법률행위는 일정한 법률효과를 발생시키려는 의사표시를 하면 그 의사표시에 상응하는 법률효과가 발생하는 것으로 의사표시자에게 법률효과가 미친다. 그런데 대리는 의사표시는 대리인이 하고 그 효과는 직접 본인에게 귀속한다는 점에 특징이 있다. 대리를 인정하는 이유는 사적 자치의 확장과 사적 자치의 보충에 있다.

참 고

1. 법정대리: 법정대리권은 본인의 의사와 상관없이 직접 법률의 규정에 의하여 발생한다.
   첫째, 본인과 일정한 신분관계에 있는 자가 당연히 대리인이 되는 경우
   – 부부 사이(일상가사대리권), 부모자식 사이(친권)
   둘째, 일정한 자의 지정으로 대리인이 되는 경우(지정후견인 등)
   셋째, 법원의 선임에 의해 대리인이 되는 경우(미성년·성년 후견인 등)
2. 임의대리: 임의대리권은 본인이 대리인에게 대리권을 수여하는 행위, 곧 수권행위에 의하여 발생(수권은 구두나 서면으로 할 수도 있고, 서면에 의한 경우 보통은 위임장을 작성·교부하는 방식을 따름)한다.

2. 대리의 3면 관계

〈그 림〉 대리의 3면 관계

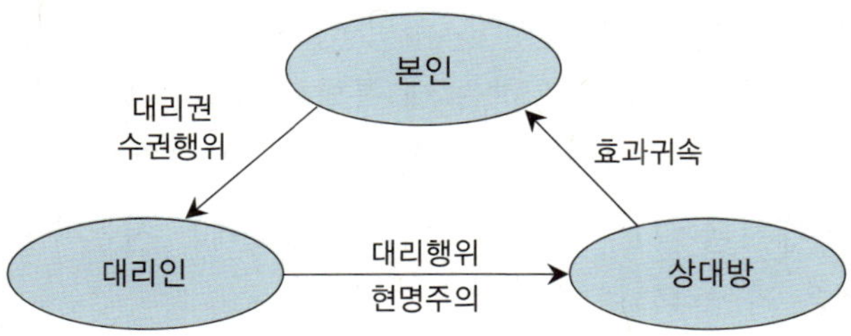

사례탐구

유학을 마치고 돌아오는 A는 친구인 B에게 귀국해서 사용할 자동차를 구입해줄 것을 부탁하였다. 그래서 B는 C와 자동차매매계약을 체결하였다.

[해 설] 자동차매매계약은 B와 C가 체결하였지만 계약의 효력은 A와 C 사이에 발생한다. 즉, A는 C에게 자동차의 소유권이전을 청구할 수 있고, C도 A에게만 매매대금을 청구할 수 있을 뿐이다. 이러한 제도를 대리제도라 하고, 대리행위가 유효하기 위해서는 B에게 대리권이 있어야 하고, B는 C에게 A를 위해서 법률행위를 함을 표시하여야 한다. 그러면 법률행위의 효과는 직접 A에게 귀속하는 것이다.

(1) 본인과 대리인의 관계(대리권)

가. 대리권의 발생

대리는 대리권이 법률의 규정에 의하여 발생하는 법정대리와 본인의 대리인에 대한 대리권 수여행위에 의하여 발생하는 임의대리가 있다.

나. 대리권의 범위

법정대리의 경우에는 법률의 규정에 의하여 대리권의 범위가 정하여지고, 임의대리에서는 수권행위의 해석에 의하여 대리권의 범위가 정해진다. 그러나 대리권의 범위가 불분명한 경우에는 보존행위, 목적물의 성질을 변경시키지 않는 범위에서의 이용행위·개량행위를 할 수 있다(민법 제118조).

다. 대리권의 제한

대리인은 본인과 직접 법률행위를 하는 자기계약, 계약당사자 쌍방을 대리하는 쌍방대리는 금지된다(민법 제124조). 이는 본인을 보호하기 위한 규정이므로 본인의 허락이 있거나, 본인에게 불이익이 없는 경우에는 허용된다.

라. 대리권의 소멸

대리권은 본인의 사망, 대리인의 사망, 성년후견의 개시 또는 파산에 의하여 소멸한다(민법 제127조). 파산자를 대리인으로 하는 데 특별한 제한은 없으며, 피성년후견인도 특별한 규정이 없으면 법정대리인이 될 수 있다. 그러나 이 규정에 따라 대리인이 된 자가 그 후에 성년 후견이 개시되거나 파산 선고를 받은 경우에는 처음과 다른 사정 변경이 생긴 것이므로 대리권은 자동적으로 소멸된다.

임의대리의 경우 원인된 법률관계의 종료 또는 수권행위의 철회에 의하여도 소멸한다(민법 제128조). 이 조문은 임의규정이므로 원인된 법률관계가 종료하기 전에는 수권행위를 철회하지 않겠다는 특약은 유효하다.

(2) 대리인과 상대방의 관계(대리행위)

가. 현명주의

대리인이 대리행위를 함에 그의 행위가 "본인을 위한 것임을 표시"하여야 한다(민법 제114조 제1항). 즉, 대리인이 자신을 위한 법률행위가 아니라 본인을 위한 법률행위임을 표시하여야 한다. 대리인의 그러한 표시를 현명이라 하고, 이러한 원칙을 현명주의(顯名主義)라 한다. 이는 상대방을 보호하기 위한 것이다. 수동대리에서는 상대방 쪽에서 본인에 대한 의사표시임을 표시하여야 한다(동조 제2항). '본인을 위한 것'이란 본인에게 법률효과를 귀속시킨다는 의미이지 본인의 이익을 위해서라는 뜻은 아니다. 대리인이 본인을 위한 것임을 표시하지 않고 한 행위는 대리인 자신을 위한 법률행위로 본다(민법 제115조).

상행위의 대리는 "상행위의 대리인이 본인을 위한 것임을 표시하지 않아도 그 행위는 본인에 대하여 효력이 있다. 그러나 상대방이 본인을 위한 것임을 알지 못한 때에는 대리인에 대하여도 이행의 청구를 할 수 있다"(상법 제48조)는 상법상의 특칙을 적용한다.

나. 현명의 방식

일반적으로 본인을 위한 것이라는 표시는 "A의 대리인 B"라는 형식을 이용하지만 방식에는 제한이 없다. 법률행위의 전체로 보아 대리인을 위한 행위가 아니고, 본인을 위하여 하는 행위라는 것을 인식할 수 있는 정도의 표시가 있으면 대리관계의 표시로 볼 수 있다. 본인의 이름 쓰고 본인의 도장 찍는 경우에도 상대방이 대리행위임을 알고 있다면 유효하다.

참 고

위임장을 제시하고 매매계약을 체결하는 자는 특단의 사정이 없는 한 소유자를 대리하여 매매행위를 하는 것이라고 보아야 하고, 매매계약서에 대리관계의 표시 없이 자신의 이름을 기재하였다고 하여 그것만으로 행위자(대리인) 자신이 매도인으로서 타인의 물건을 매매한 것이라고 볼 수 없다(대판 1982. 5. 25. 81다1349).

(3) 본인과 상대방의 관계(법률효과의 본인귀속)

대리인에 의한 법률행위의 효과는 본인에게 직접 귀속한다. 본인에게 귀속하는 효과란 대리행위로부터 발생하는 모든 법률효과이다. 그러므로 법률행위가 아닌 대리인의 불법행위에 대해서는 본인의 책임이 없다.

참 고 복대리(復代理)

1. 복대리인: 대리인이 그의 권한 내의 행위를 하기 위해 대리인 자신의 이름으로 선임한 본인의 대리인(대리인의 대리인이 아니라 본인의 대리인)
2. 복임권: 대리인이 복대리인을 선임할 수 있는 권한
   임의대리인은 원칙적으로 복임권을 갖지 못한다("대리권이 법률행위에 의하여 부여된 경우

에는 대리인은 본인의 승낙이 있거나 부득이한 사유가 있는 때가 아니면 복대리인을 선임하지 못한다" 민법 제120조).
법정대리인은 언제든지 복임권이 있다("법정대리인은 그 책임으로 복대리인을 선임할 수 있다. 그러나 부득이한 사유로 인한 때에는 전조 제1항에 정한 책임만이 있다" 민법 제122조).
※ 민법 제121조 제1항: 전조의 규정에 의하여 대리인이 복대리인을 선임한 때에는 본인에게 대하여 그 선임·감독에 관한 책임이 있다. 제2항: 대리인이 본인의 지명에 의하여 복대리인을 선임한 경우에는 그 부적임 또는 불성실함을 알고 본인에게 대한 통지나 그 해임을 태만한 때가 아니면 책임이 없다.

3. 무권대리

(1) 의 의

무권대리(無權代理)란 대리권 없는 자가 대리행위를 하는 것을 말한다. 이를 다시 무권대리 행위가 행하여진데 대하여 본인에게 어느 정도 책임이 있다고 할 수 있는 특별한 사정이 있는 경우와 전혀 본인에게 책임이 없는 경우로 나누어 전자를 표현대리(表見代理)라 하고, 후자를 협의의 무권대리라 한다.

(2) 표현대리

가. 의 의

대리인에게 정당한 대리권이 없음에도 불구하고 대리권이 있는 것과 같은 외관이 존재하고, 이에 대하여 본인이 어느 정도의 원인을 제공하였으며, 상대방이 무권대리인을 정당한 대리인으로 신뢰하여 법률관계를 형성하였을 경우에는 이를 신뢰한 상대방을 보호하고 거래안전을 도모하기 위하여 대리권 없는 행위에 의한 법률효과를 정당한 대리행위에서와 같이 본인에게 귀속시키는 유형을 표현대리라고 한다. 이는 다시 상대방의 신뢰발생의 유형에 따라 대리권 수여의 표시에 의한 표현대리, 권한을 넘은 표현대리, 대리권 소멸 후의 표현대리로 나눌 수 있다.

나. 대리권 수여 표시에 의한 표현대리

"제3자에 대하여 타인에게 대리권을 수여함을 표시한 자는 그 대리권의 범위 내에서 행한 그 타인과 그 제3자 간의 법률행위에 대하여 책임이 있다. 그러나 제3자가 대리권 없음을 알았거나 알 수 있었을 때에는 그러하지 아니하다"(민법 제125조).

이는 대리인에게 실제로는 대리권을 수여하지 않았으나, 본인이 제3자에 대하여 타인에게 대리권을 수여함을 표시하였기 때문에 상대방이 그 타인에게 대리권이 있는 것으로 신뢰하고 거래행위를 한 경우이다.

사례탐구

A건설주식회사는 "꿈다드림"이라는 주상복합건물을 신축하여 분양중인데 그 건물 앞에서 공인중개사 사무실을 운영하는 B가 A와 아무런 계약도 없이 "꿈다드림 분양대행"이라는 현수막을 걸고 영업을 하고 있었다. 상가건물을 구하던 C는 B가 건물을 분양할 권한이 있다고 믿고 B와 분양계약을 체결한 경우에 계약의 효과는 A에게 미치는가?(분양대행사 없음)

[해 설] A건설주식회사는 B가 그의 회사 앞에서 건물분양대행이라는 현수막을 걸고 영업을 함에도 불구하고 아무런 제재를 하지 않았고, 이러한 사정으로 C는 B가 A의 대리인이라고 믿고 거래를 하였다면 이는 민법 제125조 표현대리에 의하여 그 효과는 A에게 미친다.

대법원은 "민법 제125조가 규정하는 대리권 수여의 표시에 의한 표현대리는 본인과 대리행위를 한 자 사이의 기본적인 법률관계의 성질이나 그 효력의 유무와는 관계가 없이 어떤 자가 본인을 대리하여 제3자와 법률행위를 함에 있어 본인이 그 자에게 대리권을 수여하였다는 표시를 제3자에게 한 경우에 성립하는 것이고, 이때 서류를 교부하는 방법으로 대리권 수여의 표시가 있었다고 하기 위하여는 본인을 대리한다고 하는 자가 제출하거나 소지하고 있는 서류의 내용과 그러한 서류가 작성되어 교부된 경위나 형태 및 대리행위라고 주장하는 행위의 종류와 성질 등을 종합하여 판단하여야 할 것이다"라고 판시하고 있다(대판 2001. 8. 21. 2001다31264).

다. 권한을 넘은 표현대리

"대리인이 그 권한 외의 법률행위를 한 경우에 제3자가 그 권한이 있다고 믿을 만한 정당한 이유가 있는 때에는 본인은 그 행위에 대하여 책임이 있다"(민법 제126조).

이는 대리인이 본인이 수여한 대리권의 범위를 넘어서 제3자(상대방)와 대리행위를 하고, 제3자는 대리인이 그러한 대리행위를 할 수 있다고 믿을 만한 정당한 사유가 있는 경우에 그 법률행위의 효과를 본인에게 귀속하려는 것이다. 대리권의 범위는 불분명한 경우가 많기 때문에 표현대리의 유형 가운데 가장 분쟁이 많이 발생하는 경우이다.

참 고

민법 제126조의 표현대리는 대리인이 본인을 위한다는 의사를 명시 혹은 묵시적으로 표시하거나 대리의사를 가지고 권한 외의 행위를 하는 경우에 성립하고, 사술을 써서 위와 같은 대리행위의 표시를 하지 아니하고 단지 본인의 성명을 모용하여 자기가 마치 본인인 것처럼 기망하여 본인 명의로 직접 법률행위를 한 경우에는 특별한 사정이 없는 한 위 법조 소정의 표현대리는 성립될 수 없는 것이다(대판 2002. 6. 28. 2001다49814).

라. 대리권 소멸후의 표현대리

"대리권의 소멸은 선의의 제3자에게 대항하지 못한다. 그러나 제3자가 과실로 인하여 그 사실을 알지 못한 때에는 그러하지 아니하다"(민법 제129조).

기존에 존재하던 대리권이 소멸되었음에도 불구하고 대리인에게 대리권이 존재한다고 믿는 상대방과 대리행위를 하면 그 효과는 본인에게 귀속한다. 처음부터 전혀 대리권이 없는 경우에는 이 제129조가 적용될 수 없다(제129조의 표현대리로 인정되는 경우 그 표현대리의 권한을 넘는 대리행위가 있을 때 제126조의 표현대리가 성립되는지와 관련하여). 이 경우에는 대리권이 소멸하였음에도 그대로 방치했다는 점에서 본인의 귀책요소를 따진다. 상대방은 선의·무과실이어야 한다.

참 고

표현대리의 법리는 거래의 안전을 위하여 어떠한 외관적 사실을 야기한데 원인을 준 자는 그 외관적 사실을 믿음에 정당한 사유가 있는 자에 대하여는 책임이 있다는 일반적인 권리외관 이론에 그 기초를 두고 있는 점에 비추어 볼 때, 대리인이 대리권 소멸 후 복대리인을 선임하여 복대리인으로 하여금 상대방과 사이에 대리행위를 하도록 한 경우에도, 상대방이 대리권 소멸 사실을 알지 못하여 복대리인에게 적법한 대리권이 있는 것으로 믿었고, 그와 같이 믿은 데 과실이 없다면 민법 제129조에 의한 표현대리가 성립할 수 있다(대판 1998. 5. 29. 97다55317). 또 판례는 상무이사였던 자가 서류를 위조하여 회사 부동산에 근저당권을 설정한 경우(대판 1962. 3. 29. 4294민상444) 등에서도 민법 제129조의 표현대리를 인정했다.

(3) 협의의 무권대리

대리권이 없는 자가 상대방과 대리행위를 하는데 대하여 본인에게 전혀 책임을 돌릴 수 없는 경우를 협의의 무권대리라 한다. 협의의 무권대리의 효과는 본인에 미치지 않는 것이 원칙이다. 이것은 계약 또는 단독행위에서 행해질 수 있기 때문에 민법도 둘로 나누어 규정한다.

참 고

단독행위에는 상대방 없는 단독행위와 상대방 있는 단독행위가 있다.
– 상대방 없는 단독행위: 소유권의 포기나 재단법인의 설립 등
– 상대방 있는 단독행위: 계약 해제라든지 채무의 면제 등

무권대리라 해도 무권대리행위가 본인에게 유리한 경우에는 적극적으로 추인하여 유효한 대리행위로 인정할 여지가 존재하고(민법 제130조), 상대방의 입장에서는 유·무효가 불확정인 상태에서 벗어날 수 있는 길을 열어줄 필요 때문에 상대방에게 철회권을 인정하고(민법 제134조), 무권대리에 의하여 손해를 입은 상대방을 보호하기 위하여 무권대리인에 대하여는 손해배상의무를 부과하고 있다(민법 제135조).

사례탐구

A의 대리인이라고 칭하는 B가 A의 건물을 C에게 무단히 매매하는 계약을 체결하였다. 그런데 A는 B에게 대리권을 수여한 사실이 없었다.

[해 설] 첫째, 이 사건 건물의 시가가 5천만원인데 B는 C에게 이를 9천만원에 매매하는 것을 내용으로 하는 계약을 체결하였을 경우에 A는 적극적으로 매매계약을 추인하여 처음부터 B에게 대리권이 있는 것으로 할 수 있다(추인권).
둘째, 이 계약의 효력발생 여부는 오로지 A의 의사에 달려있다. 그러므로 C는 A에게 상당한 기간을 정하여 추인여부를 최고할 수 있고, 최고기간 내에 확답이 없으면 추인을 거절한 것으로 본다(최고권).
셋째, C는 A가 계약을 추인하기 전에 적극적으로 계약을 철회함으로써 계약관계를 소멸시킬 수 있다(철회권).
넷째, B가 대리권이 있음을 증명하지 못하고, A가 추인하지도 않고, C가 철회하지도 않으면 C는 B에게 이행의 청구나 손해배상을 선택적으로 청구할 수 있다.

계약은 성립요건과 효력발생요건을 구비하여야 효력이 발생한다. 계약의 효력은 법률의 규정이나 당사자 간의 의사의 합치에 의하여 결정된다. 즉, 강행법규에 반하지 않는 한 당사자 간에 약정한 내용대로 효력이 발생하는 것이다. 그러므로 계약의 효력은 계약의 유형에 따라 고찰하여야 한다. 다만, 계약의 전형적인 형태인 쌍무계약의 효력에 대하여만 일반규정으로 '동시이행의 항변권'과 '위험부담'에 대하여 규정하고 있다.

제 3 절 법률행위(계약)의 효력

Ⅰ. 쌍무계약의 효력

1. 동시이행의 항변권

쌍무계약은 당사자가 서로 대가적 의미를 가지는 채무를 부담하는 계약을 말한다. 가령, 매매나 임대차 계약 같은 것이 이에 속하며, 이와는 달리 당사자 일방만이 급부를 하고 상대방은 이에 대응하는 반대급부를 하지 않는 계약을 편무계약이라 한다. 증여나 현상광고 등이 이에 속한다.

쌍무계약에서 당사자 일방은 상대방이 이행을 제공할 때까지 자기의 채무이행을 거절할 수 있는 권리를 갖게 되고 이러한 권리를 동시이행의 항변권이라 한다(민법 제536조). 서로 대가적 의미를 갖는 채무가 동시에 발생하였다면 동시에 이행하는 것이 공평하다는 사상에서 발생한 권리이다. 원칙적으로 동시이행의 항변권을 주장하기 위해서는 상대방의 채무도 이행기에 있어야 한다.

가령, 동시이행의 항변권이 있는 채무자는 자신의 채무를 이행하지 않는 것이 정당한 것으로 인정되기 때문에 비록 이행기에 이행을 하지 않더라도 채무불이행으로서 이행지체가 되지 않는다. 동시이행의 항변권이 있는 채권은 이를 자동채권으로 하여 상계하지 못한다.

참 고

쌍방이 서로 채무를 부담하더라도 그 채무가 다른 법률상의 원인에 의해 발생한 경우에는 동시이행의 항변권은 인정되지 않는다. 서로 이행의 상대방을 달리하는 경우에도 동시이행의 항변권은 인정되지 않는다.

매도인이 매수인과 자동차를 1,000만원에 매매하는 계약을 체결하였다. 이행기가 도래한 후에 매수인이 매매대금도 지급하지 않고, 자동차의 소유권이전을 청구하는 경우에 매도인은 매매대금과 동시에 이행할 것을 주장하며 자동차소유권이전을 거부할 수 있다. 이 경우에 비록 이행기 이후에 자동차의 소유권을 이전하지 않아도 채무불이행이 성립하지 않는다. 그러므로 매수인이 자동차의 소유권을 이전받기 위해서는 매매대금을 지급하고 이전을 청구하여야 한다.

2. 위험부담

민법은 제537조에서 "쌍무계약에서 당사자 일방의 채무가 당사자 쌍방의 책임 없는 사유로 이행할 수 없게 된 때에는 채무자는 상대방의 이행을 청구하지 못한다"고 규정하여 채무자 위험부담주의를 채택하고 있다. 여기서 위험이란 당사자 쌍방의 책임 없는 사유로 말미암아 급부가 불능이 된 경우에 발생한 불이익을 말한다. 만약 상대방이 이미 반대급부를 한 경우에는 법률상 원인 없는 급부가 되어 부당이득반환을 청구할 수도 있다. 다만 민법의 이 규정은 임의규정이어서 당사자의 합의에 의해 달리 약정하는 것은 유효하다.

일상적으로 쌍무계약에서는 채무의 일방이 양 당사자의 책임 없는 사유로 채무를 이행할 수 없게 되었을 때 그에 대응하는 타방 채무의 운명은 어떻게 되는가 하는 문제가 생기기 마련이다. 민법은 채무자가 반대채권을 주장할 수 없도록 하여 채무자의 반대급부청구권이 소멸하는 것을 원칙으로 한다. 일방의 채무가 소멸한 이상 타방의 채무도 소멸하는 것이 쌍무계약의 관계에 비추어 타당하기 때문이다.

또한 우리 민법에는 규정이 없으나 이 경우 쌍무계약의 균형을 유지하기 위해 필요한 경우 대상청구권을 인정할 수 있을 것이다. 그러나 채권자의 책임 있는 사유에 의하여 이행이 불가능하게 되었거나, 채권자의 수령지체 중에 이행이 불가능해진 경우에는 채권자가 위험을 부담한다(제538조).

참 고

매매 목적물이 경매절차에서 매각됨으로써 당사자 쌍방의 귀책사유 없이 이행불능에 이르러 매매계약이 종료된 경우, 위험부담의 법리에 따라 매도인은 이미 지급받은 계약금을 반환하여야 하고 매수인은 목적물을 점유·사용함으로써 취득한 임료 상당의 부당이득을 반환할 의무가 있다(대판 2009. 5. 28. 2008다98655, 98662).
매도인과 매수인이 자동차의 매매계약을 체결하면서 2015년 7월 1일에 이행하기로 약정하였는데, 6월 30일에 홍수로 자동차가 멸실되었다면, 자동차 멸실에 대한 위험을 누가 부담할 것인지의 문제가 위험부담의 문제이다. 자동차가 홍수로 멸실된 것에 대하여 양당사자의 책임 있는 사유가 없다면 매수인은 동일한 자동차의 이행을 청구할 수 없고, 매도인도 매매대금을 청구할 수 없다.

다만, 상법에서는 운송물의 전부 또는 일부가 그 성질 또는 하자로 인하여 멸실한 경우에도 운송인은 운임의 전액을 청구할 수 있는 것으로 규정하고 있다(상법 제134조 제2항). 일부 불능일 경우에는 그 만큼 반대급부를 청구할 권리가 감축된다.

Ⅱ. 채무불이행

채무자가 고의·과실에 의하여 위법하게 채무의 내용에 좇은 이행을 하고 있지 않은 상태를 채무불이행이라고 한다(민법 제390조). 채무의 내용에 좇은 이행이란 법률의 규정, 계약의 목적, 거래관행, 조리 등에 비추어 적당하다고 인정되는 이행을 말한다.

1. 이행지체

(1) 의 의

채무자가 이행기에 채무의 이행이 가능함에도 불구하고, 그의 책임 있는 사유로 위법하게 채무의 내용에 좇은 이행을 하지 않는 채무불이행의 유형을 이행지체라 한다. 채무자지체라고도 한다. 이행이 완전히 가능함에도 불구하고 이행기에 이행하지 않는다는 점에서 이행불능 또는 불완전이행과 구별된다. 이행기가 확정되어 있는 경우에는 그 시기를 도과함으로써 이행지체가 되고, 이행기가 불확정적인 경우에는 채무자가 이행기의 도래를 안 때부터 이행지체가 되고, 이행기가 없는 경우에는 채권자의 이행의 청구에 의하여 이행지체에 빠진다.

(2) 효 과

가. 이행의 강제

이행지체는 이행이 가능함에도 불구하고 이행을 하지 않는 상태이므로 채권자는 민사집행법에서 정한 절차에 따라 채무자에게 이행의 강제를 할 수 있다. 이행의 강제는 공권력에 의하여 직접 목적물 채무자로부터 채권자에게 이전하는 직접강제, 제3자에게 채무의 내용을 이행하게 하고 그 비용을 채권자에게 추심하는 대체강제, 채무자에게 심리적 압박을 가하여 채무를 이행하게 하는 간접강제가 있다(민법 제389조).

나. 계약해제

채무자의 채무불이행이 있는 경우에 채권자는 상당한 기간을 정하여 이행을 최고하고, 그 기간 내에 채무자의 이행이 없으면 계약을 해제할 수 있다(부연하면, 계약의 해제란 계약 성립 후 당사자 일방의 채무불이행으로 계약의 목적을 달성할 수 없는 경우 더 이상 계약을 존속시킬 이유가 없게 되어 상대방의 일방적 의사표시에 의해 그 계약을 해소해 계약의 구속에서 벗어나는 제도이다).

그러나 채무자가 미리 이행하지 않을 의사를 채권자에게 표시했거나, 채무자의 급부가 정기행위인 경우에는 채권자는 최고 없이 계약을 해제할 수 있다(민법 제544조). 계약해제에 의하여 아직 이행하지 않은 것은 이행할 필요가 없고, 이미 이행한 것은 원상회복을 청구할 수 있다(민법 제548조).

다. 손해배상

이행지체의 경우에 채권자는 본래의 급부에 대한 이행의 강제와 더불어 지체로 인하여 발생한 손해의 배상을 청구할 수 있다(민법 제390조). 이러한 배상을 지연배상이라 한다. 이행지체 후 채권자가 채무자에게 다시 상당한 기간을 주고 이행을 최고하여도 채무자가 그 기간 내에 이행을 하지 않거나 지체 후의 이행이 채권자에게 이익이 없는 경우에 채권자는 채무자에 대해 수령을 거절하고, 이행에 갈음한 손해배상을 청구할 수도 있다. 이를 '전보배상'이라 한다(민법 제395조).

사례탐구

매도인이 매수인에게 자동차를 1,000만원 매매하는 계약을 체결하고, 2015년 7월 1일 자동차의 소유권이전과 잔금을 지급하기로 약정하였다. 그런데 이행기가 도래하였음에도 불구하고 매도인이 매매대금을 1,500만원으로 할 것을 주장하면서 자동차의 소유권을 이전하고 있지 않는 경우에 매수인이 취할 수 있는 법적 조치는?

[해 설] 매도인이 이행기에 이행을 하지 않았기 때문에 이행지체에 해당한다. 그러므로 매수인은 이행기 이후에 매매대금을 준비하고, 일정한 기간을 정하여 이행을 최고하고, 그 기간까지 이행을 하지 않는 경우에는 채무명의를 확보하여 강제집행과 더불어 지연배상을 청구할 수 있다. 또한 계약을 해제하고, 전보배상을 청구할 수 있다.

2. 이행불능

(1) 의 의

채권이 성립한 후에 채무자의 귀책사유에 의하여 위법하게 이행이 불가능하게 된 채무불이행의 유형을 이행불능이라 한다. 따라서 채무자는 본래의 급부의무는 면하게 되는데 이 점에서 이행이 가능한 이행지체와 다르다.

(2) 효 과

가. 계약해제

채무자의 책임 있는 사유로 이행이 불가능으로 된 경우에는 채권자는 최고 없이 계약을 해제할 수 있다(민법 제546조). 이는 아예 이행불능이기 때문에 이행기까지 기다린다는 것이 아무런 의미가 없어서이다.

나. 손해배상

이행불능이 채무자의 귀책사유에 의한 경우에 채권자는 본래의 급부에 갈음하여 손해배상을 청구할 수 있다. 본래의 급부와 손해배상청구권은 동일성을 유지하기 때문에 본래의 급부에 부착되어 있던 담보는 손해배상청구권도 담보한다.

다. 대상청구

채권자는 이행불능을 발생시킨 원인과 동일한 원인에 의하여 채무자가 취득한 이익의 이전을 청구할 수 있다. 이를 대상청구권이라 한다. 채권자는 대상청구권에 의하여 이익을 얻은 범위에서 손해배상청구권은 소멸한다.

사례탐구

매도인이 매수인에게 자동차를 1,000만원 매매하는 계약을 체결하고, 2015년 7월 1일 자동차의 소유권이전과 잔금을 지급하기로 약정하였다. 그런데 6월 30일 매도인이 자동차를 운전하던 중 부주의에 의하여 교통사고가 났고, 자동차는 전소되었다. 이 경우 매수인이 취할 수 있는 조치는?

[해 설] 매수인은 계약을 해제하고, 계약이 좌절됨으로 인하여 입은 손해의 배상을 청구할 수 있다. 교통사고로 인하여 매도인이 받을 보상금에 대하여 대상청구도 할 수 있고, 그 범위에서 손해배상청구권은 소멸한다.

3. 불완전이행

(1) 의 의

채무자가 채무의 이행을 하였지만, 그것이 채무의 내용에 좇은 완전한 이행이 아니라 하자 있는 불완전한 이행이어서 채권자에게 손해를 발생시키는 채무불이행의 유형을 불완전이행 또는 적극적 채권침해라 한다.

(2) 효 과

가. 추완청구권

불완전이행이 있는 경우에 채권자는 완전이행청구권을 갖는다. 그러므로 불완전이행의 수령을 거부하고 완전이행을 요구할 수 있다. 이미 불완전한 이행을 수령한 경우에 추완(追完)방법이 있으면 추완청구를 할 수 있다. 그리고 추완청구와 더불어 손해가 있으면 손해배상을 청구할 수 있다.

나. 손해배상청구권

불완전이행이 있고, 추완의 방법이 없는 경우 또는 추완이 채권자에게 아무런 이익이 없는 경우에 채권자는 계약의 해제와 손해배상만을 청구할 수 있다.

다. 계약해제

채권자의 추완 요구에도 불구하고 채무자가 추완에 불응하거나, 추완할 수 없는 경우에 채권자는 계약을 해제할 수 있다.

사례탐구

A가 운영하는 여관에 화재가 발생하여 그 여관에 투숙한 B가 화상을 입은 경우에 B는 A에게 채무불이행에 의한 손해배상을 청구할 수 있는가?

[해 설] 사례에서 숙박업자 A의 불법행위는 성립하지 않을 것이다. 실화책임에관한법률은 행위자의 중과실을 요구하고 있기 때문에 A에게 중과실이 없는 한 손해배상의무를 부담하지 않는다. 그러나 숙박계약에 의하면 숙박업자 A는 B가 안전하게 숙박을 할 수 있도록 보호할 의무가 있음에도 불구하고, 이 의무에 위반하여 B에게 손해를 주었기 때문에 B는 불완전이행을 주장하여 손해배상을 청구할 수 있다(대판 2000. 11. 24. 2000다38718,38725 참조).

4. 채권자지체

(1) 의 의

채무의 이행에 채권자의 협력이 필요한 경우에 채무자가 채무의 내용에 좇은 이행을 하였음에도 불구하고, 채권자가 이를 수령하지 않거나 채권자의 협력이 없어 채무의 이행이 지체되는 상태를 이행지체와 대비하여 채권자지체 또는 수령지체라 한다(민법 제400조).

(2) 효 과

가. 주의의무 경감

채권자지체 중에는 채무자는 고의 또는 중대한 과실이 없으면 불이행으로 인한 모든 책임이 없다(민법 제401조).

나. 이자의 정지

채권자지체 중에는 채무자는 이자를 지급할 의무가 없다(민법 제402조).

다. 증가비용의 부담

채권자지체로 인하여 그 목적물의 보관 또는 변제의 비용이 증가된 때에는 그 증가액은 채권자가 부담한다(민법 제403조).

라. 쌍무계약의 위험부담

채권자지체 중에는 당사자 쌍방의 책임 없는 사유로 이행불능이 된 때에도 채권자가 위험을 부담한다(민법 제538조).

마. 계약해제

채무자는 수령이 가능한 경우에는 상당한 기간을 정하여 수령을 최고하고, 그 기간 내에 수령이 없으면 계약을 해제할 수 있고, 수령이 불가능한 경우에는 즉시 계약을 해제할 수 있다.

바. 손해배상

채무자는 이행지체로 발생한 손해의 배상을 청구할 수 있다. 수령이 가능한 경우에는 수령과 지연배상을 청구하고, 수령이 불가능 한 경우에는 전보배상을 청구한다.

사례탐구

매도인이 매수인에게 자동차를 1,000만원 매매하는 계약을 체결하고, 2015년 7월 1일 자동차의 소유권이전과 잔금을 지급하기로 약정하였다. 그런데 매수인이 7월 1일 매매대금을 지급하였지만 자동차를 가져가지 않고 소유권이전도 하지 않고 있다. 이에 매도인이 취할 수 있는 조치는?

[해 설] 매도인은 일정한 기간을 정하여 매수인에게 자동차의 수령과 소유권이전을 최고한 다음에 계약을 해제하고 손해가 있으면 손해배상을 청구할 수 있다. 그리고 자동차보관비용이 소요되었다면 이를 매수인에게 청구할 수 있고, 매도인의 중대한 과실 없이 자동차를 도난당한 경우에도 매도인이 책임을 부담하지 않는다.

Ⅲ. 법률관계(채권)의 소멸

1. 채권의 소멸

채권의 소멸이란 채권이 객관적으로 존재하지 않게 된 것을 말한다(절대적 소멸). 채권도 권리이므로 권리의 일반적 소멸원인인 목적의 멸실·소멸시효의 완성·계약의 해제 및 무효, 취소·계약의 존속기간의 도래 등에 의해 소멸한다.

우리 민법은 채권의 소멸에 대해 계약목적 달성에 의하여 계약관계가 소멸한 경우에 대해 규정하고 있으나 계약의 목적 달성 외의 원인에 의해서도 소멸할 수 있다.

민법에서는 채권에 특별한 소멸원인으로 변제, 대물변제, 공탁, 상계, 경개, 면제, 혼동의 일곱 가지를 규정한다. 채권이 소멸하면 그에 부수되는 청구권이나 담보권, 보증채권 등도 소멸된다. 채권에 대응하는 상대방의 채무도 소멸한다.

2. 계약 목적의 달성에 의한 채권 소멸원인

(1) 변제(辨濟)

채무내용을 실현시키는 채무자 또는 제3자의 행위를 말한다. 변제로 채권의 목적이 달성되는 것이다. 변제는 채무의 내용에 좇은 현실제공으로 하는 것이 원칙이다(민법 제460조).

현실의 제공이란 채무자로서 하여야 할 행위를 완료하여 채권자의 협력만 있으면 곧 급부결과를 실현할 수 있는 상태를 만드는 것이다. 가령, 금전채무에서 현실제공은 채무자가 금전을 이행기일 또는 이행장소에 지참하여 언제든지 지급할 수 있는 상태이면 되고, 그 금전을 채권자에게 보일 필요는 없다. 금전채무의 채무액은 원칙적으로 전액을 제공하여야 한다.

채권자가 미리 변제받기를 거절한다든지, 채무의 이행에 채권자의 행위를 필요로 하는 경우에는 구두제공도 가능하다. 당사자의 특별한 의사표시가 없으면 변제기 전이라도 채무자는 변제할 수 있지만 상대방의 손해는 배상하여야 한다.

채무자가 급부를 위하여 채권자의 집에 갔으나 채권자가 없어서 돌아온 경우에도 현실제공이 있었던 것이 되어, 채권자는 이러한 제공을 몰랐더라도 그는 채권자지체에 빠지게 된다.

(2) 대물변제(代物辨濟)

채권자의 승낙을 얻어 채무자가 부담하는 본래의 급부에 갈음하여 다른 급여를 함으로써 채권을 소멸시키는 것을 말한다(민법 제466조). 1,000만원을 빌린 채무자가 채권자의 승낙을 얻어 1,000만원의 금전채무에 갈음하여 채무자의 자동차 소유권을 채권자 앞으로 이전하는 경우이다(자동차가 채권자 앞으로 등록되어야 대물변제가 성립한다).

대물변제는 변제와 동일한 효력을 가지므로 채권은 소멸한다. 다른 급여를 한다는 점에서 채권자와 변제자 사이의 계약이 되는데 이는 변제와 차이점이다.

(3) 공탁(供託)

변제자가 채권자를 위해 변제목적물을 공탁소에 공탁시키는 것에 의해 채권을 소멸시키는 제도이다. 채권자가 변제를 받지 아니하거나 받을 수 없는 때에 변제자는 채권자를 위하여 변제의 목적물을 공탁하여 그 채무를 면할 수 있다. 변제자가 과실 없이 채권자를 알 수 없는 경우에도 같다(민법 제487조).

공탁의 대상은 변제의 목적물이므로 물건에 한해서 공탁할 수 있으나(당연히 '돈'도 가능하다), 부동산을 공탁의 목적으로 삼는 데에는 이견이 있다.

공탁은 상법상 매매목적물의 보관과 관련하여 이용되기도 하고, 민사집행법상의 강제집행의 목적물을 공탁하여 그 목적물의 관리와 교부를 공탁절차에 따르게 할 목적으로도 행하여진다. 공탁공무원의 수탁처분과 공탁물 보관자의 공탁물 수령으로 효과가 발생한다.

(4) 상계(相計)

채무자가 채권자에 대하여 자기의 채무와 동일한 종류의 채권을 가지고 있는 경우에 그 채권과 채무를 대등액에서 소멸시키는 일방적 의사표시를 말한다. 민법상 상계는 채무자의 단독행위이므로 채무자가 채권자에 대해 상계의 의사표시를 하는 방법으로 이루어진다(민법 제492조 참조).

상계의 요건으로는 상계적상이 있어야 하고 그것이 당시에 유지되어야 한다. 즉, 채권이 대립하고 있어야 하고, 쌍방 채권의 목적이 같은 종류이어야 하며, 쌍방의 채권이 변제기에 있고, 채권의 성질상 상계가 허용되어야 하며, 상계가 금지된 채권이 아니어야 한다. 또한 상계를 하지 않는 동안에 일방의 채권이 변제 등으로 소멸한 때에는 상계할 수 없다.

(5) 경개(更改)

당사자가 채무의 중요한 부분을 변경함으로써 신채무를 성립시키는 동시에 구채무를 소멸시키는 유상계약을 말한다. 경개에는 민법 제500조의 채무 내용의 변경, 제501조의 채무자의 변경, 제502조의 채권자의 변경이 있다.

판례는 경개를 하나의 계약으로 보아 경개에 의하여 성립된 신채무의 불이행을 이유로 경개계약을 해제할 수는 없다고 한다(대판 2003. 2. 11. 2002다62333).

(6) 면제(免除)

채권자의 일방적 의사표시에 의해 채권을 무상으로 소멸시키는 단독행위이다(민법 제

506조). 채권 포기행위인 셈이다.

계약자유의 원칙상 당사자의 합의에 의하여 채무를 면하게 하는 것도 가능하다. 독일이나 프랑스의 경우에도 면제계약이 이루어지고 있다.

(7) 혼동(混同)

채권과 채무가 동일인에게 귀속하는 것을 말하며, 혼동에 의해 원칙적으로 채권은 소멸한다(민법 제507조). 함께 할 가치가 없는 둘 이상의 법률상 지위나 자격이 동일인에게 귀속하는 것인데 채무자가 채권을 양수받는 경우에 해당한다.

예컨대, 자동차사고에서 가해자가 피해자의 상속인이 되는 등 특별한 경우에 손해배상청구권과 손해배상의무가 혼동으로 소멸하고 그 결과 피해자의 보험자에 대한 직접청구권도 소멸한다(대판 2005. 1. 14. 2003다38573, 38580 참조).

3. 계약 목적 달성 이외의 원인에 의한 소멸

(1) 무 효

무효란 법률요건으로서의 법률행위에 부여되어야 할 법률효과가 처음부터 전혀 발생하지 않은 것을 말한다. 무효는 법률행위의 효력발생요건의 하자에 의하여 법률행위의 효력이 발생하지 않는다는 점에서 불성립과 구별된다. 법률행위가 무효이면 처음부터 법률행위의 효력은 발생하지 않고, 누구든지 법률행위의 무효를 주장할 수 있고, 시간의 경과에 의하여 무효사유가 치유되지 않고, 무효행위의 추인은 새로운 법률행위로 본다.

(2) 취 소

취소란 법률행위가 일정한 사유로 행하여졌다는 이유로 일단 유효하게 성립한 법률행위의 효력을 소급하여 소멸시키는 특정인의 의사표시다. 취소 할 수 있는 법률행위는 일단 효력이 발생하고, 취소권자의 취소의 의사표시에 의하여 이미 발생한 법률행위의 효력을 소급적으로 소멸시킨다. 그러므로 취소권자가 취소권을 포기하거나, 취소권이 소멸하는 경우에 그 법률행위는 확정적으로 유효한 법률행위가 된다.

(3) 해 제

해제란 유효하게 성립한 계약의 효력을 당사자 일방의 의사표시에 의하여 소급하여 소멸시키는 제도를 계약해제라 한다. 해제의 의사표시를 할 수 있는 권리를 해제권이라 한다. 해제권은 당사자의 합의에 의하여도 발생하기도 하지만, 법률의 규정에 의하여 발생한다. 당사자의 합의에 의한 해제권의 효력은 당사자의 약정에 의하여 정하여진다.

그러나 법률의 규정에 의한 해제의 효과는 손해배상을 청구할 수 있고, 원상회복의무를 규정하고 있다.

(4) 해 지

해지란 계속적 거래관계에서 계약의 효력을 장래에 향하여 소멸케 하는 일방적 의사표시를 말한다. 그리고 해지할 수 있는 권리가 해지권이다. 해지권은 계속적 거래에서만 발생한다는 점과 장래에 대하여만 효력이 발생하여 소급효가 없다는 점에서 해제권과 구별된다. 해지도 당사자의 약정에 의한 해지와 법률의 규정에 의한 해지가 인정된다.

참 고 **채권관계의 당사자 교체와 다수당사자 채권관계**

1. 채권양도와 채무인수와 같은 채권관계의 당사자 교체의 경우가 있다. 채권양도란 채권을 그 내용의 동일성을 변경시키지 않고 이전함을 목적으로 하는 구채권자와 신채권자 간의 계약을 말한다. 채권의 이전은 법률의 규정인 상속(민법 제1005조)·손해배상자의 대위(민법 제399조)·변제자대위(민법 제481조)에 의해도 발생하지만, 계약에 의한 채권을 일반적으로 채권의 양도라고 한다.
   채무인수란 채무의 동일성을 유지하면서 인수인에게 이전하는 계약을 말한다. A의 B에 대한 채무를 인수인인 C에게 이전하는 계약이다. 채무인수에 의하여 주채무자는 채무를 면하고, 인수인이 새로운 채무자가 되는 점에서 병존적 채무인수와 구별하여 면책적 채무인수라고도 한다. 채무인수는 채무의 동일성이 유지된다는 점에서 '경개'와 구별된다.
2. 하나의 급부를 목적으로 하는 채권관계에서 채권자 또는 채무자가 여러 사람인 경우를 다수당사자 채권관계라고 한다. 우리 민법은 다수당사자 채권관계로 4개의 전형적 형태를 규정하고 있는데, 분할채권관계·불가분채권관계·연대채무·보증관계가 그것이다. 이 가운데 앞 두 가지의 채권관계에 대해서는 채권자가 복수인 경우와 채무자가 복수인 경우가 존재한다.
   연대채무란 수인의 채무자가 채무의 변제를 각각 독립하여 변제할 의무가 있고, 그 채무자 중의 한 사람의 변제로 다른 채무자도 의무를 면하게 되는 경우를 말한다. 이 경우 채권자는 1인의 어느 연대채무자에 대하여 동시에 또는 순차적으로 모든 연대채무자에 대하여 채무의 전부나 일부의 이행을 청구할 수 있다. 보증채무란 주된 채무자가 그 채무를 이행하지 않을 때에 이행의 책임을 부담하는 종적인 채무를 말하며, 주된 채무를 담보하는 작용을 한다. 따라서 주채무가 없으면 보증채무가 존재할 수 없고, 주채무가 소멸하면 보증채무도 소멸한다(보증채무의 부종성). 연대보증은 보증인이 채무자와 연대하여 채무를 부담하기로 하는 보증채무이다.

Chapter 02 부동산 관련 법률

제 1 절 물권법 개설

Ⅰ. 물권의 개념

물권이라 함은 물권의 객체인 물건을 지배하여 그것으로부터 독점적·배타적으로 이익을 얻는 것을 내용으로 하는 권리를 말한다. 민법 제185조에서는 물권의 종류와 내용을 당사자가 자유로이 창설하는 것을 금지하고 있다. 이를 '물권법정주의'라 한다. 이에 따라 당사자는 법률 또는 관습법이 인정하지 않는 물권을 창설하는 계약을 체결할 수 없을 뿐만 아니라, 법률 또는 관습법이 인정하는 내용과 다른 내용을 부여하는 계약을 하더라도 효력이 없다.

모든 물권에 있어서 동일한 물건 위에 성립하는 물권 상호간에 있어서는 먼저 성립한 물권이 뒤에 성립한 물권에 우선하고, 동일물 위에 물권과 채권이 성립하는 경우에는 원칙적으로 그 성립의 선후에 관계없이 물권이 우선한다. 물권에 대한 직접적인 지배가 방해받을 경우에는 물권적 청구권을 행사할 수 있다.

물권적 청구권인 반환청구권과 방해제거청구권 및 방해예방청구권이 인정됨은 물론, 불법행위를 구성할 때에는 손해배상청구권도 행사할 수 있다. 그리고 물권 상호간에는 상린관계(相隣關係)가 인정되어 서로 이웃하는 사람들끼리의 소유권에 제한을 가함으로써 조화로운 이웃관계를 유지하도록 하고 있다.

사례탐구

현주는 아파트 19층에 입주하여 살고 있는데 바로 위층인 20층에서 물이 새는 바람에 집으로 물이 스며들어 벽지를 버리고 심한 냄새까지 난다. 현주는 위층에 사는 세라를 찾아가서 사정을 얘기하고 보수를 요구하였으나 세라는 이런 저런 핑계를 대면서 보수할 생각을 하지 않고 있다. 아파트 위층에서 물이 새는 경우 누가 보수의무를 부담하는가?

[해 설] 민법 제214조에서는 "소유자는 소유권을 방해하는 자에 대하여 방해의 제거를 청구할 수 있다"고 규정하고 있다. 따라서 사례의 경우 현주는 세라에게 소유권에 기한 방해배제를 청구할 수 있다. 위층에 사는 세라가 하자보수를 거절하는 경우 현주는 민법 제389조 제1항(강제이행)에 따라 법원에 세라의 비용으로 제3자에게 하자보수를 하게 해달라고 청구할 수 있다.

Ⅱ. 물권의 종류

1. 물권법정주의와 일물일권주의

물권은 법률 또는 관습법에 의하는 것 외에는 임의로 창설하지 못하는 것을 물권법정주의라고 한다. 이러한 근거는 봉건적인 물권을 폐지하고 그 부활을 저지하여 자유로운 소유를 확보하고, 공시를 용이하게 하기 위해서이다.

한편 일물일권주의(一物一權主義)란 물권의 객체는 독립한 물건이어야 하고, 하나의 물건 위에는 그 내용을 서로 상충되지 않는 물권은 하나 밖에 존재할 수 없다는 것을 말하며, 물권의 절대성·배타성의 결과이다.

2. 물권의 종류

(1) 현행법에서 인정되는 물권

우선 민법에서 인정하는 것으로는 점유권·소유권·지상권·지역권·전세권·유치권·질권·저당권 등의 물권이 있다. 상법이 인정하는 물권으로는 상사유치권·주식질권·선박저당권·선박채권자의 우선특권 등이 있다. 물권은 그 외에도 특별법에 의해 인정되는 경우도 있는데, 공장저당권·재단저당권·광업저당권·자동차저당권·항공기저당권·중기저당권·광업권·어업권 등이 그것이다.

(2) 관습법상 인정되는 물권

관습법상 인정되는 물권으로는 분묘기지권, 관습법상 법정지상권, 양도담보권이 있다. 먼저 분묘기지권이란 타인의 토지 위에 분묘를 설치한 때에는 지상권과 비슷한 물권이 성립하며, 관습법상 법정지상권은 같은 사람의 소유에 속하는 대지와 그 지상건물이 매매 등으로 각각 소유를 달리하게 된 경우에는 특히 그 건물을 철거한다는 특약이 없는 한, 건물의 소유자는 그 대지 위에 관습법상의 법정지상권을 취득하는 것을 말한다. 또한 양도담보권은 목적물 자체를 채권자에게 양도하는 방법에 의한 담보물권이다.

3. 민법상 물권의 분류

(1) 물권의 분류기준

먼저, 본권과 점유권의 구별이다. 물건에 대한 사실적 지배에 기안하여 인정되는 권리가 점유권이며, 물건의 지배를 정당하게 하는 권리가 본권이다. 이를 구별하는 실익은 그 보호의 목적과 수단이 다르다는 데 있다. 둘째, 소유권과 제한물권으로 구별되는데, 본권 중에서 객체를 전면적으로 지배하고 그것이 가지는 모든 이익을 향수할 수 있는 권리가 소유권(완전물권)이며, 한정된 범위 내에서 지배하고 한정된 이익을 누릴 수 있는 권리가 제한물권이다. 셋째, 용익물권과 담보물권으로 분류할 수 있다. 용익물권이란 타인의 물건을 일정한 범위에서 사용·수익할 수 있는 권리며, 지상권·지역권·전세권이 이에 속한다. 한편 담보물권이란 채권담보를 위한 물권으로 가치권(價值權)이라고도 한다. 유치권·질권·저당권이 이에 속한다. 유치권은 일정한 채권에 관하여 법률의 규정에 의하여 일정한 요건이 구비되면 법률상 당연히 성립하기 때문에 법정담보물권, 질권과 저당권은 당사자 사이의 계약에 의하여 성립하기 때문에 약정담보물권이라 한다.

끝으로 물권은 부동산물권과 동산물권으로 구별될 수 있다. 물권의 객체가 부동산이냐 동산이냐에 따라서 물건을 부동산물권과 동산물권으로 나눌 수 있다. 부동산물권은 등기에 의해 공시되고, 동산물권은 점유(인도)에 의해 공시되는 점에서 구별의 실익이 있다.

(2) 물권의 구체적 내용

가. 지상권

지상권이란 타인의 토지 위에 건물 기타 공작물 또는 수목을 소유하기 위하여 그 토지를 사용하는 권리를 말하여, 지하 또는 지상의 공간도 상하의 범위를 정하여 지상권을 목적으로 할 수 있다. 그러나 오늘날 이러한 목적은 토지임대차계약에 의하여 달성되고 있어서 그 효용성이 많이 줄어들고 있다.

사례탐구

A가 토지와 건물을 소유하고 있었는데, 건물을 2015년 7월에 B에게 양도하였다. 그 후 A가 토지를 C에게 매도하였고, B는 건물을 D에게 매도하여 각각 소유권이전등기가 된 상태이다. 그 후 C가 D를 상대로 건물의 철거 및 대지의 인도를 청구하였는데, C의 청구는 정당한가?

[해 설] 토지와 건물이 동일 소유자에게 속하였다가 건물 또는 토지가 매매 기타의 원인으로 양자의 소유자가 다르게 된 때에는 철거합의 등 특별한 사정이 없는 한, 건물소유자는 토지소유자에 대해 관습법상 법정지상권을 취득한다는 것이 판례의 입장이다. 사례에서 B가 D에게 건물을 매도하면서 건물에 대한 소유권이전등기를 마쳤지만, 지상권에 대해 별도의 이전등기를 하지 않아 문제인바, D도 법정지상권이 부착된 건물의 매수인으로 지상권이전청구권을 보전하기 위해 B가 D에게 갖는 지상권설정등기청구권을 대위행사 할 수 있으므로 C의 청구는 허용되기 어렵다.

나. 지역권

지역권이란 일정한 목적을 위하여 타인의 토지를 자기 토지의 편익에 이용하는 물권을 말한다. 그 편익을 얻는 토지를 요역지(要役地)라고 하며, 편익을 제공하는 토지를 승역지(承役地)라고 한다. 그러므로 바꾸어 말하면, 지역권이란 요역지의 사용가치의 증대를 위하여 승역지를 이용할 수 있는 권리인 것이다.

다. 전세권

전세권이란 전세금을 지급하고 타인의 부동산을 점유하여 그 부동산의 용도에 좇아 사용·수익하는 물권이다. 이는 대도시에 있었던 전세의 관습을 물권법화 한 예인데, 관습법상 채권이었던 것을 경제적 약자인 세입자를 보호한다는 취지에서 이를 물권으로 법정한 것이다. 그러나 소유자가 전세권의 설정을 꺼리므로 오히려 전세의 이용이 임대차로 대체되는 현상을 초래하였다.

사례탐구

A는 자기의 건물에 대하여 B와 전세금 1억원, 기간을 2년으로 하는 전세계약을 2013년 7월에 체결하고 전세등기를 해주었다. 2015년 7월 기간이 만료되어 자기의 집에 가 보았더니 낯모르는 C가 살고 있었고, 사실은 C는 B로부터 전전세금 7천만원, 전전세기간 2년으로 하는 전전세계약을 체결하고 거주하는 것인데 이러한 경우 A는 C 대하여 집을 비워줄 것을 요구할 수 있는가?

[해 설] 전세권자는 특약이 없는 한 자신의 전세목적물에 대하여 전전세(轉傳貰)할 수 있으며

전전세권설정에 대하여 원전세권설정자의 동의를 필요로 하지 않는다. 이 점이 후술하게 되는 건물의 임대차관계와 다르다. 그러나 전전세권의 존속기간은 원전세권의 존속기간 내이어야 한다. 전세금의 지급은 전세권의 요소이므로, 전전세에 있어서도 전세금의 지급이 있어야 한다. 전전세권이 설정되더라도 원전세권은 소멸하지 않는다. 사례의 경우 B의 C에 대한 전전세 행위는 유효하다.
그러나 이들 사이에 합의된 전전세기간은 원전세기간을 넘는 것이어서 원전세기간 만료 후 C는 A에 대하여 대항할 수 없다. 그리고 전전세권자 C는 원전세권 설정자 A에 대해서는 아무런 권리·의무를 가지지 않으므로 자기와 계약한 전전세권설정자인 B에 대하여 전전세금반환을 청구하여야만 한다.

라. 유치권

유치권이란 타인의 물건 또는 유가증권을 점유한 자가 그 물권이나 유가증권에 관하여 생긴 채권이 변제기에 있는 경우에 변제를 받을 때까지 그 물건이나 유가증권을 유치하여 채무자의 변제를 간접적으로 강제하는 법정담보물권이다.

마. 질 권

질권이란 채권자가 그의 채권의 담보로서 채무자 또는 제3자로부터 받은 동산 또는 재산권을 점유하고 채무의 변제가 있을 때까지 유치함으로써 채무의 변제를 간접적으로 강제하는 동시에 채무의 변제가 없는 때에는 그 목적물로부터 우선적으로 변제를 받는 담보물권이다.

바. 저당권

저당권이란 채무자 또는 제3자가 점유를 이전하지 아니하고 채무의 담보로 제공한 부동산에 대하여 다른 채무자보다 자기채권의 우선변제를 받을 수 있는 담보물권을 말한다. 저당권은 질권과 함께 신용수수를 목적으로 하는 당사자의 계약에 의하여 성립하는 약정담보물권이다. 그러나 목적물의 점유를 빼앗지 않고 담보권 설정자에게 남겨 두는 점에서 질권과 본질적으로 다르다.

4. 물권적 청구권

물권적 청구권이란 물권의 내용의 실현이 어떤 사정으로 말미암아 방해당하고 있거나 또는 방해당할 염려가 있는 경우에 물권자가 그 방해자에 대하여 그 방해의 제거 또는 예방에 필요한 일정한 행위를 청구할 수 있는 권리를 말하며, 이를 물상청구권이라고도 한다.

그 종류는 물권적 반환청구권, 물권적 방해제거청구권, 물권적 방해예방청구권 등이 있다.

물권침해의 사실이 있으면 이 같은 물권적 청구권을 발생시키는 동시에 다른 청구권이 함께 생기게 되는 경우가 있다. 가령, 물권의 침해가 고의·과실에 의하여 행하여진다면 물권적 청구권이 성립하는 한편 불법행위에 따른 손해배상청구권이 발생하게 되는데 이 경우 한쪽이 소멸되었다고 해서 다른 쪽이 당연히 소멸하는 것은 아니다. 이와 함께 부당이득반환청구권이 물권적 청구권과 동시에 발생할 수도 있다.

제2절 물권변동과 부동산등기

Ⅰ. 물권변동과 공시

1. 물권변동의 의의

물권변동이란 물권을 취득하고 상실하는 것과 물권의 내용에 변화가 생기는 것을 통틀어 말한다. 즉 물권의 발생, 변경, 소멸을 가리킨다. 물권의 발생이란 물권의 취득을 이르는 것으로 이에는 타인의 권리를 이전 받음으로써 취득하는 경우(이전적 취득)와 현재까지 존재하지 아니하였던 물권을 새로이 설정함으로써 취득하는 설정적 취득이 있다.

물권변동을 일으키는 법률요건에는 법률행위와 법률의 규정 두 가지가 있다. 법률행위로 인한 물권변동은 당사자의 의사표시에 의하여 일어나는 것을 말한다. 그리고 법률의 규정에 의한 물권변동은 당사자의 의사와는 관계없이 법률상 당연히 일어나는 것이다. 취득시효, 무주물선점, 공용징수, 혼동 등이다. 이 가운데 물권변동이 당사자의 의사에 따라 발생한 경우, 물권변동을 내용으로 하는 법률행위를 물권행위라고 한다. 부동산의 경우 계약의 이행으로 매매대금을 받고 등기이전에 필요한 서류를 넘겨주면서 소유권을 이전한다는 의사표시를 하는데, 이러한 의사표시를 물권행위로 보는 것이 보통이다.

사례탐구

A는 부친이 경작하던 밭을 포함한 임야를 상속받아 30년 가까이 경작·관리하여 왔는데, 최근 B라

는 사람이 위 임야의 임야대장상의 명의와 등기부상의 소유자명의가 그의 조부명의로 되어 있다는 이유로 임야의 인도를 요구하고 있다. 하지만 위 임야는 A의 부친이 B의 조부로부터 매수하였다고 한다. 어떻게 하면 좋은가?

[해 설] 이는 등기 없이 20년 이상 경작한 토지의 취득시효에 관한 문제이다. 민법상 다른 사람으로부터 토지 등 부동산을 매수하였지만 소유권이전등기를 하지 않았다면 소유권을 취득할 수가 없고, 등기명의자나 그의 상속인이 법적인 소유자가 된다. 그러나 A는 여전히 소유권이전등기 청구권이 있으므로, 위 임야에 대하여 매도인의 상속인들(B등)을 상대로 매매를 원인으로 한 소유권이전등기청구를 할 수 있다. 한편 민법 제245조 제1항에 의해 20년간 소유의 의사로 평온, 공연하게 부동산을 점유한 자는 등기함으로써 그 소유권을 취득하므로, 만약 A가 매매계약서라든가 증인이 없어 매매사실을 증명하지 못하는 경우라면 취득시효완성으로 인한 소유권이전등기를 요구할 수 있다. 즉 A가 위 임야를 상속받아 20년간 소유명의자로부터 별다른 이의 없이 평온·공연하게 경작하면서 관리하여 온 사실을 주장·입증하여 B를 상대로 취득시효완성으로 인한 소유권이전등기청구를 할 수 있다.

2. 공시원칙과 공신의 원칙

(1) 공시(公示)의 원칙

물권을 변동시키는 법률행위 즉 물권행위를 하였다고 해서 물권변동이 완성되는 것은 아니다. 물권은 모든 사람에 대해 주장할 수 있는 배타적 권리이므로, 물건을 거래하는 경우 그 물건에 관하여 누가 권리자이며, 그가 갖는 권리내용이 무엇인지 그리고 그 물건에 저당권이나 지상권 등 어떤 물권에 의해 제한을 받고 있는 것은 아닌가를 알 수 있게 할 필요가 있다. 즉 물권의 변동에는 외부에서 알아볼 수 있는 어떤 표상이 반드시 따라야 하는데, 이것을 공시의 원칙이라 한다.

공시의 원칙을 필요로 하는 이유는 물권의 존재 또는 변동은 반드시 일정한 외형을 갖추게 하여 그것을 외부에서 알아볼 수 있게 함으로써 동일물에 대한 2중 취득 등 제3자가 뜻하지 않는 손해를 입지 않도록 하기 위해서이다. 우리 민법은 공시방법으로 부동산에 관하여는 등기, 동산에 관하여는 인도, 즉 점유의 이전을 규정하고 있다.

사례탐구

부동산 등기부에는 나타나 있지 않은 권리가 있을 수 있다고 하는데, 그러한 권리에는 무엇이 있으며, 부동산 매매시에 이러한 것을 확인할 방법은 없는가?

[해 설] 부동산의 권리관계 모두가 등기부에 표시되어 있는 것은 아니다. 현행법상 등기부에 표시되어 있지 않으면서 제3자에게 대항할 수 있는 토지상의 권리로서는 건물의 소유를 목적으로 하는 임차권(借地權)·건물의 임차권이 있다. 건물임차권은 그 건물의 점유에 의하여 제3자에게 대항할 수 있기 때문에 등기부의 열람만으로 안심할 수 없다. 임차권은 그 토지나 건물의 권리를 수반하는 것이므로 부동산상의 권리관계를 조사하는 데에는 등기부의 열람 외에도 목적 물건 자체도 직접 알아보고 점유상태를 조사하여 점유자가 등기부상의 소유자인지 여부를 확인할 필요가 있다.

(2) 공신(公信)의 원칙

등기의 공신의 원칙이란 물권이 존재한다는 것을 추측케 하는 표상이 있는 경우 비록 그 표상에 부합되는 물권이 없더라도 그 표상을 신뢰한 자는 보호되어야 한다는 것을 말한다. 그리고 법률적 효과를 그 표상이 가지고 있는 효력이라고 볼 때, 그것을 공신력이라 한다. 예컨대 A가 등기 명의인 또는 점유자로 되어 있는 물건이 사실은 B의 소유물인데, C가 오신하고 A로부터 동 부동산을 양도받은 경우, C는 소유자가 아닌 A로부터 양도받은 것이므로 소유권을 취득하지 못하는 것으로 하면 물권거래의 안정성과 신속성에 해를 끼치게 될 것이다. 따라서 물권거래의 안정과 신속을 위하고, 또한 등기 등 표상을 신뢰하고 거래한 C를 보호하기 위해 그 물건의 소유권을 취득케 하여야 한다는 것이 공신의 원칙을 필요로 하는 이유이다. 그러나 우리나라의 등기제도는 등기신청시 등기공무원에게 원칙적으로 형식적 심사주의만이 인정되고 있어서 공신력을 인정하기 어려운 실정이다. 따라서 부동산을 취득하는 경우 등기부만을 믿고 거래를 하는 것은 안전하다고 할 수 없다.

사례탐구

A는 부동산을 취득할 예정이다. 우리나라의 등기에는 공신력이 인정되지 않는다고 하는데, 혹시 현재의 등기 명의인이 정당한 소유자가 아니라면 어쩌나 하여 걱정이 된다. 어떤 점에 유의하여 거래를 하는 것이 안전한가?

[해 설] 우리나라의 등기부에는 공신력이 인정되지 않는다. 따라서 등기부에 소유권자로 등기되어 있는 사람으로부터 사면 항상 안전하다고는 할 수 없다. 현재의 명의인이나 전 명의인의 인감이나 위임장을 위조하여 자기명의로 등기이전을 하더라도 이에 의해 소유자가 되는 것은 아니고, 이러한 자와 매매계약을 체결해도 소유권을 취득할 수 없다. 따라서 등기명의인이 과

연 진실한 소유자인가 아닌가의 여부를 조사할 필요가 있다. 즉 부동산을 매입하려고 하는 경우 현재의 소유자의 전 소유자에게 소유권 이전의 유무를 확인한다든가 현 거주자에게 알아보는 등으로 등기명의인이 진정한 소유자인지를 확인할 필요가 있다.

Ⅱ. 부동산 물권의 변동과 등기제도

1. 부동산등기제도

(1) 부동산물권변동과 등기

부동산에 관한 물권의 취득이 법률행위에 의한 것이면 등기하여야 그 효력이 생기고(민법 제186조), 그 물권의 취득이 법률의 규정(상속·공용징수·판결·경매 기타 법률의 규정)에 의한 것이면 등기하지 않아도 효력이 생긴다(민법 제187조). 다만 처분을 위해서는 등기가 필요하다.

(2) 부동산등기와 등기부

가. 부동산등기의 의의

토지와 건물 등 부동산의 권리관계를 등기부라고 하는 공적인 장부에 기재하는 것을 부동산등기라 한다. 부동산에 관한 권리관계를 모든 사람에게 알려주기 위한 방법으로 국가에서 등기부라고 하는 공적인 장부를 만들어 놓고, 등기공무원으로 하여금 부동산의 표시와 권리관계를 기재하도록 하는 것이 부동산등기제도이다. 등기부는 누구나 소정수수료를 납부하고 그 등본을 교부받거나 열람을 할 수 있고 또한 이해관계 있는 부분에 한하여 등기신청서류를 열람할 수 있다.

한편, 부동산등기부 전산화사업이 마무리됨에 따라 등기사무처리는 물론 전자신청이 전국적으로 이루어지는 상황 등을 반영하여 2011년 4월 12일 부동산등기법이 전면개정되어 2012년 6월 13일부터 시행되게 되었다. 등기의 효력발생시기를 명확하게 하기 위하여 등기관이 등기를 마치면 그 등기의 효력은 접수한 때부터 발생하고(제6조 제2항), 종이등기부를 전제로 한 규정 등을 삭제했다.

나. 부동산등기부와 구성

부동산등기부에는 토지등기부와 건물등기부가 있다. 한 개의 부동산마다 한 개의 등기부가 있다. 즉, 토지와 건물 1개마다 등기부가 1개씩 존재한다. 토지는 인위적으로 분할하여 각각에 번호(지번)를 매기는데, 토지 1필지가 1개의 부동산이 된다. 따라서 1개의 토지가 분필이 되면 여러 개의 부동산이 되고, 반대로 여러 개의 토지가 합필이 되면 1개의 부동산이 된다.

건물은 토지에 붙어 있는 것이지만 별개의 부동산으로 취급되어 따로 등기부가 있다. 건물이 한 개냐 두 개냐 하는 것은 일반관념에 따라 결정되는 데 요즘 아파트 등 집합건물이 많이 생겨서 외관상 1개의 건물이지만 각 세대마다 구분하여 독립된 소유권을 인정하고 있다.

등기부는 등기번호란·표제부(아파트 등 집합건물의 경우에는 표제부가 2개임)·갑(甲)구·을(乙)구의 네 부분으로 구성된다. 표제부에는 토지와 건물의 내용, 즉 소재지, 면적, 용도(예: 대지, 임야, 주택, 창고), 구조(예: 2층, 목조건물) 등이 변경된 순서대로 적혀 있다. 갑구에는 소유권에 관한 사항이 접수된 일자(日字)순으로 적혀 있다. 을구는 소유권 이외의 권리, 즉 저당권이나 지상권 같은 제한물권에 관한 사항을 기재한다.

사례탐구

부동산등기부를 보면 표제부 이외에 갑(甲)구와 을(乙)구가 있는데, 구체적으로 무엇이 기재되며 열람시에 주의하여야 할 점은?

[해 설] 갑(甲)구에는 소유권에 관한 사항이 접수된 일자(日字) 순으로 적혀 있다. 맨 처음 기재된 것이 소유권보존등기(최초의 소유자)이고 소유권이전등기가 계속되어 기재되어진다. 각 등기사항 중 변경되는 것이 있으면(예컨대, 소유자의 주소변경) 변경등기(부기등기)를 한다. 만약에 소유권이전등기가 무효라고 하여 제3자가 소송을 걸어오면 법원에서 등기부에 예고등기를 해 두는 것이 보통이다. 소송결과 무효가 확정되어 소유권이전등기의 말소등기를 하면 이전등기하기 전의 상태로 돌아간다. 그 외에 압류등기, 가처분등기. 가등기 등이 갑(甲)구에 기재된다.

을(乙)구에는 소유권 이외의 권리, 즉 저당권이나 지상권 같은 제한물권에 관한 사항을 기재한다. 특히 주의할 점은 근저당권설정등기인데 채권최고액이란 것이 있어서 등기부에 기재된 최고액을 한도로 부동산의 가격에서 담보책임을 지게 되므로 실제 채무액이 얼마인가를 따로 파악하여야 한다. 등기부를 볼 때에 가장 중요한 점은 갑(甲)구와 을(乙)구에 기재된 가등기, 소유권이전등기, 저당권설정등기 등의 등기의 전후와 접수일자(접수번호)를 잘 살펴보아야 한다는 것이다. 등기된 권리의 우선순위는 같은 갑(甲)구나 을(乙)구에서는 등기의 전후(순위번호)에 의하여 갑(甲)구와 을(乙)구 간에는 접수번호에 의하여 결정되기 때문이다.

(3) 대장과 등록원부

등기와 비슷한 것에는 대장(臺帳)과 등록원부(登錄原簿)가 있다. 토지와 건축물 대장은 부동산 자체의 현황을 나타내기 위하여 시장·군수·구청장이 작성하는 장부로서 원래는 조세의 부과징수라는 행정목적을 위해 작성되는 것이다. 그러나 주의할 점은 등기부의 표기내용과 대장의 표기내용이 일치하지 않는 경우가 종종 있을 수 있는데, 이 경우 권리관계는 부동산등기부가 우선하고 현황 및 이용관계는 (토지 및 건축물)대장이 우선한다는 점이다.

등록원부란 유사부동산, 예컨대 자동차·항공기·건설기계·선박 등을 해당관청에 등록할 때 쓰이는 장부로서 이러한 유사부동산의 경우 등록원부에 등록이 있어야 권리이전이 되고, 권리의 변동이 생긴다.

2. 부동산활동에 관한 특별법

(1) 부동산등기 특별조치법

가. 소유권이전등기 신청의무

부동산을 이전·거래할 때 반드시 등기를 신청하여야 한다. 즉 부동산의 소유권 이전을 내용으로 하는 계약을 체결한 자는 그 계약의 종류에 관계없이 반드시 등기신청을 할 수 있는 때로부터 60일 이내에 소유권이전등기를 신청하여야 한다. 따라서 매매와 같은 쌍무계약의 경우에는 상대방으로부터 이전등기관계서류를 넘겨받은 때와 같이 반대급부의 이행이 완료된 날, 증여와 같은 편무계약의 경우에는 그 계약의 효력이 발생한 날로부터 각 60일 이내에 소유권이전등기를 신청하여야 한다. 그리고 소유권보존등기신청의무가 부과될 경우도 있다. 이러한 등기신청의무를 해태하면 과태료가 부과된다.

나. 부실한 등기신청에 대한 형사제재

부실한 등기신청행위 등에 대하여는 형사처벌을 하는 등의 제재가 따른다. 먼저 등기원인 등을 허위로 기재하여서는 아니 된다. 이를 위반하면 3년 이하의 징역 또는 1억원 이하의 벌금형에 처하도록 하고 있다. 그리고 투기목적 등을 가지고 미등기전매를 하면 형사처벌을 받게 된다.

부동산의 소유권을 넘겨받을 것을 목적으로 하는 계약을 체결한 사람이 조세부과를 면하려 하거나, 다른 시점의 가격변동에 따른 이득을 얻으려 하거나, 소유권 등 권리변동을 규제하는 법령의 제한을 회피할 목적을 가지고 일정기간 내에 전매계약을 체결하면 3년 이하의 징역이나 1억원 이하의 벌금형을 받게 된다.

미검인(未檢印) 전매행위 즉, 상대방과 계약을 맺어 그로부터 부동산에 대한 소유권을 넘겨받게 되어 있는 사람은 그 계약서 검인을 받지 아니한 상태에서 다시 제3자와 그 부동산의 소유권을 넘겨주는 것을 내용으로 하는 계약이나 당사자의 지위를 이전하는 계약을 체결할 때에도 1년 이하의 징역 또는 3천만원 이하의 벌금형에 처한다.

(2) 부동산 실권리자명의 등기에 관한 법률

가. 의 의

부동산실명제란 부동산에 관한 물권(소유권, 전세권, 지상권 등)은 반드시 실제 권리자의 이름으로만 등기하도록 하는 제도이다. "부동산 실권리자명의 등기에 관한 법률"에서 규제하고 있는 대상은 명의신탁(名義信託)과 장기 미등기이다.

명의신탁은 실질적으로는 자신이 보유하고 있는 부동산을 다른 사람의 이름을 이용하여 등기하는 것을 말하며, 장기미등기는 매매나 증여에 의해 부동산을 취득하고도 이를 등기하지 않은 채 원소유자 앞으로 장기간 방치하여 두는 것을 방지하기 위해 규제하는 것이다. 이러한 명의신탁은 부동산을 남의 이름을 빌어 등기함으로써 부동산투기의 주요한 방법이 되었으며, 또한 탈세의 수단으로도 악용되어 왔다. 이는 부동산투기바람을 잠재우고, 부동산 가격안정에 도움이 되고자 도입된 제도이다.

나. 명의신탁의 금지

부동산실명제 시행일은 1995년 7월 1일이다(이 법의 최근 개정 해는 2013년이다). 따라서 이후 모든 부동산에 관한 물권은 명의신탁이 금지되어 반드시 실권리자의 명의로만 등기하도록 하였다.

다만, 다음과 같은 경우에는 명의신탁으로 보지 않는다. ① 채무의 변제를 담보하기 위하여 채무자 부동산에 가등기하는 경우 및 양도담보, ② 2인 이상이 구분소유하기로 하는 약정하고 공유등기를 하는 경우, ③ 신탁법과 신탁업법에 의해 신탁부동산 등기를 하는 경우, ④ 종중부동산의 명의신탁 또는 부부간의 명의신탁에 의해 등기한 경우에는 조세포탈이나 강제집행 또는 법령상 제한을 회피하기 위한 목적이 아닌 한 예외가 인정된다.

다. 위반행위의 제재

다른 사람의 이름을 빌어 등기한 실권리자인 명의신탁자에 대해서는 과징금(부동산가액의 30%)이 부과되고, 과징금 부과 후에도 실명으로 등기를 하지 않을 경우 과징금 부과 후 1년 경과시 10%, 2년 경과시 다시 20%의 이행강제금이 각각 부과된다. 그리고 명의신탁자에게는 5년 이하의 징역 또는 2억원 이하의 벌금으로 형사처벌이 된다. 한편 명의수탁자에게는 3년 이하의 징역 또는 1억원 이하의 벌금이 부과되며, 명의신탁행위를 교사하거나 방조한 자에게도 형사처벌이 부과된다.

명의신탁약정의 사법상의 효력에서는 명의신탁을 하는 경우 명의신탁자와 명의수탁자간의 명의신탁을 하기로 한 약정은 당연히 무효가 되고, 명의신탁약정에 의해 이루어진 등기도 무효가 된다. 다만, 부동산을 매도한 사람이 명의수탁자를 진정한 매수인으로 알고 계약을 체결한 경우는 등기가 유효한 것으로 하고 있다.

제3절 주택 및 상가 임대차특별법

Ⅰ. 주택임대차보호법

1. 의의와 적용범위

(1) 법 제정의 의의

세입자가 타인의 주택을 빌려 이용하는 방법에는 전세권을 설정하는 경우와 임대차계약을 맺는 방법이 있는데 사회에서는 여러 원인에 의하여 채권적인 후자의 방법이 많이 사용되고 있다. 그 결과 주택임차인은 전세권에 견주어 불리한 법률관계에 놓이게 되고, 주거생활의 안정을 위협받게 되었다. 이에 임차인을 보호하여 국민 주거생활의 안정을 보장할 목적으로 제정된 법이 주택임대차보호법이다. 국회는 2020년 6월 임차인 보호를 더욱 강화하는 내용으로 법을 개정했다.

사례탐구

A는 공인중개사 B에게 의뢰하여 B의 중개로 C로부터 방 2개를 보증금 8천만원에 임차하였다. 그런데 B가 중개를 할 당시는 C는 D(건물소유주)로부터 건물 전체를 1억 8천만원에 전세를 얻은 것이라고 설명하여 A는 중개사 B의 말만 믿고 계약을 체결한 것이다. 그러나 며칠 전 C는 자취를 감추었고, 알고 보니 C는 D로부터 월세를 얻어서 이러한 사실을 숨기고 A로부터 사기를 친 것이다. 중개업자 B의 책임은 없는가?

[해 설] 우선 A에게도 전대차계약의 경우 원 임대인(D)의 승낙을 얻어야 한다는 것을 모른 잘

못이 있다. 그러나 공인중개사 B도 공인중개사법 제25조의 중개대상물 확인의무를 이행하지 않은 잘못이 있으므로, A는 동법 제30조 제1항에 근거하여 보증금 상당의 손해배상을 B에게 청구할 수 있다.

(2) 적용범위

가. 객 체

① 주거용 건물의 임대차

주택임대차보호법은 주거용 건물의 전부 또는 일부의 임대차에 관하여 이를 적용한다(동법 제2조). 주거용 건물인지의 여부는 공부상의 표시만에 의하는 것이 아니라 그 임대차의 목적, 건물과 임차목적물의 구조와 형태, 임차인의 임차목적물의 이용관계, 임차인이 그곳에서 거주하는지의 여부 등을 고려하여 합목적적으로 판단하여야 한다. 그 임차주택의 일부가 주거 외의 목적으로 사용되는 경우에는 건물의 주된 용도가 주거용인 경우에만 적용된다. 건물의 준공검사 여부는 불문한다.

다만, 일시사용을 위한 임대차임이 명백한 경우에는 주택임대차보호법을 적용하지 아니한다(동법 제11조).

참 고

주거용 건물에 해당하는지의 여부는 임대차목적물의 공부상의 표시만을 기준으로 할 것이 아니라 그 임대차의 목적, 전체건물과 임대차목적물의 구조와 형태 및 임차인의 임대차목적물의 이용관계 그리고 임차인이 그곳에서 일상생활을 영위하는지의 여부 등을 아울러 고려하여 합목적적으로 고려하여야 한다(대판 1996. 3. 12. 95다51953).

사례탐구

A는 B소유의 신축빌라 1채를 임차하려고 하는데 아직 건물에 대한 소유권보존등기가 되어있지 않은 미등기주택이다. 다른 마땅한 주택을 구하기가 어려운 상황이다. 미등기주택의 경우도 주택임대차보호법의 보호를 받는다고 하는데 사실인가?

[해 설] 주택임대차보호법은 주거용건물 즉, 주택의 임대차 및 미등기전세에 적용된다. 여기서의 주거용건물이란 사회통념상 건물로 인정하기에 충분한 요건을 구비하고 주거용으로 사용

하고 있는 것을 말한다. 따라서 관할관청으로부터 허가를 받지 아니하고 건축한 무허가건물도 본법의 적용을 받으므로 무허가 주택이거나 미등기주택의 경우도 해당된다. 그러나 무허가 건물의 경우 철거당하는 경우 세입자가 예기치 못한 불이익을 당한 염려는 있다.

② 미등기 전세

주택의 등기를 하지 않은 채권적 전세계약에도 주택임대차보호법이 적용된다(동법 제12조).

나. 주 체

주택임대차보호법은 임차인이 자연인인 경우에만 적용되고 법인인 경우에는 특별한 사정이 없는 한 그 적용이 없다. 외국인은 전입신고에 준하는 체류지 변경신고를 했다면 예외적으로 적용을 받는다.

다. 시적기준

주거용 건물의 여부는 임대차계약체결시를 기준으로 판단한다.

2. 대항력과 대항요건

(1) 대항력의 의의

대항력이란 자신의 권리를 상대방에게 주장할 수 있는 능력이다. 즉, 임차인이 임차목적물의 매수인에게 임차인의 권리를 주장할 수 있는 능력이다.

(2) 대항요건

가. 미등기에 의한 대항력 취득

주택임차인이 주택을 인도 받고, 주민등록의 이전을 마치면 그 익일부터 제3자에게 임대차의 효력을 주장할 수 있다(동법 제3조). 그리고 확정일자까지 갖춘 임차인은 민사집행법에 의한 경매 또는 국세징수법에 의한 공매시 임차주택(대지를 포함한다)의 환가대금에서 후순위권리자 기타 채권자보다 우선하여 보증금을 변제 받을 권리가 있다(동법 제3조의2 제2항).

주민등록의 이전은 주소의 이전을 말하는 것으로 부동산등기부상의 주소와 동일한 주소로 이전하여야 한다. 특히 공동주택의 경우에는 부동산등기부상의 주소와 주민등록상의 주소가 다른 경우에 대항력이 인정되지 않는다는 것에 유의하여야 한다.

확정일자는 일정한 시점에 임대인과 임차인의 계약관계가 있다는 사실을 증명하는 것이고, 계약의 내용까지 증명하는 것은 아니다. 현재 동사무소, 법원 또는 등기소, 공증인사무소에서 확정일자를 받을 수 있다.

참 고

신축중인 연립주택 중 1층 소재주택의 임차인이 주민등록 이전시 잘못된 현관문의 표시대로 '1층 210호'라고 전입신고를 마쳤는데, 준공 후 그 주택이 공부상 '1층 101호'로 등재된 경우 주택임대차보호법상의 대항력이 없다(대판 1995. 8. 11. 95다177).

사례탐구

A는 B소유의 주택을 보증금 3,000만원에 임차하여 자신의 처 및 가족들과 함께 입주하였으나, 주민등록은 편의상 A의 처인 C의 것만 전입신고 하고, A와 나머지 식구들은 1년 후에야 전입신고를 하였다. 그 사이에 위 주택에 근저당권이 설정되고 현재 경매가 진행 중인데, 계약서상 명의자인 A가 저당권보다 늦게 전입신고 하더라도 대항력을 갖게 되는가?

[해 설] 주택임대차보호법상 보호를 받으려면 임차인이 임차한 주택을 인도받고 주민등록의 전입신고를 마쳐야 한다. 그러나 반드시 계약서상의 임차인이 아닌 가족 등의 전입신고가 있어도 보호를 인정해 주고 있는데, 판례는 "주택임대차보호법 제3조 제1항에서 규정하고 있는 주민등록이전이라는 대항요건은 임차인 본인뿐만 아니라 그 배우자나 자녀 등 가족의 주민등록을 포함한다"고 판시하고 있다(대판 1996. 1. 26. 95다30338). 따라서 A의 경우 비록 그의 주민등록이 저당권 설정일보다 뒤지지만 그의 처인 C가 전입신고한 다음날부터 대항력을 취득한 것이기 때문에 대항력을 갖는다.

나. 등기에 의한 대항력취득

① 임차권 등기

임차인은 반대의 약정이 없는 한 임대인에게 등기에 협력할 것을 요구할 수 있다(민법 제621조). 그러므로 주택의 임차인이 임대인에 대하여 등기에 협력할 것을 요청하고, 이에 따라 등기가 되면 임차권이 물권화 되어 대항력을 취득한다(동법 제3조의4). 임차권의 등기 전에 미등기에 의한 대항력을 구비하고 있으면 주택의 인도일, 주민등록의 이전일, 확정일자 일을 등기하여야 한다.

② 임차권등기명령

임대차가 종료된 후 보증금을 반환 받지 못한 임차인은 임차주택의 소재지를 관할하는 지방법원·지방법원지원 또는 시·군 법원에 임차권등기명령을 신청할 수 있다(동법 제3의 3조). 임차권등기명령의 집행에 의한 임차권등기가 경료되면 임차인은 대항력 및 우선변제권을 취득한다. 다만, 임차인이 임차권등기 이전에 이미 대항력 또는 우선변제권을 취득한 경우에는 그 대항력 또는 우선변제권은 그대로 유지되며, 임차권등기이후에는 대항요건을 상실하더라도 이미 취득한 대항력 또는 우선변제권을 상실하지 아니한다. 임차권등기명령의 집행에 의한 임차권등기가 경료된 주택을 그 이후에 임차한 임차인은 보증금 중 일정액의 우선변제를 받을 권리가 없다.

사례탐구

A는 B의 주택을 보증금 3,000만원에 2년간의 기간으로 임차하여 살아왔다. 최근 계약기간이 만료되었고, 마침 직장관계로 타지로 이사를 해야 하므로 보증금을 빼달라고 하였으나 집주인 B는 새로운 세입자가 들어올 때까지는 돈을 빼줄 수 없다며 보증금을 돌려주려 하지 않는다. A가 보증금을 돌려받을 방법은 무엇이며, 만일 보증금을 받지 못한 채 직장이 있는 곳으로 이사를 가는 경우 대항력을 상실하게 되는 것은 아닌가?

[해 설] 사례의 경우 우선 보증금을 돌려받기 위해 A는 법원에 임차보증금반환청구소송을 제기하여 확정판결을 받아서 그에 근거하여 해당주택에 대해 경매신청을 할 수 있다. 경매를 신청할 경우 과거에는 내용증명우편 발송 등의 번거로운 절차를 거쳐야 했으나 주택임대차보호법의 개정으로 주택을 집주인에게 인도하지 않고도 곧바로 경매를 신청할 수 있게 되었다. 한편, 보증금을 받지 못하고 불가피하게 타지로 이사 혹은 주민등록을 이전하여야 할 경우에는 '임차권등기명령제도'를 이용하면 된다. 즉, A는 법원에 등기명령을 신청하면 A가 점유를 잃거나 주민등록을 이전하더라도 최초의 전입일을 기준으로 하여 해당 주택에 대하여 임차권등기가 기입되므로 훗날 경매 등이 있게 되더라도 선순위자로서 보호를 받을 수 있다.

3. 보호의 내용

(1) 보증금의 회수

가. 보증금 중 일정액의 우선변제(최우선변제)

임차인은 보증금 중 일정액을 다른 담보물권자보다 우선하여 변제를 받을 권리가 있다. 이 경우 임차인은 주택에 대한 경매신청의 등기 전에 주택의 인도와 주민등록의 이전이 완료되거나, 임차권등기명령에 의한 등기, 또는 민법에 의한 등기가 있어야 한다. 보증금 중 일정액의 우선변제를 받을 임차인 및 보증금 중 일정액의 범위와 기준은 주택가액(대지의 가액을 포함한다)의 2분의 1의 범위 안에서 대통령령으로 정한다(동법 제8조).

나. 보증금의 회수(우선 변제)

주택의 인도·주민등록의 이전·확정일자의 대항력을 구비하거나 임차권등기명령에 의한 등기, 민법에 의한 임대차등기가 있는 경우에는 민사집행법에 의한 경매 또는 국세징수법에 의한 공매시 임차주택(대지를 포함한다)의 환가대금에서 후순위권리자 기타 채권자보다 우선하여 보증금을 변제 받을 권리가 있다. 법적 성질이 채권인 임차권이 물권화가 되는 예이다.

참 고

1. 주택임대차보호법(이하 '법'이라 한다)의 입법목적은 주거용건물에 관하여 민법에 대한 특례를 규정함으로써 국민의 주거생활의 안정을 보장하려는 것이고(제1조), 법 제3조 제1항에서 임대차는 그 등기가 없는 경우에도 임차인이 주택의 인도와 주민등록을 마친 때에는 그 익일부터 제3자에 대하여 효력이 생기고, 여기에 더하여 법 제3조의2 제2항에서 제3조 제1항의 대항요건과 임대차계약서상의 확정일자를 갖춘 임차인에게 경매나 공매시 후순위권리자 기타 채권자보다 우선하여 변제를 받을 수 있도록 한 것은, 사회적 약자인 임차인을 보호하려는 사회보장적 고려에서 나온 것으로서 민법의 일반규정에 대한 예외규정인 바, 그러한 입법목적과 제도의 취지 등을 고려할 때, 채권자가 채무자 소유의 주택에 관하여 채무자와 임대차계약을 체결하고 전입신고를 마친 다음 그곳에 거주하여 형식적으로 주택임대차로서의 대항력을 취득한 외관을 갖추었다고 하더라도 임대차계약의 주된 목적이 주택을 사용수익하려는 것에 있는 것이 아니고, 실제적으로는 대항력 있는 임차인으로 보호받아 후순위권리자 기타 채권자보다 우선하여 채권을 회수하려는 것에 있었던 경우에는 그러한 임차인에게 주택임대차보호법이 정하고 있는 대항력을 부여할 수 없다(대판 2007. 12. 13. 2007다55088).
2. 부동산의 매수인이 매매목적물에 관한 임대차보증금 반환채무 등을 인수하는 한편 그 채무액을 매매대금에서 공제하기로 약정한 경우, 그 인수는 특별한 사정이 없는 이상 매도인을 면책시키는 면책적 채무인수가 아니라 이행인수로 보아야 하고, 면책적 채무인수로 보기 위해서는 이에 대한 채권자 즉 임차인의 승낙이 있어야 한다(대판 2015. 5. 29. 2012다84370).

(2) 계약기간의 보장

가. 임대차의 존속기간

기간의 정함이 없거나 기간을 2년 미만으로 정한 임대차는 그 기간을 2년으로 본다. 다만, 임차인은 2년 미만으로 정한 기간이 유효함을 주장할 수 있다(동법 제4조). 임대차기간이 끝난 경우에도 임차인이 보증금을 반환받을 때까지는 임대차관계가 존속되는 것으로 본다(동조 제2항).

나. 계약의 갱신과 해지

임대인이 임대차기간이 끝나기 6개월 전부터 2개월 전까지의 기간에 임차인에게 갱신거절의 통지를 하지 아니하거나 계약조건을 변경하지 아니하면 갱신하지 아니한다는 뜻의 통지를 하지 아니한 경우에는 그 기간이 끝난 때에 전 임대차와 동일한 조건으로 다시 임대차한 것으로 본다. 임차인이 임대차기간이 끝나기 2개월 전까지 통지하지 아니한 경우에도 또한 같다(동법 제6조). 이 경우 임대차의 존속기간은 2년으로 본다.

이렇게 묵시적으로 갱신이 있는 경우 임차인은 언제든지 임대인에게 계약해지를 통지할 수 있으며, 그 해지는 임대인이 그 통지를 받은 날부터 3개월이 지나면 그 효력이 발생한다.

(3) 차임의 증액의 제한

가. 차임 또는 보증금의 증감

당사자는 약정한 차임이나 보증금이 임차주택에 관한 조세, 공과금, 그 밖의 부담의 증감이나 경제사정의 변동으로 인하여 적절하지 아니하게 된 때에는 장래에 대하여 그 증감을 청구할 수 있다. 이 경우 증액청구는 임대차계약 또는 약정한 차임이나 보증금의 증액이 있은 후 1년 이내에는 하지 못한다(동법 제7조 1항). 감액에는 이러한 제한이 없는 것으로 본다.

나. 증액청구

증액청구는 약정한 차임이나 보증금의 20분의 1의 금액을 초과하지 못한다. 다만, 특별시·광역시·특별자치시·도 및 특별자치도는 관할 구역 내의 지역별 임대차 시장 여건 등을 고려하여 이 범위에서 증액청구의 상한을 조례로 달리 정할 수 있다(동법 제7조 2항).

4. 분쟁조정위원회

(1) 설치 이유와 성격

법이 그렇듯이 사회의 변동에 따라 집(주택)에 대한 사람들의 인식에도 적지 않은 변화가 뒤따랐다. 전반적인 사회 구조의 변화는 거주 형태에 대한 다양한 틀을 제공해 주었음에도 아직 우리나라에서의 주택 임대차는 경제적·사회적 요인이 더 세심하게 작용한다.

최근 전세 가격의 상승과 전세에서 월세로의 전환이 가속화하는 등 전월세시장이 불안해짐에 따라 임차인의 주거비 부담을 완화시킬 사회적 요구가 대두되었고, 주택임대차와 관련된 당사자 간의 분쟁도 줄어들지 않고 있다. 따라서 주택임대차보호법도 이 같은 현실을 반영하여 임차인을 보호하고 주택임대차시장의 안정을 도모할 필요가 생긴 것이다.

(2) 내 용

국회는 2016년 5월 주택임대차보호법을 큰 폭으로 개정하여 기존 조문의 배 남짓한 신설 조항을 통하여 임대차 보증금이나 기간, 수리 등 주택 임대차와 관련한 각종 분쟁을 신속하고 효율적으로 해결하기 위한 '주택임대차분쟁조정위원회'(이하 조정위원회)를 설치하도록 했고(제14조 이하에서 조정위원회의 역할이나 기능, 구성, 운영 등에 대해 자세히 규정), 2020년 6월 개정에서는 분쟁조정제도의 실효성 확보를 위해 조정신청을 접수한 때에는 지체없이 조정절차를 개시하도록 하였고(제22조), 주택임대차계약을 서면으로 체결할 때 당사자가 다른 서식을 사용하기로 합의한 경우 외에는 법무부장관이 국토교통부장관과 협의하여 서식을 정하여 권고하는 주택임대차표준계약서를 우선적으로 사용하게끔 했다(제30조).

주택임대차보호법이 대한법률구조공단의 지부 및 각 시·도에 주택임대차분쟁조정위원회를 설치·운영할 수 있도록 함에 따라 조정위원회는 차임 또는 보증금의 증감에 관한 분쟁, 임대차 기간에 관한 분쟁, 보증금 또는 임차주택의 반환에 관한 분쟁, 유지·수선 의무에 관한 분쟁, 계약의 이행 및 계약 내용의 해석에 관한 분쟁, 계약 불이행 등에 따른 손해배상 청구에 관한 분쟁 등을 심의·조정한다.

참 고 계약갱신요구권

임차인이 희망하는 경우 1회 계약 갱신을 청구할 수 있는 권리로 임차인의 안심거주기간이 2년 더 늘어나게 되었다. 계약갱신요구권에 따라 임대인은 임차인이 임대차기간이 끝나기 6개월 전부터 1개월 전까지 계약 갱신을 요구하는 경우 정당한 사유없이 거절하지 못한다.

Ⅱ. 상가건물 임대차보호법

1. 의의 및 적용범위

(1) 의 의

과거 상가건물의 임대차에 관해서는 주택임대차보호법과 같은 임차인을 보호하기 위한 특별법이 없었으므로 세입자가 전세권을 설정하는 경우를 제외하고는 매우 불안정한 지위에서 영업을 할 수밖에 없었다. 그에 따라 특별법으로서 "상가건물 임대차보호법"이 제정되어 2002년 11월 1일부터 시행하고 있으며 몇 차례 개정을 거쳐 2015년 5월 '권리금' 보호를 내용에 더했고, 2020년 9월 개정에서는 코로나19에 따른 경제사정을 감안했다.

(2) 적용범위

가. 객 체

부가가치세법 제8조, 소득세법 제168조 또는 법인세법 제111조의 규정에 위한 사업자 등록의 대상이 되는 상가건물의 임대차에 대하여 적용한다. 건물의 일부만이 영업용으로 사용되는 경우에는 주된 기능이 영업용인 경우에 본법을 적용한다(상가건물 임대차보호법 제2조). 미등기전세에도 적용되지만(동법 제17조), 일시사용을 위한 임대차에는 적용되지 않는다(동법 제16조). 상가건물에 해당이 되는지 여부는 건물의 위치, 구조, 객관적 용도, 실제 이용관계 등을 고려해서 합목적적으로 판단하여야 한다(대판 1987. 8. 25. 87다카793).

나. 주 체

본법은 사업자등록의 대상이 되는 건물과 일정 규모 이상의 보증금을 목적으로 하는 임대차에 대해서 적용된다. 보증금의 범위는 지역마다 다르지만, 개정된 법에 따라 대항력과 권리금은 모든 성가임대차에 적용된다.

다. 시적 범위

상가건물 임대차보호법은 2002년 11월 1일부터 시행되었다. 그러므로 시행일 이후에 체결되거나 갱신된 상가건물의 임대차에만 적용된다. 다만, 대항력(동법 제3조), 보증금의 회수(동법 제5조), 보증금 중 일정액의 우선변제(동법 제14조)에 관한 규정은 시행일 이전에 체결된 임대차계약에도 적용된다(동법 부칙 제1조, 제2조).

2. 대항요건

(1) 미등기에 의한 대항력 취득

상가건물의 인도, 사업자등록을 하면 제3자에 대한 대항력을 취득하고, 확정일자를 구비하면 후순위 권리자에 대하여 우선변제를 주장할 수 있다(동법 제3조).

(2) 등기에 의한 대항력취득

상가건물 임대차의 존속기간이 만료되었음에도 불구하고 임차보증금을 반환받지 못한 임차인은 법원에 임차권등기명령을 신청하고, 임차권등기명령에 의하여 등기되면 대항력을 취득한다(동법 제6조). 임차권도 등기할 수 있기 때문에 임차권등기(동법 제7조)에 의하여도 대항력을 취득한다.

3. 보호의 내용

(1) 보증금

가. 보증금 중 일정액의 우선변제(최우선변제)

상가건물의 인도와 사업자등록을 완료한 다음날부터 임차인은 보증금중 일정액을 건물가액의 2분의 1의 범위 내에서 대통령령이 정하는 금액을 다른 담보물권자보다 우선하여 변제 받을 권리가 있다(동법 제14조).

나. 보증금의 회수(우선변제)

상가건물의 인도·사업자등록·확정일자의 요건을 구비하거나, 임차권등기명령에 의한 등기, 민법의 규정에 의한 임차권등기를 완료한 경우에는 임차인은 민사집행법에 의한 경매 또는 국세징수법에 의한 공매시 임차건물(임대인 소유의 대지를 포함한다)의 환가대금에서 후순위권리자 그 밖의 채권자보다 우선하여 보증금을 변제 받을 권리가 있다(동법 제5조).

(2) 권리금

가. 권리금의 내용

2015년 5월 개정된 상가건물 임대차보호법의 핵심은 건물주가 바뀌어도 보증금 액수와 상관없이 5년 계약 갱신 요구권 보장과, 기존에 법적으로 인정받지 못한 권리금을 인정해 준다는 것이다. 동법 제10조의3에서 10조의7까지가 권리금에 관한 내용이다.

동법 제10조의3 제1항에서는 권리금을 "임대차 목적물인 상가건물에서 영업을 하는 자 또는 영업을 하려는 자가 영업시설·비품, 거래처, 신용, 영업상의 노하우, 상가건물의 위치에 따른 영업상의 이점 등 유형·무형의 재산적 가치의 양도 또는 이용대가로서 임대인, 임차인에게 보증금과 차임 이외에 지급하는 금전 등의 대가를 말한다"고 정의하고 있다. 그리고 권리금 계약이란 신규임차인이 되려는 자가 임차인에게 권리금을 지급하기로 하는 계약을 말한다.

나. 권리금 회수기회 보호

동법 제10조의4에 따라 임대인이 임차인의 권리금 회수를 방해해 임차인에게 손해를 발생하게 한 때에는 그 손해를 배상할 책임이 있다. 손해배상액은 신규임차인이 임차인에게 지급하기로 한 권리금과 임대차 종료 당시의 권리금 중 낮은 금액을 넘지 못한다. 다만, 임대인에게 손해배상을 청구할 권리는 임대차가 종료한 날부터 3년 이내에 행사하지 않으면 시효가 소멸된다.

금지되는 임대인의 '방해 행위'는 임차인이 주선한 신규 임차인에게 권리금을 요구하거나 수수하는 행위, 신규 임차인이 기존 임차인에게 권리금을 지급하지 못하게 하는 행위, 신규 임차인에게 고액의 차임과 보증금을 요구하는 행위, '정당한 사유' 없이 신규 임차인과의 임대차 계약을 거절하는 행위 등이다. 여기서 '정당한 사유'란 임차인이 주선한 신규 임차인이 보증금 또는 차임을 지급할 자력이 없거나 신규 임차인이 임차인으로서의 의무를 위반할 우려 또는 임대차를 유지하기 어려운 상당한 사유가 있는 경우, 임대차 목적물인 상가건물을 1년 6개월 이상 영리 목적으로 사용하지 않은 경우, 임대인이 선택한 신규 임차인이 임차인과 권리금 계약을 체결하고 그 권리금을 지급한 경우 등이다.

(3) 존속기간의 보장

가. 최저임차기간의 보장

기간의 정함이 없거나 기간을 1년 미만으로 정한 임대차는 그 기간을 1년으로 본다. 다만, 임차인은 1년 미만으로 정한 기간이 유효함을 주장할 수 있다(동법 제9조).

나. 묵시의 갱신과 해지

임대인이 임대차기간 만료 전 6월부터 1월까지에 임차인에 대하여 갱신거절의 통지 또는 조건을 변경하지 아니하면 갱신하지 아니한다는 뜻의 통지를 하지 아니한 경우에는 그 기간이 만료된 때에 전임대차와 동일한 조건으로 다시 임대차 한 것으로 본다. 이 경우에 임대차의 존속기간은 1년으로 본다.

다. 임차인의 갱신청구권

임차인이 임대차기간 만료 전 6월부터 1월까지 사이에 행하는 계약갱신 요구에 대하여 정당한 사유 없이 이를 거절하지 못한다(동법 제10조 제1항). 임차인의 계약갱신 요구권은 최초의 임대차 기간을 포함한 전체 임대차 기간이 10년을 초과하지 않는 범위 내에서만 행사할 수 있다(동법 제10조 제2항). 갱신되는 임대차는 전 임대차와 동일한 조건으로 다시 계약된 것으로 본다. 다만, 차임과 보증금을 증감할 수 있다(동법 제10조 제3항).

(4) 증액의 제한

약정한 차임 또는 보증금이 임차건물에 관한 조세·공과금 기타 부담의 증감이나 「감염병의 예방 및 관리에 관한 법률」 제2조 제2호에 따른 제1급 감염병 등에 의한 경제사정의 변동으로 인하여 상당하지 아니하게 된 때에는 당사자는 장래에 대하여 그 증감을 청구할 수 있다(동법 제11조).

참 고

임대차계약에서 임대차목적물이 일부 훼손되었다 하더라도 통상 임차인이 임대차기간 중 목적물을 사용함으로써 임대차목적물이 마모되어 생기는 가치훼손 부분에 대한 경제적 평가는 이미 차임 등에 반영된 것이므로 임차인의 원상회복의무를 임차인이 임대인으로부터 임대차목적물을 인도받을 당시 현황 그대로 회복해야 한다는 의미로 볼 수는 없고, 가치의 훼손이 자연적 마모 또는 감가상각의 정도를 초과한다는 등의 특별한 사정이 있는 경우에 임차인은 원상회복의무를 부담한다고 할 것인바, 피고가 제출한 증거들만으로는 이 사건 임대차목적물에 관해 통상적 사용에 따른 자연적 마모 또는 감가상각의 정도를 초과하는 가치의 훼손이 있었다는 점을 인정하기에 부족하고, 달리 이를 인정할 만한 증거가 없다. 또한, 피고가 제출한 증거들은 견적서에 불과해 실제로 피고가 그 비용 상당의 손해를 입었다고 볼 수도 없다(대구지방법원 2021. 11. 11. 2021가단107005).

Chapter 03 가족관계 법률

제 1 절 가족법의 개관

Ⅰ. 가족법의 의미와 특징

1. 가족법의 의미

가족법은 친족과 상속에 관한 법률을 일컫는다. 민법 중의 가족관계, 즉 부부관계와 부모자식관계 등을 다루는 친족법과 유언과 상속 등의 관계를 규율하는 상속법을 함께 친족상속법이라 부르거나 가족법으로 부른다.

가족법상의 법률행위는 신분행위라고도 부른다. 즉 신분관계를 발생·변경·소멸시키는 행위가 바로 신분행위가 되는데, 상당수의 신분행위는 당사자 사이의 합의는 물론 가족관계등록관서나 가정법원 등에 반드시 신고해야만(신분행위 — 가족행위 — 의 요식성) 효력이 발생하는 경우가 많다.

가족(家族)의 의미는 사전적으로 "부모와 부부, 형제, 자녀 등 혈연에 의하여 맺어지며 생활을 함께 하는 공동체 또는 그 성원. 혈연과 혼인을 바탕으로 하는 가장 일반적·보편적인 혈연집단"으로 풀이된다. 건강가정기본법에서는 가족을 "혼인·혈연·입양으로 이루어진 사회의 기본단위"(동법 제3조)라고 정의하고 있다. 물론 이러한 기술이 우리가 생각하는 "가족"의 모습을 모두 대변할 수는 없을 것이다. 그만큼 가족이란 오랜 시간 축적되어 온 우리들 사이의 문화적·정서적 의미를 더해야 하는 법 너머에 있는 것이기 때문이다.

2. 가족법의 내력

대한민국의 수립으로 1948년 7월 17일 남녀평등을 기초로 하는 민주적 헌법이 만들어졌고, 1958년 민법이 제정되었으나 구시대의 잔재인 남녀 불평등 규정은 그대로 남아 있었다. 따라서 1977년 민법의 일부 개정을 하였지만 여전히 남녀 차별적인 조항은 그대로 남아 있었다. 그러한 문제점을 해소하기 위해 1990년 가족법 부분을 대폭 개정하여 1991년부터 시행하였다. 1990년 민법의 친족·상속편(가족법) 개정은 여성의 지위를 남성과 거의 동등한 수준으로 끌어올려, 부부중심의 평등한 가족제도를 만들어 가정의 민주화를 이루는 데 그 주안점을 두고 있다. 즉 가부장제 가족제도를 강제하던 호주 제도를 대폭 개선하였고, 남녀평등의 입장에서 친족의 범위를 다시 정하였다. 또한 상속에서의 남녀차별적 요소를 없앴고, 이혼할 때 재산분할청구권을 신설하였으며, 자녀에 대한 친권규정을 개정하여 이혼한 어머니도 친권자가 될 수 있게 한 것 등이 그 대표적인 내용이며 당시로서는 획기적으로 가족 내에서의 여성의 지위를 향상시켰다.

그 후 가족법은 여러 차례의 개정을 통해 더욱 실질적인 가정 내에서의 양성의 평등을 실현하게 되었고, 호적제가 폐지되고 가족관계의 등록 등에 관한 법률로 대체되는 등 많은 변화를 겪었다. 즉 2005년 2월 3일 민법상 호주에 관한 규정, 자(子)의 입적과 성(姓)·본(本)에 관한 규정, 처의 입적에 관한 규정 등이 헌법재판소에 의해 헌법불합치결정이 내려졌고, 바로 다음 달 2일 호주제 폐지를 골자로 하는 민법 개정안이 국회를 통과해 3월 .31일 공포되었다.

종전 민법의 친족편에 규정되어 있는 호주를 중심으로 가(家)를 구성하는 호주제도 및 자녀의 성(姓)과 본(本)에 관한 규정은 양성평등이라는 헌법이념과 시대변화에 부합하지 아니하므로 이를 전면폐지 또는 개선했고, 동성동본금혼제도와 친생부인의 소의 제척기간을 헌법불합치결정의 취지에 따라 합리적으로 조정했으며, 입양제도의 현실을 반영하고 양자의 복리를 증진시키기 위하여 양친과 양자에게 친족관계를 인정하면서 양친의 성과 본을 따르게 하는 친양자제도를 도입하였다. 그 외에도 공동상속인간의 실질적 형평 및 가족관계의 건전한 가치관 정립을 위하여 상당한 기간 동안 동거하면서 피상속인을 부양한 자에게도 기여분이 인정될 수 있도록 하였다.

참 고

2005년 3월 31일 개정된 민법(법률 제7427호)에는 지금의 시각에서 보면 더러 흥미로운 내용도 담겨 있는데, 동성동본금혼제도를 폐지한 것(근친혼금지제도로 전환)과 재혼금지기간 규정을 폐지한 것이 그것이다. 현재 대학에 다니는 학생들은 아예 "동성동본"이라는 말이 무슨 의미를 갖는지 관심도 없다. 여자는 이혼하고 여섯 달은 재혼을 금지했었다고 하면 어이없다는 표징을 짓는다.

그리고 2007년의 개정(일부개정 2007. 12. 21 법률 제8720호)에서는 헌법상의 양성평등원칙 구현을 위하여 남녀의 약혼연령 및 혼인적령을 모두 18세로 일치시키는 한편, 신중하지 못한 이혼을 방지하기 위하여 이혼숙려기간 제도를 도입하고, 이혼 가정 자녀의 양육환경을 개선하기 위하여 협의이혼시 자녀 양육사항 합의를 의무화하는 등 현행 규정의 문제점을 개선하게 된다.

한편, 2008년 1월 1일부터 호주제가 폐지되게 되자 호적제도를 대체할 새로운 법제가 필요함에 따라 2007년에는 "가족관계의 등록 등에 관한 법률"(2007. 5. 17 법률 제8435호)이 제정되었다. 이에 따라 과거 호적법에 따라 호적부에 기재하던 출생·혼인·사망 등의 신분변동사항을 전산정보처리조직에 따라 기록·관리하도록 하는 한편, 그 등록정보를 사용목적에 따른 다양한 증명서 형태로 발급하고 있음은 물론 민법상 호적부에 기재하던 여러 가지 친족관계의 변동사항은 가족관계등록부에 기재되게 되었다.

2009년의 개정에서는 제836조의2에 제5항이 신설되어 가정법원의 양육비부담조서 작성에 관한 규정을 두어 미지급양육비와 관련하여 민사집행법상 강제집행을 할 수 있게 되었다.

시간은 화살처럼 지나가기 마련이다. 2015년 2월 헌법재판소의 위헌 결정에 따라 형법상의 간통죄가 62년 만에 폐지되었고, 2015년 5월에는 '혼인관계가 종료된 날로부터 300일 내에 출생한 자는 혼인 중에 임신한 것으로 추정한다'는 민법 제844조 2항이 헌법재판소에 의해 헌법불합치 결정이 내려지기도 했다. 이혼 뒤 재혼해 출생했을 경우 전 남편의 성을 따른다거나(전 남편의 자가 아님이 분명함에도) 하는 당사자들이 원하지 않는 친자관계를 강요하고, 개인의 존엄과 양성평등에 기초한 혼인과 가족생활의 기본권을 제한한다는 이유에서이다. 이혼 뒤 6개월간 여성의 재혼을 금지하던 민법 조항이 사라지는 등 친자를 추정할 만한 기준이 크게 달라졌다는 지적도 있었다.

2021년 1월에 국회는 친권자 징계권을 규정한 민법 제915조를 삭제했고, 앞으로 가족의 범위 등을 새롭게 정리하는 민법 개정안에 대해서도 논의 중이다. 우리 가족법 규정도 세태의 변화와 흐름에 맞게 더 다듬어져야 하는 과제가 지속되고 있는 셈이다.

3. 가족법의 특징

(1) 보수성

가족법은 그 사회의 전통과 습속, 오래된 인간관계와 생활관계 등에 의해 지배되기 때문에 신속하고 원활한 거래관계를 조성해야 하고 사회경제의 변화에 민감할 수밖에 없는 재산법과는 달리 보수적인 성향을 띠게 마련이다. 이러한 점은 가족법이 사회상을 반영하는 모습으로 비쳐질 수도 있다.

(2) 비합리성

부모와 자식 사이의 애정과 관심은 고도로 계산된 이해관계의 산물이 아니다. 물론 현대 사회가 보여주는 부부관계의 애정과 관심은 예전의 그것과는 다른 모습을 띠는 경우도 많지만, 이러한 부모자식관계, 부부관계는 확실히 재산법상의 이해가 섞인 채권채무관계와는 다르다. 합리적으로만 바라보고 처리하기에는 더 생각할 여지가 있는 것이다.

(3) 강행법규성

재산법 가운데 채권법은 임의규정임에 반해 가족법은 대체로 강행법규이다. 가족법은 이미 사회적으로 형성되고 승인된 가족관계의 유지를 목적으로 하고 있으며, 이러한 가족관계는 역설적으로 그 사회의 선량한 풍속이나 질서에 큰 영향을 미치기 때문이다. 가족 사이의 재산관계에 관한 규정(가령, 이혼 시 재산분할 같은)을 제외하고는 개인의 의사에 의해 그 요건이나 효과가 변경되는 것이 원칙적으로 허용되지 않는 것이다.

Ⅱ. 가족관계의 발생과 유형

1. 친족관계의 발생

(1) 친족의 의의 및 범위

우리 민법은 "친족"을 '배우자, 혈족 및 인척'이라고 정의한다(법 제767조). 사전적으로는 '촌수가 가까운 겨레붙이'로 친족을 일컫는다. 이렇게 본다면 친족관계는 혼인과 혈연을 기초로 하여 생산되는 것이며, 일부일처제에 입각하여 부·모계적 친족관계를 이루고 있다고 할 수 있다. 또한 법률상 의의를 가지는 친족은 혈연중심의 인과관계에 일정한 한계를 규정한다.

따라서 친족의 의의는 법률상 인정되는 혈연과 혼인으로 인한 일정한 범위 내에 있는 자를 말하는데, 그에 따라 자기의 직계존속과 직계비속인 직계혈족과 자기의 형제자매와 형제자매의 직계비속, 직계존속의 형제자매 및 그 형제자매의 직계비속을 방계혈족으로(민법 제768조) 나누어 혈족이 되고, 이러한 혈족의 배우자, 배우자의 혈족, 배우자의 혈족의 배우자를 인척(민법 제769조)이라 한다. 또한 우리 법은 친족이란 신분에 의하여 부양관계, 친족관계, 상속관계 그 밖의 여러 관계에서 특정된 법률상 효과를 인정하고 있다.

참 고

지금은 보기 어려운 계모자관계, 적모서자관계는 종래 법정혈족관계로 보았지만 1990년 민법 개정으로 폐지되어 이제 인척관계로 취급된다. 현행 민법상 계모는 법률상의 모는 아니다(대판 1997. 2. 28. 96다53857).
인척에는 혈족의 배우자, 배우자의 혈족, 배우자 혈족의 배우자가 있다. "혈족의 배우자의 혈족"은 겹사돈과 관련하여 1990년 민법 개정으로 인척관계에서 제외되었다. 처제와 형부 사이는 인척이지만, 처제와 형부의 형제자매 사이는 인척이 아니다.

(2) 친족관계의 발생

친족관계의 발생 원인으로는 출생, 혼인, 인지, 입양 등을 들 수 있다. 어떤 종류의 친족관계가 발생하느냐 하는 것은 다음과 같이 그 발생 원인에 따라서 다르다.

가. 출 생

출생은 자연혈족관계의 발생원인이다. 혼인 중의 자의 경우 출생을 하면 부모 및 그 혈족 사이에 자연혈족관계가 발생한다(민법 제777조 제1항). 혼인 외의 출생자의 경우에도 부와의 관계는 경우가 다르지만 모와의 혈족관계는 특별한 경우가 아닌 한 출생에 의해서 당연히 발생한다. 자녀의 성과 본은 부의 성과 본을 따르는 것을 원칙으로 하되, 혼인신고 시 부모의 협의에 의하여 모의 성과 본도 따를 수 있도록 하였다(제781조 제1항). 또한 자녀의 복리를 위하여 자녀의 성과 본을 변경할 필요가 있는 때에는 부 또는 모 등의 청구에 의하여 법원의 허가를 받아 이를 변경할 수 있도록 하였다(제781조 제6항).

나. 혼 인

혼인을 하면 당사자 사이에 우선 배우자관계가 성립된다. 그리고 처와 부의 부모 및 그 혈족 사이에 인척관계가 성립된다. 개정 전 법에 따르면 남편이 사망한 후 아내가 친정 호적으로 가거나 재혼을 하게 되면 시가 쪽과의 인척관계가 없어지게 되었지만, 아내가 사망한 후 남편이 재혼할 경우에는 전처 쪽의 장인, 장모 사이에 생긴 인척관계가 없어지지 않았었다. 그러나 현행민법은 부부 중 한쪽이 사망한 경우에 아내뿐만 아니라, 남편도 재혼을 하게 되면 종전 처가 쪽과의 인척관계가 없어지는 것으로 바뀌었다. 민법은 동성동본금혼제도를 폐지하고 근친혼금지제도로 전환하되, 8촌 이내의 부계혈족 또는 모계혈족 사이에서는 혼인을 금지하는 근친혼제한의 범위를 조정하였다(제809조).

다. 인 지

인지란 혼인 외에서 출생한 자를 생부 또는 생모가 자기의 자라고 인정하는 행위를 일컫는다. 따라서 혼인 외의 출생자는 그 생부나 생모가 인지할 수 있다(제855조). 아버지가 피성년후견인인 경우에는 성년후견인의 동의를 받아 인지할 수 있으며, 아버지는 포태 중에 있는 자식에 대하여도 인지할 수 있다. 아버지에게 인지를 받으면, 그 인지를 받은 혼인 외의 출생자와 부 및 그 혈족과의 사이에 자연혈족관계가 발생하게 된다. 인지는 인지된 사람의 출생 시에 소급하여 효력이 생긴다. 인지는 가족관계의 등록 등에 관한 법률에 따라 신고함으로써 그 효력이 생긴다.

라. 입 양

입양은 '가족관계의 등록 등에 관한 법률'에서 정한 바에 따라 신고함으로써 그 효력이 생기는데(민법 제878조), 입양이 성립되면 양친 및 그 혈족과 양자 및 그 직계비속과의 사이에 법정혈족관계인 양친자(養親子)관계가 발생한다. 한편, 양친과 양자를 친생자관계로 보아 종전의 친족관계를 종료시키고 양친과의 친족관계만을 인정하며 양친의 성과 본을 따르도록 하는 친양자제도를 두고 있다(제908조의2내 내지 제908조의8). 존속이나 연장자를 입양할 수는 없다(제877조).

사례탐구

A와 B는 결혼 후 10년간 아이가 없자 아이 낳는 것을 포기하고 입양을 하고자 하는데, 어떠한 절차가 필요한가?

[해 설] 현행법상 입양을 하기 위한 요건으로는 첫째, 양부모와 양자 간에 입양의 합의가 있어야 하며(민법 제883조), 둘째, 양부모가 성년자이어야 한다(민법 제866조). 셋째, 양자로 될 아이가 13세 이상의 미성년자인 경우에는 법정대리인의 동의를 받아 입양승낙을 해주어야 하고, 13세 미만인 때에는 법정대리인이 그에 갈음하여 입양을 승낙한다. 여기서 원칙은 양자가 될 미성년자는 부모의 동의를 얻어야 한다는 것이다. 넷째, 배우자가 있는 사람은 배우자와 공동으로 입양을 하여야 하며, 배우자가 있는 사람은 배우자의 동의를 받아야만 양자가 될 수 있

다. 다섯째, "가족관계의 등록 등에 관한 법률"이 정하는 바에 따라 입양신고를 거쳐야 한다. 이 모든 경우에도 미성년자를 입양하려는 사람은 가정법원의 허가를 받아야 한다. 유효하게 입양이 이루어지면, 그때부터 양자와 양부모 사이에는 법정부모자관계가 성립하고 그에 따른 법적 효과가 발생하게 된다.

2. 법률상 친족의 유형

(1) 혈 족

혈족이란 혈연을 통해 맺어진 사람을 말한다. 이에는 자연혈족과 법정혈족(준혈족 또는 인위혈족)이 있다. 사실상 혈연의 연결이 있는 사람을 자연혈족이라고 한다. 예컨대, 부모와 자·형제자매·숙질 같은 것을 말한다. 자연혈족에는 부계혈족과 모계혈족이 있다.

그런데 1990년 민법 일부개정 전에는 자매의 직계비속과 직계존속의 자매의 직계비속이 방계혈족에서 제외되었지만(구민법 제768조), 여계혈족도 혈족에 포함되는 것으로 해석하여 왔다. 현행 민법은 이러한 해석상의 문제점을 입법적으로 해결하여 자매의 직계비속과 직계존속의 자매의 직계비속을 혈족에 포함시켰다(민법 제768조). 자연혈족관계는 출생에 의하여 발생한다. 다만 혼인 외의 출생자는 모와의 관계는 출생에 의하여 혈족관계가 생기지만, 부와의 관계는 인지에 의하여 혈족관계가 생긴다. 자연혈족관계는 사망으로 인하여 소멸하지만, 사망한 사람을 통하여 연결된 생존자와의 혈연관계에는 영향을 주지 않으므로 부모가 사망하더라도 조부모와 손자 또는 형제자매 서로간의 관계는 소멸되지 않는다.

법정혈족관계란 사실상 혈연관계가 없지만 법률이 입양과 같은 사실에 입각하여 서로 자연혈족과 동일한 관계로 인정한 관계를 말한다. 이러한 법정혈족에는 양친족(養親族)관계가 인정되고 있다. 1990년의 민법의 일부개정 전에는 계모자관계·적모자관계도 법정혈족이었지만, 폐지되어 인척관계로 되었다. 양친족관계란 양친 및 그 혈족과 양자 및 그 직계비속과의 관계이다. 이러한 양친족관계는 입양의 성립에 의하여 발생한다(민법 제878조). 양자는 양친 측과 친족관계가 생긴다고 하여 친생부모측과의 친족관계가 소멸되지는 않는다. 이러한 양친족관계는 자연혈족과는 달리 파양·입양의 무효 또는 취소로 인하여 소멸된다(민법 제776조).

(2) 배우자

혼인에 의하여 결합된 남녀를 서로 배우자라 하며, 사실혼의 부부나 부첩(夫妾)관계에 있는 자는 배우자가 아니다. 다만 사실혼의 부부는 특별법이나 판례·학설에 의하여 배우자로 보는 경우가 있다. 배우자관계는 혼인의 성립(민법 제812조)에 의하여 발생하며, 당사자 일방의 사망, 혼인의 무효·취소 또는 이혼으로 인하여 소멸한다.

(3) 인 척

혼인을 통해 맺어진 친족관계인 인척의 발생근원은 혈족의 배우자·배우자의 혈족·배우자의 혈족의 배우자이며(민법 제769조), 인척의 범위는 4촌 이내이다(민법 제777조 제2호). 인척관계는 혼인에 의하여 발생하며, 혼인의 무효·취소 또는 이혼, 배우자 사망 후의 재혼에 의하여 소멸한다(민법 제775조).

쉽게 말한다면 혈족의 배우자란 형수, 사위, 며느리, 계모, 계부 등이고, 배우자의 혈족이란 시부모, 장인, 장모, 시동생, 처제 등이며, 배우자의 혈족의 배우자란 동서 등이 된다.

3. 친족의 범위

민법은 친족관계로 인하여 생기는 법률적 효력에 대하여 민법이나 다른 법률에 특별한 규정이 없으면 ① 8촌 이내의 혈족, ② 4촌 이내의 인척, ③ 배우자에 미치도록 하였다(민법 제777조). 혈족은 부계혈족과 모계혈족을 포함하며, 인척은 부족인척과 처족인척을 포함한다고 보아야 한다. 그리고 친족의 범위를 정함에 있어서는 우리나라 관습을 고려할 때 모계혈족은 모계의 부계혈족만을 의미하며, 인척에 있어서는 부족인척은 부모계를 포함하지만 처족인척은 처의 부계혈족만을 의미하는 것으로 해석하여야 할 것이다.

4. 가족의 범위와 자의 성과 본

(1) 가족의 범위

2005년 가족법의 일부개정으로 호주제가 폐지되자 가족의 범위가 조정되어 2008년 1월 1일부터 시행되고 있다. 개정 전에는 가족의 범위를 호주의 배우자, 혈족과 그 배우자 기타 민법의 규정에 따라 그 가(家)에 입적한 자로 하고 있었으나 이는 현실에 맞지 않았다. 현행 민법 제779조 제1항은 가족의 범위를 제1호에서는 배우자, 직계혈족 및 형제자매로, 제2호에서는 직계혈족의 배우자, 배우자의 직계혈족 및 배우자의 형제자매로 정하고 있다.

다만 제1항 제2호의 "직계혈족의 배우자, 배우자의 직계혈족 및 배우자의 형제자매"의 경우에는 생계를 같이하는 경우에 한한다.

(2) 자의 성(姓)과 본(本)

2005년 개정 전의 민법에 따르면 자는 부의 성과 본을 따르고 부가(夫家)에 입적하며, 다만 부가 외국인일 경우 모의 성과 본을 따르게 되어 있었다. 개정된 민법은 자는 부의 성과 본을 따르는 것을 원칙으로 하지만(민법 제781조), 부모가 혼인신고시 모의 성과 본을 따를 것을 협의한 경우에는 모의 성을 따를 수 있게 했으며(동조 제1항 단서), 부가 외국인인 경우에는 전과 동일하다.

또한, 혼인 외의 출생자의 경우에도 출생자가 인지된 경우, 자는 부모의 협의에 따라 종전의 성과 본을 계속 사용할 수 있으며 협의가 되지 않은 경우에는 법원의 허가를 얻은 경우도 같다(동조 제5항).

한편 자의 복리를 위해 자의 성과 본을 변경할 필요가 있을 때에는 부, 모 또는 자의 청구에 의하여 법원의 허가를 받아 이를 변경할 수 있도록 하고 있다(동조 제6항).

제2절 혼인관계 법률

Ⅰ. 약혼에 관한 법률

1. 약혼의 의의

약혼은 장차 혼인을 하고자 하는 남녀 사이의 계약으로서 사회 실제의 관행을 존중하여 현행법상 명문으로 규정하고 있다. 약혼은 혼인하려는 당사자의 합의로 성립한다. 약혼은 실질적인 혼인생활을 하면서 다만 혼인신고를 하지 아니한 소위 사실혼과는 구별된다. 그리고 약혼은 일명 '혼인예약'이라고도 하는데, 이때의 예약은 재산법상의 예약과 달라서 본 계약이라 할 수 있는 혼인을 강제할 수 없다. 혼인에는 무엇보다도 당사자의 자유로운 혼인의사가 요구되기 때문이다.

약혼은 일정한 형식을 요하지 않고 당사자들의 합의만으로 성립하는 것이 원칙이다. 따라서 예물의 교환이나 약혼식의 거행 등이 반드시 필요한 것은 아니다. 현행법이 약혼에 아무런 방식을 요구하지 않고 있는 것을 기화로 사기약혼 등의 폐해가 생길 소지가 있다. 따라서 관행상 약혼이라고 인정할 만한 외형적인 사실이 전혀 없고, 당사자가 단순히 장래를 약속한다는 등의 합의를 한 경우, 이를 약혼의 합의로 보아야 할 것인가에 대한 문제는 신중하게 판단하여야 한다.

성년자는 그의 자유로운 의사에 의하여 약혼을 할 수 있으며, 남녀 모두 만 18세에 달하면 미록 미성년자이더라도 부모 또는 미성년후견인의 동의를 받아 약혼할 수 있다(제801조). 미성년후견이란 미성년자에 대하여 친권자가 없거나 친권자가 법률행위의 대리권과 재산관리권을 행사할 수 없을 때 미성년후견인을 두어야 하는 것을 이른다(제928조). 미성년후견인은 한 명이다(제930조 제1항, 참고로 성년후견인의 경우에는 여러 명을 둘 수도 있으며 법인도 성년후견인이 될 수 있다). 약혼에 관해서는 명문으로 규정하는 입법례와 판례상으로만 인정하는 경우가 있는데, 우리나라는 명문으로 약혼을 규정하고 있다.

사례탐구

A와 B는 대학 1학년 때 미팅으로 만나 서로를 사랑하게 되었고, 같은 해 A의 군입대를 앞두고 두 사람은 친구들을 증인으로 하여 A의 제대 후 결혼하기로 언약식을 치르고 그 증표로 커플링을 교환하였다. A가 입대 후 B는 또 다른 남자를 사랑하게 되어 혼인까지 생각하고 있으나 A와의 언약식이 마음에 걸린다. 소위 젊은이들 사이에서 행하여지는 "언약식"도 약혼으로서 법적 효력이 있는가?

[해 설] 약혼은 장차 혼인을 목적으로 하는 일종의 계약으로 당사자 간의 자유로운 의사표시의 합치로 성립한다. 약혼식거행과 같은 요식행위는 약혼의 성립요소가 아니다. 그러므로 장차 혼인을 약속하는 언약식도 당사자 간의 자유로운 의사에 기초해서 이루어진 것이라면 약혼으로서의 효력이 발생할 수도 있을 것이다. 그러나 우리 민법은 미성년자의 법률행위는 법정대리인의 동의가 있어야 유효하므로 만약 B가 언약식 당시 아직 미성년자였다면 약혼은 취소할 수 있다.

2. 약혼의 성립요건

약혼이 유효하게 성립하기 위해서는 일정한 요건을 갖추어야 한다. 즉 ① 약혼은 장차 혼인하려는 당사자의 합의로 성립한다. ② 18세에 달해야 한다. ③ 근친관계에 있지 않아야 한다(민법 제809조). ④ 약혼이 강행규정이나 사회질서에 위반하지 않아야 한다.

이상과 같은 형식적 요건이 갖추어지면 약혼은 유효하게 된다. 따라서 약혼 예물의 교환이나 그 밖의 의식이 행하여지지 않더라도 무방하다고 할 것이다.

사례탐구

A는 같은 직장에 근무하는 유부남 B를 사랑하게 되었다. 둘은 B가 장차 본처와 이혼을 하고 결혼을 하기로 마음먹고 약혼을 하였다. 그러나 B는 아이들 때문에 가정으로 돌아가겠다며 "좋은 남자를 만나 시집가길 바란다"며 일방적으로 절교를 선언 후 A를 만나주지 조차 않는다. A가 B를 상대로 약혼 파기에 따른 법적 책임을 물을 수 있을까?

[해 설] 우선 A가 B를 상대로 약혼파기에 따른 손해배상을 청구하려면 적어도 두 사람 간의 약혼이 유효하게 성립되었어야 한다. 우리나라는 일부일처제를 혼인에서의 선량한 풍속으로 하고 있다. 따라서 A는 B가 유부남임을 알고 사랑하게 되었고, 그에 근거한 법률행위는 약혼의 성립요건 중 '약혼이 강행규정이나 사회질서에 위배되지 않아야 한다'는 규정과 어긋난다. 결과 A가 B를 상대로 약혼파기에 따른 법적 책임을 묻기 어려울 것이다.

3. 약혼의 효과

약혼 당사자는 첫째, 당사자는 서로 성실하게 교제하고 가까운 시기에 부부공동체를 성립시킬 의무를 진다. 그렇지만 당사자 일방이 이 의무에 위반하더라도 상대방은 손해배상을 청구할 수 있을 뿐, 강제이행을 청구하지는 못한다(민법 제803조). 이미 혼인을 성립시킬 의사가 없는 사람을 강제로 혼인을 시켜도 혼인의 목적을 달성할 수 없기 때문이다.

둘째, 혼인을 할 지위는 하나의 권리로서 보호를 받는다. 즉 약혼상의 권리를 제3자가 침해하였을 때에는 불법행위가 성립하는 것은 이론상으로는 긍정할 수 있으며 실제에 있어서도 인정되어야 한다.

셋째, 약혼자 사이에는 친족관계가 발생하지 않는다. 약혼 중의 자는 혼인 중의 출생자가 아니므로 혼인 외의 출생자가 된다. 다만 그 후 약혼당사자가 혼인하면 그 자녀는 준정(準正)이 성립되어 혼인 중의 출생자가 된다(민법 제855조 제2항).

4. 약혼의 해제

(1) 약혼 해제사유

약혼은 정당한 사유가 있으면 언제든지 해제할 수 있다. 민법 제804조에서는 다음과 같은 약혼해제사유를 규정하고 있다.

제804조(약혼해제의 사유) 당사자 한쪽에 다음 각 호의 어느 하나에 해당하는 사유가 있는 경우에는 상대방은 약혼을 해제할 수 있다.
1. 약혼 후 자격정지 이상의 형을 선고받은 경우
2. 약혼 후 성년후견개시나 한정후견개시의 심판을 받은 경우
3. 성병, 불치의 정신병, 그 밖의 불치의 병질(病疾)이 있는 경우
4. 약혼 후 다른 사람과 약혼이나 혼인을 한 경우
5. 약혼 후 다른 사람과 간음(姦淫)한 경우
6. 약혼 후 1년 이상 생사(生死)가 불명한 경우
7. 정당한 이유 없이 혼인을 거절하거나 그 시기를 늦추는 경우
8. 그 밖에 중대한 사유가 있는 경우

사례탐구

A는 B와 각자 회사생활을 하다 만나 약혼을 한 사이이다. 약혼당시 B는 자신의 나이를 28세라고 속였음은(실제로는 38세였는데도) 물론, 직장의 직급에 관해서도 거짓말을 하였다. A가 B의 말만 믿고 약혼을 하게 되었는데, 이러한 경우도 약혼해제사유가 되는가?

[해 설] 민법 제804조의 약혼 법정 해제사유 중 제8호에 해당되는지 문제이다. 판례는 약혼은 혼인할 것을 목적으로 하는 혼인의 예약이므로 당사자 일방은 자신의 나이와 학력, 경력, 직업, 재산과 같은 혼인의사를 결정하는 데 있어 중대한 영향을 미치는 사항에 관하여 이를 상대방에게 사실대로 고지할 신의성실의 원칙상의 의무가 있으므로, 이러한 신의성실의 원칙의 위반으로 믿음이 깨어져 애정과 신뢰에 바탕을 둔 인격적 결합을 기대할 수 없을 때에는 민법 제804조 제8호 소정의 '기타 중대한 사유가 있는 때'에 해당하여 이로 인한 약혼해제는 적법하다고 한다. 따라서 사례에서 A는 B와의 약혼을 해제하면서 소정의 손해배상과 정신적 고통에 대한 위자료를 청구할 수 있을 것이다. 이 외에도 상대방의 불성실, 애정상실, 간음, 자기 또는 부모에 대한 중대한 모욕 등을 든다. 다만 빈곤한 환경은 약혼해제사유가 되지 않는다.

(2) 약혼해제의 효과

약혼의 해제가 있게 되면 당사자 간에는 처음부터 그 약혼이 없었던 것과 같이 되어 손해배상문제와 약혼예물반환문제 등이 발생한다. 약혼을 해제한 때에는 당사자의 일방이 과실 있는 상대방에 대하여 이로 인한 손해배상을 청구할 수 있다. 이 경우 재산상 손해 외에 정신상 고통에 대하여도 손해배상청구를 할 수 있다.

일반적으로 약혼시에 교환하게 되는 예물이나 기타 금품은 혼인의 불성립을 해제조건으로 하는 증여이므로, 혼인이 성립되지 않게 되었을 때에는 서로 교환한 예물을 부당

이득의 원리에 의해 반환하여야 한다. 그러나 어느 한쪽에만 과실이 있는 경우에는 책임이 없는 사람만이 반환청구권을 가질 수 있으며 반환의무를 지지 않게 되나, 귀책사유가 있는 자는 받은 예물을 반환하고 준 예물은 반환 청구할 수 없다.

사례탐구

위의 사례에서 A가 B와 약혼을 하면서 주고받은 예물이 있는 경우, 그러한 약혼예물의 반환여부는 어떻게 결정되는가?

[해 설] 약혼 시 당사자 간에 주고받은 예물의 법률적 성질에 관하여 판례는 "약혼예물의 수수(授受)는 혼인이 이루어지지 않으면 반환하기로 하는 증여와 유사한 성질의 것이다"고 보고 있다(대판 1994. 12. 27. 94므895). 따라서 약혼이 해제되었을 경우에는 원칙적으로 당사자가 예물반환에 대해 사전 약속이 있었다면 그에 따라 해결해야 하고, 이러한 합의가 없었다면 서로 부당이득의 법리에 따라 반환청구를 할 수 있다. 그러나 사례와 같이 약혼의 해제사유가 일방의 과실로 인해 발생한 경우, "약혼해제에 관하여 과실이 있는 유책(有責)약혼자는 자신이 제공한 약혼예물을 적극적으로 반환청구를 할 권리가 없다"고 한다(대판 1976. 12. 28. 76므4142). 따라서 B의 과실에 따라 약혼이 해제되는 것이므로 B는 반환청구권이 없으나 A에게는 반환청구권이 인정된다.

Ⅱ. 혼인에 관한 법률

1. 혼인의 개념

우리 민법은 흔히 쓰는 결혼이란 낱말 대신에 혼인이란 표현을 쓰고 있다. 혼인은 가정을 이루는 가장 기본적인 행위이다. 혼인이란 종생의 공동생활을 목적으로 하는 1남 1녀의 성적 결합을 말한다. 따라서 1남 1녀가 아닌 경우나 평생에 걸치지 않는 경우는 혼인이 될 수 없다.

혼인의 진정한 목적은 남녀의 차이에서 오는 자연적·생리적 장단점을 서로 보완하여 사회적 공동생활을 다하는 데 있다. 따라서 성 불구자나 자녀를 낳을 수 없는 여자도 혼인을 할 수 있다.

2. 성립조건

(1) 실질적 요건

혼인이 법적으로 유효하게 성립되기 위해서는 당사자 쌍방에게 다음과 같은 실질적 요건이 갖추어져야 한다. 이러한 요건을 충족시키지 못하면 혼인에 장애가 있게 되어 혼인의 유효한 성립이 불가능하게 된다.

가. 혼인에 관한 의사의 합치

혼인에 관한 의사란 부부관계를 성립시킬 의사, 즉 사회의 통념에 따라 혼인으로 인정될 만한 생활공동체를 구성하고자 하는 의사이다. 따라서 당사자는 의사능력을 갖추어야 하는 것은 물론, 그 의사는 무조건·무기한의 것이어야 한다. 또한 혼인의사는 당사자의 진정한 자유의사여야 하므로 대리가 허용되지 않는다. 그리고 혼인의사는 신고서를 작성할 때는 물론 신고수리를 하는 때에도 존재하여야 한다.

참 고

1. 혼인의 합의란 법률혼주의를 택하고 있는 우리나라 법제하에서는 법률상 유효한 혼인을 성립케 하는 합의를 말하는 것이므로 비록 양성간의 정신적·육체적 관계를 맺는 의사가 있다는 것만으로는 혼인의 합의가 있다고 할 수 없다(대판 1983. 9. 27. 83므22).
2. 당사자 사이에 이후 동거하기로 하는 합의가 따로 없이 혼인신고 후에도 계속 별거하면서 왕래하려는 의사만 있었더라도 혼인의 실질적 합의가 없었다고는 할 수 없다(대판 1990. 12. 26. 90므293).
3. 혼인의사와 관련하여 여자 또는 남자 어느 일방 당사자가 상대방의 명시적인 동의 없이 혼인신고를 한 경우가 많이 문제된다. 판례는 일방이 혼인신고의 목적으로 구 호적법상 호적초본과 인장 등을 맡겼다면 혼인의사가 존재하는 것으로 보았고, 결혼식을 올리고 상당기간 동거했으며 자녀까지 출산했다면 당사자 일방의 부재중에 혼인신고가 이루어졌다고 하여도 특별한 사정이 없는 한 그 혼인은 유효하다고 판단했다. 물론 아예 상대방의 동의 없이(상대방 모르게) 혼인신고를 했다면 이는 무효이다.

나. 혼인적령

혼인적령이란 법률이 혼인을 유효하게 성립시키기 위하여 요구하는 최저연령이다. 현행법은 18세가 된 사람은 혼인할 수 있다고 규정하고 있다(제807조). 따라서 혼인 적령에 달한 이상 아무리 고령자이거나 연령차가 있더라도 무방하다. 그러나 부적령혼은 취소할 수 있다(민법 제816조 제1호).

다. 동의권자의 동의

미성년자가 혼인을 할 때에는 부모의 동의를 얻어야 한다. 자의 혼인 동의권자는 친권 또는 보호권을 가지는 부모에 한정시키는 것이 타당하므로 친생부모와 양부모가 있는 경우에는 양부모의 동의가 우선한다. 부모 중 어느 한쪽이 동의권을 행사할 수 없을 때에는 다른 한쪽의 동의를 받아야 하고, 부모 모두 동의권을 행사할 수 없을 때에는 미성년후견인의 동의를 받아야 한다(민법 제808조 제1항). 피성년후견인은 부모나 성년후견인의 동의를 받아 혼인할 수 있다(같은 조 제2항).

라. 근친혼 금지

8촌 이내의 혈족 사이에는 혼인하지 못한다. 이 경우에는 친양자의 입양 전의 혈족이 포함된다. 6촌 이내의 혈족의 배우자, 배우자의 6촌 이내의 혈족, 배우자의 4촌 이내의 혈족의 배우자인 인척이거나 이러한 인척이었던 자 사이에서는 혼인하지 못한다. 6촌 이내의 양부모계의 혈족이었던 자와 4촌 이내의 양부모계의 인척이었던 자 사이에는 혼인하지 못한다.

따라서 시아버지와 며느리 사이나 장모와 사위 사이의 혼인은 무효가 되고, 양녀와 양아버지 사이도 마찬가지다. 그리고 형부와 처제 사이의 경우 형부에게 처제는 배우자의 2촌 혈족이며 처제에게 형부는 언니(2촌 혈족)의 배우자이므로 혼인할 수 없다.

마. 중혼의 금지

배우자가 있는 자는 다시 혼인할 수 없다(민법 제810조). 여기서의 중혼은 법률혼이 이중으로 성립하는 경우를 가리킨다.

혼인신고를 한 사람이 그 혼인을 유지하면서 또 혼인을 하는 경우는 아주 드물거나 없을 것이다. 문제는 그 상황이다. 판례는 협의 이혼 후 혼인하였는데 나중에 그 협의 이혼에 대하여 무효·취소 판결이 선고·확정된 경우(대판 1984. 3. 27. 84므9 등), 재판상 이혼 후 타인과 혼인하였는데 나중에 재심소송에서 이혼판결이 취소·확정된 경우(대판 1994. 10. 11. 94므932 등) 중혼이 발생한다고 보았다.

(2) 혼인의 형식적 요건

가. 임의 혼인신고

혼인은 "가족관계의 등록 등에 관한 법률"에 정한 바에 의하여 신고함으로써 법률상 성립한다(민법 제812조 제1항). 다만, 조정이나 재판에 의한 혼인신고의 경우는 예외이다. 우리 민법은 "신고함으로써 그 효력이 생긴다"고 하고 있으나, 당사자가 신고하는 방식에 따라 혼인의사의 합치를 신고하여 성립하기 때문에 신고는 유효요건일 뿐 아니라 성립요건이라고 할 수 있다. 그렇기 때문에 혼인신고를 하지 않고 부부관계를 수십 년 동안 유지해 왔더라도 법률상의 혼인으로는 인정되지 않는 것이다.

또한, 외국에서의 혼인의 경우, 그 외국에 있는 대사, 공사 또는 영사에게 신고할 수 있는데, 이 신고를 수리한 대사, 공사 또는 영사는 지체 없이 그 신고서류를 본국의 등록기준지를 관할하는 가족관계등록관서에 송부하여야 한다.

혼인신고는 "가족관계 등록 등에 관한 법률" 제71조에 따라 ① 당사자의 성명·본·출생연월일·주민등록번호 및 등록기준지(당사자가 외국인인 때에는 그 성명·출생연월일 및 국적) ② 당사자의 부모와 양부모의 성명·등록기준지 및 주민등록번호 ③ 민법 제781조 제1항 단서에 따른 협의가 있는 경우 그 사실 ④ 민법 제809조 제1항에 따른 근친혼에 해당되지 아니한다는 사실을 기재하여 신고하여야 한다.

나. 조정·재판에 의한 혼인신고

사실상 혼인생활을 하면서도 일방의 비협조나 그 밖의 사유로 혼인신고가 되어 있지 않은 경우에는 사실상혼인관계존재확인청구를 통하여 혼인신고를 할 수 있다. 사실상 혼인관계 존재확인의 재판이 확정된 경우에는 소를 제기한 사람은 재판의 확정일부터 1개월 이내에 재판서의 등본 및 확정증명서를 첨부하여 제71조의 신고를 하여야 한다(동법 제72조).

3. 혼인의 법적 효과

(1) 신분상 효과

가. 가족관계 및 친족관계의 발생

부부는 혼인으로 인하여 서로 배우자로서의 신분을 취득하여 가족 및 친족이 된다(민법 제777조 3호, 제779조 제1항). 따라서 부부는 상대방의 혈족과의 사이에서 서로 인척관계가 생긴다.

나. 가족부에의 등록

부부는 서로 가족으로서 가족관계 등록부에 기재될 것이지만 과거 처나 남편의 호적부에 입적되었던 규정(민법 제826조 제3항)은 폐지되었고, 따라서 이제는 입부혼인(入夫婚姻)의 개념도 인정할 필요가 없어졌다.

다. 부부의 성

부부의 성에 관하여는 아무런 변동 없이 각자의 성과 본을 그대로 가진다. 입법례에 의하면 부부별성제(夫婦別姓制), 부부공동성제, 부부합성제 등이 있는데, 그 사회의 풍속, 관습 또는 전통적 의식에 따라 결정되게 된다. 현재 우리나라는 혼인을 하더라도 아내가 남편의 성을 따르지는 않는다.

라. 동거·부양·협조의 의무의 발생

부부는 동거하며 서로 부양하고 협조하여야 한다(민법 제826조 제1항 본문). 혼인에 의해 형성된 부부관계는 상호 인격체에 대한 존중을 바탕으로 하여 정신적·육체적·경제적으로 합일하는 공동체로서 영위되어야 하는 바, 그러한 본질에서 요구되는 당연한 결과이다.

① 동거의무

현행 민법은 부 또는 처로서의 직분을 다할 수 있도록 부부 쌍방이 반드시 같은 장소에서 부부생활을 영위하도록 하고 있다. 여기에서의 동거는 단순한 장소적인 동거만이 아니라 부부공동체로서의 동거를 의미한다. 따라서 같은 지붕 밑이라도 장벽을 하고 서로 생활을 달리하는 것은 동거가 아니며, 반대로 장소적으로 다소 떨어져 있더라도 동거가 성립될 수 있다. 동거장소는 부부의 협의에 의해 정한다. 부부쌍방의 협의가 이루어지지 않은 경우에 당사자의 청구에 의하여 가정법원이 이를 정한다(민법 제826조 제2항).

그리고 정당한 이유로 인하여 일시적으로 동거하지 아니하는 경우에는 서로 인용하여야 한다(민법 제826조 제1항 단서). 직업상의 필요에 의한 해외유학이나 해외취업, 정신상·육체상의 일시적 장애에 의한 입원, 자녀의 교육상의 필요에 의한 일시적 별거 그리고 기타 이유로 일시적으로 별거하는 것이 부부공동생활을 위하여 바람직할 경우에는 정당한 이유가 있다고 판단된다.

② 부양의무

여기서 말하는 부양은 부부일체의 공동생활에서 필요한 것을 부부가 서로 제공하여야 하는 것으로 상대방의 생활을 자기의 생활과 동등한 정도로 보장하는 것이다. 따라서 자기생활에 여유가 있는 경우 상대방에게 최저한도의 생활만을 보장하여 주는 친족사이의 부양과는 다르다.

일방이 부양의무를 이행하지 않는 경우에 상대방은 부양청구의 조정·심판을 청구할 수 있으며(가소법 제2조 마류1호), 이 경우 법원은 부양의 내용정도·방법에 관하여 부양권리자의 수요, 부양의무자의 자력 등 모든 사정을 고려하여 결정해야 할 것이다.

③ 가사협조의무

부부공동생활은 부부의 분업에 기초한 협조에 의해 원만히 유지될 것인 바, 당사자의 합의에 의해서 분업의 정도를 정해야 할 것이다. 이때 부부 각자의 자력·직업 등 일체의 사정을 고려하여 판단해야 할 것이다. 당사자 일방이 정당한 이유 없이 이 의무를 이행하지 않았을 경우에는 다른 일방은 조정 또는 심판에 의해 그 이행을 청구할 수는 있으나 그에 의해 법적 강제를 할 수는 없다.

마. 정조의무

정조는 혼인공동체 존립의 기초적 요건이다. 혼인의 실질에는 부부가 서로 정조를 지켜야 하는 의무가 내재되어 있으며 이에 정조의무에 관하여 민법은 직접적인 규정을 두고 있지는 않지만, 부정한 행위를 이혼원인으로 규정함으로써 정조의무가 부부의 의무임을 확인하고 있다.

바. 부부간의 계약취소권

부부간에 체결된 계약은 혼인 중 언제든지 부부의 일방이 이를 취소할 수 있다(민법 제828조). 부부 사이의 계약은 애정이나 압력에 의해 체결된 진의가 아닌 의사표시인 경우가 많고, 그 이행을 위하여 법률상의 문제로 삼는다는 것도 원만한 부부생활을 해칠 우려가 있다는 이유에서 둔 규정이다.

취소할 수 있는 계약은 그 종류와 내용을 묻지 않는다. 또 취소권의 행사는 일정의 방식을 필요로 하지 아니하며, 그 계약이 이행되기 전이나 이행된 후에도 행사할 수 있다. 그리고 취소할 수 있는 것은 '혼인 중'에 한하므로 혼인 전 계약이나 사실혼 부부 사이에는 적용되지 않는다. 취소는 또한 정상적인 부부관계를 전제로 해서만 인정되므로 이미 파기되어 이혼할 것을 양해하고 있거나 이혼소송의 제기 중에 특별한 사정의 변경이 없는 한 제828조에 의한 취소의 효과는 생기지 않는다고 보고 있다(대판 1979. 10. 30. 79다1344). 또 취소에 의하여 계약은 처음부터 성립하지 않은 것으로 되지만 제3자(부부 이외의 자)의 권리는 침해할 수 없다(민법 제828조 단서).

사례탐구

A와 B는 결혼 후 5년 동안 아무 문제없이 행복하게 살아왔으나 최근 남편이 바람을 피우서 A는 남편을 간통죄로 고소하면서 이혼소송을 제기하였다. 남편은 바람을 피운 것이 발각된 직후 자기재산을 아내명의로 이전해주었지만, 막상 아내가 이혼소송을 제기하자, 부부간의 계약은 취소할 수 있다면서 재산의 반환을 요구하고 있다. B의 주장은 정당한가?

[해 설] 우리 민법 제828조에 의하면 부부간의 계약은 혼인 중 언제든지 부부의 일방이 이를 취소할 수 있는 것으로 하고 있으므로 일견 B의 주장은 타당해 보인다. 그러나 부부간의 계약을 취소할 수 있는 것은 부부간에 혼인관계가 계속 중인 때인데, 여기에서의 '혼인 중'의 의미에 대하여 판례는 "단지 형식적으로 혼인관계가 지속되고 있는 상태를 가리켜 뜻하는 것이 아니라, 형식적으로는 물론 실질적으로도 원만한 혼인관계가 계속되고 있는 상태를 가리켜 뜻

한다고 풀이함이 상당하다고 할 것인바, 혼인관계가 비록 형식적으로는 계속되고 있다고 하더라도, 실질적으로는 파탄에 이른 상태에 있는 경우라면 위 규정에 의한 부부간의 계약은 취소할 수 없다"고 보고 있다(대판 1979. 10. 30. 79다1344). 따라서 사례의 경우처럼 이미 혼인생활이 사실상 파탄에 이른 경우에는 법률상 이혼을 한 경우와 마찬가지로 보아 혼인 중에 체결한 계약에 대하여 부부일방이 취소하기가 어려울 것으로 보인다.

사. 성년의제(成年擬制)

미성년자는 적법하게 혼인을 한 다음에도 혼인당사자가 아닌 사람의 간섭을 받게 된다면 원만한 부부생활이 저해될 뿐만 아니라 혼인에 의한 부부공동체의 자주독립성이 침해될 것이다. 따라서 미성년자가 혼인하면 성년자로 간주하여 부부공동체의 자주성을 보장하고 있다. 민법은 제826조의 2에서 "미성년자가 혼인을 한 때에는 성년자로 본다"고 규정하고 있다.

그러나 성년의제의 경우 민법 이외의 법률에 대해서는 그 적용이 인정되지 않는다. 예컨대 공직선거법, 청소년 보호법, 근로기준법 등을 적용할 때에는 미성년자가 혼인을 했더라도 여전히 미성년자로 취급받게 된다.

(2) 혼인의 재산상 효과

가. 부부재산계약

부부가 되고자 하는 자는 혼인신고 전에 자유의사에 의해 그 '혼인 중의 재산관계'에 관하여 약정할 수 있다. 이렇게 되면 법에 정하여진 재산관계보다 우선하여 적용될 수 있다. 그러나 그렇게 되면 그러한 구체적 부부재산계약의 내용을 모르는 제3자를 해할 수 있고, 거래의 안전에도 도움이 되지 않으므로 우리 민법은 이에 대하여 다음과 같은 제한을 가하고 있다.

첫째, 부부재산계약의 체결과 그 내용에 대한 제한으로 부부재산계약을 체결하고자 하는 자는 '혼인신고 전'에 그 계약을 체결하고 이를 등기하지 않으면 안 된다. 왜냐하면 혼인신고 전에 등기를 요구하는 것을 일단 부부가 된 후에는 남편의 위압이나 사사로운 정에 이끌려 자유로운 판단을 잃게 될 염려가 있기 때문이다. 또한 등기를 하게 함은 제3자에게 공시함으로써 선의의 피해자가 생기는 것을 막기 위해서인데, 등기가 없는 경우에도 당사자 간에는 효력이 있으나 부부의 승계인 또는 제3자에 대하여는 대항할 수 없도록 하고 있다(민법 제829조 제4항).

둘째, 부부재산계약의 변경에 대한 제한으로 우리 민법은 "부부가 혼인성립 전에 그 재산에 관하여 약정한 때에는 혼인 중에 이를 변경하지 못한다"고 규정하여(민법 제829조 제2항) 부부재산계약의 변경에 제한을 가하고 있다. 다만 정당한 사유가 있는 경우에 한해 법원의 허가를 얻어 변경할 수 있도록 하면서(민법 제829조 제2항 단서), 역시 이 경우도 등기가 있어야 부부의 승계인이나 제3자에게 대항할 수 있도록 하고 있다(민법 제829조 제5항).

나. 부부별산제

부부재산계약이 체결되지 않은 경우에 부부 사이의 재산관계는 법정재산제의 규정에 의하게 되는데(민법 제829조 제1항), 우리 민법은 부부별산제(夫婦別産制)를 원칙으로 하고 누구의 재산인지가 불분명한 재산만을 부부의 공유재산으로 추정해 주고 있다.

① 의 의

부부의 일방이 혼인 전부터 가진 고유재산과 혼인 중 자기명의로 취득한 재산은 명의자의 특유재산으로 하며, 부부는 그 특유재산을 각각 소유, 관리, 사용, 수익, 처분할 수 있다(민법 제830조, 제831조).

② 귀속불명 재산의 공유추정

부부 중 누구에게 속한 것인지가 분명하지 아니한 재산은 부부의 공유로 추정한다(민법 제830조 제2항). 예컨대, 혼인 중에 부부의 협력에 의해서, 즉 결혼 후 혼인비용의 지출에 의해서 장만한 가재도구나 가전제품 등은 부부공유로 추정된다. 하지만 이러한 공유재산은 단지 추정되는 것이므로 부부 중 누구든지 반증을 들어 특유재산을 주장할 수 있다.

사례탐구

A와 B 부부는 2001년에 혼인신고를 마친 법적 부부이다. 결혼생활 10년 만인 2010년에 아파트 한 채를 구입하여 남편인 A 앞으로 등기를 마쳤지만 아파트 구입자금은 부부의 공동노력에 의한 것이었다. 남편 A가 사업자금 마련을 목적으로 아파트를 임의로 처분하려고 하는데, B가 이것을 저지할 방법은 없는가?

[해 설] 부부 중 어느 한 사람이 혼인 중 자신의 명의로 취득한 재산은 그의 특유재산으로 추정되고, 이러한 추정을 뒤집을 반대증거(예컨대, 매수대금을 연대채무관계로 부담하여 번갈아 가며 냈다는 증거 등)가 없는 한, 배우자 가운데 다른 일방도 주택마련에 협력했다는 주장만으로는 그 사실을 뒤집을 수 없다. 사례의 경우 부동산은 남편의 소유로 추정되므로 A가 이것을 처분하는 경우 B가 이것을 저지할 방법이 없는데, 이것이 부부별산제의 정신이다.

다. 생활비의 공동부담

부부재산제가 별산제로 되어 있는 것에 비추어 볼 때 부부의 공동생활에 필요한 비용의 부담에 관하여 당사자 간에 특별한 약정이 없으면 부부가 공동으로 부담하도록 하는 것은 당연하다(민법 제833조). 생활비용은 반드시 1/2이라는 산술적 공동부담을 말하는 것은 아닐 것이고, 부부간의 재산의 정도나 수입 등을 고려하여 판단하면 될 것이다. 생활비용이란 부부공동생활의 유지에 필요한 일상적 제반비용으로 가족의 의식주비용은 물론, 문화비·의료비·조세 등을 비롯하여 미성년자녀 및 자립이 불가능한 성년자의 의식비·교육비 등이 이에 포함된다고 하겠다.

라. 부부간의 일상가사대리권

부부가 공동생활을 유지하기 위해서는 일상의 가사에 관하여 서로 대리할 수 있도록 할 필요가 있다(민법 제827조 제1항). 따라서 일상가사에 관한 부부일방의 법률행위로부터 생기는 채무에 대해서는 원칙적으로 부부쌍방이 상대방에 대하여 연대하여 책임을 지도록 하고 있는데(민법 제832조), 이는 부부의 생활공동체를 믿고 거래한 상대방의 신뢰를 보호해 주기 위한 요청에서 인정된 제도이다.

여기서는 일상가사에 포함되는 경우가 어디까지인지가 문제가 된다. 일상가사란 부부공동생활에서 생기는 통상의 사무를 말하는 것으로 그 내용과 정도 및 범위는 당해 부부공동체의 생활정도와 부부의 사회적 지위·직업·재산·수입능력 등 현실적 상태뿐만 아니라 그 부부생활 장소인 지역사회의 관습 등에 따라 객관적으로 결정되어야 한다.

판례와 학설에서 인정되고 있는 일상가사의 범위는 부부공동생활에 통상 필요로 하는 식·음료비용, 연료·의복비, 제세공과금의 지급, 집세의 지급 등과 같이 가족의 의식주에 관한 채무 및 가족의 보건·오락·교제, 자녀의 양육·교육에 관한 비용 등이 있다. 반대로 일상가사범위에 포함되지 않는 경우로는 객관적으로 일상생활비로서 인정될 수 없는 고액의 소비대차, 가옥의 임대나 처분, 부부일방의 순수한 직업상의 사무, 어음의 배서행위 등이 있다.

한편, 일상가사의 범위를 넘는 부 또는 처의 법률행위일지라도 표현대리(민법 제126조)에 의한 다른 부부일방의 책임문제는 남게 된다. 즉 부부일방의 행위가 일상가사의 범위를 넘고 있더라도 거래 상대방이 부부일방의 권한이 넘은 법률행위를 일상가사대리권의 법률행위로 믿었고 또한 그렇게 믿는 데 대하여 정당한 사유가 있는 경우에는 다른 일방이 본인으로서의 책임을 져야 하는 경우도 있을 것이다.

사례탐구

A의 처인 B는 남편의 사업자금이 필요하다면서 마치 남편 A가 차용증을 작성한 것처럼 차용증을 위조하고, 그 차용증을 이용하여 친분이 있는 C로부터 2,000만원을 빌려 개인적으로 사치용품을 사는데 탕진해 버렸다. 이 경우 아내가 빌린 돈에 대해 남편도 법적 책임이 있는가?

[해 설] 사례는 민법상 일상가사대리권(민법 제827조)에 관한 문제이다. 현행 민법상 부부간에는 일상의 가사에 관하여 서로 대리권이 있고, 또한 부부의 일방이 일상의 가사에 관하여 채무를 부담한 경우에는 다른 일방도 이로 인한 채무에 대하여 연대책임을 진다는 법정 재산제를 인정하고 있다(민법 제832조). 통상 일상가사에 관한 법률행위에 속하는 것으로는 부부의 가정생활에 필요한 행위로서 예컨대, 식료품이나 일용품의 구입, 광열비, 의료비 등의 지출에 관한 사무 등을 들 수 있다. 사례에서 아내인 B가 남편으로부터 차용증서작성을 허락 받은 바 없이 마치 A가 차용하는 것처럼 차용증을 위조하여 돈을 빌린 후 사치품을 구입하는 데 사용한 행위는 일상가사의 대리권의 범위를 넘어선 행위이다. 따라서 A는 C에게 변제할 책임이 없다. 다만, 그러한 경우에도 만일 A에게 책임을 돌릴만한 사유 즉, 제3자가 보기에 남편이 아내에서 돈을 빌릴 권한을 주었다는 객관적 사정이 있다면 표현대리(表見代理)의 법리에 의해 책임을 져야 하는 경우는 있을 수 있다.

4. 사실혼의 법률관계

(1) 사실혼의 의의

사실혼(事實婚)이란 혼인의 의사를 가지고 실질적으로 부부로서의 동거생활을 하고 있으나 법률이 정한 혼인신고를 하지 않고 있기 때문에 법률혼으로 인정을 받지 못하는 사실상의 부부관계를 말한다. 따라서 혼인할 의사도 없이 일시적인 동거를 하는 경우에는 사실혼으로 인정할 수 없다. 또한 사실혼은 장래 부부가 되자는 합의만 있고 부부공동생활의 실체가 없는 약혼과 다르며, 혼인의사를 가지지 않고 본처가 있는 남성이 다른 곳에 여성을 두고 경제적 원조를 하면서 성적 관계를 지속하는 첩관계와도 구별된다.

(2) 사실혼의 효과

가. 신분적 효과

사실혼 관계에 있는 배우자도 법률혼 부부와 마찬가지의 권리의무가 있다. 다만, 혼인신고를 전제로 하는 친족관계의 발생 또는 호적의 변동은 존재하지 않는다. 따라서 사실혼관계에서 출생한 자는 혼인 외의 출생자로서 모의 성과 본을 따르며(민법 제781조 제2항) 모의 친권에 복종한다. 부모가 인지한 경우에는 누구의 성과 본을 따를 것인지를 결정할 수 있다. 사실혼관계에 있는 자가 혼인하더라도 중혼(重婚)이 되지 않는다.

나. 재산상 효과

사실혼관계의 배우자에게도 법률혼관계의 배우자에게 인정되는 재산상의 효과가 인정된다. 다만 사실혼부부 사이에 부부재산계약이 체결되더라도 이를 등기할 방법이 없어서 제3자에게 대항할 방법이 없고, 배우자로서의 상속권도 원칙적으로 인정되지 않는다. 그러나 예외적으로 사실혼 배우자를 특별법에 의하여 두텁게 보호해주기도 한다. 즉 공무원연금법(제3조 제1항 2호), 군인연금법(제3조 제1항 4호), 주택임대차보호법(제9조) 등에서 사실혼 배우자도 배우자의 개념 혹은 상속권이 있는 것으로 하고 있다.

참 고

1. 사실혼이란 당사자 사이에 주관적으로 혼인의사가 있고, 객관적으로도 사회관념상 가족질서적인 면에서 부부공동생활을 인정할 만한 혼인생활의 실체가 있는 경우라야 하고, 법률상 혼인을 한 부부가 별거하고 있는 상태에서 그 다른 한쪽이 제3자와 혼인의 의사로 실질적인 부부생활을 하고 있더라도, 특별한 사정이 없는 한 이를 사실혼으로 인정하여 법률혼에 준하는 보호를 할 수는 없는 것이다. 이러한 법리는 자동차종합보험의 부부운전자한정운전 특별약관에서 규정하는 '사실혼 관계에 있는 배우자'의 해석에도 적용되고, 이 경우 특별한 사정이 있다는 사실은 이를 주장하는 보험계약자에게 증명책임이 있다고 할 것이다(대판 2010. 3. 25. 2009다84141).
2. 사실상 배우자 외에 법률상 배우자가 따로 있는 경우에는, 법률상 배우자 사이에 이혼의사가 합치되어 법률혼은 형식적으로만 존재하고 사실상 혼인관계가 해소되어 법률상 이혼이 있었던 것과 마찬가지로 볼 수 있는 등의 특별한 사정이 없는 한, 법률상 배우자가 유족으로서 연금수급권을 가지고, 사실상 배우자는 공무원연금법에 의한 유족으로 보호받을 수는 없다(대판 1993. 7. 27. 93누1497).
3. 사실혼관계는 사실상의 관계를 기초로 하여 존재하는 것으로서 당사자 일방의 의사에 의하여 해소될 수 있고 당사자 일방의 파기로 인하여 공동생활의 사실이 없게 되면 사실상의 혼인관계는 해소되는 것이며, 다만 정당한 사유 없이 해소된 때에는 유책자가 상대방에 대하여 손해배상의 책임을 지는데 지나지 않는다. 따라서 사실혼관계의 당사자 중 일방이 의식불명이 된 상태에서 상대방이 사실혼관계의 해소를 주장하면서 재산분할심판청구를 한 경우, 사실혼관계는 상대방의 의사에 의하여 해소되었고 그에 따라 재산분할청구권이 인정된다(대결 2009. 2. 9.자 2008스105).

Ⅲ. 이혼에 관한 법률

1. 의 의

이혼은 혼인으로 이루어진 부부의 생활관계를 해소하는 법률행위이다. 이혼에는 부부가 이혼하기로 합의하여 가정법원의 확인을 받아 이혼신고를 함으로써 이루어지는 협의이혼과 이혼 합의가 없어 부부 한쪽의 청구에 의해 재판을 받아 법원의 결정에 따라 이혼하는 재판상 이혼이 있다.

한편 재판상 이혼은 당사자 간에 이혼에 협의가 되지 않거나 일방 배우자에게 귀책사유가 있을 때에 인정되는 것이 원칙이나(유책주의) 누구의 잘못이냐를 묻지 않고 혼인관계가 크게 파탄한 경우(파탄주의)에도 인정될 수 있다.

참 고

"가정의 평화와 남녀의 본질적 평등을 무시하고 축첩(蓄妾) 행위를 한 데다 내연의 처에 대한 애정에만 사로잡혀 아내를 돌보지 않고 냉대한 결과 파탄을 초래했으므로 청구인의 이혼 청구를 배척한다." 1965년 9월 대법원이 K씨가 아내 Y씨를 상대로 낸 이혼소송 상고심에서 청구를 기각하며 밝힌 사유다. 결혼 생활이 깨지게 된 근본 원인은 아내가 불임이라는 이유로 첩을 들인 K씨가 제공했으므로 Y씨가 원하지 않는 한 K씨의 뜻대로 이혼을 허용해줄 수 없다는 취지다. 이후로 판례는 이혼소송에서의 확고한 원칙으로 '유책주의'를 채택하고 있다. 하지만 최근에는 하급심 위주로 간혹 유책주의에 반대되는 '파탄주의'를 채택하는 경우가 점점 늘어났다. 이렇게 지난 50년 동안 유지된 '바람피운 배우자는 이혼을 청구할 수 없다'는 이혼소송의 원칙을 두고 대법원에서 공개변론이 벌어졌다. 대법원은 2015년 6월 26일 다른 여성과 아이를 낳고 23년 동안 별거한 남편 A씨가 아내 B씨를 상대로 낸 이혼 소송 사건에 대한 전원합의체 공개변론을 열었다. 핵심은 사회 변화에 따라 기존 '유책주의'에서 '파탄주의'로 옮겨가는 것이 맞는지 여부였다. 50년 가까이 유지된 판례의 기본적 태도가 변경될지 주목된다.

2. 협의이혼

(1) 실질적 요건

가. 이혼의 합의

협의이혼에는 부부당사자의 이혼(부부로서의 결합을 영구적으로 해소하는 것)에 관한 자유롭고 진정한 의사의 합치가 있어야 한다. 이혼의 의사표시에는 조건이나 기한을 달 수 없다. 이혼의사에 대한 이혼신청서를 작성할 때는 물론 수리되는 때에도 있어야 한다.

피성년후견인은 부모나 성년후견인의 동의를 받아 이혼할 수 있다(민법 제835조). 미성년자의 경우에는 혼인 시 성년으로 의제되므로 이혼에는 부모의 동의가 필요하지 않다.

나. 숙려기간의 경과

과거 협의 이혼은 당사자의 이혼의사의 합치와 가정법원의 확인 및 당사자의 이혼신고만으로 간단히 성립할 수 있었다. 그러나 이는 혼인의 보호보다는 이혼의 자유로운 해소에 중점을 두고 있다는 비판이 있어왔다. 현재는 협의이혼의 당사자는 일정기간(숙려기간)이 경과한 후에 가정법원으로부터 이혼의사를 확인 받아야만 이혼이 가능하도록 함으로써 신중하지 못한 이혼을 방지하려 하고 있다. 즉, 협의상 이혼을 하려고 하는 자는 가정법원이 제공하는 이혼에 관한 안내를 받아야 하고(민법 제836조의2 제1항) 이 경우 가정법원은 전문적 지식과 경험을 갖춘 전문상담인의 상담을 받을 것을 권유할 수 있으며 이혼은 신청한 당사자는 양육하여야 할 자녀가 있는 경우에는 3개월, 양육하여야 할 자녀가 없는 경우에는 1개월이 경과하여야 하며 다만 가정 폭력 등으로 당사자 일방에게 참을 수 없는 고통이 예상되는 등 급박한 이혼이 필요한 경우에는 그 기간은 단축될 수 있다(동조 제2항, 제3항).

다. 친권자 및 양육책임자의 결정

협의이혼을 하고자 하는 자에게 양육할 자녀가 있는 경우, 당사자는 민법 제837조에 따른 자의 양육책임자와 제909조 제4항에 따른 친권자결정에 관한 협의서 또는 가정법원의 심판정본을 제출하도록 함으로써(민법 제836조의2 제4항) 이혼으로 자녀의 양육환경이 저하되는 것을 방지하고 있다.

사례탐구

여전히 부부생활을 하고 있는 A와 B가 다만 남편인 B의 채무에 대한 강제집행을 피할 목적으로 재산을 아내 A에게 이전시키고, 협의이혼을 가장하여 이혼신고를 하였다. 그러나 그 직후 남편은 평소 내연의 관계에 있던 C와 혼인신고를 해버렸다. 이에 A가 가장이혼임을 주장하면서 이혼의 무효를 주장하고 있는데, 받아들여질 것인가?

[해 설] A가 B와 진정으로 이혼할 의사가 없이 다른 목적으로 한 협의이혼은 설혹 이혼신고서를 제출하였더라도 원칙적으로 그 이혼은 무효가 된다. 판례는 종래 위와 같은 가장이혼을 무효로 보았으나 무효인 이혼이라고 하더라도 일단 당사자가 가장이혼에 합의하고 이혼신고서를 제출한 경우라면, 이혼의 효과를 인정하여야 한다는 쪽으로 입장의 변화를 보이고 있다(대판 1993. 6. 11. 93므171). 판례에서 중요시하고 있는 사실은 일시적이나마 진정한 이혼의사가

있었으면 이혼은 무효가 아니라고 보지만 일시적으로라도 이혼의 의사가 없었다면 이혼은 무효가 되는 것으로 하고 있다. 따라서 사례에서 A가 이혼신고서를 제출한 할 당시 일시적으로나마 전혀 이혼의사가 없었어야 이혼이 무효이지만, 가장이혼이라도 그 의사가 진정했다면 유효인 이혼이라고 보고 있다.

(2) 형식적 요건

협의이혼은 가정법원의 확인을 받아 위의 숙려기간이 경과된 뒤에 가족관계 등의 등록에 관한 법률에 따라 신고함으로써 성립된다(민법 제836조 제1항, 가족관계의 등록 등에 관한 법률 제75조). 이혼신고에는 당사자 쌍방과 성년의 증인 2인이 연서한 서면으로 하여야 하며(제836조 제2항), 신고서를 접수시킬 때에는 가정법원의 확인서를 첨부하여야 한다.

그러나 협의이혼신고서에 가정법원의 이혼의사확인서등본을 첨부한 경우에는 2인의 증인의 연서가 있는 것으로 보며(가족관계의 등록 등에 관한 법률 제76조), 가정법원으로부터 확인서등본을 교부 또는 송달받은 날부터 3개월 이내에 그 등본을 첨부하여 신고하여야 하며(동법 제75조 제2항), 그 기간이 경과한 때에는 그 효력은 상실한다(동조 제3항).

사례탐구

A는 결혼을 한지 10년째인 가정주부이다. 결혼생활이 여의치 않자 남편 B와 2011년 12월 30일 쌍방 합의 하에 법원에 출석하여 협의이혼의사확인을 받아 두었다. 그러나 쌍방 모두 이혼신고를 하지 못한 채 3개월이 경과되었다. 그대로 협의이혼신고를 할 수 있는가?

[해 설] 협의이혼은 법원에서 협의이혼의사의 확인을 받은 날로부터 3개월 이내에 확인서 등본을 첨부하여 반드시 이혼신고를 하여야 한다. 만약 이혼신고를 이 기간 내에 하지 않으면 법원의 확인은 효력을 잃게 된다(호적법 제79조의2 제2항, 제3항). 사례에서 A가 여전히 B와의 이혼을 원한다면 법원에 출석하여 협의이혼의사확인을 다시 받아야 한다.

(3) 사실상 이혼

사실상 이혼이란 혼인신고를 한 부부가 이혼의 합의를 하고 별거해 부부공동생활의 실체가 더 이상 존재하지 않음에도 단지 이혼신고를 하지 않고 있는 상태를 가리킨다. 민법이 협의이혼을 요식행위로 하고 있기 때문에 사실상 이혼상태에 있되 법적 절차를 밟지 않은 경우에는 법률상으로는 혼인이 계속되게 되는데 이처럼 이혼사실이 명백한 것을 그대로 방치하여 이혼에 준하는 효과를 인정해 주는 것이 사실상 이혼이다.

사례탐구

A와 B는 결혼생활이 파탄되어 현재는 서로 이혼에 합의하고 별거중인 부부이다. 그러나 호적관계는 자녀들이 성장하여 결혼을 한 연후에 정리하기로 약속하여, 호적상으로는 부부로 남아 있다. 별거 2년이 지나자 서로 부부로서의 실체가 전혀 남지 않게 되었지만, 아내 B가 다른 남자와 동거에 들어가자 A는 B를 간통죄로 고소하면서 동시에 배우자의 부정행위를 원인으로 한 이혼을 청구하였다. 법적으로 타당한가?

[해 설] 서류상으로는 부부관계로 남아있지만 주관적으로 두 사람 간에 부부관계를 지속할 의사가 없고, 객관적으로 보아도 부부의 실체가 남아 있지 않은 것을 사실상 혼인에 대하여 사실상의 이혼이라고 한다. 사실상 이혼관계가 인정되면, 정조의무가 해제되는 것으로 보므로 간통죄가 성립하지 않음은 물론 배우자의 부정행위를 원인으로 하는 이혼청구도 받아들여질 수 없다. 다만 중혼금지규정, 상속규정에는 영향을 주지 않을 뿐이다. 사례에서 A의 청구는 받아들여질 수 없을 것이다.

3. 재판상 이혼

(1) 의 의

재판상 이혼은 부부일방이 이혼에 동의하지 않음으로써 협의이혼이 이루어지지 않을 때에 당사자의 의사에 관계없이 법률의 이혼원인에 따라 가정법원이 판결로써 일방이 부부관계를 해소케 할 수 있는 제도이다. 재판상 이혼은 당사자 일방의 이혼 요구가 상대방이 동의하지 않아 받아들여지지 않을 경우에 이혼을 용인하는 유일한 방법이며 강제성을 갖는다.

(2) 재판상 이혼사유(민법 제840조)

가. 배우자의 부정한 행위

배우자의 부정행위라 함은 일부일처제에 충실치 못한 일체의 행위를 포함하는 것으로서 간통보다 넓은 개념이다. 따라서 부정한 행위에 관한 판단은 개개의 구체적인 사정에 따라 그 정도와 상황을 참작하여 이를 평가하여야 한다. 부정행위는 단 1회의 우발적 행위인지 또는 계속적 행위인지를 불문한다.

이혼사유로서의 부정행위가 되기 위해서는 혼인의 순결성에 반하는 사실이 본인의 자유의사에 기해 이루어져야 한다. 그러므로 강간의 경우나 이성이 마비된 심신상실의 상태에서의 행위에 대해서는 부정행위를 이유로 이혼을 청구할 수 없다. 그러나 고의 또는 과실로 심신상실의 상태를 초래한 상황에서 행한 부정에 대해서는 책임을 면치 못한다. 그리고 부정행위는 직접적인 증거를 포착하기 어렵기 때문에 결정적인 상황증거만 있어도 충분하다고 보아야 할 것이다.

부정한 행위에 대하여 다른 일방이 사전에 동의하였거나 사후에 용서를 한 때에는 이혼을 청구하지 못한다(민법 제841조 전단). 동의는 상대방이 부정한 행위를 하더라도 이것을 문책하지 않겠다는 적극적인 의사표시로서 상대방에게 도달하여야 한다. 따라서 단순히 사전에 예견한 것만으로는 아직 동의한 것으로 볼 수 없다. 용서란 부정한 행위에 대하여 문책하지 않는다는 감정의 표시이다. 단순히 부정행위를 인식하고 이것을 간과하는 것으로는 용서가 될 수 없으며, 이것을 문책하지 않겠다는 적극적인 표명이 있어야 한다. 따라서 부정행위를 한 남편에 대하여 그 사실을 알면서도 단지 부부생활을 지속한 아내의 행위만으로 남편의 부정한 행위를 용서한 것으로는 볼 수 없을 것이다.

부정한 행위는 상대방이 이를 안 날로부터 6개월, 그 사유가 있는 날로부터 2년을 경과한 때에는 이혼을 청구하지 못한다(민법 제841조).

참 고

1. 제840조 1호의 재판상 이혼사유인 배우자의 부정한 행위가 있었을 때라 함은 혼인한 부부간의 일방이 부정한 행위를 한 때를 말하는 것이므로, 혼인 전 약혼단계에서 부정한 행위를 한 때에는 1호의 이혼사유에 해당한다고 할 수는 없다(대판 1991. 9. 13. 91므85, 92).
2. 처가 카바레에 춤을 추러 갔다가 알게 된 남자와 충남 대천에서 서울까지 기차를 타고 올라와서 집에 까지 동행한 사실은 부정행위에 해당하지 않지만(대판 1990. 7. 24. 89므1115), 이성과 같은 방에서 하룻밤을 지낸 경우는 부정행위에 해당할 수 있다.

나. 배우자의 악의의 유기

유기는 부부공동체의 본질로서 민법 제825조에 규정된 동거, 부양, 협조의무를 정당한 이유 없이 이행하지 않음을 말한다. 그리고 악의란 단순히 어떤 사실을 알고 있다는 정도를 넘어서 사회적 비난을 받을 정도의 윤리적 요소를 포함하고 있다. 즉 부부공동생활의 유지가 불가능함을 알 뿐만 아니라 그 사실을 용인하는 의사를 수반하여야 한다.

사례탐구

대학에서 콧대가 세던 현재의 아내 B와 결혼한 A는 사소한 언쟁이라도 하면 별거를 선언하면서 친정으로 가버리는 아내 때문에 골치가 아프다. 아내에게 돌아올 것을 종용하였으나 실패한 A가 이혼을 생각하고 있는데, 뚜렷한 이유 없이 가출을 하는 아내에게도 법적 책임이 있는가?

[해 설] 부부 간에는 동거의무가 있으므로 정당한 이유 없이 동거를 하지 않는 것은 동거의무 위반이 될 수 있다. 부부간의 합의에 의한 일시적인 별거를 하는 경우는 혼인제도에 반하는 것은 아니지만, 이처럼 부부 중 일방이 가출을 하는 경우는 다른 상대방의 부양의무를 면하게 되고, 나아가 부당한 동거의무위반은 '악의의 유기'가 되어 이혼 원인이 될 수 있다.

다. 배우자와 그 직계존속에 의한 심히 부당한 대우

부당한 대우란 인간의 육체나 정신에 대한 학대 또는 명예에 대한 모욕을 의미한다. 어느 정도가 '심히 부당한 대우'에 해당하느냐 하는 것은 사회통념과 당사자의 사회적 지위를 고려하여 각 경우에 구체적으로 판단하여야 한다.

판례는 혼인관계의 지속을 강요하는 것이 참으로 가혹하다고 여겨질 정도의 폭행이나 학대, 모욕을 받았을 경우(대판 2004. 2. 27. 2003므1890), 배우자의 일방이 부부의 공동생활의 계속에 대하여 고통을 느낄 정도로 신체·정신에 대한 학대 또는 명예에 대한 모욕을 받은 경우(대판 1986. 6. 24. 85므6. 따라서 이 판례에서는 가정불화의 와중에서 서로 격한 감정에서 오고 간 몇 차례의 폭행 및 모욕적인 언사는 그것이 비교적 경미한 때에는 심히 부당한 대우에 해당하지 않는다고 한다) 등을 '심히 부당한 대우'라고 보았다.

사례탐구

A의 남편 B는 평소에는 온순한 성격이지만 술만 먹었다 하면 난폭해지고, 특히 A에게 과거를 고백하라며 억지를 부리면서 폭력을 행사하곤 한다. 술이 깬 남편은 다시 온순한 양이 되어 사죄를 하곤 하지만 이제 A도 지쳐버렸다. B의 그러한 행위가 이혼사유가 되는가?

[해 설] 아무리 평소에 아내에게 잘해주는 남편이더라도 술을 핑계대어 아내에게 폭력을 행사하는 것은 용서받기 어렵다. 따라서 B의 행위는 '배우자 일방의 다른 배우자에 대한 심히 부당한 대우'에 해당되어 법정 이혼사유가 된다. 왜냐하면 여기에서의 '심히 부당한 대우'란 신체적·정신적인 학대 또는 명예에 대한 모욕을 의미하며 그것이 부부의 동거생활의 계속에 고통을 느낄 정도라면 심히 부당한 대우가 된다. 사례의 경우 A는 남편을 상대로 재판상 이혼 청구를 할 수 있다.

라. 자기의 직계존속에 대한 배우자의 심히 부당한 대우

아내의 시어머니에 대한 구박이나 남편의 장모에 대한 폭언 등에 의하여 부부생활을 계속할 수 없을 정도로 가정이 파탄된 경우 등을 말한다. 더불어 그 직계존속과 공동생활을 하고 있는지에 대한 상황도 고려되어야 할 것이다. 여기서의 "심히 부당한 대우"에 대한 판단 기준은 위의 경우와 같다.

마. 배우자의 3년 이상의 생사불명

생사불명이란 생존도 사망도 증명할 수 없는 경우이다. 이러한 상태가 현재까지 3년간 계속되어야 한다. 이 사유에 의한 이혼은 실종선고에 의한 혼인해소와는 아무런 관계가 없다.

생사불명을 이유로 이혼판결이 선고되어 이혼이 확정되면 이후 행방불명자가 살아 돌아오더라도 종전의 혼인이 부활하지는 않는다.

바. 기타 혼인을 계속하기 어려운 중대한 사유

이른바 추상적·상대적 이혼원인으로써 파탄주의를 규정하고 있는 것이다. 일반적으로 '혼인을 계속하기 어려운 중대한 사유'란 혼인관계가 심각히 파탄되어 혼인의 본질에 따르는 공동생활이 회복될 수 없는 경우를 의미한다. 사유는 다른 일방이 이를 안 날로부터 6월, 그 사유 있은 날로부터 2년을 경과하면 이혼을 청구하지 못한다(민법 제842조). 판례나 학설은 다음과 같은 사유를 예로 들고 있다.

참 고

1. 성병을 배우자에게 감염시키거나 불치의 악질에 걸려서 혼인생활의 계속이 어렵다고 판단될 때 및 성기능이 불완전하여 성생활을 유지할 수 없거나, 부부일방이 정당한 이유 없이 계속해서 성교를 거부하는 경우(대판 1994. 5. 13. 93므1020) 등은 중대한 사유에 해당한다고 할 수 있다.
2. 단순히 임신불능 등의 사유만으로는 이에 해당하지 않는다는 것이 판례의 태도이다(대판 2010. 7. 15. 2010므1140; 대판 2009. 12. 24. 2009므2413; 대판 1994. 5. 13. 93므1020; 대판 1966. 1. 13. 65므65 참조).
3. 배우자가 범죄행위로 처벌되어 혼인생활이 파탄에 이르게 된 때나 마약이나 알코올 중독으로 말미암아 심신의 안정을 잃고 경제적 파탄에 빠지게 된 때, 부부간에 성격이 맞지 않거나 애정이 식어서 장차 부부생활을 기대할 수 없게 되었을 때, 또는 혼인 전의 부정행위가 탄로되어 부부생활이 심각하게 파탄에 빠지게 된 때 등은 중대한 사유에 해당한다.
4. 단순히 장기간의 별거로 애정이 식어가고 있다는 사실만으로는 이 사유에 해당한다고 보기

어렵고, 그 밖에도 부당한 피임, 지나친 낭비, 자에 대한 학대 등으로 인해 가정생활이 파탄에 이르고 이를 회복할 가능성이 없다면 혼인을 계속하기 어려운 중대한 사유가 있다고 보아야 할 것이다.

4. 이혼의 법적 효과

(1) 양육자책임자의 지정

이혼을 할 때에 자녀가 있는 경우, 각 당사자는 자의 자녀의 양육에 관한 사항을 협의하여 정하여야 하며 그 협의가 이루어지지 않거나 협의할 수 없는 때에는 가정법원이 직권으로 정하도록 하고 있다(민법 제837조). 2007년 민법 개정에서는 자녀의 양육책임에 관하여 좀 더 구체적인 사항을 두었다. 즉 양육에 관한 협의에서 양육자의 결정, 양육비용의 부담, 면접교섭권의 행사여부 등에 대해 정해야 하며(동조 제2항) 다만 그 협의가 자의 복리에 반하는 경우 가정법원은 보정을 명하거나 자녀의 의사와 부모의 재산상황을 고려하여 직권으로 양육에 필요한 사항을 정할 수 있도록 하였다(동조 제3항, 제5항).

사례탐구

A는 B와 결혼하여 슬하에 한명의 자녀를 두고 있다. 둘이 이혼하면서 아이는 아내인 A가 양육하고 있다. 이혼시 양육비문제를 해결하지 않았기 때문에 B를 상대로 양육비청구소송을 하였으나, B는 A가 양육비를 청구하지 않겠다는 합의이혼증서를 증거로 양육비 지급을 거절하고 있는데, 양육비를 지급받을 길이 있는가?

[해 설] 이혼을 하면서 자녀 양육비에 관한 특별한 약정이 없었던 경우로 보여지므로 A가 양육비를 청구하기가 어려울 것으로 보인다. 왜냐하면 특별한 사정이 없는 한 아이의 부모인 A도 자녀에 대한 양육의무가 있기 때문이고, 양육비를 따로 청구할 목적으로 자녀를 양육한다는 것은 보통 있는 일은 아니기 때문이다. 보통은 양육권을 주장하는 자는 자기의 비용으로 자녀를 양육한다는 의사가 내재된 것으로 보기 때문이라고 법원은 해석하고 있다.

(2) 면접교섭권

면접교섭권은 이혼 후에 친권자나 양육자가 아니기 때문에 현실적으로 자녀를 보호·양육하지 못하는 부나 모가 그 자녀와 직접 만나거나 서신교환 기타 연락을 할 수 있는 권리이다. 이 제도는 이혼 후에 자를 양육하지 않는 부나 모가 자녀를 보고 싶어 하고 또 자녀도 그를 만나기를 원할 뿐만 아니라, 이들을 서로 접촉하게 하는 것이 여러모로 자녀에게 도움이 될 수 있음에도 불구하고, 양육자 쪽에서 이들의 접촉을 의도적으로 막는 경우에 이를 해결하기 위한 것이다.

면접교섭권은 원래 부모에게만 인정되던 권리였지만, 2007년 개정 민법에서는 자녀에게도 면접교섭권을 인정하여(민법 제837조의2 제1항) 유엔아동협약상의 "아동이익 최우선원칙"을 신설함으로써 이혼시 아동의 권리가 강화되도록 하였다.

(3) 재산분할청구권

가. 재산분할청구권의 의의

이혼을 한 당사자의 일방이 다른 일방에 대하여 재산분할을 청구하는 것을 말한다. 부부가 이혼을 하게 되면 부부의 생활공동체는 해제된다. 따라서 부부가 공동으로 운영하던 경제생활은 청산단계에 들어간다. 우리 민법은 부부의 일방이 혼인 중 자기의 명의로 취득한 재산을 일응 그 특유재산으로 하고 있다. 그런데 과거 그 취득재산에 있어서의 다른 일방의 기여는 전혀 평가되지 않았었다. 그러나 공동경제가 종료하는 경우에는 그 실체에 부합하는 청산을 하는 것이 필요하다. 이러한 경우 청산을 청구하게 되는 측은 대체로 처인 경우가 많을 것이다. 이러한 청산 이외에도 생활능력이 약한 배우자에 대해서는 이혼 후에도 능력이 있는 자에게 부양의무를 지우는 것이 타당할 것이다.

나. 재산분할의 기준

재산분할을 할 것인가의 여부와 그 액수와 방법은 당사자의 협의 또는 조정에 의하여 정하게 되는데, 이에 대해서는 아무런 기준이 정해져 있지 않다. 협의가 되지 않거나 협의할 수 없는 때에는 가정법원이 당사자의 청구에 의하여 당사자 쌍방의 협력으로 이룩한 재산의 액수 기타 사정을 참작하여 분할의 액수와 방법을 정하도록 하고 있다.

다. 사해행위취소권 인정

부부의 일방이 상대방 배우자의 재산분할청구권 행사를 해함을 알고 사해행위를 한 때에는 상대방 배우자가 그 취소 및 원상회복을 법원에 청구할 수 있도록 하여 재산분할청구권을 보전하기 위한 사해행위취소권을 인정하고 있다(제839조의3신설, 2007년 12월 21일). 이는 종래 재산분할청구권이 구체적으로 확정되기 전에 재산을 고의적으로 빼돌리던 관행을 시정하기 위한 것이며, 이에 따라 부부 일방이 상대방 배우자의 재산분할청구권 행사를 해함을 알고 사해(詐害)행위를 한 때에는 상대방 배우자가 그 취소 및 원상회복을 청구할 수 있도록 하여 재산분할청구권을 보전할 길을 마련하였다.

사례탐구

A는 2015년 7월 남편인 B와 결혼 7년 만에 협의이혼을 하였다. 그런데 A는 전업주부로서 아이들의 양육과 가사노동에 전념하였기 때문에 혼인기간 동안 취득한 재산은 모두 남편 B의 명의로 되어 있다. B는 이혼하면서 3,000만원의 위자료 이상을 줄 수 없다고 하는데, 남편의 재산은 상당히 많은 편이다. 전업주부였던 A도 재산분할을 청구할 수 있는가?

[해 설] 우리 민법은 이혼한 자의 일방이 다른 일방에 대하여 재산분할을 청구할 수 있고(민법 제843조), 또한 재산분할에 관하여 협의가 되지 아니하거나 협의할 수 없는 때에는 가정법원이 당사자의 청구에 의해 당사자 쌍방의 협력으로 이룩한 재산의 액수 기타 사정을 참작하여 분할액수와 방법을 정하는 것으로 규정하고 있다(민법 제839조의 2). 여기에서 분할대상이 되는 재산은 당사자가 함께 협력하여 이룩한 재산만이 그 대상으로 되므로 혼인 전부터 각자 소유하고 있던 재산이나 일방이 상속·증여 등으로 취득한 재산 등 특유재산은 원칙적으로 청산대상이 되지 않는다. 그러나 현재 판례의 입장은 그 특유재산의 유자·감소방지 등 관리에 기여한 정도가 큰 경우 청산대상에 포함할 수 있다고 보고 있으므로 전업주부인 A도 당연히 재산분할을 청구할 수 있다.

참 고

남편의 현재 재산 외에 장차 퇴직으로 받게 될 퇴직금도 재산분할대상이 되는지에 대해 우리나라의 판례는 "퇴직금은 혼인 중에 제공한 근로에 대한 대가가 유예된 것이므로 부부의 혼인 중 재산의 일부가 되며, 부부 중 일방이 직장에서 일하다가 이혼당시에 이미 퇴직금 등의 금원을 수령하여 소지하고 있는 경우에는 이를 청산의 대상으로 삼을 수 있다"고 하고 있다(대판 1995. 3. 28. 94므1584).

그러나 "부부일방이 아직 퇴직하지 아니한 채 직장에 근무하고 있을 경우 그의 퇴직일과 수령할 퇴직금이 확정되었다는 등의 특별한 사정이 없다면, 그가 장차 퇴직금을 받을 개연성이 있다는 사정만으로 그 장래의 퇴직금을 청산의 대상이 되는 재산에 포함시킬 수 없고, 장래 퇴직금을 받을 개연성이 있다는 사정은 민법 제839조의2 제2항 소정의 분할의 액수와 방법을 정하는 데 필요한 기타 사정으로 참작되면 족하다"고 판결하고 있다(대판 1995. 5. 23. 94므1713 등).

(4) 손해배상청구권

재판상 이혼의 경우에는 당사자의 일방이 과실 있는 상대방에 대하여 이혼으로 인한 재산상의 손해와 정신상의 고통으로 인한 손해의 배상을 청구할 수 있다(민법 제843조). 위자료는 파탄이 된 경위와 정도, 혼인관계, 파탄의 원인과 책임, 배우자의 연령과 재산상태 등 사정을 기초하여 산정한다.

손해배상을 청구하기 위해서는 가정법원에 먼저 조정을 신청하여야 하고, 제3자에 의하여 혼인이 파탄된 경우에는 제3자에 대해서는 손해배상을 청구할 수 있다.

사례탐구

B는 남편인 A의 간통과 폭력 등으로 정상적인 혼인생활을 지속할 수가 없어서 이혼소송을 제기하여 법원으로부터 ① 원고와 피고는 이혼하며 ② 피고는 원고에게 위자료 3,000만원을 지급하라는 판결을 받았다. 그런데 A는 위자료를 지급할 능력이 있음에도 불구하고 이를 지급하지 않고 있고, B로서는 현재 A가 가지고 있는 재산파악을 할 수 없어 강제집행도 못하고 있는데, 방법이 있을까?

[해 설] 이혼소송 및 위자료청구소송에서 승소하였으나 위자료를 지급 받지 못하였을 경우에는 상대방 재산을 강제집행 할 수 있다. 그러나 사례에서처럼 상대방의 재산이 파악되지 않거나 아예 없을 경우에 문제가 될 수 있다. 따라서 이러한 경우를 대비하여 이행명령제도를 두고 있다. 즉, 가정법원은 판결·심판·조정조서 또는 조정에 갈음하는 결정에 의하여 금전의 지급 등 재산상의 의무를 이행하여야 할 자가 정당한 이유 없이 그 의무를 이행하지 아니할 때에는 당사자의 신청에 의하여 일정한 기간 내에 그 의무를 이행할 것을 명할 수 있는 이행명령을 할 수가 있다(가사소송법 제64조 제1항). 따라서 사례에서 B는 A를 상대로 가사소송법상의 이행명령을 청구할 수가 있을 것이다.

제 3 절 상속과 유언의 법률관계

Ⅰ. 재산상속제도

1. 상속의 개념과 상속의 개시

(1) 상속의 의의

상속이란 피상속인의 사망으로 인하여 그 사망한 자의 일정한 친족관계에 있는 자에게 그가 가지고 있던 재산상의 권리와 위무가 포괄적으로 승계되는 것을 말한다. 즉, 피상속인의 사망에 의하여 상속인이 피상속인에 속하였던 모든 재산상의 지위를 포괄적으로 승계하는 것을 말한다.

우리나라는 민법 제정 이후 호주상속과 재산상속의 두 가지 상속제도를 가지고 있었으나, 1990년 민법의 개정으로 호주상속은 호주승계제도로 대체되었었고, 2005년 법 개정으로 현재는 재산상속제도만 존재한다.

그러나 사람의 사망에 의하여 재산이 일정한 사람에게만 이전되는 근거가 무엇인가 하는 상속의 근거에 대하여는 많은 논란이 있어 왔다.

(2) 상속의 개시

상속은 상속인의 사망으로 인하여 개시된다(민법 제997조). 그리고 실종선고는 사망으로 간주되므로 실종선고를 받은 자는 실종기간이 만료된 때에 상속이 개시되며(민법 제28조), 인정사망도 사망으로 추정되어 상속을 개시시킨다.

상속은 피상속인의 주소지에서 개시한다(민법 제998조). 상속인의 주소지나 피상속인의 본적지는 상속개시의 장소가 아니다. 피상속인의 주소를 알 수 없는 경우나 국내에 주소를 가지지 않은 경우에는 거소를 주소로 본다(민법 제19조, 20조).

상속개시의 시기는 상속개시원인이 발생한 때이다. 자연인은 사망에 의하고, 실종선고를 받은 자는 실종선고기간의 만료, 인정사망의 경우 가족등록부에 기재된 일자를 사망시기로 추정하여 상속이 개시된다.

상속에서는 공동상속이 상례이며, 여자와 남자를 구분하지 않는다. 그리고 재산상속인은 상속을 포기할 수 있다. 피상속인은 그 재산의 전부 또는 일부를 유언으로 상속인이 아닌 자에게 유증할 수 있다.

사례탐구

A의 남편 B는 얼마 전 외아들 C와 함께 등산을 갔다가 함께 실족하여 모두 사망하고 말았다. 유족으로는 A와 시아버지 D가 있는데, 시댁에서는 남편의 유산 중 1/2을 내놓으라고 한다. 이것은 정당한가?

[해 설] 상속은 피상속인의 사망으로 개시되는데, 사례처럼 피상속인과 상속인 중 일부가 동일한 사고로 사망한 경우를 동시사망(同時死亡)이라고 한다. 이에 관해 민법 제30조는 "2인 이상이 동일한 위난으로 사망한 경우 동시에 사망한 것으로 추정한다"고 규정하고 있다. 사망의 시기가 상속에 미치는 영향을 고려하여 동일위난에 의한 사망의 경우 동시사망을 추정하면서, 동일 위난으로 사망한 당사자 사이에서는 상속이 개시되지 않는 것으로 규정하고 있는 것이다. 사례에서 만일 남편이 아들보다 단 1분이라도 먼저 사망하였다면 상속재산은 고스란히 A가 물려받지만, B와 C가 동시사망 한 경우 ① 아들의 재산이 있다면 그것은 A가 단독으로 상속하지만, ② 남편의 재산에 대해서는 A와 시아버지 D가 공동상속을 하지만 상속분은 A가 3/5, D가 2/5비율로 승계받는다.

2. 상속인의 범위와 순위

(1) 상속인의 범위

상속인의 범위는 법률이 정하는 일정한 친족과 배우자이다(민법 제1000조, 1003조). 피상속인의 직계비속, 직계존속, 형제자매, 4촌 이내의 방계혈족 및 배우자가 상속인이 된다. 상속인은 상속순위와 관련하여 정해진다.

사례탐구

A가 어렸을 때 부친이 B와 재혼을 하여 생활을 해오다가 7년 전에 사망하였고, 그 후 A는 계모슬하에서 자랐다. 최근에 계모인 B마저 사망하였는데, 이러한 경우 A가 계모의 재산에 대해 상속권을 갖게 되는가?

[해 설] 직계비속의 상속문제에 있어서 민법은 제1000조 제1항 제1호에 "피상속인의 직계비속을 1순위의 상속인"으로 규정하고 있다. 여기서 직계비속은 자연혈족과 법정혈족을 말하는바, 1989년 개정 전의 구민법에서는 부의 혼인 외의 자와 배우자간의 적모자(嫡母子)관계, 그리고 부의 친자와 계모와는 계모자(繼母子)관계로서 일종의 법정혈족관계로 인정하고 있었기 때문에 상속권을 갖는 것으로 보아왔다. 그러나 현행민법은 종전의 계모자관계 및 적모자관계에 대한 조문을 삭제함으로써 혈족관계를 부정하고, 다만 직계존속의 배우자로서 인척관계로만 인정한다. 따라서 사례처럼 계모자관계와 적모자관계에서는 상속이 발생할 수 없게 되었다. 그러므로 A에게는 B에 대한 상속권이 없고, 그 재산은 B의 친정 쪽의 혈족이 상속받는다.

(2) 상속인의 순위

가. 상속인의 순위

상속인의 순위는 제1순위 피상속인의 직계비속, 제2순위 피상속인의 직계존속, 제3순위 피상속인의 형제자매, 제4순위 피상속인의 4촌 이내의 방계혈족의 순이다(민법 제1000조). 이 때 남녀의 성별, 기혼이나 미혼여부, 가족부의 등재여부, 부계나 모계의 여부 등은 불문한다. 이 경우 동순위의 상속인이 수인인 때에는 최근친을 선순위로 하고 동친 등의 상속인이 수인인 때에는 공동상속인이 된다(민법 제1000조 제2항). 주의할 것은 민법상 상속인의 순위를 정하는 있는 것은 선순위의 상속인이 없는 경우에만 다음 순위가 상속인이 된다는 것이다.

나. 배우자의 상속순위

배우자는 직계비속과 같은 순위로 공동상속인이 되고, 직계비속이 없으면 직계존속과 같은 순위로 공동상속인이 된다. 둘 다 없으면 단독으로 상속을 받게 된다. 여기서의 배우자는 법률상의 배우자에 한정된다.

다. 태아의 상속순위

민법은 태아가 권리능력이 없는 것으로 하고 있으나 예외적으로 태아에게 상속능력을 인정하여 보호하고 있다. 즉 태아는 상속순위에 있어서 출생한 것으로 보고 있다(민법 제1000조 제3항).

참 고

상속과 관련하여 상속결격을 주의해야 한다. 상속결격이란 재산상속인에 대하여 법정 사유가 발생하였을 경우에 특별히 재판상의 선고를 기다리지 않고 법률상 당연히 그 상속인이 피상속인을 상속하는 자격을 잃는 것이다. 민법은 제1004조에서 그에 관한 규정을 두고 있다.

제1004조(상속인의 결격사유) 다음 각 호의 어느 하나에 해당한 자는 상속인이 되지 못한다(개정 1990. 1. 13., 2005. 3. 31).

1. 고의로 직계존속, 피상속인, 그 배우자 또는 상속의 선순위나 동순위에 있는 자를 살해하거나 살해하려한 자
2. 고의로 직계존속, 피상속인과 그 배우자에게 상해를 가하여 사망에 이르게 한 자
3. 사기 또는 강박으로 피상속인의 상속에 관한 유언 또는 유언의 철회를 방해한 자
4. 사기 또는 강박으로 피상속인의 상속에 관한 유언을 하게 한 자
5. 피상속인의 상속에 관한 유언서를 위조·변조·파기 또는 은닉한 자

(3) 대습상속(代襲相續)

대습상속이란 상속이 개시되기 전에 상속인이 사망하거나 결격사유가 있을 때에는 그 자에 갈음하여 그 자의 직계비속이 상속을 받게 되는 것을 말한다(민법 제1001조). 상속개시 전에 사망 또는 결격된 자의 배우자도 그 직계비속과 함께 동순위의 공동상속인이 되고, 그 직계비속이 없는 때에는 단독상속인이 된다. 대습상속의 경우 대습자(代襲者)는 피대습자에게 예정된 상속분을 상속받는다.

사례탐구

A의 부친은 그가 중학교에 다니던 때에 사고로 돌아가셨고, 어머니는 곧 재혼하였다. 그 후 A는 조부이신 B가 돌보아 왔으나 A가 고등학생이던 3년 전에 할아버지마저 세상을 떠나셨다. 할아버지의

유족으로는 삼촌 2분과 시집간 고모가 하나 있었는데, 당시 할아버지의 유산이 꽤 많았음에도 불구하고 나이가 어리다는 이유로 A를 배제한 채, 자기들끼리 상속을 받아버렸다. A에게도 할아버지의 재산에 대한 상속권이 있는가? 만일 그러한 권리가 침해되었다면 어떻게 구제를 받는가?

[해 설] A에게는 할아버지 재산에 대해 사망하신 아버지를 대신하여 상속받을 권리가 있었다. 이를 대습상속(代襲相續)이라고 한다. 그럼에도 불구하고 삼촌 및 고모가 A의 대습상속권을 인정하지 않고 할아버지의 유언이 없음에도 불구하고 상속을 받아버린 것은 A의 상속권을 침해한 것이다. 그러므로 A는 이러한 상속회복청구권은 침해를 안 날로부터 3년, 상속이 있음을 안 날로부터 10년 이내에 삼촌 및 고모를 상대로 상속재산의 반환을 청구할 수 있다(민법 제999조 제2항, 2002. 1. 14. 제2항 개정).

3. 상속분의 산정과 법정상속분

(1) 상속분의 산정

지정상속분이란 피상속인의 유언에 의하여 각 상속인들의 상속분이 정해지는 것을 말한다. 그 지정을 제3자에게 위탁하기도 한다. 그러나 유언에 의한 상속에 의해 상속인의 법정상속분에 대한 기대를 전면적으로 배제할 수는 없기 때문에 우리 민법은 유류분(遺留分)이라는 규정을 두어 유류분에 반하는 지정을 할 수 없도록 하고 있다(민법 제1115조). 반면에 법정상속분이란 피상속인이 공동상속인의 상속분을 지정하지 않았을 경우 민법이 정하고 있는 상속분을 말한다(민법 제1009조, 제1010조).

(2) 법정상속분

법정상속분은 ① 동순위상속인 사이의 상속분은 균분으로 한다. 혼인 중의 출생자이건 혼인 외의 출생자이건 차별이 없고, 남녀의 차별도 없다. ② 배우자의 상속분은 공동상속인의 상속분의 5할을 가산한다. ③ 대습상속인의 상속분은 피대습상속인(사망 또는 결격된 자)의 상속분에 의한다.

상속재산에 특별히 기여하였거나 부모를 특별히 부양한 상속인은 기여분(寄與分)을 받을 수 있다. 즉 상속인인 자녀 중에 부모를 부양하였거나, 상속재산의 생성과정과 유지관리에 특별히 공로가 있는 경우에 그 재산을 상속할 때 이를 고려하지 않는다면 형평에 어긋나므로 민법은 기여분제도를 두고 있다.

사례탐구

A는 갑작스런 교통사고로 사망하였다. 사망 당시 A에게는 처인 B, 그리고 출가한 두 딸 C, D와 아들 E가 있었다. A에게 별다른 채무는 없었고, 재산으로는 시가 9,000만원 하는 아파트를 한 채 남기었다. 만일 협의분할에 실패한다면 법정상속분은 어떻게 되는가?

[해 설] 민법 제1009조는 피상속인이 상속분을 유언으로 지정하지 않은 경우, 공동상속인의 상속분에 대하여 규정하고 있다. 단, 피상속인의 배우자의 상속분은 직계비속 또는 직계비속이 없는 경우 직계존속과 공동상속 하되 그들의 상속분에 5할을 가산하도록 하고 있다. 그리고 공동상속인 중에 피상속인으로부터 재산의 증여 또는 유증을 받은 자가 있는 경우에는 그 수증재산(受贈財産)이 자신의 상속분에 달하지 못한 때에는 그 부족한 한도에서 상속분이 있다. 사례에서 A가 사망하면서 남긴 재산 9,000만원 가운데, 처인 B에게 0.5를 가산해주는 결과 B : 1.5, C : 1, D : 1, E : 1의 비율로 재산을 상속받는다. 결국 B는 상속재산의 3/9인 3,000만원, C, D, E는 각각 2/9씩인 2,000만원씩을 상속받는다.

(3) 상속분 산정상의 특칙

가. 특별수익자제도

특별수익이란 공동상속인 가운데 한 명 또는 여러 명이 피상속인에게서 재산의 증여 또는 유증을 받은 경우에 이러한 증여나 유증으로 받은 재산을 일컫는다. 민법은 제1008조에서 "공동상속인 중에 피상속인으로부터 재산의 증여 또는 유증을 받은 자가 있는 경우에 그 수증재산이 자기의 상속분에 달하지 못한 때에는 그 부족한 부분의 한도에서 상속분이 있다"고 규정하고 있다.

이 규정의 취지는 공동상속인들 사이에 공평을 기해 그 수증재산을 상속분의 선급으로 다루어 구체적인 상속분을 산정할 때 이를 참작하려는데 있다.

참 고

1. 흔히 자녀의 혼인비용이나 학자금 등이 특별수익에 포함되는지 문제가 된다. 혼수감을 준비하기 위한 비용은 특별수익에 해당할 수 있지만, 예식비용에 대해서는 더 고려해야 할 여지는 있을 것이다. 초·중·고등학교 교육에 드는 비용은 특별수익이 되지 않지만, 대학교육의 경우 공동상속인 모두가 피상속인에게 대학교육을 위한 학비를 받았다면 학비의 차이는 따지지 않고 특별수익으로는 보지 않으나, 상속인 중 특정인에게만 대학교육(대학원 교육 포함)이나 외국유학을 시켰을 경우에는 특별수익으로 볼 수 있을 것이다.
2. 아버지가 6억원을 남기고 사망하였고 자녀 A, B가 상속인이지만 B가 이미 아버지의 생전

에 3억을 증여 받아 사업자금으로 써버린 경우, 먼저 3억이 증여되지 않았더라면 상속재산은 모두 9억이 될 것이므로 A와 B의 상속분은 각 4억 5천만원이 되었을 것이다. 그런데 B가 이미 3억을 증여로써 특별수익한 것이므로 1억 5천만원을 상속받을 수 있고 나머지 4억 5천만원은 A에게 돌아가야 형평에 맞다. 만약 B가 증여 받은 액수가 8억원이었다면 상속재산은 14억원이 되어 B의 상속분인 7억원에 1억원을 초과하게 되어 문제인 바, 이 경우 B가 그 금액만큼 반환할 의무가 있느냐가 문제된다. 판례는 그 초과부분이 A의 유류분을 침해하지 않는 한 이것을 반환할 의무는 없다고 보고 있다.

나. 기여분제도

공동상속인 중에 피상속인의 재산유지 또는 증가에 특별히 기여한 자가 있을 때에는 상속개시 당시의 피상속인의 재산가액에서 공동상속인의 협의로 정한 그 자의 기여분을 공제한 것을 상속재산으로 한다(민법 제1008조의 2). 또한 상당한 기간 동안 동거하면서 피상속인을 부양한 상속인에게도 공동상속인의 협의 또는 법원에 의하여 기여분이 인정될 수 있도록 하였다(2005. 3. 31. 개정). 따라서 그 기여분에 법정상속분 또는 대습상속분에 의하여 산정한 상속분을 가산한 것이 그 자의 상속분이 된다.

상속재산 가운데 기여분이 있음을 주장할 수 있는 자는 ① 상속재산의 유지 및 증가에 있어서 특별히 기여한 자와 ② 피상속인을 특별히 부양한 자이다. 공동상속인의 자격이 없는 사람은 아무리 기여하였더라도 기여분의 권리자가 되지 못한다.

한편, 판례는 장기간 부모를 부양하면서 부양자 자신과 같은 생활수준을 유지하는 부양을 한 경우에는 특별한 부양으로 보아 기여분을 인정해준다(대판 1998. 12. 8. 97므513, 520, 97스12).

위와 같은 기여 또는 부양을 한 사람에 대하여 기여분을 인정할 것인가, 인정한다면 인정범위를 어떻게 할 것인가는 공동상속인의 협의에 의하여 결정하도록 하고 있다. 이러한 협의가 되지 않거나 협의를 할 수 없을 때에는 기여자가 법원에 청구하여 그 결정에 따른다.

사례탐구

A는 시골에서 농사를 짓는 농군의 2남 3녀 중 장남으로 집안이 어려워 중학교만 졸업을 하고 부모를 도와 열심히 살림을 꾸리며 네 동생들을 고등교육을 마치게 하고 결혼까지 시켜주었다. 최근 홀로 계시던 아버님이 돌아가시자 형제들은 민법 개정으로 여자들도 상속분이 같아 졌다며 아버지가 남기신 유산을 똑같이 나누자고 하는데, 과연 그러한가?

[해 설] 민법은 상속분야에 있어서 평등의 이념을 실현하기 위해 자녀들의 균분상속을 인정하고 있다. 그러나 상속을 무조건 균분으로 할 경우 오히려 실질적 평등을 왜곡할 수 있다. 즉 부모를 봉양하거나 상속재산의 증가에 기여한 자식이나 그렇지 않은 자식을 구분하지 않고 균분상속을 하는 것은 불합리할 수 있다. 따라서 상속재산에 대하여 특별히 기여하거나 부모를 부양한 상속인이 있는 경우, 그 자의 상속분에 일정 부분 기여도를 인정하여 가산시켜주는 것이 기여분제도이다. 사례에서 A는 상속재산의 증가에 기여했고, 특히 부모를 부양하였기 때문에 다른 동생들보다 더 많은 상속분을 주장할 수 있다.

4. 상속의 승인과 포기

(1) 상속의 승인

가. 단순승인

피상속인의 권리의무를 모두 승계하겠다는 것이 단순승인이다. 단순승인을 위한 제도는 따로 없고 일정한 사유가 있으면 단순승인한 것으로 보고 있다(민법 제1026조). 그 사유로는 상속인이 상속재산을 처분하는 행위를 하였을 때와, 상속의 승인을 한 후에 상속재산을 은닉하거나 부정소비하거나 고의로 재산목록에 기입하지 않은 때이다. 상속을 단순승인하게 되면 상속인은 상속채무에 대해서 자신의 고유재산으로 변제를 하여야 하며, 상속채권자는 상속인의 고유재산에 대해서도 강제집행을 할 수 있게 된다.

상속인이 상속재산을 처분하거나 3개월의 승인포기기간 내에 승인포기를 하지 않음으로써 단순승인이 된 경우에도, 상속채무가 상속재산을 초과하는 사실을 중대한 과실 없이 3개월의 기간 내에 알지 못하였던 경우에는 그 사실을 안 날로부터 3개월 내에 가정법원에 한정승인신고를 할 수 있다(민법 제1019조 제3항).

나. 한정승인

피상속인의 재산으로 채무를 갚고 남는 것이 있으면 이를 상속하고, 부족한 상태인 채무초과가 되면 그 초과된 부분을 승계하지 않겠다는 조건으로 상속을 승인하는 것을 한정승인이라 한다(민법 제1028조).

한정승인도 상속포기와 마찬가지로 상속개시 원인이 있음을 안 날로부터 3개월 이내에 하여야 하며, 가정법원에 신고를 한다. 신고를 한 때에는 상속재산목록을 제출해야 하는데, 재산목록 작성시 고의로 허위기재를 하면 단순승인으로 보게 됨으로 유의해야 한다(민법 제1026조).

다. 배당변제 및 부당변제로 인한 책임

한정승인자는 제1032조 제1항의 기간이 만료된 후에 상속재산으로써 그 기간 내에 신고한 채권자와 한정승인자가 알고 있는 채권자에 대하여 각 채권액의 비율로 변제하여야 한다(민법 제1034조). 그리고 한정승인자가 채권자에 대한 공고, 최고를 하태하거나 혹은 다른 채권자에게 변제함으로 인해 다른 상속권자나 유증받은 자에게 변제할 수 없게 된 때에는 그 손해를 배상하여야 하며, 이 경우 상속채권자 등은 그러한 사정을 알면서 변제받은 자에게 대하여 구상권을 행사할 수 있다(민법 제1038조 제2항).

(2) 상속의 포기

상속의 포기는 상속의 개시에 의하여 발생하는 효과를 상속개시시에 소급하여 소멸시키는 것을 말한다. 상속의 포기 역시 상속인이 상속이 개시되었음을 안 날로부터 3개월 이내에 하여야 한다.

상속을 포기하게 되면 포기자는 처음부터 상속인이 아니었던 것으로 된다. 따라서 포기자의 상속분은 다른 상속인에게 넘어가는데, 1인을 제외하고 상속인 모두가 포기하게 되면 단독상속이 된다. 그리고 선순위 상속인이 모두 포기를 하면 다음 순위의 상속인들에게 상속이 되므로 채무초과인 경우 제4순위 상속인까지 모두 포기를 해야 하는 불편함이 따르므로 일반적으로 한정승인의 방법이 유리하다.

사례탐구

A의 남편은 성실하고 청렴결백한 공무원이었다. 공무 중 과로로 순직을 하였으나 청렴하게 살았던 관계로 유산으로는 현재 가족이 기거하고 있는 아파트 한 채(시가 5,000만원)가 유일하지만, 직장 동료에게 빚보증을 서준 것이 잘못되어 은행에서는 총 1억여 원을 변제하라고 요구하고 있다. 남편이 남겨준 아파트는 이미 자녀들의 학비관계로 처분한 상태인데, 지금이라도 상속을 포기할 수는 없는가?

[해 설] 상속인은 상속개시 후 3개월 내에 상속의 승인이나 포기를 결정하지 않거나 피상속인이 남겨놓은 상속재산을 처분할 때, 또는 상속의 포기 및 한정승인을 한 후 상속재산을 은닉하거나 부정 소비한 때 또는 고의로 재산목록에 기입하지 않은 때에는 단순승인 한 것으로 간주하여 모든 채무를 승계받게 된다.

따라서 사례에서는 이미 상속재산을 처분한 것이므로 원칙적으로 단순승인의 효력에 의하여 채무를 변제할 의무가 있다. 그러나 단순승인 후 과실 없이 채무가 재산을 초과함을 알게 된 경우에는 3개월 이내에 다시 한정승인을 함으로써 과다한 채무를 승계하지 않을 수 있다.

5. 상속회복청구권과 상속인이 없는 경우의 상속재산

(1) 상속회복청구권

상속회복청구권이란 상속권자 또는 그 법정대리인이 정당한 상속권이 없음에도 재산상속인임을 신뢰하게 하는 공문서 기재 등의 외관을 갖추고 있는 자 또는 상속인이라고 참칭하여 상속재산의 전부 또는 일부를 점유하고 있는 자로 인하여 상속권이 침해되었을 경우에 권리회복을 청구할 수 있는 권리를 말한다(민법 제999조 제1항). 상속회복청구권은 침해를 안 날부터 3년, 상속권의 침해행위가 있은 날부터 10년을 경과하면 소멸한다(제999조 제2항).

(2) 상속인의 부존재

상속인이 없는 재산이 있을 경우 법원은 재산관리인을 선임하고 이를 공고해야 한다. 다만 상속인 수색기간 내에 상속권을 주장하는 자가 없는 때에는 가정법원은 피상속인과 생계를 같이 하고 있던 사람이나 피상속인의 요양간호를 한 사람, 기타 상속인과 특별한 연고가 있던 사람의 청구에 의하여 상속 재산의 전부 또는 일부를 분여할 수 있다(민법 제1057조의2).

그럼에도 상속재산의 분여가 이루어지지 않은 경우 상속재산은 최종적으로 국가에 귀속한다(제1058조 제1항). 상속재산으로 변제를 받지 못한 상속채권자나 유증을 받은 사람이 있어도 국가에 대하여 그 변제를 청구하지는 못한다(제1059조).

Ⅱ. 유언과 법률

1. 유언의 개념

유언이란 유언자의 사망과 동시에 일정한 법률효과를 발생시킬 것을 목적으로 일정한 방식에 따라서 하는 상대방 없는 단독행위이다. 유언이 상대방 없는 단독행위이기 때문에 유언의 내용이 유증인 경우 수증자의 승낙이나 수증자 등에 대한 의사표시는 필요 없다.

우리 주위에서 흔히 임종에 즈음하여 최후로 남긴 말을 유언이라 하는데, 이러한 유언은 여기에서 말하는 법률상의 유언은 아니다. 유언자 본인이 사망하기 전의 최종의사를 존중하고 그것에 법률효과를 부여하는 것이므로 유언자가 사망하면 그의 생전의 의사표시(유언)대로 어떤 법률효과를 발생시키는 것을 목적으로 하는 것이 유언제도이기 때문이다. 따라서 유언은 유언자 자신에 의하지 않으면 안 되기 때문에 대리는 허용되지 않는다.

2. 유언의 법정방식

(1) 유언의 요식성

유언은 유언자의 사후에 효력이 발생하기 때문에 그 전부나 일부의 내용에 관하여 의문이 생긴 때에는 유언자에게 확인한다는 것이 불가능하다. 아울러 타인에 의한 위조나 변조의 염려가 있다. 따라서 유언의 존재와 내용을 명확히 하기 위해서는 일정한 절차에 따른 유언서의 작성이 요구되며, 그러한 방식을 위반한 유언은 무효가 된다. 민법에서는 제1060조에 "유언은 본법의 정한 방식에 의하지 아니하면 효력이 생하지 아니한다"고 규정하고 있다.

유언의 방식은 자필증서, 녹음, 공정증서, 비밀증서와 구수증서에 의한 유언 등 5종으로 한정되고 있다(민법 제1065조).

(2) 유언의 법정방식

가. 자필증서에 의한 유언

자필증서에 의한 유언은 유언자가 유언서의 전문과 그 작성의 연월일, 주소·성명을 자필하고 날인함으로써 성립하는 유언이다. 이 유언은 자필하는 것이 절대적인 요건이므로 타인에게 필기시키거나 타자기 등을 사용한 것은 무효로 된다.

또한 작성 연월일이 없으면 무효이다. 날인은 타인이 해도 무방하고, 사용하는 도장에는 제한이 없고 무인(拇印)도 허용된다.

나. 녹음에 의한 유언

녹음에 의한 유언이란 유언자가 유언의 취지, 그 성명과 연월일을 구술·녹음하고, 이에 참여한 증인이 유언의 정확함과 그 성명을 구술·녹음함으로써 성립하는 유언이다. 녹음방법은 테이프를 이용하든 비디오를 이용하든 상관없고, 컴퓨터를 이용한 디지털 녹음도 가능하다.

다. 공정증서에 의한 유언

공정증서에 의한 유언은 증인 2인의 참여 하에 유언자가 공증인의 면전에서 유언의 취지를 구수하고 공증인은 이를 필기한 후 낭독하며, 유언자와 증인이 그 정확함을 승인한 다음에 각자 서명 또는 기명·날인하여 작성한다. 그리고 공증인이 소정의 기재를 하고 서명·날인하는 방식이 공정증서유언이다.

라. 비밀증서에 의한 유언

비밀증서에 의한 유언은 유언자가 유언이 적혀 있는 증서에 성명을 기입한 후, 그 증서를 봉해서 날인하고, 이를 2인 이상의 증인면전에 제출하여 자기의 유언임을 표시한 다음, 그 봉서의 표면에 제출 연월일을 기재하고 유언자와 증인이 각자 서명 또는 기명·날인하여 작성한다. 이 유언봉서는 그 표면에 기재된 날로부터 5일 이내에 공증인 또는 법원서기에게 제출하여 그 봉인 위에 확정일자를 받아야 한다.

마. 구수증서에 의한 유언

구수증서(口授證書)에 의한 유언이란 유언자가 질병 등으로 사망의 위급이 다가오는 급박한 사정으로 앞의 네 가지 방식에 의할 수 없는 경우에 할 수 있는 방식이다. 이는 유언자가 2인 이상의 증인이 참여한 가운데 그 1인에게 유언의 취지를 구수하고, 구수를 받은 자가 이를 필기·낭독하여 유언자와 증인이 정확함을 승인한 후 각자 서명 또는 기명·날인하여 작성한다.

참 고

최근 자필유언증서에 명확한 주소를 적지 않고 동까지만 썼다면 유언의 효력이 없다는 대법원 판결이 나오는 등 유언의 방식과 관련한 여러 사건과 더불어 그에 따른 판결도 많이 소개되고 있다. 특히 기부와 관련하여 다툼이 이는 경우가 적지 않은데 법원은 민법의 규정을 엄격하게 해석해 적용하고 있다. 특히, 자필증서에 의한 유언의 경우 날인이 안 되어 있거나 주소가 빠져 있는 경우 등에서는 유언의 효력을 인정하지 않고 있다. 하지만 당사자의 처지에서는 억울하고 답답한 경우가 있을 것이다.

헌법재판소는 "자필증서에 의한 유언은 유언자가 그 전문과 연월일, 주소, 성명을 자서하고 날인하여야 한다"는 민법 제1066조 제1항 규정에 대해 거듭 합헌 결정을 내리고 있다. 2011년 헌법재판소는 '법률조항은 자필증서에 의한 유언 방식을 엄격하게 해 유언자의 사후에 발생하기 쉬운 법적 분쟁과 혼란을 예방하고, 사유재산제도의 근간이 되는 상속제도를 보호하는 것으로 법익의 균형을 갖추고 있다'고 밝혔다.

하지만 예전보다는 위헌 의견이 늘고 있다. 김종대·이동흡·송두환·이정미 재판관은 반대의견에서 '유언이 진의에 의한 것임을 충분히 밝힐 수 있는 등 누가 한 유언인지를 밝혀내는 것은 그리 어려운 문제가 아니므로 주소를 반드시 기재하도록 요구하는 것은 불필요하게 중복적인 요건을 과하는 것'이라며 위헌 의견을 냈다. 2008년에는 '날인' 부분에 대해서는 재판관 8대1의 의견으로, '주소의 자서' 부분은 재판관 5대 1대 3의 의견으로 합헌 결정했다(헌재 2011. 9. 29. 2010헌바250·456(병합); 헌재 2008. 12. 26. 2007헌바128; 헌재 2008. 3. 27. 2006헌바82 결정 참조).

3. 유언의 효과와 철회

유언은 유언하였을 때 성립하지만, 유언의 효력발생시기는 유언자가 사망한 때부터이다. 유언자는 유언이 유효하게 성립하였으나 아직 그 효력을 발생하고 있지 않은 유언에 관하여는 자유로이 이를 철회할 수 있다.

그리고 ① 전후의 유언이 저촉되는 경우에는 그 저촉된 부분의 전유언, ② 유언 후의 생전행위가 유언과 저촉되는 경우에는 그 저촉된 부분의 전유언, ③ 유언자가 고의로 유언증서나 유증의 목적물을 파훼한 때에는 그 파훼한 부분에 관한 유언은 철회된 것으로 본다.

사례탐구

A는 70세를 넘기면서 장래 자식들이 상속재산으로 분쟁을 일으킬 것을 염려하여 공증인에게 가서 유언을 하였다. 유언의 내용 중에는 장남인 B에게 법정상속분보다 많은 재산을 상속시키는 내용이 들어 있다. 이를 알게 된 장남 B는 이후 상속재산만을 믿은 채, 직장도 그만두고 방탕한 생활만 하고 있다. 그러자 A는 그에게 많은 재산을 물려준 것이 후회가 되어 유언장의 내용을 변경하고자 하는데 가능한가?

[해 설] A는 유언내용을 변경할 수 있다. 유언자는 유언 또는 생전행위로써 유언을 임의로 철회할 수 있기 때문이다. 유언이 철회되면 유언은 처음부터 없었던 것과 같은 결과가 되므로 유언자가 사망하더라도 유언의 효력은 생기지 않는다. 물론 유언이 철회된 경우 그 철회를 다시 철회함으로써 원래의 유언을 부활시킬 수도 있다. 그러므로 A는 이미 성립된 유언을 철회함으로써 B에게 법정상속분보다 많은 재산을 물려준다는 내용의 유언을 변경할 수 있다.

4. 유류분제도

(1) 의 의

유류분이란 피상속인의 유언에 의한 재산처분의 자유를 일정부분 제한함으로써 상속인에게 법정상속분에 대한 일정비율의 상속재산을 확보해 주는 제도이다. 따라서 상속인이 상속인으로서 법률상 취득이 보장되어 있는 상속재산상의 이익에 대한 일정 부분을 의미한다.

유류분제도는 개인의 재산처분에 대한 자유와 상속인의 보호라는 두 측면을 조화시키게 위하여 만들어진 제도이다. 현실적으로 상속과 관련한 가족 간의 숱한 분쟁을 고려한 측면도 있을 것이다.

상속이 개시되면 일정범위의 상속인은 상속재산에 대한 일정비율을 취득할 수 있는 지위를 갖게 되는데 이를 유류분권이라 한다. 상속 개시 전에는 포기할 수 없고, 상속 개시 후에는 포기할 수 있다.

유류분 산정의 기초가 되는 재산은 상속개시시에 있어서 가진 재산의 가액에 증여재산의 가액을 가산하고, 채무의 전액을 공제한 재산이다. 공동상속인이 상속재산 중에서 이미 증여받은 것에 대해서는 1년 이전의 것도 모두 산입한다.

유류분 권리자와 그 승계인은 유류분을 보전하기 위해서 유류분반환청구권을 행사할 수 있다. 흔히 상속인 가운데 한 명 또는 여러 명이 피상속인의 재산을 너무 많이 증여받아 다른 상속인의 유류분을 침해하는 경우에 쓰일 수 있다.

(2) 유류분의 범위

유류분을 가지는 자는 법정상속인 중 피상속인의 직계비속, 배우자, 직계존속, 형제자매뿐이다. 그러나 이들이 언제나 유류분권을 갖는 것은 아니며, 상속개시시 순위상 상속권이 있어야 한다.

상속인의 유류분은 민법 제1112조에 따라 피상속인의 직계비속과 배우자는 그 법정상속분의 2분의 1, 피상속인의 직계존속과 형제자매는 그 법정상속분의 3분의 1이다. 유류분 청구권에 의해 상속인이 자기가 상속받아야 할 지분에 미치지 못하게 받으면 다른 상속인을 상대로 자기 지분을 달라고 청구할 수 있다.

유류분은 상속개시시에 있어서 피상속인이 가진 재산의 가액에 증여재산의 가액을 가산하고 채무의 잔액을 공제하여 이를 산정한다. 산입될 증여에 관하여는 상속개시 1년간에 행한 것에 한한다.

유류분반환청구권은 유류분권자가 상속의 개시와 반환하여야 할 증여 또는 유증을 한 사실을 안 때로부터 1년, 상속이 개시된 때로부터 10년이 경과하면 소멸한다.

참 고

1. 상속인 사이의 유류분반환청구소송은 2005년도에 158건이던 것이 2014년도에는 811건으로 10년 동안 5배 이상 증가했다. 이는 갈수록 상속 분쟁이 급증하고 있다는 방증이기도 하다. 가족관계가 해체되면서 그 유대관계가 점점 약화되고 있고, 경제적 어려움이 더해 가는 우리 사회의 한 실상이라 하겠다.
2. 유류분반환범위는 상속개시 당시 피상속인의 순재산과 문제된 증여재산을 합한 재산을 평가하여 그 재산액에 유류분청구권자의 유류분비율을 곱하여 얻은 유류분액을 기준으로 하는 것인바, 그 유류분액을 산정함에 있어 반환의무자가 증여받은 재산의 시기는 상속개시 당시를 기준으로 하여 산정하여야 한다(대판 2009. 7. 23. 2006다28126).

3. A에게는 배우자 B, 아들 C, 딸 D가 있다. 그런데 A가 생전에 C에게 모든 재산을 증여하였다면, 이 경우 B와 D에게는 상속에 대한 권리가 없을까? A가 생전에 병에게 모든 재산을 증여한 경우 법정 상속지분이 인정되지는 않지만, B와 D는 자신의 법정상속분의 각 1/2에 해당하는 지분에 대하여 C에게 유류분반환을 청구할 수 있다. 다만 민법 제1117조의 시효기간을 넘겨서는 안 된다.

생각해 볼 문제 **유류분 제도의 위헌성 논란**

상속재산을 둘러싼 가족 사이의 다툼이 사회문제로까지 여겨지는 지금이다(예전에는—구체적으로 시기를 정하기가 모호한—부모님의 생전증여 또는 유증에 따라 상속재산을 배분받게 되면, 설령 마음에 들지 않더라도 이에 대해 이의를 제기하는 경우는 많지 않았다). 상속으로 인한 재산상 법적 다툼은 상속재산분할청구소송과 유류분반환청구소송 등 크게 둘로 나뉘는데 최근 유류분 제도에 대한 위헌 논란이 다시금 제기되고 있다.
유류분에 관한 민법 조항을 보면 다음과 같다.

제1112조(유류분의 권리자와 유류분) 상속인의 유류분은 다음 각호에 의한다.
1. 피상속인의 직계비속은 그 법정상속분의 2분의 1
2. 피상속인의 배우자는 그 법정상속분의 2분의 1
3. 피상속인의 직계존속은 그 법정상속분의 3분의 1
4. 피상속인의 형제자매는 그 법정상속분의 3분의 1

제1113조(유류분의 산정) ① 유류분은 피상속인의 상속개시시에 있어서 가진 재산의 가액에 증여재산의 가액을 가산하고 채무의 전액을 공제하여 이를 산정한다.
② 조건부의 권리 또는 존속기간이 불확정한 권리는 가정법원이 선임한 감정인의 평가에 의하여 그 가격을 정한다.

헌법재판소는 2013년 "유류분 제도는 유족들의 생존권 보호 및 상속재산형성에 대한 기여 보장과 법적 안정성이라는 공익을 입법목적으로 하고 있다"는 등의 이유로 헌법에 위배되지 않는다는 결정을 하였다(헌재결 2013. 12. 26. 2012헌바467). 그럼에도 유류분 제도의 위헌성 논란은 끊이지 않고 있다. 최근 서울중앙지방법원에서는 민법 제1112조 및 유류분 산정의 기초재산에 증여재산을 가산하는 민법 제1114조에 대해 위헌법률심판 제청을 하였는데, "피상속인의 재산 형성과 유지에 대한 아무런 기여가 없고 부양도 하지 않았으며 심지어는 불효나 불화 등으로 관계가 나빴던 자녀나 부모, 형제자매에게까지 법정상속분의 2분의 1, 3분의 1에 해당하는 불로소득이 무조건 상속되도록 피상속자를 강제할 만한 합리적인 이유를 찾기가 어렵"고 "여성에 대한 차별이 만연했던 과거에는 양성평등 차원에서 유류분의 합리성을 일부 인정할 수도 있었으나, 지금은 전근대적 가족제도가 해체됐을 뿐 아니라 현실적으로 자녀 수도 현저히 줄어 지금과 같은 유류분 제도로 자녀들 사이의 양성평등이 보호되는 측면은 아주 미미하"며, "유류분 제도는 결국 국민의 재산권을 법률로 제한하는 것이어서 공익적 목적을 위한 기부에도 큰 장해가 돼 공공복리를 저해하는 측면도 있다"고 제청사유를 밝혔다.

4

Law & Society

형벌권의 내용과 집행

Chapter 01 형법에 관한 일반이론

제 1 절 형법의 의의와 죄형법정주의

Ⅰ. 형법의 개념

형법이란 범죄를 법률요건으로 하고 형벌 및 보안처분을 법률효과로 하는 법규범의 총체이다. 그리고 형법은 형사문제의 실체에 해당하는 범죄와 그에 상응하는 형벌이 어떠한 것인가를 규정한 법률이다. 형법의 존재가치는 사회의 필연적 산물이라고 할 수 있는 범죄에 대하여 형벌이라는 수단으로써 사회의 평화와 이익을 확보하고자 하는데 있다. 이러한 국가와 범인과의 관계를 규율하는 법적 질서, 즉 일정한 범죄가 발생한 경우에 이에 대하여 일정한 형벌을 과하는 법이 형법이다.

Ⅱ. 형법의 필요성

형법은 범죄라는 행위에 대하여 형벌이라는 제재를 과함으로써 개인의 이익을 보호하고 사회의 평화와 질서를 유지하며, 또한 범인에 대한 응보와 일반예방이라는 형법의 목적에 기여한다. 이러한 형법의 필요성을 다음과 같이 세 가지로 나누어 볼 수 있다.

1. 법익보호 필요성

형법은 개인과 공동체의 존립을 해치거나 위협하는 행위를 범죄로 선포하고, 범죄인에 대해서 국가가 보유한 강제력의 하나인 형벌이라는 제재를 가함으로써 개인의 생명, 신체, 자유, 안전, 재산 등을 보호하고 아울러 공공의 이익도 보호하는 기능이다.

2. 규제적 필요성

형법은 범죄행위(자)에 대해서는 반드시 형벌이 부과된다는 것을 예고함으로써 모든 사람은 형법을 자신의 행위규범 내지 의사결정 규정으로 받아들이게 되고, 형법이 금지하고 있는 행위를 억제하거나 요구하는 행위를 수행하게 된다.

3. 국민의 자유 보장적 필요성

형법은 국가가 행사할 형벌권의 내용과 한계를 명백하게 규정함으로써 국가도 형법을 초월하여 어떤 행위든지 무조건 범죄라고 단정하거나 자의적인 형벌을 부과할 수 없다. 또한 모든 사람에게 형법에서 범죄로 규정된 행위가 아닌 한 어떠한 행위를 하더라도 범죄자로 단정되거나 처벌되지 않는다는 것을 보장한다(선량한 국민의 대헌장). 그리고 형법은 범죄자에 대해서도 그가 범한 죄에 해당하는 일정한 형벌 이외의 부당한 형벌은 과하지 않겠다는 것을 보장해 준다(범죄인의 대헌장).

Ⅲ. 죄형법정주의

1. 의 의

죄형법정주의(罪刑法定主義)란 “법률 없으면 범죄 없고(Nullum crimen, sine lege), 법률 없으면 형벌 없다(Nulla poena, sine lege)”는 명제로 표현되고 있는 바와 같이, 모든 범죄와 형벌은 반드시 법률로 정하여야 한다는 원칙이다. 즉 어떠한 행위가 범죄로 되고 그 범죄에 어떠한 형을 과할 것인가에 관하여 미리 성문의 법률로서 규정해야 한다는 것이다.

죄형법정주의는 범죄와 형벌을 법률로 규정함으로써 국가의 형벌권행사의 조건과 정도를 비교적 명확한 실정법에 구속시켜서 국가에 의한 형벌권의 자의적 행사로부터 국민의 자유와 안전을 보장하는 기능을 한다. 이는 18·19세기의 개인주의적 자유주의사상에서 연유한다.

2. 현행법상의 근거

죄형법정주의에 대한 현행 실정법상의 근거규정으로는 헌법 제12조 제1항과 제13조 제1항 및 형법 제1조 제1항을 들 수 있다. 헌법 제12조 제1항은 "모든 국민은 신체의 자유를 가진다. 누구든지 법률에 의하지 아니하고는 체포·구속·압수·수색·심문을 받지 아니하며, 법률과 적법한 절차에 의하지 아니하고는 처벌·보안처분 또는 강제노역을 받지 아니한다"고 하여 죄형법정주의를 선언하고 있으며, 형법 제1조 제1항에서도 "범죄의 성립과 처벌은 행위시의 법률에 의한다"고 하여 죄형법정주의를 명시하고 있다.

3. 죄형법정주의의 내용

(1) 관습형법금지의 원칙

법관이 적용할 형법에 관한 내용은 오직 성문의 법률뿐이고, 한 국가·사회에서 전통적으로 내려오는 관습법인 불문법은 적용될 수 없다는 원칙이다. 관습법은 성문으로 제정된 법이 아니어서 그 내용과 범위 및 범죄와 형벌의 관계가 명백하지 아니하므로 범죄와 형벌의 관계가 명시되어야 한다는 죄형법정주의에 어긋나기 때문에 그 적용이 원칙적으로 금지된다.

(2) 명확성의 원칙

형법은 범죄와 형벌에 대해 명확히 규정하여야 하고, 범인에게 선고할 형이 부정기형 특히, 절대적 부정기형이어서는 안 된다는 원칙이다. 부정기형이란 형기를 정하지 않은 채 선고되는 자유형을 말하는데, 형기를 전혀 정하지 않은 절대적 부정기형과 형기를 단기와 장기로 구분하여 정하는 상대적 부정기형이 있다. 부정기형은 원칙적으로 금지되지만 소년법에서는 예외적으로 상대적 부정기형을 허용하고 있다.

(3) 유추해석 금지의 원칙

법률에 규정이 없는 사항에 대하여 그것과 유사한 성질을 가지는 사항에 관한 법률을 적용하는 것을 유추해석이라고 한다. 형법의 해석에 있어서 법조문의 문장과 표현대로 엄격히 해석해야 하고, 해석자(수사·재판기관)가 자의적으로 해석을 해서는 안 된다는 원칙이다.

(4) 형벌 효력불소급의 원칙

형벌법규는 그 시행 이후에 이루어진 행위에 대하여만 적용되고 시행 이전의 행위에까지 소급하여 적용할 수 없다는 원칙이다. 이 원칙은 법적 안정성과 법률에 의한 예측가능성을 위한 법치국가이념에 그 근거를 두고 있다.

(5) 적정성의 원칙

형벌법규는 기본적 인권을 실질적으로 보장할 수 있도록 그 내용이 적정해야 한다는 원칙을 적정성의 원칙이라고 한다. "법률 없으면 범죄도 없고, 형벌도 없다"는 고전적 의미의 죄형법정주의(형식적 의미의 죄형법정주의)는 형식적으로 범죄와 형벌을 법률에 규정하여 인권을 보장하는 데 그 의의가 있었다. 그러나 이에 의하면 법관의 자의는 어느 정도 막을 수 있겠지만 입법자의 자의(악법제정 등)에 의한 형벌권의 남용은 방지할 수가 없게 된다. 따라서 적정성의 원칙은 범죄와 형벌 사이가 적정할 것을 요구한다. 다시 말해서 적정성의 원칙은 형벌법규적용의 필요성과 죄형의 균형을 그 내용으로 하므로, 형벌법규는 인간의 공동생활을 유지하기 위해서 불가피한 최소한도에 그쳐야 하며(형벌법규보충성의 원칙), 정치적 목적을 위한 수단으로 사용되어서도 안 된다(형벌법규효용성의 원칙). 또 헌법이 보장하는 가치질서에 따라 실질적 정의를 실현하기 위해서는 형벌은 범죄와 적정하게 균형이 이루어져야 한다(죄형균형의 원칙).

제 2 절 범죄이론

Ⅰ. 범죄의 개념

형법은 범죄와 형벌에 관한 법이기 때문에 범죄와 형벌로 이루어져 있다. 따라서 형법이 적용되기 위해서는 우선 무엇이 범죄인지가 밝혀져야 하는데, 범죄의 개념도 실질적 의미의 범죄와 형식적 의미의 범죄로 나눌 수 있다. 전자는 사회에 유해하거나 법익을 침해하는 반사회적인 행위를 일컫는 것이며, 후자의 경우 구성요건 해당성, 위법성, 책임성이라는 요건을 충족한 행위를 말한다.

형법에서의 범죄개념은 형식적 의미의 범죄개념이 더욱 중요한데, 결국 형벌법규상

규정에 법규에 위반되는 행위로 실정법에 규정한 개별적인 구성요건과 그 개별구성요건에 공통적으로 적용되는 위법성과 책임에 의해 범죄개념이 정립될 것이다.

Ⅱ. 범죄의 성립요건

1. 구성요건 해당성

범죄가 성립하려면 가장 먼저 구성요건에 해당해야 한다. 여기에서 구성요건이란 형벌을 과하는 근거가 되는 행위유형을 추상적·정형적으로 규정할 것을 말한다. 구체적인 행위가 하나의 형벌법규의 구성요건을 실현하여 그 가벌성의 조건을 충족한 경우를 구성요건에 해당했다고 한다. 구성요건의 요소는 객관적 구성요건요소와 주관적 구성요건요소로 나눌 수 있는데, 행위·행위의 주체·행위의 객체·행위의 결과·행위와 결과와의 인과관계 등이 객관적 요소이고, 고의·목적 등이 주관적 요소에 해당한다.

(1) 객관적 구성요건

가. 행위주체

행위의 주체란 누가 범죄행위의 주체로 될 수 있는가의 문제로, 형법에서의 행위의 주체는 원칙적으로 자연인을 말한다. 자연인인 이상 연령이나 책임능력의 유무는 불문하며, 형사미성년자와 정신병자도 행위의 주체가 될 수 있으나 그러한 자들의 경우 형사책임능력이 문제된다. 법인도 범죄의 주체로 인정할 것인가의 문제가 있다. “책임 없으면 형벌 없다”는 원칙에 따르면 범죄의 주체와 형벌의 객체가 일치될 것이 요구되고 있어서 법인의 범죄능력을 부정한다면 법인을 처벌할 수 없는 문제가 발생하게 된다.

나. 행위객체

행위객체는 구성요건이 규정하고 있는 객체로서의 성질을 갖추어야 한다. 예컨대 살인죄의 객체는 살아있는 사람인 데 반하여 상해죄는 사람의 신체, 절도죄는 타인의 재물, 사기죄는 재산상의 이익이 행위의 객체가 된다.

다. 행위와 결과와의 인과관계

구성요건적 결과와 관련하여 살인죄와 같이 일정한 구성요건적 결과발생인 사망은 그 범죄의 성립요건으로 하는 결과범에 있어서는 행위와 결과 사이에 일정한 연관이 있어야만 결과에 대해 행위자에게 책임을 물을 수 있다. 따라서 발생된 결과와 일정한 연관성이 없는 행위에 대해서는 단지 미수범만이 성립하든지 아니면 구성요건의 해당성이 없기 때문에 범죄가 성립하지 아니한다.

행위와 결과와의 연관정도에 관해서 우리나라 통설과 판례는 사회생활상의 일반적인 경험지식에 비추어 그 결과발생에 상당한 개연성이 있으면 인과관계를 인정하는 '상당인과관계설'에 따르고 있다.

참 고

1. 자동차의 운전자가 통상 예견되는 상황에 대비하여 결과를 회피할 수 있는 정도의 주의의무를 다하지 못한 것이 교통사고 발생의 직접적인 원인이 되었다면, 비록 자동차가 보행자를 직접 충격한 것이 아니고 보행자가 자동차의 급정거에 놀라 도로에 넘어져 상해를 입은 경우라고 할지라도, 업무상 주의의무 위반과 교통사고 발생 사이에 상당인과관계를 인정할 수 있다(대판 2022. 6. 16. 2022도1401).
2. 폭행치사죄는 결과적 가중범이므로, 그 행위와 중한 결과 사이에 상당인과관계가 있어야 할 뿐만 아니라 사망의 결과에 대한 예견가능성이 있어야 한다. 먼저, 상당인과관계는 피고인의 행위가 피해자의 사망이라는 결과를 발생케 한 유일한 원인이거나 직접적인 원인이 되어야 하는 것은 아니며, 피해자나 제3자의 과실 등이 경합하여 결과가 발생한 경우에도 이를 인정할 수 있다. 예컨대, 피해자가 평소 병약한 상태에 있었고 피고인의 폭행으로 그가 사망함에 있어서 지병이 또한 사망 결과에 영향을 주었다고 하여 폭행과 사망 간에 인과관계가 없다고 할 수 없다. 다음으로 예견가능성의 유무는 피고인의 폭행의 부위·정도 및 방법, 피해자가 특별한 병이나 특이체질을 지니고 있었는지 여부, 피해자의 사인, 피고인과 피해자의 관계 등 구체적 상황을 살펴서 엄격하게 가려야 한다(대구지방법원 2008. 12. 17. 2008고합783).

(2) 주관적 구성요건

가. 고 의

고의(故意)란 행위자가 객관적 구성요건에 해당하는 사실을 인식하고 의도하는 것을 말한다. 이러한 고의는 구성요건의 실현에 대한 행위자의 의사관련에 따라 확정적 고의와 불확정적 고의로 나누어진다. 확정적 고의란 구성요건적 결과의 실현을 행위자가 인식하였거나 확실히 예견한 때를 말하고, 불확정적 고의란 구성요건적 결과에 대한 인식 또는 예견이 불명확한 경우를 말한다.

나. 미필적 고의

미필적 고의(未必的 故意)에 있어서는 인식 있는 과실과의 구별이 문제되는데, 양자는 구성요건적 결과발생의 가능성을 인식하고 있다는 점에서는 동일하다. 그러나 미필적 고의를 인정하기 위해서는 결과발생의 예견가능성 이외에 다른 요소가 필요하게 되는데, 그 요소에 대해서는 개연성설, 묵인설, 용인설이 등이 대립하고 있다. 우리나라의 통설과 판례는 용인설(容認說)을 취하고 있다.

사례탐구

갑(20세)이라는 사람이 20층 높이 아파트에서 벽돌을 떨어뜨렸다. 갑은 벽돌이 떨어지면 지나가는 사람이 맞을 수 있지만 맞아도 어쩔 수 없다고 생각을 한다. 그 때 마침, 을이라는 사람이 길을 가다가 떨어지는 벽돌에 맞아 죽었다. 갑에게는 살인죄가 적용이 될 수 있는가?

[해 설] 갑이 을을 죽여야겠다는 확정적인 고의는 찾기 어렵다. 그러나 갑이 벽돌을 떨어트리면 지나가는 사람이 맞을 수도 있다고 인지하였고 어쩔 수 없다는 생각을 한 부분은 미필적 고의가 인정된다. 살인에 대한 고의는 반드시 확정적일 필요는 없고 미필적 고의만으로도 족하다. 살인죄의 범의는 자기의 행위로 인하여 피해자가 사망할 수도 있다는 사실을 인식·예견하는 것으로 족하지 피해자의 사망을 희망하거나 목적으로 할 필요는 없고, 또 확정적인 고의가 아닌 미필적 고의로도 족하다(대판 1994. 3. 22. 93도3612).

2. 위법성 충족

(1) '위법'의 의의

일정한 행위에 있어 범죄의 인정은 구성요건에 해당하는 것만으로는 아직 범죄가 되지 아니하고 위법한 행위가 있어야 한다. 여기에 위법이란 형식적으로는 법규위반을 말하고, 실질적으로는 사회상규에 위배하는 것을 말한다.

구성요건은 원래 위법행위를 유형적으로 규정하는 것이므로 이에 해당하는 행위는 일단 위법이라고 추정할 수 있다. 그러나 구체적인 행위가 실질적으로 사회상규에 위배되지 아니하는 경우에는 설령 형식적으로 구성요건에 해당하더라도 그것은 위법으로 되지 아니하고(위법성의 조각) 범죄는 성립하지 아니한다. 예컨대, 사람을 살해한다는 구성요건(형법 제250조)에 해당하더라도 그것이 정당방위(형법 제21조)로서 행하여졌을 때에는 위법성이 조각되어 범죄로 되지 아니한다. 이와 같이 일정한 행위가 구성요건에 해당함으로써 생기는 위법성의 추정을 깨어 그 행위의 위법성을 배제하는, 즉 적법으로 하는 예외적인 특별사유를 위법성 조각사유라고 한다.

(2) 위법성 조각사유

가. 정당행위

정당행위(正當行爲)란 정당방위, 자구행위 등 개별적이고 구체적인 위법성 조각사유와는 달리 가장 일반적이며 포괄적·보충적 성격으로서의 위법성조각사유(違法性阻却事由)이다. 법령에 의한 행위, 업무로 인한 행위, 기타 사회상규에 반하지 않는 행위는 위법하지 않다(형법 제20조). 법령에 의한 행위는 법령에 정한 바에 따라 권리 또는 의무로서 한 행위는 비록 구성요건에 해당하더라도 위법성이 조각된다. 예를 들면 공무원의 직무집행행위나 친권자나 감독관리자의 징계행위 등이 대표적인 예이다. 업무로 인한 행위에서 업무란 사람의 사회적 지위에서 계속·반복적으로 행하는 행위를 말하는 바, 의사의 치료행위나 권투선수의 상대방에 대한 가격행위가 대표적이다. 기타 사회상규에 반하지 않는 행위는 법규 전체의 정신에 비추어 초법규적으로 보아 실질적으로 위법한 행위로 볼 수 없는 경우를 말한다. 예컨대, 위기에 처한 사람을 보고 의사가 아닌 자가 치료를 하더라도 처벌할 수 없는 것은 당연한 사리이며, 비록 징계권이 없는 자이더라도 사회적·도덕적 관념상 가벼운 징계를 하였다하여 처벌하는 것은 곤란하기 때문이다.

사례탐구

여자중학교 체육교사 겸 태권도 지도교사인 피고인은 자신이 체육교사로 근무하는 여중학교 운동장에서 피해여학생들이 "무질서하게 구보한다"는 이유로 손이나 주먹으로 두 차례 머리 부분을 때리고, 자신이 신고있는 슬리퍼로 피해여학생의 양손을 때렸으며, 같은 달 태권도대회출전과 관련해 질문하는 유모양 등 2명에게 낯선 학생들이 보는 가운데 "싸가지 없는 년"이라고 욕설해 폭행·모욕혐의로 기소됐다. 피고인은 "자신의 행위가 교육목적상 정당한 징계행위이므로 정당행위"임을 주장하는바, 피고인은 처벌이 가능한가?

[해 설] 대법원은 판결의 요지는 다음과 같다. "초·중등교육법령에 따르면 교사는 학교장의 위임을 받아 교육상 필요하다고 인정할 때에는 징계를 할 수 있고, 징계를 하지 않는 경우에는 그 밖의 방법으로 지도를 할 수 있는데, 그 지도에 있어서는 교육상 불가피한 경우에만 신체적 고통을 가하는 방법인 이른바 체벌로 할 수 있고 그 외의 경우에는 훈육, 훈계의 방법만이 허용되어 있는 것이다. 그러니 교사가 학생을 징계 아닌 방법으로 지도하는 경우에도 징계하는 경우와 마찬가지로 교육상의 필요가 있어야 될 뿐만 아니라 특히 학생에게 신체적·정신적 고통을 가하는 체벌, 비하하는 말 등의 언행은 교육상 불가피한 때에만 허용되는 것이어서, 학생에 대한 폭행, 욕설에 해당되는 지도행위는 학생의 잘못된 언행을 교정하려는 목적에서 나온 것이었으며 다른 교육적 수단으로는 교정이 불가능했던 경우로서 그 방법과 정도에서 사회통념상 용인될 수 있을만한 객관적 타당성을 갖추었던 경우에만 법령에 의한 정당행위로

볼 수 있을 것이다" 대법원은 피고인이 행한 체벌이 정당행위에 해당하지 않는다며 상고를 기각했다(대판 2004. 6. 10. 2001도5380).

나. 정당방위

정당방위(正當防衛)란 자기 또는 타인의 법익에 대한 현재의 부당한 침해를 방위하기 위한 상당한 이유가 있는 행위로서(형법 제21조 제1항), 가장 전형적인 위법성 조각 사유이다. 정당방위가 성립하면 행위자가 비록 구성요건에 해당되는 행위를 하였다 하더라도 위법성이 조각되어 범죄를 성립시키지 않는데, 다음과 같은 엄격한 요건 하에서만 인정될 수 있다.

첫째, 자기 또는 타인의 침해되는 법익을 방위하기 위한 행위여야 한다. 여기서 침해되는 법익이란 법률상 보호가치가 있는 모든 이익을 말하는 것이며, 자기 또는 타인이란 자연인이건 법인이건 불문한다. 둘째, 현재의 부당한 침해가 있어야 한다. 여기서 현재란 일정한 물리적 시간을 의미하는 것은 아니고, 법익의 침해가 계속되고 있는 시점을 말하는 것으로 보아야 한다. 따라서 과거의 침해 또는 장차 예상되는 침해에 대해서는 정당방위가 성립될 수 없다. 또한 부당한 침해가 존재하여야 하는데 부당한 침해란 객관적으로 위법한 행위를 말한다. 그러므로 주관적으로 고의·과실이 없는 자의 침해에 대해서는 정당방위가 성립될 수 있으나, 피침해자가 마땅히 수용하여야 하는 침해자의 적법한 징계행위나 체포행위에 대해서는 정당방위가 성립되지 않는다. 마지막으로 상당한 이유가 있는 행위이여야 하며, 여기서의 '상당한 이유'란 침해에 대한 피침해자의 행위가 사회관념에 비추어 상당한 정도를 초과하지 아니하는 것을 말한다. 따라서 상당성을 초과하여 부당성을 제거함에 족한 범위를 초과하여 방위행위를 한 경우는 과잉방위문제가 되어 형이 감경되거나 면제될 수는 있어도 범죄 자체는 성립된다.

사례탐구

건장한 젊은 남성 A씨와 B씨가 인적이 드문 심야에 혼자 귀가 중인 C씨(30대)를 발견하고 추행할 목적으로 달려들어 양팔을 붙잡고 어두운 골목길로 끌고 들어갔다. 이후 A씨가 여성을 담벽에 쓰러뜨린 후 중요부위를 만지자, C씨는 반항을 했고 A씨는 C씨의 옆구리를 무릎으로 차고 억지로 키스를 하는 등 추행 및 상해를 입혔다. 이에 C씨는 정조와 신체를 지키려는 일념에서 A씨의 혀를 깨물어 설절단상(혀를 깨물어 혀를 잘라버린 행위)을 입혔다. C씨를 상해죄로 처벌할 수 있는가?

[해 설] 대법원은 "여성의 범행은 자기의 신체에 대한 현재의 부당한 침해에서 벗어나려고 한 행위로서 그 행위에 이르게 된 경위와 그 목적 및 수단, 행위자의 의사 등 제반 사정에 비추어 위법성이 결여된 행위이다"라고 판시하여 정당방위를 인정했다(대판 1989. 8. 8. 89도358).

다. 긴급피난

긴급피난(緊急避難)이란 자기 또는 타인의 법익에 대한 현재의 위난을 피하기 위한 행위로서 상당한 이유가 있는 행위를 말한다(형법 제22조 제1항). 긴급피난도 정당방위와 마찬가지로 위난에 직면한 자가 이를 모면하기 위한 긴급행위에 대해서 위법성을 조각시켜 주려는 것이나, 정당방위와 달리 침해자의 행위가 반드시 부당하지 않더라도 성립될 수 있다는 점에서 구별된다.

긴급피난이 성립하기 위해서는 첫째, 자기 또는 타인의 법익에 대한 현재의 위난이 존재하여야 하며, 둘째, 이를 피하는 데 불가피해야 하며, 셋째, 상당성이 있어야 한다. 하지만 정당방위와 달리 피침해자와 전연 상관이 없는 자에게 손해를 입힌다는 점에서 긴급피난이 남용될 경우 상대방(정당한 제3자)에 대한 보호문제가 충분히 고려되어야 한다. 따라서 긴급피난의 성립은 엄격한 조건하에서만 인정될 수 있다.

사례탐구

A는 B여성을 성폭력 하려다가 미수에 그쳤지만, B가 반항하면서 A의 손가락을 깨물자 A는 손가락을 비틀어 잡아 뽑다가 B의 치아를 손상시켰다. 이 경우 A는 어떠한 죄명으로 형사 책임을 지게 되는가?

[해 설] 이에 대법원은 "강간 등에 의한 치사상죄에 있어서 사상의 결과는 간음행위 그 자체로부터 발생한 경우나 강간의 수단으로 사용한 폭행으로부터 발생한 경우는 무론, 강간에 수반하는 행위에서 발생한 경우도 포함하고, 피고인이 스스로 야기한 간간범행의 와중에서 피해자가 피고인의 손가락을 깨물며 반항하자 물린 손가락을 비틀며 잡아 뽑다가 피해자에게 치아결손의 상해를 입힌 행위를 가리켜 법에 의하여 용인되는 피난행위라 할 수 없다"라고 판시 하였다(대판 1995. 1. 12. 94도2781). 따라서 위 사안에서 A는 강간치상죄로 처벌받게 될 것이다.

라. 자구행위

자구행위(自救行爲)란 법정절차에 의하여 청구권을 보전하기가 불가능하거나 또는 현저히 실행곤란을 겪게 되는 것이 예상되는 경우 그 실행곤란을 피하기 위해 행위자가 스스로 한 행위에 상당성이 있는 때에는 예외적으로 위법성을 조각시켜 주는 것을 말한다(형법 제23조).

사례탐구

A는 식당 주인인데 무일푼인 노숙자가 고가의 요리를 시켜먹고는 뒷문으로 도망치는 것을 붙잡아서는 음식값을 가져오라며 2시간 동안 내보내 주지 않았다. 한편, B는 대학생인데 친구에게 교재구입비로 30만원을 빌려주었다가 받지 못하게 되자 친구의 자취방에서 값나가는 물건을 친구의 허락없이 들고 나와 버렸다. A와 B의 행위는 형사처벌의 대상이 되는가?

[해 설] 원칙적으로 권리가 침해된 경우 법에 정해진 절차에 따라 실현해야 하며, 이것이 곧 법력구제이다. 즉 자력구제는 원칙적으로 금지된다. 그러나 법정절차에 의해 자신의 권리를 실현하기에는 시간이 촉박하거나 실효를 거둘 수 없는 경우도 있을 수 있는데, 이를 자구행위라고 하여 위법성을 조각시켜준다. 따라서 사례의 경우 사안이 실제 처한 상황에 따라 결과가 달라질 수 있다. 먼저 A의 경우 무전취식을 한 노숙자가 도망을 가버린다면 식비를 청구하는 것은 현실적으로 불가능할 것이기 때문에, 그를 뒤쫓아가 붙잡는 행위는 자구행위로 보아 위법성이 조각될 것이다. 그러나 B의 경우 아무리 빌려준 돈을 받지 못하고 있다손 치더라도 채무자의 재산을 몰래 들고 나오는 행위는 정당하지 못하다. 이러한 경우 법원에 청구하여 강제집행을 하여야 할 것이다. 따라서 자구행위로 위법성이 조각될 수 없으므로 절도죄로 처벌받는다.

마. 피해자의 승낙(承諾)

형법은 피해자의 승낙에 의한 행위에 관하여 "처분할 수 있는 자의 승낙에 의하여 법익을 훼손한 행위는 법률의 특별규정이 없는 한 처벌할 수 없다"고 규정하고 있다(형법 제24조). 피해자가 스스로 자기 자신의 법익을 침해하는 결과가 되므로 이러한 행위가 법질서를 침해하지 않는 한 위법성이 결여된다는 데 그 근거를 두고 있다. 그러나 이것은 몇 가지 엄격한 요건을 요구하게 되는데, 예컨대, 승낙이나 양해가 피침해자의 자유롭고 완전한 의사여야 할 것이고, 법익침해가 사회상규에 반하지 않는 것이어야 할 것이다. 또한 법률에 특별한 규정이 없을 경우에 한하여 인정되므로, 승낙이나 촉탁에 의한 살인이 범죄의 구성요건으로 되어 있는 경우에는 위법성이 조각되지 못한다.

3. 책임성 단계

(1) '책임'의 의의

구성요건에도 해당되고 위법성도 갖춘 행위라 하더라도 예를 들어 어린아이(14세 미만)나 정신병자와 같이 자기 자신의 행위가 가지는 사회적 의미를 제대로 파악하기가 불가능하거나 자신의 행동을 통제할 능력이 없는 사람의 행위에 대해서는 형벌이 부과되지 않는다. 책임이란 '합법적 행위를 하도록 기대할 수 있는 가능성'이 그 본질인데 14세 미만의 아이들(형사 미성년자)이나 증세가 심한 정신병자 등에 대해서는 합법적 행위로 스스로를 통제·조정할 능력을 기대하기는 곤란하다. 이러한 경우의 행위는 객관적으로 보면 법질서 전체에 위배되는 것이지만 행위자의 개인적 처지에서 보면 비난을 가할 수 없는 일이다. 이와 같이 주관적 측면에서의 면책사유를 책임조각사유라고 한다.

(2) 책임능력

책임능력이란 적법하게 행위 할 수 있는 능력이다. 형법은 책임능력을 적극적으로 규정하지 않고 소극적으로 규정하여 책임능력의 전보 또는 일부가 결여된 경우만을 규정하고 있다(형법 제9조 이하). 우리 형법상 만 14세 미만인 형사미성년자나 심신상실자와 같이 행위시에 책임능력이 완전히 결여된 절대적 책임무능력자는 책임이 조각되고 심신미약자나 농아자처럼 책임능력의 일부가 결여된 한정책임능력자는 책임이 경감된다.

가. 형사미성년자

형사미성년자는 14세가 되지 아니한 자로 이러한 자에 대해서는 절대적 형사책임무능력자로 보아 벌하지 아니한다(형법 제9조). 그러나 형벌을 과할 수 없다는 것일 뿐, 소년법에 의하여 보안처분을 할 수는 있다.

사례탐구

중학교에 입학한 후 사춘기에 접어든 A씨의 아들, 학교생활에 흥미를 잃고 겉돌더니 급기야 사고를 치고 말았다. 길가에 세워둔 오토바이를 훔치다 때마침 순찰 중이던 경찰에게 현장에서 붙잡힌다. 연락을 받고 허겁지겁 경찰서를 찾은 A씨, 조사를 마친 아들을 데리고 경찰서 밖으로 나왔는데 이후 아들의 사건 처리는 어떻게 될까?

[해 설] 만 14세가 되지 않은 청소년이 범죄를 저지른 경우 책임능력이 부족하다고 보아 형사처벌을 하지 않고 대신 보호처분을 하고 있다. 따라서 A씨의 아들같은 경우 만 10세 이상 만 14세 미만의 청소년이 범죄를 저지른 경우 경찰은 소년법에 따라 사건을 검찰에 송치하지 않고 바로 소년법원으로 보내고 그곳에서 심리한 후에 적절한 보호처분을 하게 된다. 이때의 보호처분에는 소년원 송치, 보호관찰, 수강명령, 사회봉사 명령, 교육 또는 상담 등이 있다.

나. 심신상실자

형법은 "① 심신장애로 인하여 사물을 변별할 능력이 없거나 의사를 결정할 능력이 없는 자의 행위는 벌하지 아니한다. ② 심신장애로 인하여 전항의 능력이 미약한 자의 행위는 형을 감경(減輕)한다. ③위험의 발생을 예견하고 자의로 심신장애를 야기한 자의 행위에는 전2항의 규정을 적용하지 아니한다(제10조)"라고 규정하고 있다. 심신상실자는 심신장애로 인하여 사물을 변별할 능력이 없거나 의사를 결정할 능력을 결여한 자를 말한다. 정신병처럼 비교적 지속적인 장애는 물론 실신·마취·최면·만취상태와 같이 일시적인 심신장애도 포함된다. 그러나 고의 또는 과실에 의하여 행위자가 스스로 일시적인 심신장애상태, 즉 책임능력결여상태를 야기 시키고 그 상태를 이용하여 범죄를 실행하는 이른바 '원인에 있어서 자유로운 행위'에 대해서는 비록 범죄실행 행위시에 책임무능력 또는 한정책임무능력 상태 하에 있었다 하더라도 책임능력자와 동일하게 취급하여 가벌성(可罰性)을 인정하고 있다(형법 제10조 제3항).

사례탐구

A는 평소 가정의 불화로 고민하다가 음주운전을 하겠다는 생각으로 음주하여 만취된 후 자동차를 운전하다가 피해자를 상해하는 등의 교통사고를 일으키고 현재 구속기소 되었다. 이 경우 만취상태였으므로 심신장애로 인한 형의 감경을 받을 수 있는가?

[해 설] 행위자가 고의 또는 과실로 자기를 심신상실 또는 심신미약의 상태에 빠지게 한 후 이러한 상태에서 범죄를 실행하는 것을 '원인에 있어서 자유로운 행위'라고 한다. 예컨대, 살인을 결심한 자가 용기를 얻기 위하여 음주 대취한 후 명정상태에서 범행을 저지른 경우 등을 말하는데, 이 경우 행위자는 비록 심신미약이나 심신상실의 상태에서 행위를 하였다고 할지라도 형이 감경되거나 면제되지 아니하고 「형법」 제10조 제3항에 따라 그 행위에 대한 완전한 책임을 부담하게 된다.

다. 한정책임능력자

심신미약자와 농아자의 경우 그들에게는 사물을 변별한 능력이나 의사를 결정할 능력이 미약하므로 형을 감경해 주고 있다. 이러한 능력이 미약한지에 대해서는 구체적 사안에 따라 법관이 법적·규범적 관점에서 판단한다.

(3) 위법성에 대한 인식

먼저 행위자는 앞에서 살펴본 바와 같이 형사책임능력을 가지고 있어야 하는 외에 자기의 행위가 불법구성요건을 실현한다는 것을 인식하고 인용하는 경우이거나(고의범), 부주의로 행위자가 범죄사실을 인식하지 못하여야 한다(과실범). 따라서 책임조건 단계에서 볼 때 행위자가 범죄의 성립요소인 사실을 전혀 인식하지 못했거나 아무리 주의를 기울였더라도 범죄사실을 인식하기가 불가능하였을 때에는 처벌할 수 없다.

(4) 적법행위에 대한 기대가능성

기대가능성이란 행위당시에 구체적인 사정으로 보아 행위자가 범죄행위 이외의 적법행위로 나올 것을 기대할 수 있는 가능성을 말한다. 행위자를 비난하기 위해서는 이러한 적법행위에 대한 기대가능성이 존재해야 하며, 비록 책임능력자가 범죄행위를 하였다 하더라도 일반사회생활상의 경험에 근거하여 보통인 누구라도 행위자의 입장에 있었더라면 그러한 범죄를 행하였을 것으로 판단되는 경우, 즉 적법행위에 대한 기대가능성이 없는 경우에는 행위자에게 책임비난을 가할 수 없기 때문에 범죄가 성립하지 않는다. 우리 형법도 제12조에서 "저항할 수 없는 폭력이나 자기 또는 친족의 생명·신체에 대한 위해를 방어할 방법이 없는 협박에 의하여 강요된 행위는 벌하지 않는다"고 강요된 행위를 규정하고 있다.

사례탐구

대공수사단 직원은 상관의 명령에 절대 복종하여야 한다는 것이 불문율로 되어 있다. 따라서 중대하고 명백한 위법 명령에 따른 행위가 정당한 행위에 해당하거나 강요된 행위로서 적법행위에 대한 기대가능성이 없는 경우에 해당하는가?

[해 설] 공무원이 그 직무를 수행함에 있어 상관은 하관에 대하여 범죄행위 등 위법한 행위를 하도록 명령할 직권이 없는 것이고, 하관은 소속상관의 적법한 명령에 복종할 의무는 있으나 그 명령이 참고인으로 소환된 사람에게 가혹행위를 가하라는 등과 같이 명백한 위법 내지 불법한 명령인 때에는 이는 벌써 직무상의 지시명령이라 할 수 없으므로 이에 따라야 할 의무는 없다.
이 판결은 소위 '박종철군 고문치사사건'에 관한 판결이다. 강요된 행위는 규범적 책임론의 핵심개념인 적법행위의 기대가능성이 없어서 책임이 조각되는 대표적인 예이다. 강요된 행위가 되기 위해서는 저항할 수 없는 폭력이나 자기 또는 친족의 생명·신체에 대한 위해를 방어할 방법이 없는 협박에 의한 것이어야 한다. 사례에서 상관의 명령이 피고인에게 심리적 폭력행사라고 보기 어렵다. 또한 상관의 명령에 복종하지 않았을 때 피고인이 받는 불이익은 자기 또는 친족의 생명·신체에 대한 위해가 아니라 자신의 사회적 지위에 대한 위해이다. 따라서 피고인의 고문치사행위는 강요된 행위가 될 수 없고, 준강요된 행위로서 문제될 수 있지만 이 경우에도 상관의 명령에 따르지 않을 기대 가능성이 없다고 할 수 없다(대판 1988. 2. 23. 87도2358).

4. 처벌조건 및 소송조건

(1) 친족상도례(인적 처벌조건)

일정한 재산죄에 대하여 친족 사이의 범죄에 관하여 형을 면제하는 등의 특례를 규정하고 있는데 이를 친족상도례(親族相盜例)라고 한다. 즉 직계혈족, 배우자, 동거친족, 호주, 가족 또는 그 배우자간의 권리행사방해죄는 그 형을 면제하며 이는 절도죄에 준용하도록 하고 있다(형법 제328조 제1항, 제344조). 그러나 이러한 특별규정은 친족 이외의 공범에게는 적용하지 아니한다(형법 제328조 제3항).

사례탐구

A의 아들 a와 B의 딸 b가 결혼한 상태에서, A가 B의 물건을 절도한 경우 A에게 친족상도례가 적용되는가?

[해 설] 이때 A와 B는 사돈에 해당한다. 얼핏 생각하기에는 사돈도 친척이니까 사돈 간 재산죄도 친족상도례가 적용될 수 있을 것이라고 생각하는 사람들이 있다. 그러나 사돈을 친족으로 인정하는 사회적 통념과는 달리 법적으로 사돈은 친족이 아니다. 사돈은 '혈족의 배우자의 혈족'으로, 과거에는 법적으로도 친족으로 인정했으나 1990년 민법 개정으로 혈족의 배우자의 혈족은 친족의 일종인 인척(민법 제769조)의 계원에서 삭제되었으므로 더 이상 친족으로 인정되지 않는다. 그래서 사돈간 재산죄는 보통의 예를 따라 취급한다.

(2) 소송조건

가. 친고죄

친고죄란 피해자 등 고소할 권한을 가진 사람이 고소를 하지 않으면 공소를 제기할 수 없는 범죄행위를 말한다. 형법상 사자명예훼손죄, 모욕죄 등이 친고죄에 해당한다. 친고죄를 인정하는 이유는 피해자의 의사와 관계없이 수사와 재판을 진행시키게 되면 피해당사자의 정신적 고통을 다시 한 번 강요하는 일이 될 수 도 있기 때문이다.

2013년 6월 19일 성폭력범죄의 처벌 등에 관한 특례법과 형법 등이 개정됨에 따라 성범죄 관련 친고죄 조항이 모두 삭제되었다. 과거 성범죄는 피해자의 명예와 2차 피해발생 우려 등을 이유로 피해자나 고소권자가 직접 고소해야 수사와 처벌이 가능했다. 하지만 이번 법 개정으로 앞으로는 강간, 강제추행 등 형법상 모든 성범죄와 공중 밀집장소에서의 추행, 통신매체를 이용한 음란행위 등 특별법의 모든 성범죄에서 친고죄와 반의사불벌죄 규정이 사라져 피해자의 고소가 없어도 처벌이 가능하다.

나. 반의사불벌죄

폭행죄, 협박죄, 명예훼손죄와 같은 경우는 피해자 등 고소권자의 고소가 없어도 공소를 제기할 수는 있으나 피해자가 명백하게 가해자의 처벌을 원하지 않는다는 의사표시를 하면 처벌하지 못하는데, 이러한 범죄행위의 유형을 반의사불벌죄(反意思不罰罪)라고 한다.

Ⅲ. 범죄의 특수한 형태

1. 부작위범

(1) 의 의

우리 형법은 부진정부작위범에 관하여 규정하여 "위험의 발생을 방지할 의무가 있거나 자기의 행위로 인하여 위험발생의 원인을 야기한 자가 그 위험발생을 방지하지 아니한 때에는 그 발생된 결과에 의하여 처벌한다(형법 제18조)"고 한다. 즉 일정한 작위적 행위가 있었더라면 일정한 결과가 발생하지 않았을 경우에, 그 행위가 법률상 기대됨에도 불구하고 그 행위를 하여야 할 자가 하지 않았을 경우에 법률상 그 부작위는 마치 작위로 인하여 결과를 발생시킨 경우와 동일하게 취급하고 있는 것이다.

(2) 부작위범의 구성요건

부작위범이 성립하기 위해서는 작위와 동일하게 취급될 수 있는 부작위가 존재해야 한다. 그러한 부작위는 법률상 작위의무가 있는 자에 의한 부작위를 의미한다.

가. 법령에 의한 작위의무

민법상 친권자의 자녀에 대한 보호의무, 경찰관직무집행법에 의한 경찰관의 보호조치의무와 같은 공무원의 행정법상의 의무, 도로교통법상의 운전자의 구호의무 등을 들 수 있다.

나. 계약 및 사무관리에 의한 작위의무

고용계약에 의한 사용자의 피용자에 대한 보호의무, 간호사의 환자간호의무 등이 있다.

다. 보증인적 지위에 의한 작위의무

선행행위로 인한 보증인지위의 인정을 위해서는 선행행위가 결과발생에 직접적이고 상당한 위험을 야기시킬 수 있고, 객관적으로 의무를 위반하거나 위법해야 하며, 의무위반은 법익보호를 위한 규범을 침해한 것이어야 한다.

사례탐구

체육교사인 A는 자신의 제자인 B를 자신의 집으로 유인하여 감금하고 학부모에게 협박을 하여 거금을 갈취하려 하였다. 그러나 감금 4일째가 되자 B가 공포감에서 음식물섭취를 거부하면서 탈진상태에 빠지게 된다. 당황한 A는 그에게 영양제를 공급하려 하였으나 실패하자 두려운 마음에서 B를 홀로 남겨둔 채 자신의 집에서 빠져나와 버렸다. 당시 A는 B를 그대로 방치할 경우 사망할지도 모른다고 생각했으나 범죄가 들통날까봐 적절한 구호조치를 취하지 못했다. 결국 B는 다음날 사망하고 말았는데, A에게 살인죄를 물을 수 있는가?

[해 설] A가 B를 단순히 감금하여 사망에 이르게 하였다면 감금치사죄에 해당한다. 그러나 장기간의 감금상태로 B가 사망의 위험에 빠졌음에도 그대로 방치하여 사망에 이르게 하였고, 특히 당시 A가 B의 사망을 방지해야 할 감금이라는 선행행위에 대한 보증인의 지위에 있었으므로 부작위에 의한 살인행위에 해당한다고 볼 수 있을 것이다.

2. 과실범

과실범이란 정상의 주의를 태만히 하여 범죄의 성립요소인 사실을 인식하지 못하는 범죄형태이다(형법 제14조). 과실범이 언제나 처벌되는 것이 아니라 법률에 특별한 규정이 있는 경우에 한하여 처벌되는데, 과실범은 행위자가 구성요건의 실현가능성을 예견하거나 예견할 수 있었음에도 구체적인 상황 하에서 구성요건적 결과의 발생을 회피하기 위하여 사회생활상 요구되는 주의의무를 위반한 것으로, '주의의무위반'이 과실범의 본질적 요소이다.

3. 결과적 가중범

결과적 가중범이란 행위자의 일정한 고의에 기한 범죄행위가 그 고의를 초과하여 행위자가 예견하지 못한 중대한 결과를 발생시킨 때에 그 형이 가중되는 범죄를 말한다. 형법은 "결과로 인하여 그 형이 중한 죄에 있어서 그 결과의 발생을 예견할 수 없었을 때에는 중한 죄로 벌하지 아니한다(제15조 제2항)"고 규정하여, 최소한 결과발생에 대한 예견 또는 예견가능성이 있는 경우에만 발생된 결과에 대하여 결과적 가중범으로 책임을 지울 수 있음을 명시하고 있다. 여기에서 중한 결과는 대부분 상해 또는 사망에 제한되고 있는

데, 형법이 규정하고 있는 결과적 가중범으로는 상해치사죄, 폭행치사상죄, 낙태치사상죄, 유기치사상죄, 체포구금치사상죄, 강간치사상죄, 강도치사상죄 등이 있다.

4. 미수범

(1) 미수범의 의의

범죄행위자의 범죄의사가 범죄로 실현되는데 까지는 여러 가지 단계로 구성된다. 범죄의 실현단계는 보통 실행의 준비단계, 실행의 착수단계, 완성단계로 구성된다. 이 가운데 미수범이란 범죄행위의 실행에 착수하였으나 범죄요건인 사실의 전부를 완성하는 데 이르지 못한 경우를 말하며 형법 각 조에서 그 처벌이 정해진 경우에만 처벌할 수 있으며, 처벌이 경감된다는 점에서 완성된 범죄와는 구별된다.

(2) 미수범의 태양

가. 장애미수

범죄의 실행에 착수하였으나 예상치 못한 장애로 말미암아 범죄가 완성되지 못하는 경우로 형법은 기수범보다 형을 감경하여 처벌할 수 있게 하고 있다. 예컨대, 집안에 있는 사람을 살해할 목적으로 불을 질렀으나 갑자기 내린 소나기로 불이 꺼져버려서 목적을 달성하지 못한 경우이다.

나. 중지미수

범죄의 실행에 착수한 자가 스스로 그 행위를 중지하거나 그 행위로 인한 결과의 발생을 방지한 경우로 형을 감경하거나 또는 면제해 주고 있다. 위의 예에서 불을 지른 행위자가 덜컥 겁이 나서 집안에 있던 사람들을 구출해 내는 경우가 그러하다.

사례탐구

A는 고등학생인데, 현재 특수강간미수의 혐의로 구속되어 있다. 그는 동급생인 불량학생 B와 밤늦게 혼자 귀가 중인 여학생 C를 강간하기 위해 C를 인적이 드문 곳으로 끌고 갔으나 심경의 변화를 일으켜 강간을 하지 말자며 친구와 다투던 중, 그곳을 순찰 중이던 경찰에게 발각되어 현행범으로 체포되었다. 실제로 강간이 이루어진 것도 아니고, 또한 범죄를 말리려고 친구와 다투기까지 한 A도 처벌을 받는가?

[해 설] A와 B는 성폭력범죄의 처벌 등에 관한 특례법의 특수강간죄의 미수로 구속된 것으로 보인다. 강간죄의 경우는 미수범도 처벌되기 때문이다. 그러나 형법에 의하면 범죄자가 스스

로 범죄실행을 중지했느냐(중지미수) 외부적 장애로 실현할 수 없었느냐(장애미수)에 따라 형량을 달리하고 있다. 사례의 경우 A는 범의(犯意)는 있었으나 도중에 자의로 범죄를 중지하였고, 범죄를 극구 만류한 것으로 보아 실행에 착수한 자가 스스로 범죄를 그만 둔 경우에 해당된다. 따라서 중지미수범으로서 B(장애미수)보다는 형이 감경될 것이다.

다. 불능미수

범죄의사를 가지고 범죄의 실행에 착수하였으나 결과발생이 불가능하였기 때문에 범죄를 완성하지 못한 경우이다. 불능미수도 기수범보다 형을 감경하거나 면제해 주기는 하지만 처벌이 가능하다는 점에서 불능범과는 구별된다. 불능미수에 대한 처벌가능성의 핵심은 행위의 '위험성'에 달려 있다. 우리나라의 판례는 원칙적으로 객관설에 따르고 있어서 결과가 불발생할 수 있는 행위라고 하더라도 쥐약으로 사람을 죽일 수 있다고 믿고서 김장독에 다량의 쥐약을 투여하는 행위와 유황으로 사람을 죽일 수 있다고 믿고서 타인에게 유황이 든 주스를 마시게 하는 경우, 후자와 같은 행위의 성질이나 행위대상인 객체의 성질상 범죄구성요건을 완전히 실행할 위험성조차 존재하지 않는 경우는 불능범으로 처벌되지 못하나 전자의 경우는 일반인들이 그 행위에 대해 위험성을 느끼는 경우이므로 불능미수로 처벌될 가능성을 열어두고 있다.

사례탐구

A는 빚쟁이인 친구 B를 살해할 목적에서 B를 자신의 집으로 유인하여 맥주에 청산가리를 섞어 친구에게 마시게 하였다. 그러나 청산가리가 든 맥주를 마신 B가 죽지 않고 유유히 A의 집을 걸어 나가자 당황한 A는 청산가리 봉지를 살펴보았으나 그것은 다름 아닌 설탕봉지였다. A에게 무슨 죄가 성립하는가?

[해 설] 불능미수란 행위자가 실행에 착수하였으나 실행의 수단 또는 대상의 착오로 인해 결과발생이 불가능하였지만 법률적 관점에서 위험성이 인정되는 경우에 처벌하는 것이다. 그러나 그러한 위험성마저 없다면 온전히 불능범이 되어 처벌되지 않는다. 사례의 경우 청산가리로 알고 설탕을 맥주에 타서 친구를 살해하려고 한 행위의 경우, 설탕으로 사람을 죽일 수 있다는 것이 일반인에게 위험성을 느끼게 하면 불능미수요, 그러한 위험성마저 존재하지 않는다면 불능범이 될 것이다.

5. 공 범

(1) 공범의 의의

공범(共犯)이란 2인 이상이 공동하여 범죄를 실현시키는 것을 말한다. 공범에는 1인이 단독으로 실행할 수 있는 범죄를 2인 이상이 협력하여 실행하는 임의적 공범과 구성요건 자체가 2인 이상이 참가해서만 실행할 수 있는 필요적 공범이 있다. 임의적 공범에는 공동정범(共同正犯), 간접정범(間接正犯), 교사범(敎唆犯), 종범(從犯)이 있고, 필요적 공범에는 집합범(集合犯: 내란죄나 소요죄처럼 행위자들이 같은 방향으로 공동작용하는 범죄), 대향범(對向犯: 뇌물을 주는 자와 받는 자처럼 행위자들이 서로 다른 방향으로 공동작용하여 성립되는 범죄)이 있다.

(2) 공범의 종류

가. 공동정범

2인 이상이 공동으로 범행하는 것을 말한다. 즉, 스스로 범죄행위를 행하는 자를 정범이라 하고, 2인 이상이 서로 공모하여 범죄를 분담·실행하는 경우를 공동정범이라고 하며 이 때 각자는 정범의 형량으로 처벌받는다. 예컨대, 갑이 피해자를 살해할 목적으로 칼을 주머니에 넣고 다니다가 살해현장에서 을에게 건네주어 살해를 하게 한 경우 갑과 을은 공동정범으로서 모두 살인죄의 형량으로 처벌받는다. 그러나 공동정범이 되기 위해서는 행위자 사이에 주관적인 공동의 범죄의사가 존재해야 하며, 그러한 의사연락은 실행의 착수 이전은 물론, 실행의 착수 이후 또는 실행이 일부 종료된 후에도 가능하다.

사례탐구

다른 3명의 공모자들과 강도 모의를 주도한 피고인이, 다른 공모자들이 피해자를 뒤쫓아 가자 단지 "어?"라고만 하고 더 이상 만류하지 아니하여 공모자들이 강도상해의 범행을 한 사안에서, 피고인이 그 공모관계에서 이탈하였다고 볼 수 있는가?

[해 설] 다른 3명의 공모자들과 강도 모의를 하면서 삽을 들고 사람을 때리는 시늉을 하는 등 그 모의를 주도한 피고인과 함께 범행대상을 물색하다가 다른 공모자들이 강도의 대상을 지목하고 뒤쫓아 가자 단지 "어?" 라고만 하고 비대한 체격때문에 뒤따라가지 못한 채 범행현장에서 200m 정도 떨어진 곳에 앉아 있었으나 위 공모자들이 피해자를 쫓아가 강도상해의 범행을 한 사안에서, 피고인에게 공동가공의 의사와 공동의사에 기한 기능적 행위지배를 통한 범죄의 실행사실이 인정되므로 강도상해죄의 공모관계에 있고, 다른 공모자가 강도상해죄의 실

행에 착수하기까지 범행을 만류하는 등으로 그 공모관계에서 이탈하였다고 볼 수 없으므로 강도상해죄의 공동정범으로서의 죄책을 진다(대판 2008. 4. 10. 2008도1274).

나. 교사범

교사범이란 타인(정범)으로 하여금 범죄행위를 결의하도록 교사하여 그 타인이 범죄행위를 실현하게 하는 경우를 말한다. 형법은 교사자도 실행행위를 한 교사받은 자와 동일한 형으로 처벌하도록 규정하고 있다. 또한 교사를 받은 자가 범죄의 실행을 승낙하고도 실행의 착수를 하지 않은 경우는 예비·음모에 준하여 처벌하며, 교사를 받은 자가 이를 승낙하지 않은 경우라도 교사자는 예비·음모로 처벌받는다.

다. 방조범(종범)

방조범 혹은 종범이란 타인의 범죄가 용이하게 실행될 수 있도록 도와주는 경우를 말한다. 방조범은 교사범과 함께 공범에 속하지만 이미 범죄의 실행의사를 가지고 있는 자를 도와주는 점에서 교사범과 구별되고, 정범보다 형량이 감경된다.

참 고 **방조범 성립이 인정된 사례**

1. 인터넷 포털 사이트 내 오락채널 총괄팀장과 위 오락채널 내 만화사업의 운영 직원에게 콘텐츠제공업체들이 게재하는 음란만화의 삭제를 요구할 조리상의 의무가 있다고 해서 구 전기통신기본법 제48조의2 위반 방조죄의 성립을 긍정한 사례(대판 2006. 4. 28. 2003도4128)
2. 백화점 입점 점포의 위조상표 부착 상품 판매사실을 알고서도 방치한 백화점 직원에 대해서 부작위에 의한 상표법위반 방조 및 부정경쟁방지법위반 방조죄의 성립을 인정한 사례(대판 1997. 3. 14. 96도1639)
3. 입찰업무를 담당하는 공무원이 입찰보증금이 횡령이되고 있는 사실을 알고도 이를 방지할 조치를 취하지 않음으로 새로운 횡령범행이 계속된 경우에 횡령의 방조범으로 처벌한 사례(대판 1996. 9. 6. 95도2551)

라. 간접정범

간접정범이란 자연인인 타인을 도구로 이용하여, 즉 생명력 있는 도구를 이용하여 범죄를 실행하는 것을 말한다. 일반적으로 타인이라 함은 어느 행위로 처벌을 받지 아니하는 형사책임무능력자나 고의 없는 자를 말하는데, 예컨대 정신병자를 사주하여 타인을 살해하거나, 과실 없는 간호사를 이용하여 치료약에 독약을 몰래 넣어 환자인 타인을 살해하는 경우가 그러하다. 이 경우 정신병자는 형사책임무능력자여서 처벌을 받지 않을 것이고, 간호사 또한 자신에게 과실이 없는 경우라서 처벌을 면하게 될 것이나 이와 같이 범죄에 대해 처벌을 받지 않게 되는 타인을 도구로 이용하여 범죄를 실행한 자는 정범으로 처벌받게 되는 것이다. 그러나 비록 정신병자나 유아를 범죄에 이용하였더라도 그러한 사주를 받은 자들을 교사자가 자기의 의사대로 조종할 수 없었던 경우에는 간접정범이 아닌 교사범이나 방조범이 성립된다.

사례탐구

면의 호적계장이 정을 모르는 면장의 결재를 받아 허위내용의 호적부를 작성한 경우 허위공문서작성죄의 간접정범이 성립되는가?

[해 설] 허위공문서작성죄의 주체는 직무상 그 문서를 작성할 권한이 있는 공무원에 한하고 작성권자를 보조하는 직무에 종사하는 공무원은 허위공문서작성죄의 주체가 되지 못하나 이러한 보조직무에 종사하는 공무원이 허위공문서를 기안하여 허위인 정을 모르는 작성권자에게 제출하고 그로 하여금 그 내용이 진실한 것으로 오신하게 하여 서명 또는 기명날인하게 함으로써 공문서를 완성한 때에는 허위공문서작성죄의 간접정범이 성립된다 할 것인 바, 면의 호적계장이 정을 모른 면장의 결재를 받아 허위내용의 호적부를 작성한 경우, 허위공문서작성, 동행사죄의 간접정범이 성립된다.

제 3 절 형벌(범죄에 대한 처벌)

Ⅰ. 형벌의 의의

형벌이란 범죄자에게 가해지는 불이익처분을 말하며, 이미 저질러진 범죄행위에 대한 대가라고 할 수 있다. 형벌의 목적은 범죄를 저지른 것에 대한 응보의 의미를 부인할 수 없으나 그보다 더욱 중요한 것은 범죄자를 교화·개선함으로써 새로운 범죄를 예방하려는 목적을 가지고 있다는 사실이다. 이것을 형벌의 특별예방과 일반예방이라고 한다. 현행법상 형벌의 종류는 사형, 징역, 금고, 자격상실, 자격정지, 벌금, 구류, 과료, 몰수 등이 있는데 형벌의 주체는 국가이며, 이러한 의미에서 형벌은 공형벌(公刑罰)을 원칙으로 한다.

Ⅱ. 형벌의 종류

1. 생명형

사형은 수형자의 생명을 박탈하는 것을 내용으로 하는 생명형이며, 가장 중한 형벌이다. 그 집행방법은 교수형이 원칙이나 군인인 경우 총살형에 처할 수도 있다. 현행 형법상 사형을 과할 수 있는 범죄로는 내란죄, 외환죄, 간첩죄, 폭발물사용죄, 방화치사상죄, 일수치사상죄, 살인죄, 강도살인죄 및 해상강도살인·강간살인죄 등이다.

2. 자유형

자유형은 범죄자의 자유를 박탈하여 고통을 가하는 형벌인데, 과거에는 사형이나 벌금형을 집행할 대상자를 일시적으로 구금해 두기 위한 수단으로 선고되는 보조적 형벌에 불과하였으나, 오늘날의 자유형은 범죄자의 개선을 가능하게 해 주는 독자적인 형벌로 정착했다.

(1) 징역형

수형자를 형무소 내에 구치하여 정역(강제노동)에 복무하게 하는 형벌로서(형법 제67조), 수형자의 신체적 자유를 박탈하는 것을 내용으로 한다는 의미에서 금고 및 구류와 함께 자유형이라고 부른다. 징역에는 무기와 유기의 2종이 있고, 무기는 종신형을 말하며, 유기는 1월 이상 30년 이하이고, 유기징역의 형을 가중하는 때에는 최고 50년까지 할 수 있다.

(2) 금고형

수형자를 형무소에 구치하고 자유를 박탈하는 점에서 징역과 같으나, 정역에 복무하지 않는 점에서 징역과 다르다. 그러나 금고수형자에게도 신청에 의하여 작업을 과할 수 있다(형의 집행 및 수용자의 처우에 관한 법률 제67조). 금고에도 무기와 유기가 있으며, 그 기간은 징역형과 같고, 금고는 주로 과실범 및 정치상의 확신범과 같은 비파렴치성 범죄자에게 과하고 있다.

(3) 구 류

원칙적으로 정역에 복무하지 않는다는 점에서 금고와 같으나 그 기간이 1일 이상 30일 미만이라는 점이 다르고(형법 제46조), 구류는 형법에서는 아주 예외적인 경우에만 적용되며(형법 제266조 과실상해죄), 주로 경범죄에 과하고 있다(경범죄처벌법상의 경범죄 등). 형무소에 구치하는 것이 원칙이나 실제로는 경찰서의 유치장에 구금하는 경우가 많다.

3. 재산형

(1) 벌금형

범죄인에 대하여 일정액의 금전을 박탈하는 형벌로 과료 및 몰수와 더불어 재산형이라 한다. 형법 제45조에 "벌금은 50,000원 이상으로 한다. 다만, 감경하는 경우에는 50,000원 미만으로 할 수 있다"고 규정하고 있다. 벌금은 판결확정일로부터 30일 이내에 납입하여야 하며, 벌금을 납입하지 아니한 자는 1일 이상 3년 이하의 기간 내에 노역장에 유치하여 작업에 복무하게 하는데, 이를 환형유치(換刑留置)라고 한다.

(2) 과 료

벌금과 같으나 그 금액이 2천원 이상 5만원 미만으로, 판결확정일로부터 30일 이내에 납입하여야 하며, 납입하지 아니한 자는 1일 이상 30일 미만의 기간 동안 노역장에 유치하여 작업에 복무하게 한다.

(3) 몰 수

몰수는 원칙적으로 타형에 부가하여 과하는 형벌로서, 범죄행위와 관련이 있는 일정한 물건이나 특수매체기록을 박탈하여 국고에 귀속시키는 처분이다. 몰수에는 필요적 몰수와 임의적 몰수가 있는데, 임의적 몰수가 원칙이다. 몰수할 수 있는 물건으로는 ① 범죄행위에 제공하였거나 제공하려고 한 물건, ② 범죄행위로 인하여 발생하였거나 이로 인하여 취득한 물건, ③ ① 또는 ②의 대가로 취득한 물건으로써 범인 이외의 자의 소유에 속하지 아니하거나 범죄 후 범인 이외의 자가 정을 알면서 취득한 물건의 전부 또는 일부이다. 몰수하기 불가능한 경우에는 그 가액을 추징하기도 한다(형법 제48조 제1·2항).

4. 명예형

(1) 자격상실

수형자에게 일정한 형의 선고가 있으면 그 형의 효력으로서 당연히 일정한 자격이 상실되는 형벌이다. 범죄인의 일정한 자격을 박탈하는 의미에서 자격정지형과 더불어 명예형 또는 자격형이라고 한다. 형법상 자격이 상실되는 경우로써 형법 제43조 제1항에 사형, 무기징역 또는 무기금고의 판결을 받은 경우이며, 상실되는 자격은 ① 공무원이 되는 자격, ② 공법상의 선거권과 피선거권, ③ 법률로 요건을 정한 공법상의 업무에 관한 자격, ④ 법인의 이사·감사 또는 지배인 기타 법인의 업무에 관한 검사역이나 재산관리인이 되는 자격이다.

(2) 자격정지

수형자의 일정한 자격을 일정기간 정지시키는 경우로 현행 형법상 범죄의 성질에 따라 선택형 또는 병과형(竝科刑)으로 하고 있다. 유기징역 또는 유기금고의 판결을 받은 자는 그 형의 집행이 종료하거나 면제될 때까지 자격상실의 내용 중 ①, ②, ③의 자격이 당연 정지된다. 다만, 다른 법률에 특별한 규정이 있는 경우에는 그 법률에 따른다. 판결 선고에 기하여 다른 형과 선택형으로 되어 있을 때 단독으로 과할 수 있고, 다른 형에 병과할 수 있는 경우 병과형으로 과할 수 있다. 자격정지기간은 1년 이상 15년 이하로 하고 그 기산점으로 유기징역 또는 유기금고에 자격정지를 병과하였을 경우 징역 또는 금고의 집행을 종료하거나 면제된 날로부터 정지기간을 기산하고, 자격정지가 선택형인 경우(단독으로 과할 경우) 판결이 확정된 날로부터 기산한다.

Ⅲ. 양 형

1. 양형의 의의

법관이 구체적인 행위자에 대해 선고할 형을 정하는 것을 양형(量刑: 형의 양정)이라고 한다. 양형의 기초가 되는 것은 우리나라의 현행법상의 법정형인데, 법정형이란 형법 각 본조의 구성요건에 정해진 형벌을 말한다.

2. 형의 양정과정

형법은 법관에게 양형에 대한 넓은 자유재량을 인정하면서도, 양형의 표준에 관한 일반적 지침을 제시하였다. 즉 ① 범인의 연령·성행(性行)·지능·환경, ② 피해자에 대한 관계, ③ 범행의 동기·수단과 결과, ④ 범행 후의 정황(情況) 등을 참작하여야 한다고 규정하였다. 양형에 관한 법관의 자유재량은 결코 법관의 주관적 자의(恣意)를 허용하는 것이 아니다. 객관적 정의와 범죄의 구체적 당벌성에 관한 합목적성의 평가를 요청하고 있다.

따라서 제1심 판결의 양형에 부당한 사유가 있으면 항소이유가 되고, 제2심 판결의 양형에 심히 부당하다고 인정할 현저한 사유가 있으면 상고이유가 된다.

Ⅳ. 형의 유예

1. 선고유예

형의 선고유예제도는 법정이 경미한 범죄인에 대하여 일정기간 형의 선고를 유예하고 그 기간이 무사히 경과하였을 때 면소된 것으로 보는 제도이다.

현행 형법은 ① 1년 이하의 징역이나 금고·자격정지 또는 벌금의 형을 선고할 경우에 ② 범인의 연령·성행·지능과 환경, 피해자에 대한 관계, 범행의 동기·수단과 결과, 범행 후의 정황 등을 참작하여 ③ 개전의 정이 현저한 때에는 선고를 유예할 수 있다고 규정하고 있다. 형의 선고유예를 받은 날로부터 2년을 무사히 경과한 때에는 면소된 것으로 본다.

사례탐구

A는 현재 대학 졸업반으로 취업준비생이다. 그러나 철이 없던 고등학생시절 친구와 패싸움을 벌여 입건되었던 전력이 있는데, 당시 판사는 A가 고등학생신분이라는 점을 감안하여 선고유예판결을 하였다. A는 요즈음 선고유예판결을 받은 사실이 취업에 악영향을 미치지 않을까 밤잠을 설치고 있다. 선고유예판결을 받은 전과가 취업에 영향을 주는가?

[해 설] 선고유예란 범죄의 정황(情況)이 가벼운 범죄인에 대하여 일정기간 형의 선고를 유예하고, 그 유예기간을 특정한 사고 없이 경과하면 면소된 것으로 간주하는 제도를 말한다. 형법상 선고유예의 요건과 효과 등을 살펴보면, '1년 이하의 징역이나 금고, 자격정지 또는 벌금의 형을 선고할 경우에 형법 제51조의 사항을 참작하여 개전(잘못을 뉘우쳐 마음을 고침)의 정상이 현저한 때'에는 선고를 유예할 수 있도록 하고 있다. 또한 형의 선고유예를 받은 날로부터 2년을 경과한 때에는 면소된 것으로 간주한다. 사례에서 A가 고등학생 때 받은 선고유예판결은 대학졸업 후 취업하는 데 영향을 주지 않을 것이다.

2. 집행유예

집행유예제도는 유죄판결에 의하여 형을 선고하고 다만 일정한 조건으로 그 집행을 유예하였다가 무사하게 유예기간을 경과함으로써 형의 선고가 전혀 없었던 것과 동일한 효과를 발생하게 하는 조건부 유죄판결주의와 그 형을 사면하는 조건부 특사주의가 있다.

현행 형법은 ① 3년 이하의 징역 또는 금고의 형을 선고할 경우에 ② 선고유예의 경우와 같은 사항을 참작하여 1년 이상 5년 이하의 기간의 범위 내에서 집행을 유예할 수 있다고 규정하고 있다. 형의 집행을 유예한 경우에는 보호관찰, 사회봉사, 수강명령 등을 명할 수 있다. 집행유예기간을 무사히 경과한 때에는 선고의 효력이 없었던 것으로 본다.

사례탐구

A는 수년 전 특정범죄가중처벌 등에 관한 법률 위반(절도)으로 징역 1년 6월, 집행유예 3년의 선고를 받은 바 있다. 그러나 집행유예기간이 만료되기 1개월 전 다시 부녀를 강간한 혐의로 현재 구속되어 있다. 이러한 경우 예전의 집행유예판결이 취소되어 유예된 형도 함께 받아야 되는가?

[해 설] 집행유예의 선고를 받은 자가 유예기간 중 금고 이상의 형의 선고를 받아 그 판결이 확정된 때에는 집행유예의 선고는 효력을 잃게 된다(형법 제63조). 그러나 A의 범죄행위가 집행유예기간 중에 발생하기는 하였으나, 새롭게 저지른 강간죄에 대해 아직 형이 확정되지 않은 채, 집행유예기간이 경과한다면 집행유예선고가 실효되지는 않는다. 만일 집행유예기간이 만료되기까지 A에게 강간죄에 대해 금고 이상의 판결이 확정된다면 특정범죄가중처벌 등에 관한 법률 위반(절도)사건에 대한 집행유예선고가 효력을 잃게 되어 그는 유예된 형인 징역 1년 6월을 합산하여 복역하여야 한다.

3. 집행정지

집행정지란 심신의 장애로 의사능력이 없는 상태 등 일정한 사유에 의하여 형의 집행을 정지하는 것을 말한다. 이에는 사형집행정지와 자유형집행정지가 있다. 형사소송법 제469조 이하에서 규정한다.

Ⅴ. 보안처분

1. 의 의

보안처분(保安處分)이란 특정 행위에 객관적으로 내재된 행위자의 장래의 위험성으로 말미암아 행위자의 개선과 함께 보안이라는 사회방위를 주목적으로 과해지는 형벌 이외의 형사제재를 말한다.

형벌은 행위책임을 전제로 책임주의의 범위 내에서만 과하여지나, 보안처분은 행위자의 위험성을 전제로 특별예방의 관점에서 과하여진다. 그리고 형벌은 과거의 행위에 대한 사회윤리적 비난으로서 제재임에 반하여, 보안처분은 장래의 범죄를 예방하기 위한 예방적 제재이다.

2. 보안처분의 종류

(1) 치료감호

심신장애자와 중독자 등과 같이 책임능력의 결함상태에 있어 형벌의 효과를 기대하기 어렵거나, 재범의 우려가 있는 자에게 무기한 또는 치료될 때까지 치료감호시설에 수용하는 보안처분이다.

(2) 보호관찰

치료감호가 가종료된 경우 또는 치료위탁된 피치료감호자를 감호시설 외에서 지도 및 감독하는 보안처분이다.

Chapter 02 형법상 각종의 죄

제 1 절 개인적 법익에 관한 죄

Ⅰ. 생명과 신체에 관한 죄

1. 살인죄

사람을 살해함으로써 성립하는 죄이며, 이에는 단순히 보통 사람을 살해하는 보통살인죄를 비롯하여 가중적 구성요건인 존속살해죄, 감경적 구성요건인 촉탁·승낙에 의한 살해죄, 자살교사·방조죄, 위계·위력에 의한 살인죄 등이 있다.

생각해 볼 문제

"형법 제251조(영아살해) 직계존속이 치욕을 은폐하기 위하거나 양육할 수 없음을 예상하거나 특히 참작할 만한 동기로 인하여 분만중 또는 분만직후의 영아를 살해한 때에는 10년 이하의 징역에 처한다." 여러 사정을 종합하여 참작할 만한 특수한 동기로 인하여 보통살인죄에 비하여 형이 감경되는 이 규정이 영아유기죄와 함께 폐지되었다. 국회는 이러한 내용을 담은 형법 개정안을 2023년 7월 18일 본회의를 열어 통과시켰다. 1953년 9월 형법 제정 시 처음 도입되어 단 한 번도 개정되지 않았으니 형법 제정 후 70년 만이다. 앞으로 영아 살해·유기 등의 범죄를 저질렀을 때 일반 살인·유기범처럼 최대 사형에 처할 수 있게 처벌을 강화한 것이다. 이 규정이 폐지된 결정적인 원인은 '수원 영아 시신 냉장고 유기 사건'이었다. 법과 사회의 관계를 다시금 떠올려 보게 된다.

2. 상해와 폭행의 죄

상해와 폭행의 죄는 사람의 신체의 불가침성 내지 신체의 안전성을 보호법익으로 하는 범죄로, 사람의 신체를 침해함으로써 성립한다. 즉 본 죄는 신체의 안정성을 보호법익으로 한다.

(1) 상해죄

사람의 신체를 고의로 상해함으로써 성립한다. '상해'의 의의에 대해서는 신체의 완전성에 대한 침해로 보는 견해와 생리적 기능의 훼손으로 보는 견해가 대립하고 있다. 생리적 기능의 훼손이란 일반적으로 육체적·정신적인 병적 상태의 야기와 증가를 의미한다. 타인의 신체를 상해하는 단순상해죄를 비롯하여 가중적 구성요건인 존속상해죄, 타인의 신체를 상해하여 생명에 대한 위험을 발생하게 하거나 불구 또는 난치의 질병에 이르게 하는 중상해죄, 단체 또는 다중의 위력을 보이거나 위험한 물건을 휴대하여 이루어지는 특수상해죄가 있다.

(2) 폭행죄

사람의 신체를 고의로 폭행함으로써 성립한다. 여기서 폭행이란 사람의 신체에 대해 불법적으로 유형력을 행사하였으나 상해의 정도에 이르지 않은 것을 말한다. 상해와 폭행의 죄에 있어서는 그 행위의 태양에 따라 "폭력행위 등 처벌에 관한 법률"의 적용을 받을 수 있다. 즉 야간에 혹은 2인 이상이거나 단체 또는 다중의 위력을 보이거나 위험한 물건을 휴대하여 폭행죄 혹은 상해죄를 범한 때에는 동죄로 처벌된다. 단 폭행죄의 경우에는 야간의 경우에도 반의사불벌죄로 되는 것으로 동법이 개정되어 피해자의 명시한 의사에 반하여 공소를 제기할 수 없게 되었다.

사례탐구

대학선·후배 몇 명이 함께 술을 마시던 중 A가 후배와 말다툼을 벌이자, 함께 있던 선배 B가 버릇없이 선배 앞에서 말다툼을 하냐며 다짜고짜 A에게 주먹을 휘둘렀다. 억울한 나머지 A가 B에게 도전장을 냈고, 두 사람은 술집 옆 공터에서 격투를 벌여 A는 전치 6주의 상해를 입었고, B도 3주간 가료를 요하는 상해를 입었다. 두 사람은 어떠한 처벌을 받게 되는가?

[해 설] A와 B는 1:1로 싸웠기 때문에 상호간에 가해자이자 피해자이다. 사례의 경우 B가 먼저 폭력을 행사하였으나 결과에서 큰 차이는 없다. 이론적으로 보면 A, B의 행위가 폭행의 고의

에 의한 것이었는지, 상해의 고의에 의한 것이었는지에 따라 폭행치상 또는 상해죄가 성립되지만, 실무상으로는 이러한 경우 폭행치상보다는 상해죄로 처벌하는 것이 일반적이라고 한다. 한편, 만일 두 사람이 싸우면서 흉기 등을 이용하였다면 "폭력행위등처벌에관한법률"에 해당되어 더 무거운 형벌을 받는다. 결국 사례에서처럼 두 사람 모두가 가해자이자 피해자이므로, 둘 모두에게 최소한 벌금형 이상의 형이 선고된다. 따라서 원만히 합의하여 입건을 피하는 것이 바람직할 것이다.

3. 과실치사상의 죄

과실로 인하여 타인의 신체를 상해에 이르게 하거나(치상) 과실로 인하여 사람을 사망에 이르게 함으로써 성립하며(치사), 과실로 인하여 타인을 상해하는 과실상해죄를 비롯하여 과실치사죄, 업무상과실치사상해, 중과실치사상해 등이 있다.

사례탐구

A, B, C는 절친한 친구사이이다. A의 생일을 맞이하여 바닷가로 놀러간 세 사람은 술에 만취한 채, B, C가 협력하여 생일을 맞이한 친구 A를 장난으로 바다로 밀어 넣었다. 그러나 A는 심장마비를 일으켜 사망하고 말았다. B, C의 죄명은 무엇인가?

[해 설] 살인죄의 경우 살인의 고의가 있어야 하므로 살인죄는 성립할 수 없다. 그러나 B, C가 장난기로 A를 바다에 밀어 넣었지만 그들의 과실행위와 A의 사망 사이에는 분명한 인과관계가 있기 때문에 두 사람은 과실치사의 공범으로 처벌 받는다.

Ⅱ. 자유와 안전에 관한 죄

1. 체포와 감금의 죄

개인을 체포·감금함으로써 신체적 활동의 자유를 침해하는 행위이며, 단순히 사람을 체포·감금하는 단순체포·감금죄를 비롯하여 존속체포·감금죄, 가중체포·감금죄, 특수체포·감금죄, 체포·감금 치사상죄, 인질강요죄 등이 있다.

2. 협박의 죄

사람을 협박, 즉 공포심을 일으키게 하는 해악을 통고하여 개인의 법적 안전성을 해치는 죄이다. 단순히 타인을 협박하는 단순협박죄를 비롯하여 존속협박죄, 특수협박죄 등이 있다.

3. 성범죄

폭행·협박·위계·위력 등으로 간음 또는 추행을 하여 개인의 성생활의 자유를 침해하는 죄이다. 이에는 폭행 또는 협박으로 사람을 강간하는 강간죄를 비롯하여 유사강간죄, 준강간죄, 강제추행죄, 강간 등 상해·치상죄, 강간 등 살인·치사죄 등이 있다.

(1) 강간죄

가. 의 의

강간죄는 폭행 또는 협박으로 피해자의 의사에 반하여 사람을 강간함으로써 성립하는 범죄이다. 객체가 부녀로 제한되고, 행위가 상대방의 반항을 불가능하게 하는 폭행이나 협박에 의한 강간이기 때문에 그 처벌이 무겁다. 이같이 처벌을 무겁게 하고 있는 것은 원하지 않는 임신의 위험 때문이 아니라, 강간으로 인하여 성적 자기결정의 자유가 현저히 침해되는 점에 있다.

나. 주체와 객체

본 죄의 주체에는 제한이 없다. 한편, 본 죄의 객체 역시 사람으로 하고 있어 여성뿐만 아니라 남성도 본죄의 객체가 될 수 있다. 과거 본 죄의 객체를 부녀에 한정하여 헌법상 평등권에 위배된다는 논란이 있었으나 2012. 12. 18. 법 개정으로 위헌 논란을 종식시켰다.

다. 행 위

폭행 또는 협박에 의하여 부녀를 강간하는 것이다. 폭행이란 사람에 대한 유형력의 행사를 말하고, 협박이란 해악을 통고하는 것을 말한다. 폭행·협박의 정도는 상대방에게 생리적·육체적으로 영향을 미쳐 반항을 불가능하게 하거나 곤란하게 하는 정도라고 해석하는 것이 보통이며, 판례의 태도이다(대판 1979. 2. 13. 78도1972).

마취제 또는 수면제 등의 약물을 사용하거나 최면술을 거는 것도 본 죄의 폭행에 해당한다고 해야 한다. 그것은 절대적 폭력의 한 유형이라고 보아야 하기 때문이다. 본 죄의 미수범은 처벌되며, 과거에는 친고죄였으나 현재는 폐지되어 피해자의 고소 없이도 처벌이 가능하게 되었다.

사례탐구

A씨는 지난 2012년 동남아시아 국적 여성 B씨와 결혼해 결혼생활을 하게 되었다. A씨는 2013년 자신의 집에서 부인이 거부의사를 정확히 밝혔음에도 강제로 성관계를 하는 등 10여차례에 걸쳐 강제로 성관계를 맺었을 뿐 아니라 변태적인 행위를 시도하거나 부인의 알몸을 촬영하고 수차례에 걸쳐 부인을 폭행한 혐의도 받고 있다. 재판과정에서 A씨는 부부간에 성관계가 정상적으로 이뤄졌다고 주장했고 아내 B씨는 나체 상태에서 강제로 성폭행을 당했다고 주장했다. 남편이 아내를 폭력이나 협박 등으로 위협해 성폭행을 했다면 이도 강간죄가 성립할까?

[해 설] 이에 대해 재판부에서는 이를 강간죄로 판단했고 부부상이라도 아내의 의사와 반해 힘으로 억압해 강제로 성관계를 할 경우 강간죄로 봐야하는 것이 재판부의 생각이다. 따라서 A씨는 성폭력 범죄의 처벌 등에 관한 특례법 위반 및 강간폭행 혐의로 징역 5년이 선고되었고 법정 구속되었다.
사실 부부강간죄라는 죄목이 존재하는 것은 아니다. 다만 이와 관련해서는 여전히 논란이 많다. 특히 혼인이 파탄난 경우에는 강간을 인정했지만 과연 혼인관계 지속중에도 강간이 인정될 수 있는지가 문제된다.
대법원에서는 강간죄의 객체에 기혼, 미혼을 불문하고 있고 따라서 배우자라 하더라도 강간의 객체가 될 수 있어 강관죄가 성립한다고 판시한 바가 있다. 이 판시 전에 가정 내의 폭행이나 폭력에 대해서는 국가의 공권력이 되도록이면 개입하지 않는 것이 가정을 보호하는 것이라고 믿는 경우가 많았다. 과거 부부싸움은 부부에게 맡기는 것을 보면 알 수 있지만 최근의 부부사의나 가정의 폭력문제는 형사권이 간여되는 경우가 많다. 이 사례의 대법원의 확정 판결은 성적 자기결정권의 존중을 바탕으로 하고 있다고 볼 수 있다(대판 2013. 5. 16. 2012도14788).

(2) 강제추행죄

강제추행죄는 폭행 또는 협박으로 사람에 대하여 추행함으로써 성립한다. 이를 범한 자는 10년 이하의 징역 또는 1천 500만원 이하의 벌금에 처한다(형법 제298조). 강간죄와 강제추행죄는 모두 폭행 또는 협박을 수단으로 하여 상대방의 자유의사를 억압한다는 점에 있어서는 같다.

폭행·협박은 강간죄에서와 같다. 협박에 있어 해악을 통고하는 것은 반드시 본인에 대한 해악의 통고에 한하지 않고 제3자(예컨대, 자녀)에 대한 해악의 통고도 포함된다. 해악의 내용에는 제한이 없다. 사람이란 여자뿐만 아니라 남자도 포함되며, 기혼·미혼 또는 그 연령의 여하를 묻지 않는다. 추행이란 객관적으로 일반인에게 성적 수치와 혐오의 감정을 일으키게 하는 일체의 행위를 말한다.

(3) 준강간(강제추행)죄

사람의 심신상실 또는 항거불능의 상태를 이용하여 간음 또는 추행함으로써 성립하는 범죄이다. 이 죄는 성적 자유를 가지지 못한 사람이 성욕의 객체나 도구가 되는 것을 방지하고자 하는 데에 그 취지가 있다.

본 죄의 주체는 강간죄나 강제추행죄의 그것과 동일하다. 본 죄의 객체는 준강제추행의 경우에는 남녀인 사람이나 준강간의 경우에는 부녀인 사람이다. 이때에는 기혼·미혼·연령을 불문한다. 본 죄의 행위는 심신상실 또는 항거불능의 상태를 이용하여 간음 또는 추행하는 것이다.

여기서 '심신상실'이라 함은 심신장애라는 생물학적 기초에 제한되지 않기 때문에 수면 중의 부녀 또는 일시 의식을 잃고 있는 부녀도 여기에 해당한다. 또한 본 죄의 심신상실은 사물을 판별하거나 의사를 결정할 능력이 없는 경우에 제한되지 않고, 간음 또는 추행을 당함에 있어서 그 뜻을 정확히 이해하지 못하고 동의하였는지, 반항하였는지 명백히 알 수 없는 상태도 포함한다.

'항거불능'이란 심신상실 이외의 사유로 인하여 심리적·육체적으로 반항이 불가능한 경우를 말한다. 심리적으로 항거가 불가능한 경우로는 의사가 자기를 신뢰한 여자환자를 치료하는 것처럼 하면서 간음한 경우 등이 이에 해당한다. 그러나 수면제나 마취제를 먹인 경우에는 본 죄가 아니라 강간죄 또는 강제추행죄를 구성하게 된다.

사례탐구

A는 우연히 카페에서 20대 여성을 만나 술을 마시게 되는데, 그 20대 여성 B가 처음만난 남자 앞에서 술을 사양하지 않자 A는 흑심을 품게 된다. 평소 술에 약하였던 B가 곧 술기운으로 몸을 가누지 못하게 되자 A는 B를 근처 여관으로 데려가 그녀를 간음하였다. 그 당시 B는 술에 만취되어 A의 행동을 저지할 상황이 아니었고, 다음날 아침에야 자신이 간음 당했다는 사실을 알아차릴 정도였다. A를 처벌할 수 있는가?

[해 설] 원칙적으로 강간죄는 폭행 또는 협박으로 여자를 항거불능 상태에 만들어 간음하는 것이지만, 여자가 이미 항거불능 상태에 빠져있거나 심신상실상태에 있는 것을 이용하여 간음하거나 추행하는 것도 강간죄 혹은 강제추행죄에 준하여 처벌하는데, 이를 준강간 또는 준강제추행이라고 한다. TV 드라마 등을 보면 술 취한 여성과 동침한 남성이 다음 날 아침에 울고 있는 여성에게 "미안해"라고 말하는 장면이 나오지만, 미안하다는 말만으로 끝날 일은 아닌 것 같다.

(4) 미성년자의제강간(추행)죄

13세 미만의 사람을 간음하거나 13세 미만의 사람에게 간음 또는 추행함으로써 성립하는 범죄이다. 이 죄를 범한 자에 대하여는 강간(형법 제297조), 제297조의2(유사강간), 강제추행(형법 제298조) 또는 간음 등에 의한 상해·치상(형법 제301조) 및 강간 등 살인·치사(형법 제301조의 2)의 예에 의하여 처벌한다(형법 제305조). 본 죄는 13세 미만인 자의 방해없는 성적 발전을 보호하기 위하여, 그 동의가 있는 때에도 강간죄 또는 강제추행의 예에 의하여 처벌하는 것이다.

본 죄는 13세 미만의 부녀 또는 사람이라는 정을 알고 간음·추행하면 성립하며, 그 피해자에게 강압을 가하지 않고 승낙하에 간음을 하였다 하더라도 본 죄가 성립된다.

(5) 유사강간죄

유사강간죄는 폭행 또는 협박으로 사람에 대하여 구강, 항문 등 신체(성기는 제외한다)의 내부에 성기를 넣거나 성기, 항문에 손가락 등 신체(성기는 제외한다)의 일부 또는 도구를 넣는 행위를 말하며, 2년 이상의 유기징역에 처한다.

근래에 들어 성관계 이외의 다른 방법으로 강제로 성적 만족을 얻으려고 하는 유사강간 사건이 발생하고, 이러한 경우에 강간죄로는 처벌할 수 없으므로 이를 처벌할 필요성에 의해서 형법에 신설되었다.

(6) 기타 간음죄

가. 업무상 위력 등에 의한 간음죄

업무·고용, 기타 관계로 인하여 자기의 보호 또는 감독을 받는 사람에 대하여 위계 또는 위력으로써 간음한 자는 7년 이하의 징역 또는 3,000만원 이하의 벌금에 처한다(제303조 제1항).

법률에 의하여 구금된 사람을 감호하는 자가 그 사람을 간음한 때에는 10년 이하의 징역에 처한다(제303조 제2항).

피보호·감독부녀간음죄는 업무·고용, 기타 관계로 인하여 자기의 보호 또는 감독을 받는 사람을 위계 또는 위력에 의하여 간음함으로써 성립한다. 본 죄는 결정의 자유가 제한되어 있는 피구금자의 성적 자기결정의 자유를 보호법익으로 하지만, 피구금자에 대한 평등한 처우와 감호자의 청렴성에 대한 일반의 신뢰를 동시에 보호하는 것이라고 이해되고 있다.

나. 미성년자·심신미약자 간음·추행죄

본 죄는 미성년자 또는 심신미약자에 대하여 위계 또는 위력으로 간음 또는 추행함으로써 성립하는 범죄이다. 이 죄를 범한 자에 대하여는 5년 이하의 징역에 처한다(형법 제302조).

여기서 미성년자란 20세 미만의 자를 말한다. 다만 제305조와의 관계에서 13세 미만의 자는 제외된다. 혼인한 미성년자는 성년으로 보게 되므로 본 죄의 보호대상이 될 수 없다. 심신미약자란 정신기능의 장애로 정상적인 판단능력이 부족한 자를 말하며, 그 연령을 묻지 않는다. 형법 제10조의 심신미약과 반드시 의미를 같이 하는 것은 아니다.

본 죄가 성립하려면 위계 또는 위력에 의하여 간음 또는 추행하여야 한다. 여기서 '위계(僞計)'라 함은 상대방을 착오에 빠지게 하여 정당한 판단을 못하게 하는 것을 말하며, 기망뿐만 아니라 유혹도 포함된다. '위력(威力)'이란 사람의 의사를 제압할 수 있는 힘을 말한다. 폭행·협박은 물론 지위 권세를 이용하여 상대방의 의사를 제압하는 일체의 행위를 포함한다. 그러나 강간죄에서 요구하는 정도의 폭행·협박으로 간음한 때에는 본 죄가 아니라 강간죄가 성립한다.

사례탐구

A는 인터넷 사이트에서 만난 18세의 소녀 B와 정기적으로 만나면서 선물공세로 그녀의 마음을 사로잡고는 어느 날 B의 동의하에 동침을 하게 된다. 그런데 가출한 딸을 찾고 있던 B의 부모가 딸로부터 그러한 기막힌 이야기를 전해 듣고는 A를 경찰에 신고하였다. A가 B를 폭행 또는 협박으로 간음한 것도 아닌데 처벌을 받는가?

[해 설] 형법은 미성년자 또는 심신미약자에 대하여 위계 또는 위력으로 간음 또는 추행한 경우 5년 이하의 징역에 처하도록 규정하고 있다(형법 제302조). 사례에서 A가 18세의 소녀에게 선물공세로 환심을 사서 간음한 것은 "위계에 의한 간음"에 해당하는 것으로 보아야 된다. 본 죄는 미성년 또는 심신미약자가 완전한 성적 자기결정권을 가지지 못한 상황에서 타인의 성적 도구가 되는 것을 방지하고자 하는데 그 의미가 있다.

(7) 결과적 가중처벌범

가. 강간 등 상해·치상죄

강간죄나 유사강간, 강제추행죄를 범하여 사람을 상해하거나 상해에 이르게 한 때에 그자는 무기 또는 5년 이상의 징역의 형벌을 받는다(형법 제301조).

강간죄·유사강간·강제추행죄·준강간죄 및 미성년자 의제강간(강제추행죄)을 범하여 사람을 상해에 이르게 함으로써 성립하는 결과적 가중처벌범이다. 따라서 상해의 결과에 대하여 아무런 인식이 없었다는 것에 과실이 있어야 한다. 강간 또는 강제추행이 기수에 이를 것을 요하지 않으며, 강간 등이 미수에 그친 경우에도 본 죄가 성립한다.

사례탐구

A는 술을 마신 후 귀가 중 실수로 지나가는 동네 여자 B를 폭행한 후 강간하려고 하다가 양심의 가책을 느껴 행위를 중지하고 B를 귀가시켰다. 그런데 B는 얼굴과 팔 등에 찰과상과 갈비뼈가 부러지는 등의 상해를 입고 A를 강간죄로 고소하였으며, 현재 강간치상죄로 구속기소된 상태이다. 실제로 강간행위를 완성하지 아니하고 자의에 의하여 그 행위를 중단하였음에도 강간치상죄가 성립되는가?

[해 설] 결과적 가중범이란 고의에 의한 기본범죄에 의하여 행위자가 예견하지 못했던 중한 결과가 발생한 경우에 그 형이 가중되는 범죄를 말한다. 이는 중한 결과가 고의적인 기본범죄에 전형적으로 내포된 잠재적인 위험의 실현이라는 점에서 단순한 과실범보다 행위반가치가 크기 때문에 같은 결과를 실현한 경우보다 가중처벌 하는 것이다.

이러한 결과적 가중범이 성립되기 위해서는 고의의 기본범죄가 성립하여야 하는데, 기본범죄는 미수·기수를 불문한다. 따라서 기본범죄가 미수에 그친 때에도 결과적 가중범이 성립한다. 판례도 "강간이 미수에 그친 경우라도 그 수단이 된 폭행에 의하여 피해자가 피해를 입었으면 강간치상죄가 성립하는 것이며, 미수에 그친 것이 피고인의 자의로 실행에 착수한 행위를 중지한 경우이든 실행에 착수하여 행위를 종료하지 못한 경우이든 가리지 않는다"라고 하여(대판 1988. 11. 8. 88도1628; 대판 1999. 4. 9. 99도519; 대판 2008. 2. 29. 2007도10120), 기본범죄의 미수에 의하여 중한 결과가 발생한 경우에는 결과적 가중범의 기수가 성립한다고 하고 있다.

따라서 위 사안에서 A는 기본범죄인 강간죄가 비록 그의 자의에 의하여 중지되었다고 하여도 상해의 중한 결과가 발생한 경우에 해당하므로, 강간치상죄로 처벌될 가능성이 크다.

나. 강간 등 살인·치사죄

강간살인·치사죄(형법 제301조의2)는 1995년에 신설된 것으로 강간 및 강제추행을 범한 자가 사람을 살해한 때에는 사형 또는 무기징역에 처하며, 사망에 이르게 한 때에는 무기 또는 10년 이상의 징역에 처하게 하는 것을 말한다. 과거의 형법 제301조는 강간치사상죄를 규정하고 있었으나, 개정형법은 제301조를 강간상해·강간치상죄로만 한정한 대신, 301조의 2를 신설하여 강간살인·강간치사죄를 규정함으로써 상해·치상과 양형에 차등을 두고 있다. 즉 과거 형법에 없던 강간살인죄 규정을 성폭력범죄처벌 및 피해자보호에 관한 법률의 규정에서 편입하여 규정한 것이다.

Ⅲ. 명예와 신용에 관한 죄

1. 명예에 관한 죄

공연히 사실을 적시하여 사람의 명예를 훼손하거나, 사실을 적시하지 않고 공연히 사람을 모욕하는 것을 내용으로 하는 범죄이다. 전자가 명예훼손죄이고, 후자가 모욕죄이다. 명예훼손죄는 사람의 명예에 대한 사회적 가치판단을 저해하는 행위로서 사람의 사회적 가치를 침해하는 행위이다. 법인은 물론 사자도 명예의 주체가 된다. 명예훼손죄는 반의사불벌죄이고 모욕죄는 친고죄이다.

사례탐구

회사에 소문난 애주가인 A씨, 술 취하면 운전대를 잡는 습관 때문에 수차례나 형사처벌을 받았다. 평소 A씨와 사이가 좋지 않았던 입사 동료 B과장은 이런 사실을 회식 때마다 떠벌이고 다녀 A씨를 곤란하게 만들었다. 참다못한 A씨는 B과장에게 명예훼손으로 고소를 하겠다며 화를 냈지만 B과장은 회사 직원들이 이미 다 아는 사실인데 무슨 명예훼손이냐며 코웃음을 쳤다. 많은 사람들이 이미 알고 있는 사실을 퍼뜨리는 것도 명예훼손이 되는가?

[해 설] 우리나라 형법상 '명예훼손죄'는 사람의 사회적 가치나 평가를 떨어뜨릴 수 있는 사실을 불특정인 또는 다수인이 알 수 있게 하여 상대방의 명예를 실추시키는 것을 말한다. 그리고 한 사람에게 얘기했더라도 다수인에게 전파될 가능성이 있다면 명예훼손에 해당한다. 또한 그 사실은 허위뿐만 아니라 진실한 사실도 포함되고 소수만 간직하고 있는 숨겨진 사실에 한정되지도 않는다. 따라서 A씨 경우처럼 이미 많이 알려져 있다고 하더라도 다수인들이 모인 자리에서 이를 언급하여 상대방의 사회적 평가를 떨어뜨렸다면 '명예훼손'에 해당한다고 할 수 있다.

2. 신용업무와 경매에 대한 죄

사람의 신용을 훼손하거나, 업무를 방해하거나, 경매 및 입찰의 공정성을 침해하는 죄이다. 허위의 사실을 유포하거나 위계로써 사람의 신용을 훼손한 경우에 신용훼손죄가 성립하고, 허위의 사실을 유포하거나 위계 또는 위력으로써 사람의 업무를 방해한 경우에는 업무방해죄가 성립하며, 위계 또는 위력 기타 방법으로 경매 또는 입찰의 공정을 해하게 되면 경매·입찰방해죄가 성립한다.

이들 경우에 유포는 언어에 의하든 문서에 의하든 불문한다. 위계란 상대방의 착오나 부지를 이용하는 일체의 행위를 말한다. 위계는 비밀로 행하든 공공연하게 행하든 또는 기망·유혹에 의하든 불문한다.

Ⅳ. 사생활의 평온에 관한 죄

1. 비밀침해죄

비밀침해의 죄란 개인의 사생활의 비밀을 침해하는 것을 내용으로 하는 범죄이다. 여기에는 봉함 기타 비밀장치한 타인의 편지·문서 또는 도서를 개봉함으로써 성립하는 비밀침해죄와 의사·변호사·조산원 등이 그 업무처리 중에 지득(知得)한 타인의 비밀을 누설함으로써 성립하는 업무상 비밀누설죄가 있다.

사례탐구

결혼을 한 신부가 남편이 매일 늦게 들어오는 것이 의심스러워 어느 날 남편의 이메일 아이디와 비밀번호를 알아내어 이메일을 봤다. 그런데 다른 여성과 메일을 주고받은 것이 있어 아내는 화가 나서 간통을 했다고 주장하며 이혼요구와 함께 위자료를 청구했다. 법원은 어떤 결정을 내릴 수 있는가?

[해 설] 법원에서는 아내에게 벌금 30만원을 선고 했다. 이건 바로 비밀침해죄가 적용이 되어서 이렇게 되었는데 상대방의 동의 없이 이메일을 몰래 보는 것은 상대방의 사생활을 침범했기 때문에 비밀침해죄가 된다. 우편물 중에서도 본인 외 개봉금지라는 우편물이 있듯이 이메일이나 스마트폰도 마찬가지로 개인의 사생활이 담긴 것인데 이런 것을 상대의 허락 없이 볼 때에는 비밀침해죄에 해당이 된다.

2. 주거침입죄

주거침입죄는 주거 또는 간수하는 저택, 건조물이나 선박 또는 점유하는 방실(房室)에 침입하여 주거의 평온과 안전을 침해하는 것을 내용으로 하는 범죄이다. 주거권자의 의사에 반하여 주거에 침입하는 행위이다.

단체 또는 다중의 위력을 보이거나 위험한 물건을 휴대하고 침입하였을 때에는 특수주거침입이 되어 형이 가중된다. 또 퇴거요구를 받고 이에 응하지 아니한 자에게는 퇴거불응죄로 주거침입죄와 같은 형으로 처벌된다.

사례탐구

A는 평소 자신에게 친절하게 대해주던 같은 사무실 직원 B에게 호감을 느끼며 여러 차례 고백을 했지만 거절당했다. 그러나 A는 이에 굴하지 않고 늘 문자메세지로 사랑표현을 하고 퇴근 후 무작정 기다리기도 했다. 하루는 A가 불 켜져 있는 B의 방을 확인하고 기회라는 생각에 불쑥 B의 방 창문을 열고 얼굴을 집어넣어 고백을 한 경우 과연 A의 행동은 주거침입죄에 해당될까?

[해 설] 우선 주거침입죄 성립을 살펴보면 반드시 행위자의 신체 전부가 범행의 목적인 다른 사람의 주거안으로 들어가야 성립하는 것은 아니다. 그렇기에 아무리 선의일지라도 신체의 일부가 주거안으로 들어가 주거의 평온을 해하였다면 주거침입죄가 성립된다고 볼 수 있다.

V. 재산에 관한 죄

1. 절도의 죄

절도죄는 타인의 재물을 절취하는 죄이다. 강도죄·사기죄·공갈죄가 재물 이외에 재산상의 이익도 객체로 하는 데 대하여 절도죄는 횡령죄·장물죄 및 손괴죄와 같이 재물만을 객체로 하는 순수한 재물죄이다.

여기서 '재물'이란 유체물 뿐 아니라, 전기, 수력과 같이 물리적으로 관리 가능한 동력도 포함된다. 또한 절취한다는 것은 타인이 점유하고 있는 재물을 그 의사에 반하여 자기 또는 제3자의 점유 하로 옮기는 것을 말한다.

사례탐구

컴퓨터에 입력된 프로그램을 타인이 무단복제하여 가지고 간 경우 절도죄로 처벌할 수 있을까?

[해 설] 이에 관하여 판례는 "절도죄의 객체는 관리가능한 동력을 포함한 '재물'에 한한다 할 것이고, 또 절도죄가 성립하기 위해서는 그 재물의 소유자 기타 점유자의 점유 내지 이용가능성을 배제하고 이를 자신의 점유하에 배타적으로 이전하는 행위가 있어야만 할 것인바, 컴퓨터에 저장되어 있는 '정보' 그 자체는 유체물이라고 볼 수도 없고 물질성을 가진 동력도 아니므로 재물이 될 수 없다"고 하였다. 따라서 컴퓨터프로그램 절도는 절도죄로 처벌할 수 없다(대판 2002. 7. 12. 2002도745).
다만, 저작자 등은「저작권법」제140조의 규정에 의거하여 같은 법 제136조의 저작재산권 기타 저작권법에 따라 보호되는 재산적 권리 등의 침해행위를 고소할 수 있을 것이다.

2. 강도의 죄

폭행 또는 협박으로 타인의 재물을 강취하거나 기타 재산상의 이익을 취득하거나 제3자로 하여금 이를 취득하게 함으로써 성립하는 죄이다. 여기서 폭행과 협박은 상대방의 의사를 억압하여 반항을 불가능하게 할 정도에 이를 것을 요한다.

행위는 폭행 또는 협박이고, 행위의 객체는 타인의 재물 또는 재산상의 이익이다. 절도범이 체포를 면탈하거나 죄적을 인멸할 목적으로 폭행 또는 협박을 가한 때에는 준강도죄가 성립되어 강도죄와 같이 처벌된다. 또 사람을 체포·감금·약취 또는 유인하여 이를 인질로 삼아 그 석방의 대가로 재물을 취득한 때에는 인질강도죄가 성립된다. 이밖에 강도와 관련한 죄로서는 특수강도죄·강도상해, 치상죄·강도살인치사죄·강도강간죄·해상강도죄·상습강도죄·강도예비나 음모죄 등이 있다.

사례탐구

병약한 A는 오랫동안 굶주림으로 몰골이 말이 아니었으나, 배가 고픈 나머지 강도를 해야겠다고 마음먹고 지나가는 행인 B를 협박하면서 금품을 요구하였다. B는 다름 아닌 권투세계챔피언이었으므로 병약한 A의 협박에 전혀 겁을 먹지 않았다. 그러나 B는 슬그머니 장난기가 발동하였고, 한편으로는 불쌍하다는 생각이 들어 "한 번만 살려 달라"며 지갑을 열어 10만원짜리 수표 1장을 A에게 건네주었다. A의 죄명은 무엇인가?

[해 설] 강도죄의 성립은 행위자가 상대방을 폭행하거나 협박하여 그 상대방이 재물을 교부하고, 그것을 행위자가 취득하는 과정에서 인과관계가 있어야 된다. 따라서 사례에서 A의 협박에 B가 공포감을 느껴서 재물을 교부했어야 강도죄를 성립시킬 것이다. 그렇지만 사례를 보면 협박과 재물교부사이의 인과관계가 존재하지 않고, B가 연민에서 돈을 교부한 것이므로 강도죄를 성립시키기 어렵다. 다만, A가 강도의 고의를 가지고 행위에 착수한 것은 사실이므로 강도죄의 미수로 처벌될 것이다.

3. 사기의 죄

사기죄는 개인의 재산권을 보호법익으로 하는 범죄로, 사람을 기망하여 재물을 편취하거나 재산상의 불법한 이익을 취득하거나 타인으로 하여금 이익을 얻게 함으로써 성립한다. 여기서 기망이란 널리 거래관계에서 지켜져야 할 신의칙에 반하는 행위로서 사람으로 하여금 착오를 일으키게 하는 행위를 말하며, 이러한 기망행위의 수단·방법에는 제한이 없다. 형법은 사기죄와 관련하여 사기죄·준사기죄·부당이득죄·상습사기죄 등을 규정하고 있다. 미성년자의 경솔함 또는 사람의 심신장애를 이용하여 재물의 교부를 받거나 재산상의 이익을 취득하는 경우가 준사기죄이며, 사람의 궁박한 상태를 이용하여 현저하게 부당한 이익을 취득한 경우가 부당이득죄에 해당한다.

참 고

사기죄의 주관적 구성요건인 편취의 고의는 피고인이 자백하지 않는 한 범행 전후 피고인의 재력, 환경, 범행의 내용, 거래의 이행과정, 피해자와의 관계 등과 같은 객관적 사정을 종합하여 판단하여야 한다. 사기죄의 요건인 기망행위는 널리 재산상의 거래관계에서 서로 지켜야 할 신의와 성실의 의무를 저버리는 모든 적극적·소극적 행위를 말한다. 반드시 법률행위의 중요 부분에 관한 허위표시를 해야 하는 것은 아니고, 상대방을 착오에 빠뜨려 행위자가 희망하는 재산적 처분행위를 하게 하는 판단의 기초가 되는 사실에 관한 것이면 충분하다. 따라서 거래의 상대방이 일정한 사정에 관한 고지를 받았더라면 거래를 하지 않았을 것이라는 관계가 인정되는 경우에는, 그 거래로 재물을 받는 자에게 신의성실의 원칙상 사전에 상대방에게 그와 같은 사정을 고지할 의무가 있다. 그런데도 이를 고지하지 않은 것은 고지할 사실을 묵비함으로써 상대방을 기망한 것이 되어 사기죄를 구성한다. 재물편취를 내용으로 하는 사기죄에서는 기망으로 인한 재물교부가 있으면 그 자체로써 피해자의 재산침해가 되어 이로써 곧 사기죄가 성립하고, 상당한 대가가 지급되었다거나 피해자의 전체 재산상에 손해가 없더라도 사기죄의 성립에는 영향이 없으므로, 사기죄에 있어서 그 대가가 일부 지급된 경우에도 편취액은 피해자로부터 교부된 재물의 가치로부터 그 대가를 공제한 차액이 아니라 교부받은 재물 전부이다(대판 2022. 4. 14. 2022도768).

4. 공갈죄

공갈죄라 함은 사람을 공갈(恐喝)하여 재물의 교부를 받거나 재산상의 이익을 취득하는 것 또는 제3자로 하여금 재물의 교부를 받게 하거나 재산상의 이익을 취득하게 함으로써 성립하는 범죄이다. 공갈죄는 상대방의 하자 있는 의사를 이용하는 점에서 사기죄와 유사하나 그 수단이 기망이 아닌 공갈이라는 점에서 구별된다.

단체 또는 다중의 위력을 보이거나 위험한 물건을 휴대한 경우 특수공갈죄로 가중처벌된다.

사례탐구

A는 며칠 전 B가 운영하는 속옷가게에 침입하여 50만원 상당의 금품을 훔친 사실이 있다. A가 훔친 물건을 거리에서 팔고 있던 중 B에게 발각되어 붙잡혔으나 B는 A를 경찰에 인계하지 않은 채, 자신의 가게로 데려 가서는 다음 날까지 500만원을 가져오지 않으면 경찰에 신고하여 구속시키겠

다고 협박을 하였다. A는 과거에도 절도죄로 처벌받은 사실이 있는 관계로 하는 수 없이 절취한 물건 값의 10배에 달하는 금품을 B에게 교부하였다. A가 B를 고발하여 처벌받게 할 수 있는가?

[해 설] A는 타인의 물건을 절취하였으므로 절도죄로 처벌받음은 당연하다. 그러나 B의 경우도 자신의 손해액이 50만원밖에 되지 않음에도 A가 경찰에 신고 될 경우 절도죄로 처벌받는다는 약점을 이용하여 거액을 갈취한 것은 타인을 공갈하여 재산상의 이득을 취한 행위에 해당한다. 문제는 B가 A의 범죄사실을 경찰에 신고한다고 말한 것이 정당한 행위임에도 공갈죄의 대상이 되는지가 문제인 바, 판례는 "고소, 구금 등 다소 불온한 언사를 하였다 할지라도 이것이 자신의 권리행사 범주 내에 들면 공갈이 아니지만, 비록 정당한 절차에 의한 신고처럼 그 권리를 행사할 의사가 없이 다만 권리행사를 빙자하여 사람을 공갈하여 재물을 취득하면 이것은 그 방법이 사회통념상 일반적으로 허용된 정도를 넘는 것"이라면서 사례와 같은 경우 공갈죄의 성립을 인정하고 있다.

5. 횡령·배임죄

(1) 횡령죄

횡령죄라 함은 자기가 보관하는 타인의 재물에 대하여 불법하게 영득하거나 또는 타인으로 하여금 영득하게 하는 범죄이다. 자기가 점유하는 재물을 영득한다는 점에서 본죄의 주체는 위탁관계에 의하여 타인의 재물을 보관하는 자이다. 따라서 위탁관계가 인정되지 않는 유실물·표류물·매장물 기타 타인의 점유를 이탈한 재물을 횡령하는 때에는 점유이탈물 횡령죄가 성립한다. 횡령행위는 사실행위이건 법률행위이건 묻지 않는다. 소비·착복·은닉 또는 점유의 부인은 전자에 해당하고, 매매·입질 또는 저당권설정이나 가등기와 같은 담보제공·증여·대여 등은 후자에 속한다.

사례탐구

운송회사로부터 일정액 급여를 받으며 당일 운송수입금 전부를 운송회사에 납입하고 운송회사는 이를 월 단위로 정산하기로 하는 약정이 체결된 경우에 근로자가 운송수입금을 임으로 소비한 행위가 횡령죄가 될까? 또, 근로자가 사납금을 초과하는 수입금 일부를 배분받을 권리가 있어도 마찬가지일까?

[해 설] 운송회사와 소속 근로자 사이에 근로자가 운송회사로부터 일정액의 급여를 받으며 당일 운송수입금을 전부 운송회사에 납입을 하되, 운송회사는 근로자가 납입한 운송수입금을 월 단위로 정산해서 그 운송수입금이 월간 운송수입금 기준액인 사납금을 초과하는 경우엔 그 초과금액에 대해서 운송회사와 근로자에게 일정 비율로 배분해 정산을 하고, 사납금에 미달되는 경우엔 그 부족금액에 대해서 근로자의 급여에서 공제하여 정산하기로 하는 약정이 체결되었

으면, 근로자가 사납금 초과 수입금을 개인 자신에게 직접 귀속시키는 경우와는 다르게, 근로자가 애초 거둔 운송수입금 전액은 운송회사의 관리와 지배 아래 있다고 봄이 상당하기에 근로자가 운송수입금을 임의로 소비했다면 횡령죄 구성을 한다. 이는 근로자가 운송회사에서 사납금을 초과하는 운송수입금 일부를 배분받을 권리를 가지고 있다고 해도 다른 특별한 사정이 없는 한 다를 바 없다고 할 것이라고 하였다(대판 2014. 4. 30. 2013도8799).

(2) 배임죄

배임죄라 함은 타인의 사무를 처리하는 자가 그 임무에 위배하는 행위로써 재산상의 이익을 취득하거나 제3자로 하여금 이를 취득하게 하여 본인에게 손해를 가하는 범죄이다. 구성요건으로 본 죄의 주체는 타인의 사무를 처리하는 자이며, 이때의 사무는 고유한 의미의 사무에 국한된다. 따라서 의사가 환자를 치료하는 사무나 변호사가 신분법상의 소송에 관한 의뢰사건을 처리하는 사무는 본 죄의 사무가 아니다. 그러나 이중매매나 이중저당의 경우 매도인과 저당권 설정자는 타인의 사무를 처리하는 자이므로 그들이 그 임무에 위배하는 행위로서 타인에게 손해를 주는 경우, 배임죄를 성립시킨다.

제2절 사회적 법익에 관한 죄

Ⅰ. 공공안전과 평온을 침해하는 죄

1. 공안을 해하는 죄

공공의 법질서 또는 공공의 안전과 평온을 해하는 범죄이다. 형법은 공안을 해하는 죄로 범죄단체조직죄·소요죄·다중불해산죄·전시공수계약불수행죄·공무원자격사칭죄 등을 규정하고 있다.

2. 폭발물에 관한 죄

폭발물을 사용하여 사람의 생명이나 신체 또는 재산을 해하거나 기타 공안을 문란케 함으로써 성립하는 공공위험범죄이다. 여기에는 폭발성물건사용죄·전시폭발물사용죄·폭발물사용예비음모죄 등이 있다.

3. 방화와 실화의 죄

방화와 실화의 죄는 고의 또는 과실로 불을 놓아 건조물 또는 물건을 소훼하는 것을 내용으로 하는 공공위험에 관한 범죄이다. 여기에는 현재건조물등방화죄·공용건조물등방화죄·일반건조물등방화죄·일반물건방화죄·연소죄·방화예비음모죄·준방화죄·폭발물파열죄·단순실화죄·중실화죄·업무상실화죄·과실 또는 업무상과실, 중과실폭발물실화죄 등이 있다.

Ⅱ. 공공의 신용에 관한 죄

1. 통화에 관한 죄

통화에 관한 죄란 행사할 목적으로 통화를 위조 또는 변조하거나, 위조 또는 변조한 통화를 행사·수입·수출 또는 취득하거나, 통화유사물을 제조함으로서 성립하는 범죄이다. 통화에 관한 죄는 문서위조죄의 특수한 형태로서 통화에 관한 죄가 성립되면 문서위조죄는 성립하지 않는다. 통화에는 화폐·지폐·은행권이 있다.

2. 유가증권, 우표와 인지에 관한 죄

행사할 목적으로 유가증권을 위조·변조 또는 허위 작성하거나, 위조·변조·허위 작성된 유가증권을 행사할 목적으로 수입 또는 수출하는 죄이다. 유가증권은 어음·수표·화물상환증·창고증권·선하증권·상품권 등을 말한다.

사례탐구

A는 B 명의의 유가증권인 약속어음 1매를 위조하여 칼라복사기로 복사한 다음 그 어음으로 대금을 청구하였다. A에게 유가증권행사죄가 성립하는가?

[해 설] 사안과 같은 사례에서 대법원은 "A가 약속어음을 위조한 행위는 유가증권위조죄에 해당한다 할 것이지만, 유가증권위조죄에 있어서의 유가증권이란 위조된 유가증권의 원본을 말하는 것이고 전자복사기 등을 사용하여 기계적으로 복사한 사본은 여기에 해당하지 않는다"고 하여 유가증권행사죄의 성립을 부정하였다(대판 1998. 2. 13. 97도2922).

3. 문서에 관한 죄

문서에 관한 죄란 행사할 목적으로 문서를 위조 또는 변조하거나, 허위의 문서를 작성하거나, 위조·변조·허위 작성된 문서를 행사하거나 부정행사함으로서 성립하는 범죄이다. 형법상 문서에 관한 죄는 문서위조변조죄·허위문서작성죄·위조등문서행사죄 및 문서부정행사죄의 네 가지 유형이 있다.

여기에서 '문서'란 문자 또는 이를 대신할 부호에 의하여 사상이나 관념을 표시한 물체이다. 따라서 문서에는 도화와 같은 것도 포함된다. 형법은 문서를 공문서와 사문서로 구별하고 있다. 공문서는 공무소 또는 공무원이 직무에 관하여 작성한 문서이고, 사문서는 사인 명의로 작성한 문서이다.

사례탐구

A는 B소유 부동산을 매수하면서 B의 대리인이라고 주장하는 C와 계약하고 계약금을 지급하였다. 계약당시 C는 전자복사기로 복사한 B의 대리인 위임장사본을 제시하였는데, 계약체결 후 B에게 확인해보니 B는 C에게 위 부동산매각을 위임한 사실도 대리권을 준 사실도 없다고 한다. A는 계약금을 가로챈 C를 고소하려는데 C가 위임장을 복사하여 제시한 행위가 위조문서행사죄에 해당하는가?

[해 설] 복사기로 복사한 문서가 문서에 관한 죄의 문서에 해당되는지에 관하여 종전의 판례는 문서에 관한 죄에 있어서의 문서는 작성명의인의 의사가 표시된 물체 그 자체를 의미하는 것이고, 사본이나 등본은 그 인증이 없는 한 문서에 관한 죄의 행위객체인 문서에 해당되지 않는다고 하여 사본의 문서성을 부인하였으나, 이후 이를 변경하여 복사기나 사진기, 모사전송기 등을 사용하여 기계적인 방법에 의하여 복사한 문서인 이른바 복사문서는 사본이라고 하더라도 문서위조죄 및 동 행사죄의 객체인 문서에 해당 한다고 하였다(대판 1995. 12. 26. 95도2389; 대판 1996. 5. 14. 96도785; 대판 2000. 9. 5. 2000도2855). 그리고 1996년 7월 1일부터 시행된 현행형법은 이 경우에 있어서 전자복사기, 모사전송기 기타 이와 유사한 기기를 사용하여 복사한 문서 또는 도화의 사본도 문서 또는 도화로 본다고 규정하고 있다. 따라서 위 사안에서 C의 행위는 사문서위조 및 위조사문서행사죄에 해당하게 되어 처벌받을 것이다.

Ⅲ. 사회의 도덕에 관한 죄

1. 풍속을 해하는 죄

성생활에 관계된 범죄이다. 형법은 성생활에 관한 범죄를 강간죄와 강제추행죄 등의 정조에 관한 죄와 간통죄·음행매개죄·음란물죄 및 공연음란죄 등의 풍속을 해하는 죄로 나누어 규정하고 있다.

2. 도박과 복표에 관한 죄

도박과 복표(福票)에 관한 죄는 도박하거나, 도박을 개장하거나, 복표를 발매하거나, 중개 또는 취득함으로써 성립하는 범죄이다.

그러나 복표에 관해서는 한국마사회법이나 복표발행기타사행행위단속법 등에 의하여 복권이 발행되고 있고, 또 사행행위를 별도로 규정하여 처벌하고 있으므로 형법의 복표에 관한 죄는 삭제되어야 할 것이다. 여기에는 단순도박죄·상습도박죄·도박개장죄·복표발행, 중개, 취득죄 등이 있다. 최근 형법 개정으로 형량이 상향되었다.

참 고

1. 피고인들이 각자 핸디캡을 정하고 홀마다 또는 9홀마다 별도의 돈을 걸고 총 26 내지 32회에 걸쳐 내기 골프를 한 행위가 도박에 해당한다(대판 2008. 10. 23. 2006도736).
2. 피고인 자신이 운영하는 여관 카운터에서 같은 동네에 거주하는 친구들과 함께 저녁을 시켜 먹은 후 그 저녁 값을 마련하기 위하여 속칭 '훌라'라는 도박을 하다가 적발된 경우, 일시 오락에 불과하여 도박죄로 처벌할 수 없다(대판 2004. 4. 9. 2003도6351).
3. 도박이란 2인 이상의 자가 상호간에 재물을 도(賭)하여 우연한 승패에 의하여 그 재물의 득실을 결정하는 것이므로, 이른바 사기도박과 같이 도박당사자의 일방이 사기의 수단으로써 승패의 수를 지배하는 경우에는 도박에서의 우연성이 결여되어 사기죄만 성립하고 도박죄는 성립하지 아니한다(대판 2011. 1. 13. 2010도9330).

3. 신앙에 관한 죄

신앙에 관한 죄란 종교적 평온과 종교감정을 침해하는 것을 내용으로 하는 범죄이다. 여기에는 장례식등의방해죄·사체등의오욕죄·분묘발굴죄·사체 등 손괴유기은닉영득죄·변사체검시방해죄 등이 있다.

제3절 국가적 법익에 관한 죄

Ⅰ. 국가존립에 대한 죄

1. 내란죄와 외환의 죄

내란죄란 국가조직의 기본제도를 다중의 폭력에 의하여 혁명하는 범죄이다. 형법은 내란죄를 국토를 참절하거나 국헌문란의 목적으로 폭동 또는 살인을 하는 것으로 규정하고 있다. 한편 외환(外患)의 죄란 외국과 통모하여 우리나라에 대하여 전단을 열게 하거나 외국인과 통모하여 우리나라에 항적하는 외환유치죄를 비롯하여 모병이적죄·시설제공이적죄 등이 있다.

2. 국교에 관한 죄

우리나라에 체재하는 외국원수에 대하여 폭행·협박 또는 모욕을 하거나 명예를 훼손하는 외국원수에 대한 죄를 비롯하여 외교사절에 대한 죄, 외국의 국기·국장에 대한 죄 등이 있다.

Ⅱ. 국가권위와 기능에 대한 죄

1. 공무원의 직무에 관한 죄

공무원의 직무에 관한 죄란 공무원이 의무를 위반하거나 직권을 남용하여 국가 기능의 공정을 해치는 것을 내용으로 하는 범죄이다. 국가의 기능이 직권남용이나 뇌물 기타의 이유로 부패되는 것을 방지함을 목적으로 하고 있다. 여기에는 직무유기죄·피의사실공표죄·공무상비밀누설죄·직권남용죄·불법체포감금죄·폭행가혹행위죄·선거방해죄·뇌물죄·단순수뢰죄·사전수뢰죄·뇌물공여죄·수뢰후부정처사죄·사후수뢰죄·알선수뢰죄·증뇌물전달죄 등이 있다.

사례탐구

2012년 4월 검사로 임관해 서울동부지검에 실무수습을 하던 A검사는 그해 11월 조사하던 여성 피의자와 2차례 유사 성교행위를 하고 검사실과 모텔에서 3차례 성관계를 가진 혐의로 기소됐다. 여성과의 성관계를 뇌물로 보아 A씨를 뇌물죄로 처벌할 수 있을까?

[해 설] 과거 공무원이 연루된 수뢰 사건의 하급심 판결에서는 성행위 자체를 뇌물로 인정한 사례가 종종 있었으며, 검사를 비롯한 공직자가 직무 수행과 관련, 여성과 성관계를 가진 것을 뇌물죄로 처벌한 대법원 결정이 최근 있었다.
1·2심은 A씨가 여러 차례 성행위를 할 당시 검사로서 직무 수행 중이었거나 그 연장선상에 있었고 검사가 수사 중인 피의자로부터 성적 이익을 제공받는 것은 직무 관련성과 대가성, 고

의성이 충분히 인정될 뿐 아니라 직무의 공정성을 중대하게 훼손한다며 징역 2년을 선고했다. 당시 A씨 측은 '성적 이익의 가액 산정이 불가능하며 뇌물로 볼 수 없다'고 주장했다.
그러나 재판부는 국내외 판례를 종합적으로 검토한 끝에 "뇌물은 사람의 수요·욕망을 충족시키는 일체의 유무형 이익을 포함한다. 경제적 가치가 있거나 금전적 이익으로 환산 가능한 것만 이에 해당한다고 볼 수 없다"며 유죄를 인정했다.

2. 공무방해에 관한 죄

국가 또는 공공기관이 행사하는 기능을 방해함으로써 성립하는 범죄이다. 여기에는 직무를 집행하는 공무원에 대하여 폭행 또는 협박함으로써 성립하는 공무집행방해죄를 비롯하여 공무원에게 직무상의 행위를 강요하거나 저지하거나 그 직을 사직케 할 목적으로 폭행 또는 협박함으로써 성립하는 직무사직강요죄 기타 위계에 의한 공무집행방해죄·법정 또는 국회회의장모욕죄·인권옹호직무방해죄·공무상봉인등무효죄·공무상비밀침해죄·공용서류등무효죄·공용물파괴죄·공무상보관물무효죄·특수공무방해죄·특수공무방해치사상죄 등이 있다.

참 고 위계에 의한 공무집행방해죄 인정사례

1. 입학고사문제를 사전에 입수하여 미리 알고 응시한 경우
2. 운전면허시험에 대리응시한 경우
3. 자격시험 응시자격을 증명하는 수료증명서를 허위작성 제출한 경우
4. 학교 입학원서 추천란을 사실과 다르게 조작 허위기재하여 그 추천서 성적이 학교입학전형자료가 되게 한 경우
5. 허위 진단서를 발급받아 행정관청에 제출하여 개인택시 운송사업의 양도·양수 인가신청을 받은 경우
6. 교통사고 야기 후 타인의 혈액을 자신의 혈액인 것처럼 교통사고 조사경찰관에게 제출한 경우

3. 도주와 범인은닉의 죄

도주의 죄는 체포 또는 구금된 자가 스스로 도주하거나 타인의 도주에 관여함으로써 성립하는 범죄이고, 범인은닉죄는 벌금 이상의 형에 해당하는 죄를 범한 자를 은닉 또는 도피하게 함으로써 성립하는 범죄이다.

도주와 범인은닉의 죄에는 단순도주죄·특수도주죄·집합명령위반죄·도주원조죄·간수자도주원조죄·범인은닉죄 등이 있다. 친족, 호주 또는 동거의 가족이 본인을 위하여 범인은닉죄를 범한 때에는 처벌하지 아니한다.

4. 위증죄와 무고죄

'위증죄'란 법률에 의하여 선서한 증인·감정인·통역인이 허위의 증언·감정·통역·번역함으로써 성립하는 위증죄를 비롯하여 모해위증죄, 타인의 형사사건 또는 징계사건에 관한 증거를 인멸·은닉·위조 또는 변조하거나 증인을 은닉 또는 도주하게 하는 증거인멸죄 등이 있다.

'무고죄'란 국가의 심판작용의 공정을 침해하는 것을 내용으로 하는 범죄이며, 타인으로 하여금 형사처분 또는 징계처분을 받게 할 목적으로 공무소(公務所) 또는 공무원에 대하여 허위의 사실을 신고함으로써 성립한다.

참 고 **무고죄 사례**

1. 부천의 한 지역에서 유흥주점의 한 종업원이 손님과 합의하에 관계를 가진 후 성폭행을 당했다고 신고를 하고 진술서도 허위로 작성하였고, 거짓 진술을 하는 등의 대범함을 보이며, 성폭행 신고를 통해 합의금을 요구하다가 결국 허위 진술임이 밝혀져 무고죄로 구속되었다.
2. 2013년 일어난 사건으로, 이태원의 한 클럽에서 만나 관계를 가진 후 성폭행을 당했다고 고소를 한 사건으로, 성폭행을 당했다고 주장한지 하루만에 '보고싶다'라는 문자를 보내 허위 신고인 것이 판명이 나 피해자의 신분에서 피의자 신분으로 뒤바뀌었다.
3. A씨는 한 인터넷 동호회에서 이씨를 만나서 성관계를 가진 뒤 계속 교제할 생각으로 남자친구인 B씨에게 결별 선언을 했다. 하지만 A씨가 성관계 후 이씨로부터 10만원을 송금받은 사실을 안 B씨가 성폭행을 당했다고 고소를 하지 않으면 성매매한 것으로 신고를 하겠다고 협박을 하여, A씨는 자신이 이씨에게 성폭행을 당했다고 고소장을 제출했으나 허위 진술임이 밝혀져 A씨에게는 벌금 500만원, B씨에게는 징역 8개월에 집행유예 2년과 사회봉사 80시간 선고되었다.

Chapter 03 형사사건처리절차

제 1 절 형사소송의 주체

I. 법 원

소송법상 법원은 개개의 소송사건에 대하여 실제로 재판권을 실행하는 재판기관, 즉 법관의 합의부 또는 1인의 법관(단독제)을 말한다.

법원으로는 최고법원인 대법원이 있고, 하급법원으로서는 고등법원·지방법원 및 가정법원이 있다. 그리고 지방법원의 사무일부를 처리하기 위하여 그 관할구역 안에 지방법원지원, 시·군 법원을 두고 있다. 이밖에 군인·군무원 등의 범죄행위를 처벌하기 위한 특별법원으로 군사법원이 있다.

지방법원·동 지원 및 가정법원은 원칙적으로 단독제이나, 사형·무기·단기 1년 이상의 징역 또는 금고에 해당하는 사건 등에 대하여는 판사 3인으로 구성된 합의부에 심판한다. 그러나 고등법원은 언제나 3인의 판사로서 구성된 합의부에서 심판한다. 대법원은 원칙적으로 대법관 전원의 3분의 2 이상의 합의체에서 이를 행하며 대법원장이 재판장이 된다.

지방법원과 고등법원에서는 범죄사건에 대하여 사실심리를 기초로 하여 재판을 하기 때문에 이를 사실심(事實審)이라고 하며, 대법원에서는 그 사건에 대하여 하급법원에서 행해진 법률적용의 위법여부를 판단하기 때문에 이를 법률심(法律審)이라고 한다.

Ⅱ. 검 사

검사는 국가의 형벌권을 발동하는 국가기관이다. 즉 검사는 형사에 관하여 공익의 대표자로서 범죄수사·공소제기 및 그 유지에 필요한 행위를 하고, 범죄수사를 담당하는 사법경찰관리를 지휘·감독하고, 법원에 대한 법령의 정당한 적용의 청구 및 재판의 집행을 지휘·감독하는 것을 주요 직무로 한다.

검사에게는 공익과 법질서의 유지라는 관점에서의 수사권한, 국가의 청렴성을 대변하는 원고로서의 소송에 임하는 지위를 부여하는 것으로 인식되는 것이 일반적이나, 보다 더 중요한 검사의 직무는 공익의 대표자라는 점에 주의할 필요가 있다.

참 고

헌법상 영장신청권자인 검사는 검찰청법에서의 검사만을 말하는 것은 아니다. 헌법재판소는 2021년 1월 28일 고위공직자범죄수사처 설치 및 운영에 관한 법률 위헌 확인(2020헌마264) 선고 결정문에서 "헌법에 규정된 영장신청권자로서의 검사는 검찰권을 행사하는 국가기관인 검사로서, 공익의 대표자이자 수사단계에서의 인권옹호기관으로서의 지위에서 그에 부합하는 직무를 수행하는 자를 의미하는 것이지, 검찰청법상의 검사만을 지칭하는 것으로 보기 어렵다. 실제로 군검사와 특별검사도 검찰청법상 검사에 해당하지 않지만 영장신청권을 행사하고 있다"고 밝혔었다. 아래를 보자.

검찰청법

제4조(검사의 직무) ① 검사는 공익의 대표자로서 다음 각 호의 직무와 권한이 있다.

1. 범죄수사, 공소의 제기 및 그 유지에 필요한 사항. 다만, 검사가 수사를 개시할 수 있는 범죄의 범위는 다음 각 목과 같다.
   가. 부패범죄, 경제범죄, 공직자범죄, 선거범죄, 방위사업범죄, 대형참사 등 대통령령으로 정하는 중요 범죄
   나. 경찰공무원이 범한 범죄
   다. 가목·나목의 범죄 및 사법경찰관이 송치한 범죄와 관련하여 인지한 각 해당 범죄와 직접 관련성이 있는 범죄
2. 범죄수사에 관한 특별사법경찰관리 지휘·감독
3. 법원에 대한 법령의 정당한 적용 청구
4. 재판 집행 지휘·감독
5. 국가를 당사자 또는 참가인으로 하는 소송과 행정소송 수행 또는 그 수행에 관한 지휘·감독
6. 다른 법령에 따라 그 권한에 속하는 사항

② 검사는 그 직무를 수행할 때 국민 전체에 대한 봉사자로서 헌법과 법률에 따라 국민의 인권을 보호하고 적법절차를 준수하며, 정치적 중립을 지켜야 하고 주어진 권한을 남용하여서는

아니 된다.

고위공직자범죄수사처 설치 및 운영에 관한 법률

제8조(수사처검사) ① 수사처검사는 7년 이상 변호사의 자격이 있는 사람 중에서 제9조에 따른 인사위원회의 추천을 거쳐 대통령이 임명한다. 이 경우 검사의 직에 있었던 사람은 제2항에 따른 수사처검사 정원의 2분의 1을 넘을 수 없다.

② 수사처검사는 특정직공무원으로 보하고, 처장과 차장을 포함하여 25명 이내로 한다.

③ 수사처검사의 임기는 3년으로 하고, 3회에 한정하여 연임할 수 있으며, 정년은 63세로 한다.

④ 수사처검사는 직무를 수행함에 있어서 「검찰청법」 제4조에 따른 검사의 직무 및 「군사법원법」 제37조에 따른 군검사의 직무를 수행할 수 있다.

Ⅲ. 피고인

피고인(被告人)이란 형사소송에서 검사에 의하여 공소가 제기된 자를 말한다. 따라서 공소가 제기되기 전에 수사기관에 의하여 조사를 받고 있을 때에는 피의자라고 한다. 형사소송법의 공판절차에서는 피의자라는 용어를 사용하지 않고 피고인이라는 지위를 인정하는 데는 중요한 의미가 있다. 그것은 형사소송의 역사적 발전과 깊은 관련이 있다.

형사소송절차의 발전과정은 인간의 존엄성보장을 전제로 한 것이었다. 따라서 오늘날의 형사소송은 적법한 절차 위에서 피고인에 대한 인간적 권리를 부여하지 않으면 안 되게 되었으며, 피고인의 권리를 인정하기 위해서는 공격자인 검사와 대등성을 인정할 필요성을 느끼게 된 것이다. 이러한 인권보장을 위한 제도적 장치를 마련하자는 데에서 피고인이라는 특별한 지위를 부여하고 피의자라는 단계와 구분지어 법률상의 성격을 달리 해석하고 있는 것이다. 그러나 피고인이 법률상 당사자로서의 지위를 인정받고 있다고 하지만, 공격자인 검사와 대비하여 볼 때 피고인은 현실적으로 많은 취약점을 갖고 있다. 따라서 오늘의 형사소송법이나 형사소송절차의 운영이 당사자의 무기대등을 전제로 한다고 하지만, 이는 이론적이고 법률적인 측면에서의 의미에 불과할 뿐, 현실적으로는 이미 무기대등의 유지는 곤란한 것임에 틀림없다.

따라서 현행 소송제도는 검사보다 열악한 피고인의 지위를 보장해 주기 위하여 검사와 대등한 능력을 지닌 변호인제도를 도입하였고, 헌법상에도 변호인의 조력을 받을 수 있는 권리를 보장하고 있다.

제 2 절 형사사건처리절차

Ⅰ. 수사단계

1. 수사기관

수사기관이라 함은 법률상 수사의 권한이 인정되어 있는 국가기관을 말한다. 수사기관으로서는 검사 이외에 사법경찰관리가 있다.

참 고

2020년 2월 개정된 형사소송법은 "검사와 사법경찰관은 수사, 공소제기 및 공소유지에 관하여 서로 협력하여야 한다"고 규정했다(제195조 제1항). 경찰은 검사와 상하관계가 아닌 협력관계이다.

형사소송법
제197조(사법경찰관리) ① 경무관, 총경, 경정, 경감, 경위는 사법경찰관으로서 범죄의 혐의가 있다고 사료하는 때에는 범인, 범죄사실과 증거를 수사한다.
② 경사, 경장, 순경은 사법경찰리로서 수사의 보조를 하여야 한다.
제197조의4(수사의 경합) ① 검사는 사법경찰관과 동일한 범죄사실을 수사하게 된 때에는 사법경찰관에게 사건을 송치할 것을 요구할 수 있다.
② 제1항의 요구를 받은 사법경찰관은 지체 없이 검사에게 사건을 송치하여야 한다. 다만, 검사가 영장을 청구하기 전에 동일한 범죄사실에 관하여 사법경찰관이 영장을 신청한 경우에는 해당 영장에 기재된 범죄사실을 계속 수사할 수 있다.

2. 수사개시

수사기관이 수사를 개시하는 단서에는 제한이 없다. 고소나 고발 또는 인지에 의해 수사를 할 수도 있다. 그 밖에 현행범의 체포, 변사자의 검시, 불심검문, 기사, 세평, 범죄신고 등도 수사개시의 단서가 된다. 수사기관은 범죄의 혐의가 있다고 사료되는 때는 범인 및 범죄사실과 증거를 수사하여야 한다.

3. 입 건

수사기관이 수사를 개시하여 형사사건으로 되는 것을 입건한다고 하며, 이와 같이 입건이 되어 수사대상이 되면 형사소송법상 '피의자'가 되는 것이다. 그런데 소송관행상 용의자라는 말과 내사라는 말을 사용하는데, 내사라 함은 아직 범죄의 혐의가 뚜렷하지 않아 정식으로 입건하기에는 부족하지만 진정이나 투서가 있다든지 또는 진정 등이 없더라도 조사를 해볼 필요가 있는 경우에는 정식입건을 하지 않고 내부적으로 조사를 함을 말한다. 내사를 할 때에는 내사사건부에 기재하여야 한다. 그리고 용의자라 함은 어떤 사건이 났다고 할 때 범인으로 상당한 의심이 가는 자가 있으나 범인이라는 뚜렷한 혐의가 아직 발견되지 않은 지위에 있는 자를 말한다. 이에 대하여 조사가 더 진행되어 범죄의 혐의가 인정됨으로써 정식으로 입건되면 그때부터 피의자의 신분이 되는 것이다.

4. 체 포

입건된 피의자가 죄를 범하였다고 의심할 만한 상당한 이유가 있음에도 불구하고 정당한 이유 없이 출석요구에 응하지 아니하거나 응하지 아니할 우려가 있는 때에는 피의자를 체포할 수 있다. 체포를 하기 위해서는 원칙적으로 판사가 발부한 체포영장이 있어야 하며, 사법경찰관이 피의자를 체포하기 위해서는 먼저 검사에게 체포영장을 신청해야 한다. 이 때 검사는 판사에게 청구하여 체포영장을 발부 받게 되는데, 명백히 체포의 필요가 인정되지 아니하는 경우에 검사나 판사는 체포영장을 기각할 수 있다.

다만 수사기관이 범죄가 무겁고 긴급한 사정이 있어 판사의 체포영장을 발급 받을 여유가 없을 때에는 그 사유를 알리고 영장 없이도 피의자를 체포할 수 있는데 이를 '긴급체포'라 한다. 사법경찰관이 피의자를 긴급 체포한 경우에는 즉시 검사의 승인을 얻어야 한다. 범죄를 실행 중이거나 실행의 직후인 자를 현행범인이라 하는데, 현행범인은 누구든지 영장 없이 체포할 수 있으나 수사기관이 아닌 자가 현행범인을 체포한 때에는 즉시 수사기관에 인도하여야 한다.

체포 또는 긴급 체포한 피의자를 구속하고자 할 때에는 체포한 때부터 48시간 이내에 판사에게 구속영장을 청구하여야 한다. 그 기간 이내에 구속영장을 청구하지 아니하거나(영장에 의한 체포 또는 현행범인체포의 경우) 구속영장을 발부 받지 못한 때(긴급체포의 경우)에는 피의자를 즉시 석방하여야 한다.

5. 구 속

구속이라 함은 구인과 구금을 포함한다. 구인이란 피의자 또는 피고인을 법원 또는 기타의 장소에 인치하는 강제처분이다. 이는 피고인뿐만 아니라 증인에 대하여도 행해진다. 또 구금은 피의자 또는 피고인을 교도소 또는 구치소에 구금하는 강제처분을 말한다. 수사기관은 수사를 한 결과 범죄가 무겁고 죄질이 나쁘며 일정한 주거가 없거나 도망 또는 증거인멸의 염려가 있는 경우에는 피의자를 구속할 수 있다.

구속을 하기 위해서는 반드시 판사가 발부한 구속영장이 있어야 한다. 구속영장의 청구절차 및 방법은 체포영장의 경우와 같으며, 구속은 어디까지나 예외적인 경우이고 수사는 불구속 상태에서 하는 것이 원칙이라고 할 것이다.

한편, 현행 형사소송법은 구속된 피의자를 위한 다양한 권리들을 보장하고 있다. 먼저 변호인선임권이 보장된다. 체포·구속된 피의자는 언제든지 변호인을 선임할 수 있고, 변호인을 접견할 권리가 있다. 다음으로 영장실질심사제도가 있다. 영장실질제도는 수사단계에서 체포되어 구속영장이 청구될 경우 피의자·변호인·법정대리인·배우자·직계친족·형제자매·호주·가족·동거인·고용주 등은 판사에게 피의자를 심문해 줄 것을 청구할 수 있다. 영장실질심사를 통해 피고인 및 변호인은 피의 사실 및 구속 사유 등에 관한 피고인의 입장을 충분히 말할 수 있는 기회를 갖게 되며, 판사는 그와 같은 심문결과와 수사기관이 제출한 수사기록 등을 종합하여 구속 요건의 합치와 구속의 당부를 심사하게 된다. 이는 헌법과 형사소송법에 규정된 불구속 재판의 원칙과 무죄추정의 원칙을 실질적으로 구현하기 위해 1997년 1월부터 도입된 제도이다. 그 밖에 다음에 설명하는 구속적부심사제도나 보석제도도 구속된 피의자를 보호하기 위한 조치들이다.

6. 구속적부심사제도

일단 영장에 의하여 수사기관에 체포 또는 구속되었다고 하더라도, 피의자는 적부심사절차에 따라 다시 법원으로부터 체포 또는 구속의 적부여부를 심사 받을 수가 있다. 이 절차에서 체포 또는 구속이 부당하다고 하여 법원이 석방을 명하면 피의자는 즉시 석방되며, 이에 대하여 검사는 항고를 하지 못한다.

체포 또는 구속적부심의 청구는 피의자 본인이나 변호인은 물론 배우자, 직계친족, 형제자매, 호주, 나아가 동거인이나 고용주도 피의자를 위하여 청구할 수 있다. 체포 또는 구속적부심은 검사가 법원에 기소를 하기 전이면 청구할 수 있다는 점에서, 기소된 피고인에 대하여 인정되는 보석제도와 다르다.

현행 형사소송법은 구속의 적부심사를 청구받은 피의자에 대해서도 피의자의 출석을 보증할 만한 보증금의 납입을 조건으로 석방을 명하는 피의자보석제도를 채택하였는바, 석방의 요건·집행절차 등은 보석의 경우와 거의 동일하다.

Ⅱ. 송치단계

수사기관에서 다른 기관으로 사건을 보내는 단계가 송치단계인데, 형사소송의 경우 경찰에서 검찰로 사건이 넘어가는 것을 이른다. 사법경찰관은 검사의 기소를 위하여 수사한 형사사건에 대한 기록 등 서류와 증거물을, 그리고 구속한 경우에는 피의자를 검찰청으로 보내야 하는데 이를 송치한다고 한다.

사법경찰관은 송치할 때 그동안 수사한 결과를 종합하여 사법경찰관으로서의 의견(예컨대 기소, 불기소 또는 기소중지, 무혐의 등)을 붙여서 송치하는데, 이를 송치의견이라고 한다. 이 의견은 검사가 수사를 종결하는 데 참고가 되지만, 그 의견에 기속되는 것은 아니다.

Ⅲ. 기소단계

1. 기 소

검사는 사법경찰관으로부터 송치 받은 사건이나 직접 인지 등으로 수사한 사건에 대하여 피의자가 재판을 받음이 마땅하다고 판단되는 경우에는 이를 법원에 회부하게 되는데, 이를 공소제기, 즉 기소라고 한다. 이 때 검사에 의하여 기소된 사람을 피고인이라 한다.

그런데 검사가 피의자에 대하여 징역형이나 금고형에 처하는 것보다 벌금형에 처함이 상당하다고 생각되는 경우에는 기소와 동시에 법원에 대하여 벌금형에 처해 달라는 뜻의 약식명령을 청구할 수 있는데, 이를 약식기소라고 한다. 따라서 구속된 사람에 대하여 검사가 약식기소를 하는 경우에는 석방을 하여야 한다. 이 경우 판사는 공판절차를 거치지 않고 수사기록만으로 재판을 하게 된다.

그러나 판사는 약식절차에 의하는 것이 불가능 또는 부적당하다고 생각하는 경우에는 정식재판에 회부하여 공판을 열어 재판을 할 수도 있다. 피고인이나 검사는 판사의 약식명령에 대하여 불복이 있으면 7일 내에 정식재판을 청구할 수 있다. 그리고 실무상으로는 검사는 약식기소를 할 때 구형에 해당하는 벌금 상당액을 피고인으로부터 미리 예납을 받고 있는데, 예납한 피고인은 약식명령에 기재된 벌금을 다시 납부할 필요는 없다.

2. 불기소

검사가 사건을 수사한 결과 재판에 회부하지 않는 것이 상당하다고 판단되는 경우에는 기소를 하지 않고 사건을 종결하는데, 이를 불기소처분이라고 한다. 불기소처분으로 중요한 것은 기소유예와 무혐의처분이 있다.

기소유예는 죄는 인정되지만 피의자의 연령이나 성행, 환경, 피해자에 대한 관계, 범행의 동기나 수단, 범행 후의 정황 등을 참작하여 전과자를 만드는 것보다는 다시 한 번 성실한 삶의 기회를 주는 것으로 검사가 기소를 하지 않고 용서해 주는 것을 말한다. 그리고 검찰실무에서는 '선도조건부 기소유예제도'를 많이 활용하고 있는데, 이는 선도위원이 피의자를 선도하여 앞으로 재범하지 않는다는 조건으로 검사가 기소를 유예하는 것이다.

무혐의처분은 법률전문가인 검사가 수사한 결과 범죄를 인정할 만한 증거가 없는 경우에 피의자의 무고함을 최종적으로 판단하는 처분이다. 또 민사상의 채무불이행에 해당되어 무혐의처분을 한 경우에는 형사상 범죄가 성립되지 않는 것을 의미할 뿐이지 민사상의 채무까지 면해 주는 것이 아님을 주의할 필요가 있다.

참고로 한번 기소유예를 하면 특별한 사정이 없는 한 다시 같은 죄로 기소를 하지 않지만, 만약 기소유예 후에 또 죄를 저질렀다고 하는 경우 등의 사정이 있으면 검사는 기소유예처분한 범죄에 대하여 새로 기소를 할 수 있다. 그리고 이는 무혐의에 대해서도 마찬가지인데, 만약 새로운 증거가 발견된다면 검사는 기소를 할 수 있다.

고소·고발의 각하처분은 무익한 고소·고발의 남용과 남발에 의한 피고소·피고발인의 인권침해를 방지하고 고소·고발인의 권익을 합리적으로 보호·조정하기 위한 제도로, 고소인 또는 고발인의 진술이나 고소장 또는 고발장에 의하여 처벌할 수 없음이 명백한 고소·고발사건의 경우, 검사는 피고소·피고발인을 소환·조사하지 아니하고 각하결정을 할 수 있다.

3. 기소중지·참고인 중지

기소중지란 피의자의 소재불명 등의 사유로 인하여 수사를 종결할 수 없는 경우에 그 사유가 해소될 때까지 행하는 처분으로 장래에 그 사유가 해소되면 반드시 다시 수사하여 처분을 받게 할 목적에서 하는 처분이다. 피의자의 소재불명을 사유로 하여 기소중지결정이 있는 경우 원칙적으로 지명수배를 하게 된다.

참고인중지란 검사가 사건을 수사한 후 참고인·고소인·고발인 또는 같은 사건의 다른 피의자의 소재불명으로 수사를 종결할 수 없는 경우에 그 사유가 해소될 때까지 행하는 처분이다.

Ⅳ. 재판단계

1. 재판의 의의

검사가 기소한 사건에 대하여 법원은 공판을 열어 재판을 하게 된다. 그러나 검사가 약식기소한 사건에 대하여는 공판을 열지 않고 기록만으로 재판을 하는데, 판사가 정식재판을 할 필요가 있다고 생각하면 사건을 정식재판에 회부할 수도 있다. 공판은 보통 법원에 마련된 공판정에서 공개리에 진행이 된다. 이 재판에서 피고인은 자기의 억울함이나 정당함을 주장할 수 있고, 또 변호인의 도움을 받을 수 있다.

2. 판 결

판결은 유죄의 판결과 무죄의 판결로 나뉜다. 심리결과 피고인의 죄가 인정되면 판사는 유죄의 판결을 하는데, 정상에 따라 실형을 선고하는 수도 있고 집행유예를 붙여주는 경우도 있으며, 특히 정상이 참작될 때는 선고유예를 하는 수도 있다.

집행유예는 형을 선고하면서 일정기간 그 형의 집행을 미루어 두었다가, 그 기간 동안 재범을 하지 않고 착실히 살면 형의 선고를 실효시켜 아예 집행을 하지 않는 제도를 말한다. 3년 이하의 징역 또는 금고의 형을 선고할 경우에 형법 제51조의 사항(양형의 조건)을 참작하여 그 정상에 참작할 만한 사유가 있는 때에는 1년 이상 5년 이하의 기간 형의 집행을 유예할 수 있다. 다만, 금고 이상의 형을 선고한 판결이 확정된 때부터 그 집행을 종료하거나 면제된 후 3년까지의 기간에 범한 죄에 대하여 형을 선고하는 경우에는 그러하지 아니하다. 또한 집행유예의 선고를 받은 자가 유예기간 중 고의로 범한 죄로 금고 이상의 실형을 선고받아 그 판결이 확정된 때에는 집행유예의 선고는 효력을 잃는다. 선고유예는 형의 선고자체를 미루어 두었다가 일정기간 무사히 경과하면 면소된 것으로 간주하는 것이다.

기소한 사건에 대하여 유죄로 인정할 증거가 없으면 판사는 무죄를 선고한다. 구속되었다가 법원에서 무죄의 판결을 받거나, 검사로부터 불기소처분(기소유예처분은 제외함)을 받은 사람 중 범인이 아닌 것이 명백한 사람 및 처음부터 잘못 구속된 사람은 형사보상법에 따라 구속에 대한 보상을 청구할 수 있다.

V. 형의 집행과 말소

1. 형의 집행

법원의 판결에 의해 확정된 형은 검사의 지휘하에 집행되는데, 징역형이나 금고형은 교도소에서 집행되고, 벌금형은 판결확정일로부터 30일 이내에 납부함으로써 집행된다. 벌금을 납부하지 않을 경우에는 1일 이상 3년 이내의 범위에서 노역장에 유치하여 노역으로 대가를 치르도록 되어 있다. 그러나 징역 또는 금고형을 받아 형을 집행 중인 자 가운데 복역성적이 뛰어나거나 깊이 뉘우치고 있는 경우에는 법무부장관이 석방을 명할 수 있는데, 이를 가석방제도라고 한다. 가석방의 대상이 될 수 있는 자는 무기형에 있어서 20년, 유기징역에 있어서 형기의 3분의 1을 경과한 자이어야 한다.

한편, 형의 집행을 정지해 주는 경우도 있는데, 형의 집행으로 생명을 보전할 수 없거나 임신 후 6개월 이상이 경과한 자나 연령이 70세를 넘은 자 및 기타 중대한 사유가 있는 자를 그 대상으로 하여 검사가 형의 집행을 정지시키고 석방을 명할 수 있다.

2. 형의 실효

한 번의 잘못으로 형을 받았더라도 일정한 기간 범죄를 저지르지 않으면 전과를 말소해 주어 사회에 복귀시키는 것이 바람직한데, 이를 법적으로 보장하기 위한 것이 전과말소제도이다. 즉 징역 또는 금고형의 집행이 종료되거나 집행이 면제된 자는 피해자에게 손해를 보상하고 7년이 경과한 경우에는 본인이 신청하면 재판의 실효를 선고받을 수 있다. 그러나 일반인들이 형의 실효를 신청하는 경우가 그다지 많지 않을 것이므로, '형의 실효 등에 관한 법률'을 두어 자동적으로 전과를 말소시켜 주고 있다. 3년을 초과하는 징역이나 금고형은 10년, 3년 이하의 징역 또는 금고형은 5년, 벌금은 2년 이상의 기간 동안 자격정지 이상의 죄를 범하지 않은 경우에는 자동적으로 형을 실효시켜 주고 있다. 한편, 구류처분이나 과료는 형의 집행을 종료하거나 그 집행이 면제된 때에 그 즉시 실효되도록 하고 있다.

제 3 절 특별소송절차

Ⅰ. 약식명령

약식명령이란 지방법원의 관할에 속하는 사건에 관하여 공판절차를 거치지 아니하고 약식절차에 의하여 벌금·과료 또는 몰수를 과하는 간이한 재판절차를 말한다. 지방법원은 그 관할에 속하는 사건에 관하여 검사의 청구가 있는 때에는 약식명령으로 피고인을 처벌할 수 있다. 그러나 그 사건을 약식명령으로 하는 것이 부적당하다고 인정될 때에는 공판절차에 의하여 심판해야 한다. 즉 검사 또는 피고인은 약식명령의 고지를 받은 날로부터 7일 이내에 정식재판의 청구를 할 수 있다.

Ⅱ. 배상명령

배상명령이란 법원이 직권 또는 피해자의 신청에 의하여 피고인에게 피고사건의 범죄행위로 인하여 발생한 손해의 배상을 명하는 재판절차를 말한다. 배상명령절차의 주된 목적은 피해자의 신속한 구제에 있다. 즉 범죄행위로 인하여 민법상의 손해배상청구권이 발생한 경우 민사소송을 개시하지 않고 형사소송절차에서 손해배상의 문제까지를 판단하게 함으로써 신속히 피해자를 보호하기 위한 것이다. 또한 민사소송절차를 생략함으로써 소송경제를 도모할 수 있다는 점도 중요한 목적이 된다.

참 고 대한민국법원 전자민원센터의 국민참여재판 Q&A

• 국민참여재판은 무엇인가요?
국민 여러분들이 배심원 또는 예비배심원으로서 참여하는 형사재판을 의미합니다. 특히 배심원으로 선정된 국민은 피고인의 유무죄에 관하여 평결을 내리고, 유죄 평결이 내려진 피고인에게 선고할 적정한 형벌을 토의하는 등 재판에 참여하는 기회를 갖게 됩니다.

• 배심원후보자는 어떻게 정해지나요?
법원은 미리 작성된 배심원후보예정자명부에서 필요한 수만큼의 배심원후보자를 무작위 추출 방식으로 정한 후 배심원후보자에게 배심원과 예비배심원의 선정기일을 통지합니다.

• 선정기일 통지서를 받은 후에 어떻게 해야 하나요?
배심원후보자는 부득이한 사정이 없는 한 선정기일에 출석하셔야 합니다. 만약 건강이 좋지 않거나 간호, 양육, 출장 등과 같이 재판에 참여할 수 없는 부득이한 사정이 있는 때에는 법원에 배심원 직무 면제를 신청할 수 있습니다.

• 누구나 배심원이 될 수 있나요?
만 20세 이상 대한민국 국민이면 누구나 배심원이 될 수 있고, 특별한 자격은 필요하지 않습니다. 다만 배심원은 공무를 수행하게 되므로 일정한 전과가 있는 사람은 제외되고, 변호사, 경찰관 등 일정한 직업을 가진 사람도 배심원이 될 수 없는 제한이 있습니다.

• 법원에 출석하면 경제적 대가를 받을 수 있나요?
배심원에게는 재판 하루당 12만원의 일당이 지급됩니다. 선정기일에 출석한 배심원후보자는 배심원으로 선정되지 않아도 6만원의 일당을 지급받습니다.

Chapter 04 교통사고와 법률

제 1 절 개 설

교통사고가 발생하여 사람을 사상하거나 재물을 손괴하면 다음 세 가지 측면에서 문제가 발행한다. 즉 행정상의 처분문제(특히 구호의무와 신고의무), 형사상의 처벌문제 및 민사상의 문제가 그것이다. 이 때 세 가지의 책임은 별개의 것이기 때문에 형사적으로 처벌을 받아도 민사적으로 손해를 전액 보상하여야 하며 행정상의 제반의무의 위반에 대한 처분도 받아야 한다.

자동차사고가 발생하면 그로 인해 타인의 재물이 손괴되거나 사람을 사상케 함으로써 형사상의 처벌을 받게 된다. 즉 교통사고로 인하여 타인의 건조물이나 재물을 손괴한 때에는 2년 이하의 금고나 500만원 이하의 벌금형에 처하도록 하고 있고(도로교통법 제151조), 사람을 사상하게 한 때에는 5년 이하의 금고 또는 2,000만원 이하의 벌금(형법 제268조)으로 처벌하고 있다.

그러나 교통사고범죄의 경우는 그 특수성을 감안하여 처벌에 특례를 인정하고 있다. 교통사고처리특례법은 사람을 사상에 이르게 한 때에는 5년 이하의 금고 또는 2,000만원 이하의 벌금형으로 하고 있고, 사람을 다치게 한 경우와 타인의 건조물이나 재물을 손괴한 때에는 반의사불벌죄로 하여 피해자와 합의가 있는 경우나 사고차량이 종합보험 등에 가입되어 있는 경우에는 처음부터 공소를 제기할 수 없도록 하고 있다. 그러나 사람이 사망하거나 운전자가 도주한 경우(일명 뺑소니), 음주측정 요구에 따르지 아니한 경우 및 12가지 중대한 과실의 경우에는 예외로 하고 있다.

제2절 사고운전자의 조치의무

Ⅰ. 부상자 구호의무

1. 의 의

자동차를 운행하다가 사람을 사상하게 한 때에는 사고차량의 운전자나 승무원은 자기에게 과실이 있든 없든 간에 차를 세우고 피해상황을 확인한 뒤 사상자를 구호하는데 필요한 조치를 취하여야 한다. 구호에 필요한 조치란 예컨대 차량 밑에 깔려 있는 부상자를 구출하여 응급조치를 하거나, 가까운 병원에 연락하여 구급차의 출동을 요청한다든지 또는 사고차량이나 지나가는 차에 태워 병원으로 후송하는 등의 조치를 말한다.

2. 구호조치 위반에 대한 제재

교통사고를 낸 사람이 만약 구호조치를 취하지 않으면 수사결과 과실이 없다고 판단되어도 처벌을 받게 된다. 즉 구호조치를 취하지 아니하면 5년 이하의 징역이나 1,500만원 이하의 벌금형에 처하게 된다(도로교통법 제54조 제1항 및 제148조). 또한 구호조치를 취하지 아니하고 현장에서 도주해 버리면 수사상 도주차량으로 취급되어 그 혐의가 인정되면 교통사고처리특례법상의 형벌면제 혜택을 받을 수 없을 뿐만 아니라 일반교통사고와 달리 최고 사형까지 엄중한 처벌을 받게 된다(특정범죄 가중처벌 등에 관한 법률 제5조의3).

Ⅱ. 사고현황 보고의무

1. 사고의 신고

교통사고를 내게 되면 사고의 내용이 인적 피해든 물적 피해든 간에 전술한 구호조치가 끝난 후에는 지체 없이 경찰공무원이 현장에 있을 때에는 경찰관에게 신고를 하고 경찰이 현장에 없을 때에는 가장 가까운 경찰관서에 신고를 하여야 한다(도로교통법 제54조 제2항). 신고할 사항은 사고가 일어난 곳, 사상자수 및 부상정도, 손괴한 물건 및 손괴정도 그 밖의 조치상황 등이다. 만일 피해자 구호 등으로 정황이 없을 때에는 다른 사람에게 신고를 부탁할 수도 있다. 단순한 접촉사고의 경우로 입건되더라도 대부분 '공소권 없음'으로 다루어지는 것이 보통이다. 그러나 피해자가 신고하기를 원하지 않든지, 사고가 경미하다든지 등의 이유로 신고를 하지 않아 나중에 신고의무불이행으로 문제가 되면 30만원 이하의 벌금이나 구류에 처하게 된다(도로교통법 제154조 4호).

2. 현장보전

교통사고가 나면 경찰의 현장조사와 현장상황보전이 문제될 수 있다. 먼저, 교통사고 관계자의 과실유무나 정도는 사고 후 신속히 이루어지는 경찰의 현장조사에서 거의 결정된다고 하여도 과언이 아니다. 이 때 경찰에선 피의자신문조서 및 피해자나 목격자들의 진술조서·진술서·실황조사서를 작성한다. 실황조사서는 일종의 현장검증과 같은 것으로 대단히 중요한 것이다. 한번 작성되면 이를 번복하기란 하늘의 별 따기보다도 어렵다고 생각되기 때문이다. 따라서 관계자가 실황조사에 참여할 때에는 사고경위가 잘못 조사되지 않도록 빨리 냉정을 되찾고 사고당시의 상황을 분명히 할 것이며, 자신에게 유리한 자료들을 찾아내어 이에 관한 내용이 첨가될 수 있도록 해야 할 것이다.

Ⅲ. 그 밖의 조치

사고가 발생하면 사고운전자끼리 현장에서 서로 자기가 잘했다고 싸우는 것이 보통이다. 그러면 교통은 마비되고 이러한 상황을 모르고 달려오는 후속 차량에 의한 사고의 위험성마저 있게 된다. 따라서 이때에는 교통소통을 원활히 하고 후속사고를 방지하기 위하여 사고현장을 정리하고 차량을 길가로 옮기는 조치 등을 취하여야 한다. 이 때 누구의 과실이냐는 사고현장 그 자체가 가장 유력한 진실의 증거가 될 수 있기 때문에 이러한 점에 유의하면서 2~3명의 목격자의 인적 사항을 확보해 두고, 즉시 경찰관서에 현장조사를 요청하여야 한다. 사고를 낸 본인은 사고현장의 차량의 최종위치에 스프레이 등을 뿌려놓고 사고로 인한 유류품, 피해자가 최종 넘어진 위치, 깨어진 차량유리 등의 위치에 관한 간략한 약도를 작성하거나 스프레이 등으로 확인해 놓아야 한다. 카메라 촬영도 실황조사서가 허위로 작성되지 않도록 하는 방법이 될 것이다.

제3절 교통사고와 법적 책임

Ⅰ. 형사책임

1. 재물손괴와 과실치사·상죄

(1) 과실재물손괴죄

형법은 과실로 재물을 손괴한 경우 처벌하지 않고 있으므로 대물사고의 경우에는 형법상 문제가 되지 않는다. 그러나 도로교통법은 이에 대한 처벌규정을 두고 있으므로 도로교통법상 문제가 될 뿐이다. 즉 차의 운전자가 업무상 필요한 주의를 게을리 하거나 중대한 과실로 다른 사람의 건조물이나 그 밖의 재물을 손괴한 때에는 2년 이하의 금고나 500만원 이하의 벌금형으로 처벌된다(도로교통법 제151조).

(2) 업무상 중과실치사상죄

업무상 과실·중과실치사상죄란 업무상 과실로 인하여 사람을 사상에 이르게 함으로써 성립하는 범죄를 말한다. 이 죄는 과실치사상죄에 비하여 업무자라는 신분관계로 형이 가중되는 경우이다. 운전자는 일반인에 비해 결과에 더 큰 예견가능성을 가지므로 가중처벌을 받는 것이다.

2. 운전자의 형사처벌에 대한 특례(교통사고처리 특례법)

(1) 의 의

교통사고처리 특례법은 업무상과실 또는 중대한 과실로 교통사고를 일으킨 운전자에 관한 형사처벌 등의 특례를 정함으로써 교통사고로 인한 피해의 신속한 회복을 촉진하고 국민생활의 편익을 증진함을 목적으로 제정된 법으로, 형법에 대해 특별법의 위치에 있어 우선 적용된다. 이 법은 운전자가 대인사고를 내더라도 사망사고, 중상해, 뺑소니사고, 12대 중과실 사고가 아닌 한 피해자와 원만한 합의를 하거나, 일정 요건을 갖춘 자동차보험(종합보험) 또는 공제에 가입된 경우에는 형사처벌을 받지 않도록 규정하고 있다. 다만, 경찰로부터 안전운전의무불이행을 이유로 통고처분이나 기타의 처분을 받을 수 있다.

(2) 내 용

교통사고처리특례법이 적용되기 위한 요건은 첫째, 차의 교통으로 인한 사고일 것, 둘째, 과실(또는 중과실)로 인한 사고일 것, 셋째, 보험에 가입되어 있을 것, 넷째, 특례 예외 12개 항에 포함되지 않을 것 등을 필요로 한다. 예외조항 12개는 ① 신호 또는 지시위반, ② 중앙선 침범, ③ 보도침범 및 보도횡단방법 위반, ④ 제한속도 20킬로미터 초과, ⑤ 앞지르기 방법 또는 금지 위반, ⑥ 건널목 통과방법 위반, ⑦ 횡단보도에서의 보행자 보호의무 위반, ⑧ 무면허운전, ⑨ 음주 등 운전, ⑩ 승객추락방지의무 위반, ⑪ 어린이보호구역에서의 주의의무 위반, ⑫ 자동차화물이 떨어지지 않도록 조치하지 아니하고 운전한 경우 등이다. 현행 교통사고처리특례법상 12대 중과실사고는 보험 가입 여부와 관계없이 형사처벌된다.

참 고

1. 피고인이 자신의 차량으로 피해자를 충격한 직후 차에서 내려 범행을 부인하면서 단지 술에 취하여 길에 쓰러져 있는 피해자를 방치하면 사고가 날지 몰라 신고한 경우 사고야기자 확정과 관계없이 도주차량에 해당한다(대판 1996. 11. 12. 96도1997).
2. 상해자가 상해를 입은 피해자를 보고도 차에서 내리지 않고 그대로 갔다가 약 20분후 구호를 위하여 제3자가 함께 현장으로 돌아온 경우 도주에 대한 범의가 있었다고 본다(대판 1996. 12. 6. 96도2407).
3. 교통사고 가해자가 피해자와 사고여부에 관하여 언쟁하다가 동승했던 아내에게 사고처리를 위임하고 현장을 이탈하고 그의 아내가 사후 처리를 한 경우 도주한 때에 해당하지 않는다고 본다(대판 1997. 1. 21. 96도2843).
4. 사고 운전자가 순찰차가 이미 사고현장으로 오고 있는 것을 발견하고도 자기가 사고 운전자임을 알릴 것도 아니면서 이미 사고사실을 알고 있는 파출소까지 계속하여 걸어감으로써 구호조치를 소홀히 하였고 그 사이에 피해자가 경찰 순찰차에 실려 병원으로 후송되었다면, 도로교통법 제50조 제1항이 규정하는 사상자를 구호하는 등 필요한 조치를 다하지 아니하였다고 할 것이고, 이러한 조치를 취하지 아니한 상태에서 사고현장에 남아 목격자로 행세하다가 비록 경찰관에게 자기의 신분을 밝힌 후 귀가한 것이라고 하더라도, 도로교통법 제50조 제1항에 규정된 의무를 이행하기 전에 사고현장을 이탈한 경우로 이는 도주에 해당된다고 본다(대판 1997. 5. 7. 97도770).
5. 교통사고 운전자가 사고현장에 다친 곳이 없다고 말한 피해자와 합의중 경찰차와 싸이렌 소리가 들리자 피해자에게 자신의 운전면허증을 건네주고 가버린 경우 도주에 해당하지 않는다고 본다(대판 1997. 7. 11. 97도1024).

3. 음주운전

(1) 음주운전의 의의

음주운전이란 혈중 알코올농도 0.03% 이상인 상태에서의 운전을 말하며, 술뿐만 아니라 약물을 섭취하고 운전한 경우도 해당된다. 음주운전의 시점에서 '운전'이라 함은 도로에서 차를 그 본래의 사용방법에 따라 사용하는 것을 말한다(도로교통법 제2조 제26호). 일반적으로 운전행위란 차체가 움직이는 상태, 즉 전진하거나 후진하여 정지의 상태를 벗어나는 것을 의미한다. 그러나 판례 중에서는 음주상태에서 자동차에 올라 시동을 켠 것도 음주운전에 해당한다고 본 것도 있으므로 주의하여야 한다.

(2) 음주운전의 처벌규정

기존에 '3년 이하 징역 또는 1천만원 이하 벌금'으로 단일하게 규정되어 있는 음주운전 처벌기준을 음주수치 및 위반횟수에 따라 세분화하였다. 따라서 ① 혈중알콜농도가 0.2퍼센트 이상인 사람은 2년 이상 5년 이하의 징역이나 1천만원 이상 2천만원 이하의 벌금, ② 혈중알콜농도가 0.08퍼센트 이상 0.2퍼센트 미만인 사람은 1년 이상 2년 이하의 징역이나 500만원 이상 1천만원 이하의 벌금, ③ 혈중알콜농도가 0.03퍼센트 이상 0.08퍼센트 미만인 사람은 1년 이하의 징역이나 500만원 이하의 벌금으로 처벌한다. 또한 음주측정 거부나 3회 이상 위반시 1년 이상 5년 이하의 징역이나 500만원 이상 2천만원 이하의 벌금에 처한다(도로교통법 제44조 및 제148조의2).

음주운전으로 인하여 사람을 상해에 이르게 한 사람은 1년 이상 15년 이하의 징역 또는 1천만원 이상 3천만원 이하의 벌금에 처하고, 사망에 이르게 한 사람은 무기 또는 3년 이상의 유기징역에 처한다(특정범죄 가중처벌 등에 관한 법률 제5조의11).

사례탐구

A는 친구들 가족과 교외의 음식점으로 저녁식사를 갔다가 음식점 옆 공터에 주차를 하였으나, 식사와 음주를 하던 중, 식당직원의 요구로 자동차를 정주차 하다가 마침 그곳을 지나던 경찰에게 음주운전으로 적발되었다. 식당 주차장에서의 음주운전도 처벌되는가?

[해 설] 사례와 같은 경우 판례는 "시청 내의 광장주차장 등에서 운전한 것을 도로에서 차를 그 본래의 사용방법에 따라 사용하는 것에 해당한다"는 것(대판 1992. 9. 22. 92도1777)과 "주차장으로 사용되는 주점 옆 공터가 일반 공중이나 차량들이 자유로이 통행할 수 있는 통행장소가 아니라면 도로법이나 유료도로법 소정의 도로에 해당한다고 할 수 없고 일반교통에 사

용되는 곳이라고 보기도 어려워 본법상의 도로라고 할 수 없다"는 것(대판 1992. 10. 9. 92도 448) 및 "나이트클럽 주차장이 도로교통법상의 도로라고 할 수 없다"는 것(대판 1992. 10. 9. 92도1330)으로 서로 다른 견해를 보인다. 따라서 A의 경우는 두 번째 판례에 해당하는 것으로 보아 음주운전으로 처벌되지 않을 것이다.

Ⅱ. 민사책임과 자동차보험

1. 민사상 손해배상책임

(1) 의 의

교통사고로 사람을 사상하거나 타인의 재물을 손괴한 경우 형사상의 처벌이나 행정상의 통고처분을 받는다. 그러나 별도로 가해자는 민사상 교통사고로 인한 손해를 배상할 책임을 진다. 따라서 사고를 낸 운전자가 구속되지 않거나 집행유예로 풀려났다고 해서, 피해자가 손해배상을 받지 못하는 것은 아니다. 민사상의 손해는 교통사고, 즉 가해자의 고의 또는 과실로 인한 위법행위로 타인에게 손해를 가한 경우에 해당하므로 불법행위책임이 성립한다.

(2) 손해배상책임의 요건

불법행위라 함은 고의 또는 과실로 인한 위법행위로 타인에게 손해를 가한 것을 말하는데, 불법행위를 저지른 자는 그로 인한 타인의 손해를 배상하여야 한다. 불법행위가 성립하려면 ① 가해자에게 고의 또는 과실이 있어야 하고, ② 가해자에게 책임능력이 있어야 하며, ③ 가해행위는 위법해야 하고, ④ 가해행위와 손해 사이에는 인과관계가 있어야 한다는 요건이 필요하다.

(3) 손해배상의 범위

가. 물질적 손해

물질적 손해는 적극적 손해와 소극적 손해로 나눌 수 있고, 정신적 손해는 위자료를 말한다. 적극적 손해란 치료비, 장례비 등 사고로 인하여 현실적으로 지출된 비용을 말하고, 소극적 손해란 장래에 얻을 수 있으리라고 예상되는 수입이 사고로 인하여 소멸된 경우의 손해를 말한다. 이를 보통 일실(逸失)수익이라고 한다.

나. 위자료 문제

위자료란 피해자 등이 교통사고로 인하여 입은 정신적 손해액을 말하는 것으로 성질상 주관적 사정, 피해자와 가해자의 재력, 사회적 지위에 따라 동일하지 않기 때문에 결국 법원에서 최종적으로 결정할 수밖에 없다.

피해자가 사망한 때에는 피해자의 법정 상속인에게 위자료 청구권이 주어지며, 사망으로 인하여 고통을 받은 배우자나 형제자매 등 특별관계가 있는 자에게는 고유의 위자료 청구권이 있다.

(4) 과실상계

사고가 발생하는 당시 또는 피해의 중대성에 비추어 피해자에게 잘못이 있는 경우에 가해자가 피해의 전부를 배상받도록 하는 것은 공평하지 못하므로 피해자의 잘못의 정도만큼 배상액을 감하는 것을 과실상계라고 한다. 예컨대, 무단횡단자의 과실은 30%, 운전자의 과실은 70%일 경우, 만약 피해자의 과실이 전혀 없었을 때의 배상액이 1,000만원이라면 위와 같은 과실상계 후의 피해배상액은 700만원이 될 것이다.

2. 자동차 보험제도

(1) 책임보험(강제보험)

책임보험이란 자기를 위하여 자동차를 운행하는 자가 그 운행으로 말미암아 다른 사람을 사망하게 하거나 부상하게 한 때 또는 타인의 재물에 손해를 발생시킨 때에 그 손해를 배상할 책임을 진 경우에 보험자가 이를 보상할 것을 약정하는 일종의 책임보험계약을 말한다. 즉 자동차손해배상보장법에 의해 자동차를 등록한 사람에게 의무적으로 가입이 강제되는 보험으로 통상 대인배상Ⅰ과 대물배상을 합한 것을 말한다.

책임보험은 자동차에 의해 상해를 입거나 사망한 피해자 또는 재산상의 손해를 입은 사람에 대하여 최소한의 보장을 담보한다는 의미도 가지고 있기 때문에 자동차손해배상보장법에 의해 가입이 의무화되어 있다.

(2) 종합보험(임의보험)

교통사고로 인한 손해가 위 책임보험만으로는 보상될 수가 없는 경우가 많으므로 이러한 때를 대비하여 임의로 종합보험을 들어두는 것이 일반적이다. 왜냐하면 책임보험은 일정한 금액의 범위를 한도로 하고 있지만, 종합보험에 들면 거의 모든 손해를 보험회사가 배상을 해주기 때문이다. 개인용 종합보험은 담보종목에 따라 대인배상보험, 대물배상보험, 자손사고보험, 자차사고보험, 무보험자동차에 의한 상해보험 별로 선택하여 가입할 수 있다.

종합보험에 든 경우라도 약관에는 보험회사가 보험금의 지급을 거부할 수 있는 면책조항이 있는데, 그중 대표적인 것이 보험자의 고의에 의한 사고의 경우와 무면허·음주운전의 경우이다. 이밖에도 자동차보험약관에 보험자면책사유를 여러 가지로 규정하고 있기 때문에 보험가입시에는 약관을 주의 깊게 읽어야 한다. 자동차사고가 면책사유에 해당하는 것으로 인한 때에는 보험의 혜택을 받을 수 없다.

부 록

Law & Society

대한민국헌법

전 문

유구한 역사와 전통에 빛나는 우리 대한국민은 3·1운동으로 건립된 대한민국임시정부의 법통과 불의에 항거한 4·19민주이념을 계승하고, 조국의 민주개혁과 평화적 통일의 사명에 입각하여 정의·인도와 동포애로써 민족의 단결을 공고히 하고, 모든 사회적 폐습과 불의를 타파하며, 자율과 조화를 바탕으로 자유민주적 기본질서를 더욱 확고히 하여 정치·경제·사회·문화의 모든 영역에 있어서 각인의 기회를 균등히 하고, 능력을 최고도로 발휘하게 하며, 자유와 권리에 따르는 책임과 의무를 완수하게 하여, 안으로는 국민생활의 균등한 향상을 기하고 밖으로는 항구적인 세계평화와 인류공영에 이바지함으로써 우리들과 우리들의 자손의 안전과 자유와 행복을 영원히 확보할 것을 다짐하면서 1948년 7월 12일에 제정되고 8차에 걸쳐 개정된 헌법을 이제 국회의 의결을 거쳐 국민투표에 의하여 개정한다.

1987년 10월 29일

제 1 장 총 강

제 1 조 ① 대한민국은 민주공화국이다.

② 대한민국의 주권은 국민에게 있고, 모든 권력은 국민으로부터 나온다.

제 2 조 ① 대한민국의 국민이 되는 요건은 법률로 정한다.

② 국가는 법률이 정하는 바에 의하여 재외국민을 보호할 의무를 진다.

제 3 조 대한민국의 영토는 한반도와 그 부속도서로 한다.

제 4 조 대한민국은 통일을 지향하며, 자유민주적 기본질서에 입각한 평화적 통일 정책을 수립하고 이를 추진한다.

제 5 조 ① 대한민국은 국제평화의 유지에 노력하고 침략적 전쟁을 부인한다.

② 국군은 국가의 안전보장과 국토방위의 신성한 의무를 수행함을 사명으로 하며, 그 정치적 중립성은 준수된다.

제 6 조 ① 헌법에 의하여 체결·공포된 조약과 일반적으로 승인된 국제법규는 국내법과 같은 효력을 가진다.

② 외국인은 국제법과 조약이 정하는 바에 의하여 그 지위가 보장된다.

제 7 조 ① 공무원은 국민전체에 대한 봉사자이며, 국민에 대하여 책임을 진다.

② 공무원의 신분과 정치적 중립성은 법률이 정하는 바에 의하여 보장된다.

제 8 조 ① 정당의 설립은 자유이며, 복수정당

제는 보장된다.

② 정당은 그 목적·조직과 활동이 민주적이어야 하며, 국민의 정치적 의사형성에 참여하는데 필요한 조직을 가져야 한다.

③ 정당은 법률이 정하는 바에 의하여 국가의 보호를 받으며, 국가는 법률이 정하는 바에 의하여 정당운영에 필요한 자금을 보조할 수 있다.

④ 정당의 목적이나 활동이 민주적 기본질서에 위배될 때에는 정부는 헌법재판소에 그 해산을 제소할 수 있고, 정당은 헌법재판소의 심판에 의하여 해산된다.

제9조 국가는 전통문화의 계승·발전과 민족문화의 창달에 노력하여야 한다.

제2장 국민의 권리와 의무

제10조 모든 국민은 인간으로서의 존엄과 가치를 가지며, 행복을 추구할 권리를 가진다. 국가는 개인이 가지는 불가침의 기본적 인권을 확인하고 이를 보장할 의무를 진다.

제11조 ① 모든 국민은 법 앞에 평등하다. 누구든지 성별·종교 또는 사회적 신분에 의하여 정치적·경제적·사회적·문화적 생활의 모든 영역에 있어서 차별을 받지 아니한다.

② 사회적 특수계급의 제도는 인정되지 아니하며, 어떠한 형태로도 이를 창설할 수 없다.

③ 훈장등의 영전은 이를 받은 자에게만 효력이 있고, 어떠한 특권도 이에 따르지 아니한다.

제12조 ① 모든 국민은 신체의 자유를 가진다. 누구든지 법률에 의하지 아니하고는 체포·구속·압수·수색 또는 심문을 받지 아니하며, 법률과 적법한 절차에 의하지 아니하고는 처벌·보안처분 또는 강제노역을 받지 아니한다.

② 모든 국민은 고문을 받지 아니하며, 형사상 자기에게 불리한 진술을 강요당하지 아니한다.

③ 체포·구속·압수 또는 수색을 할 때에는 적법한 절차에 따라 검사의 신청에 의하여 법관이 발부한 영장을 제시하여야 한다. 다만, 현행범인인 경우와 장기 3년 이상의 형에 해당하는 죄를 범하고 도피 또는 증거인멸의 염려가 있을 때에는 사후에 영장을 청구할 수 있다.

④ 누구든지 체포 또는 구속을 당한 때에는 즉시 변호인의 조력을 받을 권리를 가진다. 다만, 형사피고인이 스스로 변호인을 구할 수 없을 때에는 법률이 정하는 바에 의하여 국가가 변호인을 붙인다.

⑤ 누구든지 체포 또는 구속의 이유와 변호인의 조력을 받을 권리가 있음을 고지받지 아니하고는 체포 또는 구속을 당하지 아니한다. 체포 또는 구속을 당한 자의 가족 등 법률이 정하는 자에게는 그 이유와 일시·장소가 지체없이 통지되어야 한다.

⑥ 누구든지 체포 또는 구속을 당한 때에는 적부의 심사를 법원에 청구할 권리를 가진다.

⑦ 피고인의 자백이 고문·폭행·협박·구속의 부당한 장기화 또는 기망 기타의 방법에 의하여 자의로 진술된 것이 아니라고 인정될 때 또는 정식재판에 있어서 피고인의 자백이 그에게 불리한 유일한 증거일 때에는 이를 유죄의 증거로 삼거나 이를 이유로 처벌할 수 없다.

제13조 ① 모든 국민은 행위시의 법률에 의하여 범죄를 구성하지 아니하는 행위로 소추되지 아니하며, 동일한 범죄에 대하여 거듭 처벌받지 아니한다.

② 모든 국민은 소급입법에 의하여 참정권의 제한을 받거나 재산권을 박탈당하지 아니한다.

③ 모든 국민은 자기의 행위가 아닌 친족의 행위로 인하여 불이익한 처우를 받지 아니한다.

제14조 모든 국민은 거주·이전의 자유를 가진다.

제15조 모든 국민은 직업선택의 자유를 가진다.

제16조 모든 국민은 주거의 자유를 침해받지 아니한다. 주거에 대한 압수나 수색을 할 때에는 검사의 신청에 의하여 법관이 발부한 영장을 제시하여야 한다.

제17조 모든 국민은 사생활의 비밀과 자유를 침해받지 아니한다.

제18조 모든 국민은 통신의 비밀을 침해받지 아니한다.

제19조 모든 국민은 양심의 자유를 가진다.

제20조 ① 모든 국민은 종교의 자유를 가진다.

② 국교는 인정되지 아니하며, 종교와 정치는 분리된다.

제21조 ① 모든 국민은 언론·출판의 자유와 집회·결사의 자유를 가진다.

② 언론·출판에 대한 허가나 검열과 집회·결사에 대한 허가는 인정되지 아니한다.
③ 통신·방송의 시설기준과 신문의 기능을 보장하기 위하여 필요한 사항은 법률로 정한다.
④ 언론·출판은 타인의 명예나 권리 또는 공중도덕이나 사회윤리를 침해하여서는 아니된다. 언론·출판이 타인의 명예나 권리를 침해한 때에는 피해자는 이에 대한 피해의 배상을 청구할 수 있다.

제22조 ① 모든 국민은 학문과 예술의 자유를 가진다.
② 저작자·발명가·과학기술자와 예술가의 권리는 법률로써 보호한다.

제23조 ① 모든 국민의 재산권은 보장된다. 그 내용과 한계는 법률로 정한다.
② 재산권의 행사는 공공복리에 적합하도록 하여야 한다.
③ 공공필요에 의한 재산권의 수용·사용 또는 제한 및 그에 대한 보상은 법률로써 하되, 정당한 보상을 지급하여야 한다.

제24조 모든 국민은 법률이 정하는 바에 의하여 선거권을 가진다.

제25조 모든 국민은 법률이 정하는 바에 의하여 공무담임권을 가진다.

제26조 ① 모든 국민은 법률이 정하는 바에 의하여 국가기관에 문서로 청원할 권리를 가진다.
② 국가는 청원에 대하여 심사할 의무를 진다.

제27조 ① 모든 국민은 헌법과 법률이 정한 법관에 의하여 법률에 의한 재판을 받을 권리를 가진다.
② 군인 또는 군무원이 아닌 국민은 대한민국의 영역 안에서는 중대한 군사상 기밀·초병·초소·유독음식물공급·포로·군용물에 관한 죄중 법률이 정한 경우와 비상계엄이 선포된 경우를 제외하고는 군사법원의 재판을 받지 아니한다.
③ 모든 국민은 신속한 재판을 받을 권리를 가진다. 형사피고인은 상당한 이유가 없는 한 지체없이 공개재판을 받을 권리를 가진다.
④ 형사피고인은 유죄의 판결이 확정될 때까지는 무죄로 추정된다.
⑤ 형사피해자는 법률이 정하는 바에 의하여 당해 사건의 재판절차에서 진술할 수 있다.

제28조 형사피의자 또는 형사피고인으로서 구금되었던 자가 법률이 정하는 불기소처분을 받거나 무죄판결을 받은 때에는 법률이 정하는 바에 의하여 국가에 정당한 보상을 청구할 수 있다.

제29조 ① 공무원의 직무상 불법행위로 손해를 받은 국민은 법률이 정하는 바에 의하여 국가 또는 공공단체에 정당한 배상을 청구할 수 있다. 이 경우 공무원 자신의 책임은 면제되지 아니한다.
② 군인·군무원·경찰공무원 기타 법률이 정하는 자가 전투·훈련 등 직무집행과 관련하여 받은 손해에 대하여는 법률이 정하는 보상 외에 국가 또는 공공단체에 공무원의 직무상 불법행위로 인한 배상은 청구할 수 없다.

제30조 타인의 범죄행위로 인하여 생명·신체에 대한 피해를 받은 국민은 법률이 정하는 바에 의하여 국가로부터 구조를 받을 수 있다.

제31조 ① 모든 국민은 능력에 따라 균등하게 교육을 받을 권리를 가진다.
② 모든 국민은 그 보호하는 자녀에게 적어도 초등교육과 법률이 정하는 교육을 받게 할 의무를 진다.
③ 의무교육은 무상으로 한다.
④ 교육의 자주성·전문성·정치적 중립성 및 대학의 자율성은 법률이 정하는 바에 의하여 보장된다.
⑤ 국가는 평생교육을 진흥하여야 한다.
⑥ 학교교육 및 평생교육을 포함한 교육제도와 그 운영, 교육재정 및 교원의 지위에 관한 기본적인 사항은 법률로 정한다.

제32조 ① 모든 국민은 근로의 권리를 가진다. 국가는 사회적·경제적 방법으로 근로자의 고용의 증진과 적정임금의 보장에 노력하여야 하며, 법률이 정하는 바에 의하여 최저임금제를 시행하여야 한다.
② 모든 국민은 근로의 의무를 진다. 국가는 근로의 의무의 내용과 조건을 민주주의원칙에 따라 법률로 정한다.
③ 근로조건의 기준은 인간의 존엄성을 보장하도록 법률로 정한다.
④ 여자의 근로는 특별한 보호를 받으며, 고용·임금 및 근로조건에 있어서 부당한 차별을

받지 아니한다.

⑤ 연소자의 근로는 특별한 보호를 받는다.

⑥ 국가유공자·상이군경 및 전몰군경의 유가족은 법률이 정하는 바에 의하여 우선적으로 근로의 기회를 부여받는다.

제33조 ① 근로자는 근로조건의 향상을 위하여 자주적인 단결권·단체교섭권 및 단체행동권을 가진다.

② 공무원인 근로자는 법률이 정하는 자에 한하여 단결권·단체교섭권 및 단체행동권을 가진다.

③ 법률이 정하는 주요방위산업체에 종사하는 근로자의 단체행동권은 법률이 정하는 바에 의하여 이를 제한하거나 인정하지 아니할 수 있다.

제34조 ① 모든 국민은 인간다운 생활을 할 권리를 가진다.

② 국가는 사회보장·사회복지의 증진에 노력할 의무를 진다.

③ 국가는 여자의 복지와 권익의 향상을 위하여 노력하여야 한다.

④ 국가는 노인과 청소년의 복지향상을 위한 정책을 실시할 의무를 진다.

⑤ 신체장애자 및 질병·노령 기타의 사유로 생활능력이 없는 국민은 법률이 정하는 바에 의하여 국가의 보호를 받는다.

⑥ 국가는 재해를 예방하고 그 위험으로부터 국민을 보호하기 위하여 노력하여야 한다.

제35조 ① 모든 국민은 건강하고 쾌적한 환경에서 생활할 권리를 가지며, 국가와 국민은 환경보전을 위하여 노력하여야 한다.

② 환경권의 내용과 행사에 관하여는 법률로 정한다.

③ 국가는 주택개발정책 등을 통하여 모든 국민이 쾌적한 주거생활을 할 수 있도록 노력하여야 한다.

제36조 ① 혼인과 가족생활은 개인의 존엄과 양성의 평등을 기초로 성립되고 유지되어야 하며, 국가는 이를 보장한다.

② 국가는 모성의 보호를 위하여 노력하여야 한다.

③ 모든 국민은 보건에 관하여 국가의 보호를 받는다.

제37조 ① 국민의 자유와 권리는 헌법에 열거되지 아니한 이유로 경시되지 아니한다.

② 국민의 모든 자유와 권리는 국가안전보장·질서유지 또는 공공복리를 위하여 필요한 경우에 한하여 법률로써 제한할 수 있으며, 제한하는 경우에도 자유와 권리의 본질적인 내용을 침해할 수 없다.

제38조 모든 국민은 법률이 정하는 바에 의하여 납세의 의무를 진다.

제39조 ① 모든 국민은 법률이 정하는 바에 의하여 국방의 의무를 진다.

② 누구든지 병역의무의 이행으로 인하여 불이익한 처우를 받지 아니한다.

제3장 국 회

제40조 입법권은 국회에 속한다.

제41조 ① 국회는 국민의 보통·평등·직접·비밀선거에 의하여 선출된 국회의원으로 구성한다.

② 국회의원의 수는 법률로 정하되, 200인 이상으로 한다.

③ 국회의원의 선거구와 비례대표제 기타 선거에 관한 사항은 법률로 정한다.

제42조 국회의원의 임기는 4년으로 한다.

제43조 국회의원은 법률이 정하는 직을 겸할 수 없다.

제44조 ① 국회의원은 현행범인인 경우를 제외하고는 회기중 국회의 동의없이 체포 또는 구금되지 아니한다.

② 국회의원이 회기 전에 체포 또는 구금된 때에는 현행범인이 아닌 한 국회의 요구가 있으면 회기중 석방된다.

제45조 국회의원은 국회에서 직무상 행한 발언과 표결에 관하여 국회 외에서 책임을 지지 아니한다.

제46조 ① 국회의원은 청렴의 의무가 있다.

② 국회의원은 국가이익을 우선하여 양심에 따라 직무를 행한다.

③ 국회의원은 그 지위를 남용하여 국가·공공단체 또는 기업체와의 계약이나 그 처분에 의하여 재산상의 권리·이익 또는 직위를 취득하거나 타인을 위하여 그 취득을 알선할 수 없다.

제47조 ① 국회의 정기회는 법률이 정하는 바

에 의하여 매년 1회 집회되며, 국회의 임시회는 대통령 또는 국회재적의원 4분의 1 이상의 요구에 의하여 집회된다.

② 정기회의 회기는 100일을, 임시회의 회기는 30일을 초과할 수 없다.

③ 대통령이 임시회의 집회를 요구할 때에는 기간과 집회요구의 이유를 명시하여야 한다.

제48조 국회는 의장 1인과 부의장 2인을 선출한다.

제49조 국회는 헌법 또는 법률에 특별한 규정이 없는 한 재적의원 과반수의 출석과 출석의원 과반수의 찬성으로 의결한다. 가부동수인 때에는 부결된 것으로 본다.

제50조 ① 국회의 회의는 공개한다. 다만, 출석의원 과반수의 찬성이 있거나 의장이 국가의 안전보장을 위하여 필요하다고 인정할 때에는 공개하지 아니할 수 있다.

② 공개하지 아니한 회의내용의 공표에 관하여는 법률이 정하는 바에 의한다.

제51조 국회에 제출된 법률안 기타의 의안은 회기중에 의결되지 못한 이유로 폐기되지 아니한다. 다만, 국회의원의 임기가 만료된 때에는 그러하지 아니하다.

제52조 국회의원과 정부는 법률안을 제출할 수 있다.

제53조 ① 국회에서 의결된 법률안은 정부에 이송되어 15일 이내에 대통령이 공포한다.

② 법률안에 이의가 있을 때에는 대통령은 제 1 항의 기간 내에 이의서를 붙여 국회로 환부하고, 그 재의를 요구할 수 있다. 국회의 폐회중에도 또한 같다.

③ 대통령은 법률안의 일부에 대하여 또는 법률안을 수정하여 재의를 요구할 수 없다.

④ 재의의 요구가 있을 때에는 국회는 재의에 붙이고, 재적의원과반수의 출석과 출석의원 3분의 2 이상의 찬성으로 전과 같은 의결을 하면 그 법률안은 법률로서 확정된다.

⑤ 대통령이 제 1 항의 기간 내에 공포나 재의의 요구를 하지 아니한 때에도 그 법률안은 법률로서 확정된다.

⑥ 대통령은 제 4 항과 제 5 항의 규정에 의하여 확정된 법률을 지체없이 공포하여야 한다. 제 5 항에 의하여 법률이 확정된 후 또는 제 4 항에 의한 확정법률이 정부에 이송된 후 5일 이내에 대통령이 공포하지 아니할 때에는 국회의장이 이를 공포한다.

⑦ 법률은 특별한 규정이 없는 한 공포한 날로부터 20일을 경과함으로써 효력을 발생한다.

제54조 ① 국회는 국가의 예산안을 심의·확정한다.

② 정부는 회계연도마다 예산안을 편성하여 회계연도 개시 90일 전까지 국회에 제출하고, 국회는 회계연도 개시 30일 전까지 이를 의결하여야 한다.

③ 새로운 회계연도가 개시될 때까지 예산안이 의결되지 못한 때에는 정부는 국회에서 예산안이 의결될 때까지 다음의 목적을 위한 경비는 전년도 예산에 준하여 집행할 수 있다.

1. 헌법이나 법률에 의하여 설치된 기관 또는 시설의 유지·운영
2. 법률상 지출의무의 이행
3. 이미 예산으로 승인된 사업의 계속

제55조 ① 한 회계연도를 넘어 계속하여 지출할 필요가 있을 때에는 정부는 연한을 정하여 계속비로서 국회의 의결을 얻어야 한다.

② 예비비는 총액으로 국회의 의결을 얻어야 한다. 예비비의 지출은 차기국회의 승인을 얻어야 한다.

제56조 정부는 예산에 변경을 가할 필요가 있을 때에는 추가경정예산안을 편성하여 국회에 제출할 수 있다.

제57조 국회는 정부의 동의없이 정부가 제출한 지출예산 각항의 금액을 증가하거나 새 비목을 설치할 수 없다.

제58조 국채를 모집하거나 예산 외에 국가의 부담이 될 계약을 체결하려 할 때에는 정부는 미리 국회의 의결을 얻어야 한다.

제59조 조세의 종목과 세율은 법률로 정한다.

제60조 ① 국회는 상호원조 또는 안전보장에 관한 조약, 중요한 국제조직에 관한 조약, 우호통상항해조약, 주권의 제약에 관한 조약, 강화조약, 국가나 국민에게 중대한 재정적 부담을 지우는 조약 또는 입법사항에 관한 조약의 체결·비준에 대한 동의권을 가진다.

② 국회는 선전포고, 국군의 외국에의 파견 또는 외국군대의 대한민국 영역 안에서의 주

류에 대한 동의권을 가진다.

제61조 ① 국회는 국정을 감사하거나 특정한 국정사안에 대하여 조사할 수 있으며, 이에 필요한 서류의 제출 또는 증인의 출석과 증언이나 의견의 진술을 요구할 수 있다.

② 국정감사 및 조사에 관한 절차 기타 필요한 사항은 법률로 정한다.

제62조 ① 국무총리·국무위원 또는 정부위원은 국회나 그 위원회에 출석하여 국정처리상황을 보고하거나 의견을 진술하고 질문에 응답할 수 있다.

② 국회나 그 위원회의 요구가 있을 때에는 국무총리·국무위원 또는 정부위원은 출석·답변하여야 하며, 국무총리 또는 국무위원이 출석요구를 받은 때에는 국무위원 또는 정부위원으로 하여금 출석·답변하게 할 수 있다.

제63조 ① 국회는 국무총리 또는 국무위원의 해임을 대통령에게 건의할 수 있다.

② 제1항의 해임건의는 국회재적의원 3분의 1 이상의 발의에 의하여 국회재적의원 과반수의 찬성이 있어야 한다.

제64조 ① 국회는 법률에 저촉되지 아니하는 범위 안에서 의사와 내부규율에 관한 규칙을 제정할 수 있다.

② 국회는 의원의 자격을 심사하며, 의원을 징계할 수 있다.

③ 의원을 제명하려면 국회재적의원 3분의 2 이상의 찬성이 있어야 한다.

④ 제2항과 제3항의 처분에 대하여는 법원에 제소할 수 없다.

제65조 ① 대통령·국무총리·국무위원·행정각부의 장·헌법재판소 재판관·법관·중앙선거관리위원회 위원·감사원장·감사위원 기타 법률이 정한 공무원이 그 직무집행에 있어서 헌법이나 법률을 위배한 때에는 국회는 탄핵의 소추를 의결할 수 있다.

② 제1항의 탄핵소추는 국회재적의원 3분의 1 이상의 발의가 있어야 하며, 그 의결은 국회재적의원 과반수의 찬성이 있어야 한다. 다만, 대통령에 대한 탄핵소추는 국회재적의원 과반수의 발의와 국회재적의원 3분의 2 이상의 찬성이 있어야 한다.

③ 탄핵소추의 의결을 받은 자는 탄핵심판이 있을 때까지 그 권한행사가 정지된다.

④ 탄핵결정은 공직으로부터 파면함에 그친다. 그러나, 이에 의하여 민사상이나 형사상의 책임이 면제되지는 아니한다.

제4장 정 부

제1절 대 통 령

제66조 ① 대통령은 국가의 원수이며, 외국에 대하여 국가를 대표한다.

② 대통령은 국가의 독립·영토의 보전·국가의 계속성과 헌법을 수호할 책무를 진다.

③ 대통령은 조국의 평화적 통일을 위한 성실한 의무를 진다.

④ 행정권은 대통령을 수반으로 하는 정부에 속한다.

제67조 ① 대통령은 국민의 보통·평등·직접·비밀선거에 의하여 선출한다.

② 제1항의 선거에 있어서 최고득표자가 2인 이상인 때에는 국회의 재적의원 과반수가 출석한 공개회의에서 다수표를 얻은 자를 당선자로 한다.

③ 대통령후보자가 1인일 때에는 그 득표수가 선거권자 총수의 3분의 1 이상이 아니면 대통령으로 당선될 수 없다.

④ 대통령으로 선거될 수 있는 자는 국회의원의 피선거권이 있고 선거일 현재 40세에 달하여야 한다.

⑤ 대통령의 선거에 관한 사항은 법률로 정한다.

제68조 ① 대통령의 임기가 만료되는 때에는 임기만료 70일 내지 40일 전에 후임자를 선거한다.

② 대통령이 궐위된 때 또는 대통령 당선자가 사망하거나 판결 기타의 사유로 그 자격을 상실한 때에는 60일 이내에 후임자를 선거한다.

제69조 대통령은 취임에 즈음하여 다음의 선서를 한다. "나는 헌법을 준수하고 국가를 보위하며 조국의 평화적 통일과 국민의 자유와 복리의 증진 및 민족문화의 창달에 노력하여 대통령으로서의 직책을 성실히 수행할 것을 국민 앞에 엄숙히 선서합니다."

제70조 대통령의 임기는 5년으로 하며, 중임할 수 없다.

제71조 대통령이 궐위되거나 사고로 인하여 직무를 수행할 수 없을 때에는 국무총리, 법률이 정한 국무위원의 순서로 그 권한을 대행한다.

제72조 대통령은 필요하다고 인정할 때에는 외교·국방·통일 기타 국가안위에 관한 중요정책을 국민투표에 붙일 수 있다.

제73조 대통령은 조약을 체결·비준하고, 외교사절을 신임·접수 또는 파견하며, 선전포고와 강화를 한다.

제74조 ① 대통령은 헌법과 법률이 정하는 바에 의하여 국군을 통수한다.

② 국군의 조직과 편성은 법률로 정한다.

제75조 대통령은 법률에서 구체적으로 범위를 정하여 위임받은 사항과 법률을 집행하기 위하여 필요한 사항에 관하여 대통령령을 발할 수 있다.

제76조 ① 대통령은 내우·외환·천재·지변 또는 중대한 재정·경제상의 위기에 있어서 국가의 안전보장 또는 공공의 안녕질서를 유지하기 위하여 긴급한 조치가 필요하고 국회의 집회를 기다릴 여유가 없을 때에 한하여 최소한으로 필요한 재정·경제상의 처분을 하거나 이에 관하여 법률의 효력을 가지는 명령을 발할 수 있다.

② 대통령은 국가의 안위에 관계되는 중대한 교전상태에 있어서 국가를 보위하기 위하여 긴급한 조치가 필요하고 국회의 집회가 불가능한 때에 한하여 법률의 효력을 가지는 명령을 발할 수 있다.

③ 대통령은 제1항과 제2항의 처분 또는 명령을 한 때에는 지체없이 국회에 보고하여 그 승인을 얻어야 한다.

④ 제3항의 승인을 얻지 못한 때에는 그 처분 또는 명령은 그때부터 효력을 상실한다. 이 경우 그 명령에 의하여 개정 또는 폐지되었던 법률은 그 명령이 승인을 얻지 못한 때부터 당연히 효력을 회복한다.

⑤ 대통령은 제3항과 제4항의 사유를 지체없이 공포하여야 한다.

제77조 ① 대통령은 전시·사변 또는 이에 준하는 국가비상사태에 있어서 병력으로써 군사상의 필요에 응하거나 공공의 안녕질서를 유지할 필요가 있을 때에는 법률이 정하는 바에 의하여 계엄을 선포할 수 있다.

② 계엄은 비상계엄과 경비계엄으로 한다.

③ 비상계엄이 선포된 때에는 법률이 정하는 바에 의하여 영장제도, 언론·출판·집회·결사의 자유, 정부나 법원의 권한에 관하여 특별한 조치를 할 수 있다.

④ 계엄을 선포한 때에는 대통령은 지체없이 국회에 통고하여야 한다.

⑤ 국회가 재적의원 과반수의 찬성으로 계엄의 해제를 요구한 때에는 대통령은 이를 해제하여야 한다.

제78조 대통령은 헌법과 법률이 정하는 바에 의하여 공무원을 임면한다.

제79조 ① 대통령은 법률이 정하는 바에 의하여 사면·감형 또는 복권을 명할 수 있다.

② 일반사면을 명하려면 국회의 동의를 얻어야 한다.

③ 사면·감형 및 복권에 관한 사항은 법률로 정한다.

제80조 대통령은 법률이 정하는 바에 의하여 훈장 기타의 영전을 수여한다.

제81조 대통령은 국회에 출석하여 발언하거나 서한으로 의견을 표시할 수 있다.

제82조 대통령의 국법상 행위는 문서로써 하며, 이 문서에는 국무총리와 관계 국무위원이 부서한다. 군사에 관한 것도 또한 같다.

제83조 대통령은 국무총리·국무위원·행정각부의 장 기타 법률이 정하는 공사의 직을 겸할 수 없다.

제84조 대통령은 내란 또는 외환의 죄를 범한 경우를 제외하고는 재직중 형사상의 소추를 받지 아니한다.

제85조 전직대통령의 신분과 예우에 관하여는 법률로 정한다.

제2절 행 정 부

제1관 국무총리와 국무위원

제86조 ① 국무총리는 국회의 동의를 얻어 대통령이 임명한다.

② 국무총리는 대통령을 보좌하며, 행정에 관하여 대통령의 명을 받아 행정각부를 통할한다.

③ 군인은 현역을 면한 후가 아니면 국무총리

로 임명될 수 없다.

제87조 ① 국무위원은 국무총리의 제청으로 대통령이 임명한다.

② 국무위원은 국정에 관하여 대통령을 보좌하며, 국무회의의 구성원으로서 국정을 심의한다.

③ 국무총리는 국무위원의 해임을 대통령에게 건의할 수 있다.

④ 군인은 현역을 면한 후가 아니면 국무위원으로 임명될 수 없다.

제2관 국무회의

제88조 ① 국무회의는 정부의 권한에 속하는 중요한 정책을 심의한다.

② 국무회의는 대통령·국무총리와 15인 이상 30인 이하의 국무위원으로 구성한다.

③ 대통령은 국무회의의 의장이 되고, 국무총리는 부의장이 된다.

제89조 다음 사항은 국무회의의 심의를 거쳐야 한다.

1. 국정의 기본계획과 정부의 일반정책
2. 선전·강화 기타 중요한 대외정책
3. 헌법개정안·국민투표안·조약안·법률안 및 대통령령안
4. 예산안·결산·국유재산처분의 기본계획·국가의 부담이 될 계약 기타 재정에 관한 중요사항
5. 대통령의 긴급명령·긴급재정경제처분 및 명령 또는 계엄과 그 해제
6. 군사에 관한 중요사항
7. 국회의 임시회 집회의 요구
8. 영전수여
9. 사면·감형과 복권
10. 행정각부간의 권한의 획정
11. 정부안의 권한의 위임 또는 배정에 관한 기본계획
12. 국정처리상황의 평가·분석
13. 행정각부의 중요한 정책의 수립과 조정
14. 정당해산의 제소
15. 정부에 제출 또는 회부된 정부의 정책에 관계되는 청원의 심사
16. 검찰총장·합동참모의장·각군참모총장·국립대학교총장·대사 기타 법률이 정한 공무원과 국영기업체관리자의 임명
17. 기타 대통령·국무총리 또는 국무위원이 제출한 사항

제90조 ① 국정의 중요한 사항에 관한 대통령의 자문에 응하기 위하여 국가원로로 구성되는 국가원로자문회의를 둘 수 있다.

② 국가원로자문회의의 의장은 직전대통령이 된다. 다만, 직전대통령이 없을 때에는 대통령이 지명한다.

③ 국가원로자문회의의 조직·직무범위 기타 필요한 사항은 법률로 정한다.

제91조 ① 국가안전보장에 관련되는 대외정책·군사정책과 국내정책의 수립에 관하여 국무회의의 심의에 앞서 대통령의 자문에 응하기 위하여 국가안전보장회의를 둔다.

② 국가안전보장회의는 대통령이 주재한다.

③ 국가안전보장회의의 조직·직무범위 기타 필요한 사항은 법률로 정한다.

제92조 ① 평화통일정책의 수립에 관한 대통령의 자문에 응하기 위하여 민주평화통일자문회의를 둘 수 있다.

② 민주평화통일자문회의의 조직·직무범위 기타 필요한 사항은 법률로 정한다.

제93조 ① 국민경제의 발전을 위한 중요정책의 수립에 관하여 대통령의 자문에 응하기 위하여 국민경제자문회의를 둘 수 있다.

② 국민경제자문회의의 조직·직무범위 기타 필요한 사항은 법률로 정한다.

제3관 행정각부

제94조 행정각부의 장은 국무위원 중에서 국무총리의 제청으로 대통령이 임명한다.

제95조 국무총리 또는 행정각부의 장은 소관사무에 관하여 법률이나 대통령령의 위임 또는 직권으로 총리령 또는 부령을 발할 수 있다.

제96조 행정각부의 설치·조직과 직무범위는 법률로 정한다.

제4관 감 사 원

제97조 국가의 세입·세출의 결산, 국가 및 법률이 정한 단체의 회계검사와 행정기관 및 공무원의 직무에 관한 감찰을 하기 위하여 대통령 소속하에 감사원을 둔다.

제98조 ① 감사원은 원장을 포함한 5인 이상 11인 이하의 감사위원으로 구성한다.

② 원장은 국회의 동의를 얻어 대통령이 임명

하고, 그 임기는 4년으로 하며, 1차에 한하여 중임할 수 있다.

③ 감사위원은 원장의 제청으로 대통령이 임명하고, 그 임기는 4년으로 하며, 1차에 한하여 중임할 수 있다.

제99조 감사원은 세입·세출의 결산을 매년 검사하여 대통령과 차년도국회에 그 결과를 보고하여야 한다.

제100조 감사원의 조직·직무범위·감사위원의 자격·감사대상공무원의 범위 기타 필요한 사항은 법률로 정한다.

제5장 법 원

제101조 ① 사법권은 법관으로 구성된 법원에 속한다.

② 법원은 최고법원인 대법원과 각급법원으로 조직된다.

③ 법관의 자격은 법률로 정한다.

제102조 ① 대법원에 부를 둘 수 있다.

② 대법원에 대법관을 둔다. 다만, 법률이 정하는 바에 의하여 대법관이 아닌 법관을 둘 수 있다.

③ 대법원과 각급법원의 조직은 법률로 정한다.

제103조 법관은 헌법과 법률에 의하여 그 양심에 따라 독립하여 심판한다.

제104조 ① 대법원장은 국회의 동의를 얻어 대통령이 임명한다.

② 대법관은 대법원장의 제청으로 국회의 동의를 얻어 대통령이 임명한다.

③ 대법원장과 대법관이 아닌 법관은 대법관회의의 동의를 얻어 대법원장이 임명한다.

제105조 ① 대법원장의 임기는 6년으로 하며, 중임할 수 없다.

② 대법관의 임기는 6년으로 하며, 법률이 정하는 바에 의하여 연임할 수 있다.

③ 대법원장과 대법관이 아닌 법관의 임기는 10년으로 하며, 법률이 정하는 바에 의하여 연임할 수 있다.

④ 법관의 정년은 법률로 정한다.

제106조 ① 법관은 탄핵 또는 금고 이상의 형의 선고에 의하지 아니하고는 파면되지 아니하며, 징계처분에 의하지 아니하고는 정직·감봉 기타 불리한 처분을 받지 아니한다.

② 법관이 중대한 심신상의 장해로 직무를 수행할 수 없을 때에는 법률이 정하는 바에 의하여 퇴직하게 할 수 있다.

제107조 ① 법률이 헌법에 위반되는 여부가 재판의 전제가 된 경우에는 법원은 헌법재판소에 제청하여 그 심판에 의하여 재판한다.

② 명령·규칙 또는 처분이 헌법이나 법률에 위반되는 여부가 재판의 전제가 된 경우에는 대법원은 이를 최종적으로 심사할 권한을 가진다.

③ 재판의 전심절차로서 행정심판을 할 수 있다. 행정심판의 절차는 법률로 정하되, 사법절차가 준용되어야 한다.

제108조 대법원은 법률에서 저촉되지 아니하는 범위 안에서 소송에 관한 절차, 법원의 내부규율과 사무처리에 관한 규칙을 제정할 수 있다.

제109조 재판의 심리와 판결은 공개한다. 다만, 심리는 국가의 안전보장 또는 안녕질서를 방해하거나 선량한 풍속을 해할 염려가 있을 때에는 법원의 결정으로 공개하지 아니할 수 있다.

제110조 ① 군사재판을 관할하기 위하여 특별법원으로서 군사법원을 둘 수 있다.

② 군사법원의 상고심은 대법원에서 관할한다.

③ 군사법원의 조직·권한 및 재판관의 자격은 법률로 정한다.

④ 비상계엄하의 군사재판은 군인·군무원의 범죄나 군사에 관한 간첩죄의 경우와 초병·초소·유독음식물공급·포로에 관한 죄 중 법률이 정한 경우에 한하여 단심으로 할 수 있다. 다만, 사형을 선고한 경우에는 그러하지 아니하다.

제6장 헌법재판소

제111조 ① 헌법재판소는 다음 사항을 관장한다.

1. 법원의 제청에 의한 법률의 위헌여부 심판
2. 탄핵의 심판
3. 정당의 해산 심판
4. 국가기관 상호간, 국가기관과 지방자치단체간 및 지방자치단체 상호간의 권한쟁의에 관한 심판

5. 법률이 정하는 헌법소원에 관한 심판

② 헌법재판소는 법관의 자격을 가진 9인의 재판관으로 구성하며, 재판관은 대통령이 임명한다.

③ 제 2 항의 재판관 중 3인은 국회에서 선출하는 자를, 3인은 대법원장이 지명하는 자를 임명한다.

④ 헌법재판소의 장은 국회의 동의를 얻어 재판관 중에서 대통령이 임명한다.

제112조 ① 헌법재판소 재판관의 임기는 6년으로 하며, 법률이 정하는 바에 의하여 연임할 수 있다.

② 헌법재판소 재판관은 정당에 가입하거나 정치에 관여할 수 없다.

③ 헌법재판소 재판관은 탄핵 또는 금고 이상의 형의 선고에 의하지 아니하고는 파면되지 아니한다.

제113조 ① 헌법재판소에서 법률의 위헌결정, 탄핵의 결정, 정당해산의 결정 또는 헌법소원에 관한 인용결정을 할 때에는 재판관 6인 이상의 찬성이 있어야 한다.

② 헌법재판소는 법률에 저촉되지 아니하는 범위안에서 심판에 관한 절차, 내부규율과 사무처리에 관한 규칙을 제정할 수 있다.

③ 헌법재판소의 조직과 운영 기타 필요한 사항은 법률로 정한다.

제 7 장 선거관리

제114조 ① 선거와 국민투표의 공정한 관리 및 정당에 관한 사무를 처리하기 위하여 선거관리위원회를 둔다.

② 중앙선거관리위원회는 대통령이 임명하는 3인, 국회에서 선출하는 3인과 대법원장이 지명하는 3인의 위원으로 구성한다. 위원장은 위원중에서 호선한다.

③ 위원의 임기는 6년으로 한다.

④ 위원은 정당에 가입하거나 정치에 관여할 수 없다.

⑤ 위원은 탄핵 또는 금고 이상의 형의 선고에 의하지 아니하고는 파면되지 아니한다.

⑥ 중앙선거관리위원회는 법령의 범위 안에서 선거관리·국민투표관리 또는 정당사무에 관한 규칙을 제정할 수 있으며, 법률에 저촉되지 아니하는 범위 안에서 내부규율에 관한 규칙을 제정할 수 있다.

⑦ 각급 선거관리위원회의 조직·직무범위 기타 필요한 사항은 법률로 정한다.

제115조 ① 각급 선거관리위원회는 선거인명부의 작성 등 선거사무와 국민투표사무에 관하여 관계 행정기관에 필요한 지시를 할 수 있다.

② 제 1 항의 지시를 받은 당해 행정기관은 이에 응하여야 한다.

제116조 ① 선거운동은 각급 선거관리위원회의 관리하에 법률이 정하는 범위 안에서 하되, 균등한 기회가 보장되어야 한다.

② 선거에 관한 경비는 법률이 정하는 경우를 제외하고는 정당 또는 후보자에게 부담시킬 수 없다.

제 8 장 지방자치

제117조 ① 지방자치단체는 주민의 복리에 관한 사무를 처리하고 재산을 관리하며, 법령의 범위 안에서 자치에 관한 규정을 제정할 수 있다.

② 지방자치단체의 종류는 법률로 정한다.

제118조 ① 지방자치단체에 의회를 둔다.

② 지방의회의 조직·권한·의원선거와 지방자치단체의 장의 선임방법 기타 지방자치단체의 조직과 운영에 관한 사항은 법률로 정한다.

제 9 장 경 제

제119조 ① 대한민국의 경제질서는 개인과 기업의 경제상의 자유와 창의를 존중함을 기본으로 한다.

② 국가는 균형있는 국민경제의 성장 및 안정과 적정한 소득의 분배를 유지하고, 시장의 지배와 경제력의 남용을 방지하며, 경제주체간의 조화를 통한 경제의 민주화를 위하여 경제에 관한 규제와 조정을 할 수 있다.

제120조 ① 광물 기타 중요한 지하자원·수산자원·수력과 경제상 이용할 수 있는 자연력은 법률이 정하는 바에 의하여 일정한 기간 그 채취·개발 또는 이용을 특허할 수 있다.

② 국토와 자원은 국가의 보호를 받으며, 국가는 그 균형있는 개발과 이용을 위하여 필요한 계획을 수립한다.

제121조 ① 국가는 농지에 관하여 경자유전의 원칙이 달성될 수 있도록 노력하여야 하며, 농지의 소작제도는 금지된다.

② 농업생산성의 제고와 농지의 합리적인 이용을 위하거나 불가피한 사정으로 발생하는 농지의 임대차와 위탁경영은 법률이 정하는 바에 의하여 인정된다.

제122조 국가는 국민 모두의 생산 및 생활의 기반이 되는 국토의 효율적이고 균형있는 이용·개발과 보전을 위하여 법률이 정하는 바에 의하여 그에 관한 필요한 제한과 의무를 과할 수 있다.

제123조 ① 국가는 농업 및 어업을 보호·육성하기 위하여 농·어촌종합개발과 그 지원등 필요한 계획을 수립·시행하여야 한다.

② 국가는 지역간의 균형있는 발전을 위하여 지역경제를 육성할 의무를 진다.

③ 국가는 중소기업을 보호·육성하여야 한다.

④ 국가는 농수산물의 수급균형과 유통구조의 개선에 노력하여 가격안정을 도모함으로써 농·어민의 이익을 보호한다.

⑤ 국가는 농·어민과 중소기업의 자조조직을 육성하여야 하며, 그 자율적 활동과 발전을 보장한다.

제124조 국가는 건전한 소비행위를 계도하고 생산품의 품질향상을 촉구하기 위한 소비자보호운동을 법률이 정하는 바에 의하여 보장한다.

제125조 국가는 대외무역을 육성하며, 이를 규제·조정할 수 있다.

제126조 국방상 또는 국민경제상 긴절한 필요로 인하여 법률이 정하는 경우를 제외하고는, 사영기업을 국유 또는 공유로 이전하거나 그 경영을 통제 또는 관리할 수 없다.

제127조 ① 국가는 과학기술의 혁신과 정보 및 인력의 개발을 통하여 국민경제의 발전에 노력하여야 한다.

② 국가는 국가표준제도를 확립한다.

③ 대통령은 제1항의 목적을 달성하기 위하여 필요한 자문기구를 둘 수 있다.

제10장 헌법개정

제128조 ① 헌법개정은 국회재적의원 과반수 또는 대통령의 발의로 제안된다.

② 대통령의 임기연장 또는 중임변경을 위한 헌법개정은 그 헌법개정 제안 당시의 대통령에 대하여는 효력이 없다.

제129조 제안된 헌법개정안은 대통령이 20일 이상의 기간 이를 공고하여야 한다.

제130조 ① 국회는 헌법개정안이 공고된 날로부터 60일 이내에 의결하여야 하며, 국회의 의결은 재적의원 3분의 2 이상의 찬성을 얻어야 한다.

② 헌법개정안은 국회가 의결한 후 30일 이내에 국민투표에 붙여 국회의원선거권자 과반수의 투표와 투표자 과반수의 찬성을 얻어야 한다.

③ 헌법개정안이 제2항의 찬성을 얻은 때에는 헌법개정은 확정되며, 대통령은 즉시 이를 공포하여야 한다.

부 칙

제1조 이 헌법은 1988년 2월 25일부터 시행한다. 다만, 이 헌법을 시행하기 위하여 필요한 법률의 제정·개정과 이 헌법에 의한 대통령 및 국회의원의 선거 기타 이 헌법시행에 관한 준비는 이 헌법시행 전에 할 수 있다.

제2조 ① 이 헌법에 의한 최초의 대통령선거는 이 헌법시행일 40일 전까지 실시한다.

② 이 헌법에 의한 최초의 대통령의 임기는 이 헌법시행일로부터 개시한다.

제3조 ① 이 헌법에 의한 최초의 국회의원선거는 이 헌법공포일로부터 6월 이내에 실시하며, 이 헌법에 의하여 선출된 최초의 국회의원의 임기는 국회의원선거 후 이 헌법에 의한 국회의 최초의 집회일로부터 개시한다.

② 이 헌법공포 당시의 국회의원의 임기는 제1항에 의한 국회의 최초의 집회일 전일까지로 한다.

제4조 ① 이 헌법시행 당시의 공무원과 정부가 임명한 기업체의 임원은 이 헌법에 의하여 임명된 것으로 본다. 다만, 이 헌법에 의하여

선임방법이나 임명권자가 변경된 공무원과 대법원장 및 감사원장은 이 헌법에 의하여 후임자가 선임될 때까지 그 직무를 행하며, 이 경우 전임자인 공무원의 임기는 후임자가 선임되는 전일까지로 한다.

② 이 헌법시행 당시의 대법원장과 대법원판사가 아닌 법관은 제1항 단서의 규정에 불구하고 이 헌법에 의하여 임명된 것으로 본다.

③ 이 헌법 중 공무원의 임기 또는 중임제한에 관한 규정은 이 헌법에 의하여 그 공무원이 최초로 선출 또는 임명된 때로부터 적용한다.

제5조 이 헌법시행 당시의 법령과 조약은 이 헌법에 위배되지 아니하는 한 그 효력을 지속한다.

제6조 이 헌법시행 당시에 이 헌법에 의하여 새로 설치될 기관의 권한에 속하는 직무를 행하고 있는 기관은 이 헌법에 의하여 새로운 기관이 설치될 때까지 존속하며 그 직무를 행한다.

찾아보기

Law & Society

[공저자 약력]

이 윤 환

법학박사, 건양대학교 국방경찰행정학부 교수
충남지방노동위원회 공익위원

송 인 방

법학박사, 경상국립대학교 창업대학원 교수
경남중장년창업센터장

송 영 현

법학박사, 충남대학교 법학전문대학원 외래교수
충남대학교 법률센터 선임연구위원

제4판
새로 쓴 법과 사회

초판발행 2015년 8월 10일
제2판발행 2017년 8월 31일
제3판발행 2021년 2월 28일
제4판발행 2023년 8월 30일

지은이 이윤환·송인방·송영현
펴낸이 김중용

편 집 심성보·김인숙

펴낸곳 도서출판 정독
경기도 고양시 일산서구 하이파크로 113, 102-204
등록 제406-2014-000093호
전 화 031)924-7203 팩 스 02)718-8554
홈페이지 www.jeongdok.co.kr 이메일 admin@jeongdok.co.kr
ISBN 979-11-6858-169-2 93360

정 가 26,000원